FRENCH NOW! Level 1

Third Edition
by
Christopher Kendris, Ph.D.

Former Assistant Professor
Department of French and Spanish
State University of New York
Albany, New York

BARRON'S

For my wife Yolanda, my two sons Alex and Ted,
my daughter-in-law Tina, and my four grandsons
Bryan, Daniel, Matthew, and Andrew

with love

Cover Photo: *Notre Dame gargoyle with the Paris skyline in the background.*
Telegraph Colour Lib/FPG International Corp.

All inquiries should be addressed to:
Barron's Educational Series, Inc.
250 Wireless Boulevard
Hauppauge, New York 11788

Library of Congress Catalog Card No. 96-85831

International Standard Book No. 0-8120-9740-8

PRINTED IN THE UNITED STATES OF AMERICA

987654

Table of Contents

About the Author   viii

Abbreviations Used in This Book   ix

Preface to the Third Edition   x

Introduction   xi

Simple Guide to the Basics of French Pronunciation   xii

Leçons Préliminaires   2

Part One: Structures and Verbs   21

Work Unit 1.   **Le chapeau échappé**   22
The Noun and the Definite and Indefinite Articles
(Singular)

Work Unit 2.   **Vive le quatorze juillet!**   34
The Noun and the Definite and Indefinite Articles
(Plural)

Work Unit 3.   **La grande décision**   46
The Noun and the Definite and Indefinite Articles
(Conclusion)

Work Unit 4.   **La beauté ou la violence?**   64
Present Indicative Tense of Regular Verbs
Ending in –er

Work Unit 5.   **Tout est bien qui finit bien**   80
Present Indicative Tense of Regular Verbs
Ending in –ir
Test 1: Work Units 1–5   **92**

Work Unit 6.   **Le vase extraordinaire**   96
                Present Indicative Tense of Regular Verbs
                Ending in –re

Work Unit 7.   **Surprise! Surprise!**   110
                Formation and Use of Reflexive Verbs
                in the Present Indicative

Work Unit 8.   **Ch! Ch! Filez! Filez!**   128
                Cardinal and Ordinal Numbers

Work Unit 9.   **Bon voyage! Bon retour!**   142
                Time Expressions, Telling Time, Dates, Age,
                Months, Days, Seasons

Work Unit 10.   **Le concours de talents à l'école**   158
                Formation and Use of the Imperative (Command)

Test 2: Work Units 6–10   172

Work Unit 11.   **Qu'est-ce que c'est?**   176
                Irregular Verbs in the Present Indicative
                and Imperative

Work Unit 12.   **L'autographe spécial**   194
                The Passé Composé

Work Unit 13.   **A chacun son goût**   220
                Direct Object Pronouns, Including *en*

Work Unit 14. **La ronde** 242
Indirect Object Pronouns, Including *y*

Work Unit 15. **Quinze devinettes** 256
Interrogative Pronouns

Test 3: Work Units 11–15 264

Work Unit 16. **Vrai ou faux?** 268
Demonstrative Pronouns — *ceci, cela, ça*

Work Unit 17. **R.S.V.P.** 278
Disjunctive Pronouns

Work Unit 18. **Tour d'écrou** 286
Adjectives

Work Unit 19. **Zodiaque** 300
Adjectives (Continued)

Work Unit 20. **La boîte de chocolats** 318
Adverbs and Tag Questions — *n'est-ce pas?*

Test 4: Work Units 16–20 326

Work Unit 21. **Manger pour vivre ou vivre pour manger?** 330
Negations and Other Structures of the Language

Work Unit 22. **Les secrets de votre main**   348
Orthographical Changing Verbs in the Present
Indicative and Other Structures of the Language

Work Unit 23. **Le beau cadeau**   362
Prepositions and Infinitives and Other Structures
of the Language

Work Unit 24. **Vingt proverbes**   374
Summaries of Word Order in a French Declarative
Sentence in the Present Tense and in the Passé Composé

Work Unit 25. **Une fable**   388
Summaries of Word Order of Elements in a French
Imperative Sentence in the Affirmative and Negative
Test 5: Work Units 21–25   395

Part Two: Vocabulary   399

L'école   401
The School

Les jours de la semaine, les mois de l'année, les saisons, et
les jours de fête   404
The Days of the Week, the Months of the Year, the Seasons, and
the Holidays

Les légumes, les poissons, les viandes, les produits laitiers,
les desserts, les fromages, et les boissons   407
Vegetables, Fish, Meats, Dairy Products, Desserts, Cheeses,
and Drinks

Les animaux, les fleurs, les couleurs, les arbres, et les fruits   411
Animals, Flowers, Colors, Trees, and Fruits

Le corps humain, les vêtements, la toilette   415
The Human Body, Clothing, Washing and Dressing

La famille, la maison, les meubles   420
The Family, House, Furniture

La ville, les bâtiments, les magasins, les divers modes de transport   425

The City, Buildings, Shops, Transportation

Les métiers et les professions, les langues et les pays   430

Trades and Professions, Languages, Countries

Poids, mesures, valeurs   434

Weights, Measures, Values

Antonymes et synonymes   436

Antonyms and Synonyms

Part Three: Idioms, Verbal Expressions, and Dialogues   441

With *à*, with *au*   442

With *comment*, with *en*   446

With *avoir*, with *être*   448

With *de*, *du*, *d'*   451

With *par*, with *tout*, with *tous*, and miscellaneous   454

With *faire*   457

Part Four: Skill in Listening Comprehension   461

Part Five: Skill in Reading Comprehension   479

Part Six: Skill in Writing   500

Appendix

Definitions of Basic Grammatical Terms with Examples   516

French Verb Conjugation Tables   540

French-English Vocabulary   580

English-French Vocabulary   596

Index   608

About the Author

Christopher Kendris has taught French at Northwestern University, at the College of the University of Chicago, at Rutgers University, at the State University of New York at Albany, and at Schenectady County Community College. For several years he also taught French and Spanish at Farmingdale High School, Farmingdale, New York, where he was chairman of the Department of Foreign Languages.

Dr. Kendris received his B.S. and M.S. degrees at Columbia University in the City of New York and his M.A. and Ph.D. degrees at Northwestern University in Evanston, Illinois. He also earned two certificates with *Mention très Honorable* at the École Supérieure de Préparation et de Perfectionnement des Professeurs de Français à l'Étranger, Faculté des Lettres, Université de Paris.

He is the author of numerous school and college books, workbooks, and other language guides. Among his most popular works are *501 French Verbs* and *501 Spanish Verbs Fully Conjugated in All the Tenses, with special new features* (both books in a Fourth Edition), *How to Prepare for SAT II: French, How to Prepare for SAT II: Spanish* (both books with audiocassettes for listening comprehension test practice with answers), *French the Easy Way, Level 1,* Third Edition (with answers), *Spanish Grammar, French Grammar, French Vocabulary, Write It in French, Write It in Spanish* (both composition workbooks with answers), *Master the Basics: French* (Second Edition), *Master the Basics: Spanish* (Second Edition), *Pronounce It Perfectly in French* (with two audiocassettes of listening comprehension including tests with answers), *Spanish Now! Level 2*, Second Edition (with two audiocassettes), and many others, all of which have been published by Barron's. He is listed in *Contemporary Authors* and *Directory of American Scholars.*

Abbreviations used in this book

adj.   adjective
adv.   adverb
advl.   adverbial
art.   article
conj.   conjunction
def.   definite
dem.   demonstrative
dir.   direct
disj.   disjunctive
e.g.   for example
etc.   et cetera, and so on
exclam.   exclamation
expr.   expression
f. or fem. feminine

fam.   familiar
i.e.   that is, that is to say
illus.   illustration
indef.   indefinite
indic.   indicative
indir.   indirect
inf.   infinitive
interj.   interjection
interrog. interrogative
m. or masc. masculine
n.   noun
no.   number
obj.   object
p.   page

par.   paragraph
part.   participle
per.   personal
pers.   person
pl.   plural
poss.   possessive
prep.   preposition
pres.   present
pron.   pronoun
refl.   reflexive
rel.   relative
s. or sing. singular
subj.   subject
v.   verb

Centre Pompidou
Reprinted with permission of French Government Tourist Office, New York

Preface to the Third Edition

FRENCH NOW! Level 1 is intended for students of elementary French in schools and colleges. This book makes the study of French stimulating for the student of any age because it is infused with enthusiasm, life, and vigor.

The book can also be used as self-instruction. If you are an adult studying French on your own at home, with a private tutor, or in evening classes, stay young at heart, and enjoy! It is suitable for review if you have already studied French and would like to refresh your memory of the basics of the language.

The book also features evidence of French as a living language. There are clippings from French newspapers and magazines, photographs of famous places, maps, the words and music of French songs, two easy poems, crossword puzzles and other word games, simple riddles, proverbs, even a recipe in French for a delicious stew, announcements, and many other features. The stories and dialogues in this book, for the most part, tell of the adventures of an imaginary French family—Claire and François Paquet, their two children, Janine and Pierre, and their dog, Coco.

The traditional exercises in this book provide you with a solid foundation in the basic structures of the French language, including a thorough presentation of a wide range of vocabulary, idiomatic expressions, grammar, and verbs.

This new book focuses on French for communication. The primary objective is to help you communicate freely in French by providing new types of exercises that encourage you to participate in speaking, listening, reading, and writing to achieve proficiency.

The new exercises in this edition focus on practical situations that are functional, such as meeting people, socializing, providing and obtaining information, talking about what you see in pictures, expressing personal feelings, asking for help, giving advice, helping others, shopping, sports, educational and cultural topics, an appreciation of French art, and much more.

Other new features include verb tables, in the back pages of the book, for easy and quick reference, and a section on definitions of basic grammatical terms with examples in French and English to help you achieve a better understanding of the different parts of speech and elements of sentence structure. There is also a new index.

The language content in this book meets the minimum standards and sequence of a course of study in French Level 1 presented in curriculum guides recently issued, for example, by the New York State Education Department, Bureau of Modern Languages, and those of the New York City Modern Language Program for secondary schools.

I want to thank Françoise Lapouille, my friend and colleague, who was born and educated in France and has been a teacher of French for many years. She holds the degree of *Licence ès Lettres* from the Université de Paris (La Sorbonne). She read this third edition to make certain that the French in this book is *juste et comme il faut,* correct and as it should be.

I hope you find the stories, dialogues, situations for speaking and writing, artwork, photographs, the variety of exercises, word games, and puzzles interesting and fun to do.

Finally, I am grateful for the assistance provided by the Service de Presse et d'Information of the Ambassade de France and the French Government Tourist Office, both offices in New York.

A separate teacher's manual is available from the publisher. In order to help students acquire skill in conversational French, two 90-minute audiocassettes based on the book are also available.

Christopher Kendris, Ph.D.

Introduction

Reprinted with permission of United Nations.

Bonjour . . . **Bonjour** . . . **Bonjour** . . . **Bonjour** . . . **Bonjour** . . . **Bonjour**
Hello . . . *Hello* . . . *Hello* . . . *Hello* . . . *Hello* . . . *Hello*

Did you know that the population of France today is over 58 million? Did you know that French is spoken in other places of the world besides France? Yes: in Belgium, Switzerland, Luxembourg, Canada, North Africa, former colonies of Western and Central Africa, Haiti, French West Indies, New Caledonia, French Guiana, Tahiti, Lebanon, Syria, Laos, Cambodia, Madagascar, Mauritius, Comoro Island, Djibouti . . . just to name a few!

Did you know that an estimated 450 million people speak French throughout the world? And that French is the second language in the United States for about 4 million people? Did you know that French is second only to English as an international means of communication?

Aren't you glad you are studying French? You are one of millions of students all over the world.

Simple Guide to the Basics of French Pronunciation

The purpose of this guide is to help you pronounce French words as correctly as possible so you can communicate effectively when speaking and to help you recognize French words when you hear them spoken. It is not intended to perfect your pronunciation of French; that is accomplished by imitating spoken French that you must hear from the lips of persons who pronounce French accurately. If you want to improve your pronunciation of French, I would recommend *Pronounce It Perfectly in French*, also published by Barron's. The book comes in a case with two 90-minute cassettes. You can listen to the beautiful French language spoken by professional French radio commentators and imitate what you hear during the pauses.

The column headed *French single letters, doubles, and clusters* has an alphabetical list of vowels, semi-vowels, clusters or groups of semi-vowels and vowels, nasal vowels, and consonants. When you see a French word in this book, try to pronounce it aloud after you look up the French letters in the alphabetical listing. There are some exceptions, but these will not matter significantly, as long as you pronounce the word accurately enough to make yourself understood. When in doubt, ask someone who speaks French well to pronounce the word or words for you. In the column next to the French spellings there are English words that contain similar sounds. The letters in the English words are printed in *italics* to indicate that those sounds are something like the French sounds.

Here are a few tips to keep in mind:

1. Never pronounce the **t** in the word **et**, meaning *and*. Pronounce the word *ay*, as in the English word *may*.

2. If a word ends in a consonant, do not pronounce that consonant. There are many exceptions to this rule, but here are a few examples when you do pronounce the final consonant: **le parc, le chef, l'oeuf, le fils** (*feess*). Be aware that pronunciation affects meaning. Generally, when you encounter **est**, it is a verb form meaning *is*, and the three letters are pronounced like the *e* in the English word *egg*. If you pronounce the **st** in **est**, it means *east*.

3. If a word ends in **z**, pronounce it as **z** only if the word right after it begins with a vowel or silent **h**. Do the same if the word ends in **s** or **x**. The following sentence illustrates this.

        z   z   z
    Vous＿＿avez＿＿une classe à deux＿＿heures.
    (You have a class at two o'clock.)

4. When **e** is the last letter of a French word or verb form, it is pronounced ever so slightly with no stress, like the *e* in *the* when you say *the book*. That **e** is called a mute **e** because it is barely pronounced.

5. In French, there are several spellings for the same sound. Here is one typical example where the different spellings are all pronounced *ay*, as in the English word *may*.

    et   (j')**ai**   (parl)**é**   (av)**ez**   (all)**er**   (l)**es**

6. When speaking French, stress is evenly distributed on the vowels, but you must raise your voice slightly on the last sound when more than one is in a given word or group of words; for example, in pronouncing **s'il vous plaît** (please), raise your voice a bit on **plaît**. Consult the alphabetical list for the sounds.

7. There are only four nasal vowel sounds in French. They are expressed in the following catchy phrase, which means *a good white wine*: **un bon vin blanc**. How do you nasalize a vowel in French? Instead of letting your breath (air) out your mouth, you must push it up your nose so that it does not come out your mouth. For the various spellings of nasal vowels, consult the alphabetical list.

8. In French there are only three accent marks that are written over certain vowels. They are: **accent aigu (')**, **accent grave (')**, and **accent circonflexe (^)**. For the pronunciation of vowels with these accent marks, consult the alphabetical list.

9. Now study the following list of French single letters, doubles, and clusters found in French words. It is not exhaustive or encyclopedic. These are merely the sounds most commonly used in French words. Also study the second column of English words with similar sounds. Remember that the sounds represented by the *italicized* letters in the English words are only approximate. As long as you pronounce French well enough to make yourself understood when speaking, that is all that really matters. Improvement in French pronunciation comes with practice, experience, and imitation of people who pronounce French accurately. The best way to accomplish that is to take a trip to France. **Bon voyage!**

French single letters, doubles, clusters	English words with similar sounds	French single letters, doubles, clusters	English words with similar sounds
a, à	*lo*lly pop	**dj**	bri*dge*
â, as	*ah!*	**e**	th*e*
ai, ay, aye	m*ay*	**é, ée, ées, er, ey, ez, et**	m*ay*
ail, aille, âille	*eye*		
aile	*Ell*en	**è, ê**	*e*gg
aim, ain	s*ang* (nasal vowel)	**eau, eaux**	*oh!*
ais, ait, aît	*e*gg	**ei, eil, eille**	m*ay*
am, an	y*on*der (nasal vowel)	**eim, ein**	s*ang* (nasal vowel)
		elle, elles	*Ell*en
aou, aoû	t*oo*	**em, en**	y*on*der (nasal vowel)
au, aud, ault, aut, aux	*oh!*		
		-ent	As a verb ending, do not pronounce.
aude	*ode*	**ère**	*air*
aune	*own*	**est-ce**	bl*ess*
b	*b*un	**-et**	*e*gg (ending of a word)
c + a, o, u	*c*at, *c*op, *c*ut		
c + e, i, y	*c*ent, *c*ity, *c*ylinder	**eu, eue**	c*u*te
ç	*s*it	**-eu, -eue, eux**	p*u*dding (ending of a word)
ch	*sh*ip; rarely *k* as in echo		
d	*d*og	**euil, euille**	l*oy*al

eul	h*ull*	**om, on, ons, ont**	s*ong* (nasal vowel)
eur, eure	p*ur*ple	**ou, où, oud, oue, oup, ous, out, oût, oux**	*too*
ey, ez	*may*		
f	i*f*	**oué**	*way*
g + a, o, u	*g*as, *g*o, *g*um	**oui**	*we*
g + e, i, y	mea*s*ure	**p**	*p*ark; at times not pronounced, as in **sept** (*set*)
gn	ca*ny*on		
gua	*Gua*m	**ph**	*ph*iloso*ph*y
gue	*g*uerrilla	**q, qu**	*k*it
gui	*g*eese	**qua**	*c*at
h	Not pronounced as a single letter; see ph, sh, th in this list.	**que**	*k*erchief
		qui	*k*ey
i, î, id, ie, ies, is, it, iz	*see*	**r**	ga*r*gle
		rr	pu*rr*
ia	*y*ard	**s**	*s*it; at times ro*s*e
ied, ier, iers	*yea*	**sc + a, o, u**	*sc*andal, *sc*old, *sc*um
ieu	*y*uppy, *y*uppie		
il, ils	*eel*	**sc + e, i, y**	*sc*ene, *sc*ience, *sc*ythe
im, in	sa*ng* (nasal vowel)		
ique	s*eek*	**sh**	*sh*ampoo
j	mea*s*ure	**squa**	*squa*nder
k	*k*it	**ss**	ki*ss*
l	*l*et	**t, tt**	*t*o
ll	*l*et; at times, like *y* in *y*et, as in **fille**	**tch**	*ch*urch
		th	*t*ea
m	*m*e	**u, û, ue**	c*u*te
n	*n*o	**uell, ueille**	lo*ya*l
o	*u*p; at times, *so*	**ui, ule, uis, ult, uy**	*few eat*
ô, ot	*so*	**um, un**	su*ng* (nasal vowel)
oeil	lo*ya*l	**v, w**	*v*erb
oeu, oeud, oeufs	p*u*dding	**x**	e*x*cuse, e*x*ample, gee*s*e
oeur	p*ur*ple		
ol, old, olds, ole, olgt, ois, olx, oua, oy	*wa*sh	**y**	*see*; at times, *y* as in *y*et
		z	*z*ero
olm, oin	*wa*ngle (nasal vowel)		

Eiffel Tower. Courtesy of Gakken Co., Ltd., Tokyo, Japan.

Leçons Préliminaires (Preliminary Lessons)

I.   La famille Paquet: Présentation

Salut! *Hi!*

Nous sommes la famille Paquet.
We are the Paquet family.

Je suis Claire Paquet. Je suis la mère. J'ai un bon mari.
I am Claire Paquet. I am the mother. I have a good husband.

Je suis François Paquet. Je suis le père. J'ai une bonne épouse.
I am François Paquet. I am the father. I have a good wife.

Je suis Janine. Je suis la fille. J'ai un bon frère.
I am Janine. I am the daughter. I have a good brother.

Je suis Pierre. Je suis le fils. J'ai une bonne soeur.
I am Pierre. I am the son. I have a good sister.

Je suis Coco. Je suis le chien. J'ai une bonne famille.
I am Coco. I am the dog. I have a good family.

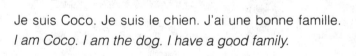

Present Tense		Present Tense	
être *(to be)*		**avoir** *(to have)*	
je suis	I am	**j'ai**	I have
tu es	you are	**tu as**	you have
il est	he *or* it is	**il a**	he *or* it has
elle est	she *or* it is	**elle a**	she *or* it has
nous sommes	we are	**nous avons**	we have
vous êtes	you are	**vous avez**	you have
ils sont	they are	**ils ont**	they have
elles sont		**elles ont**	

Exercises

I. Fill in the missing French words on the blank lines. Refer to the preceding page if you have to.

1. Je suis François Paquet. Je suis ____*le*____ ____*père*____. J'ai ___*une bonne*___ ____*epouse*____ _____.

2. Je suis Claire Paquet. Je ___*suis*___ la ___*mère*___. J'___*ai*___ un ___*bon*___ mari.

3. Je suis Pierre. Je ___*suis*___ le fils. J'ai ___*une*___ bonne ___*soeur*___ _____.

4. Je suis Janine. Je suis ___*la*___ ~~*Je*~~ ___*fille*___. J'ai un ___*bon*___ frère.

5. Je suis Coco. Je ___*suis le*___ _____ chien. ___*J'ai*___ une bonne ___*famille*___.

II. Match the following.

1. I am the daughter   ___*3*___ Je suis le fils.
2. I am the father.   ___*4*___ Je suis la mère.
3. I am the son.   ___*1*___ Je suis la fille.
4. I am the mother.   ___*5*___ Je suis le chien.
5. I am the dog.   ___*2*___ Je suis le père.

III. Write five short sentences telling who's who in the Paquet family.

1. ___*Claire Paquet est la mère.*___
2. ___*François Paquet est le père.*___
3. ___*Janine est la fille.*___
4. ___*Pierre est le fils.*___
5. ___~~*Le chien est*~~ *Coco est le chien.*___

IV. Description. Proficiency in Writing.

A. Write two adjectives to describe a boy you know.

1. _bon_   2. _fils_

B. Write two adjectives to describe a girl you know.

1. _bonne_   2. _fille_

V. Qui est-ce? (Who is it?) On the blank line write the name of the person described. **C'est . . .** (It's . . .)

1. Je suis la fille. J'ai un bon frère.
    Qui est-ce? C'est _Janine_ .

2. Je suis la mère. J'ai un bon mari.
    Qui est-ce? C'est _Claire_ .

3. Je suis le père. J'ai une bonne épouse.
    Qui est-ce? C'est _Francois_ .

4. Je suis le chien. J'ai une bonne famille.
    Qui est-ce? C'est _Coco_ .

5. Je suis le fils. J'ai une bonne soeur.
    Qui est-ce? C'est _Pierre_ .

VI. Choose the correct answer and write the letter on the blank line.

1. Janine est   (a) la mère.   (b) le père.   (c) la fille.   (d) le fils.   _c_

2. Pierre est   (a) le père.   (b) la mère.   (c) la soeur.   (d) le frère.   _d_

3. Claire Paquet est   (a) le père.   (b) la mère.   (c) la fille.   (d) le fils.   _b_

4. Coco est   (a) le fils.   (b) la fille.   (c) la soeur.   (d) le chien.   _d_

5. François Paquet est   (a) le frère.   (b) le fils.   (c) le père.
    (d) la mère.   _c_

II. Choses (Things)

The pictures are arranged alphabetically by word.

masculine

l'arbre Est-ce (un) arbre? Oui, c'est un arbre. Il est grand.

le ballon Est-ce un ballon? Oui, c'est un ballon. Il est rond.

féminin

la banane Est-ce une orange? Non, ce n'est pas une orange.
Est-ce une banane? Oui, c'est une banane. Elle est bonne.

la chaise Est-ce une table? Non, ce n'est pas une table.
Est-ce une chaise? Oui, c'est une chaise. Elle est petite.

Exercises

I. Fill in the missing adjectives. Refer to the statements above.

1. L'arbre est ___grande___ . 3. La banane est ___bonne___ .

2. Le ballon est ___rond___ . 4. La chaise est ___petite___ .

II. Choose the correct adjective. Refer to the statements above.

1. La chaise est (a) petite. (b) ronde. (c) grande. (d) bonne. ___a___

2. La banane est (a) ronde. (b) grande. (c) petite. (d) bonne. ___d___

3. Le ballon est (a) rond. (b) grand. (c) bon. (d) petit. ___a___

4. L'arbre est (a) grand. (b) petit. (c) rond. (d) bon. ___a___

III. Match the following.

1. the chair   ___4___ la banane

2. the ball   ___3___ l'arbre

3. the tree   ___1___ la chaise

4. the banana   ___2___ le ballon

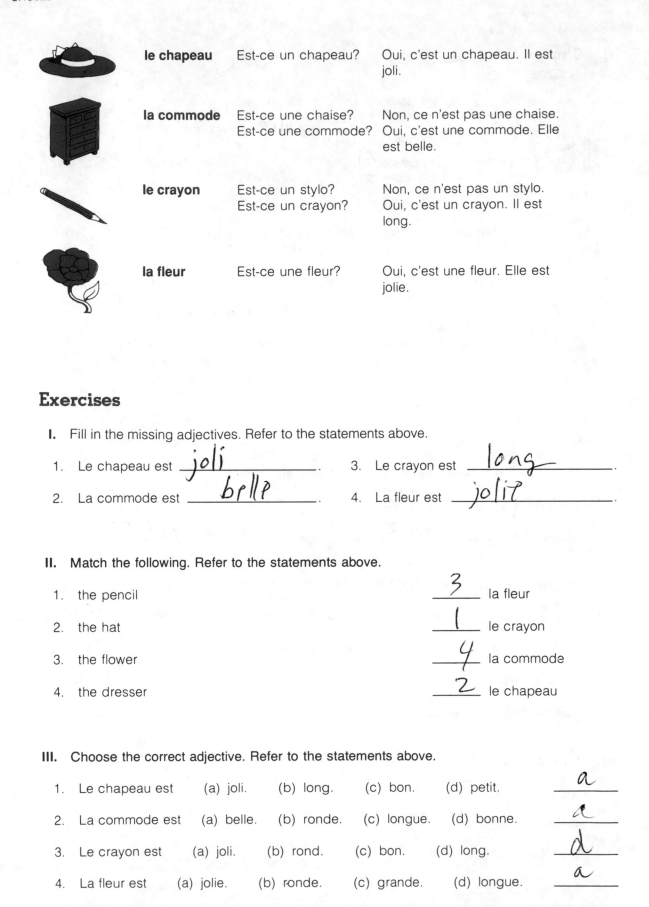

le chapeau	Est-ce un chapeau?	Oui, c'est un chapeau. Il est joli.
la commode	Est-ce une chaise? Est-ce une commode?	Non, ce n'est pas une chaise. Oui, c'est une commode. Elle est belle.
le crayon	Est-ce un stylo? Est-ce un crayon?	Non, ce n'est pas un stylo. Oui, c'est un crayon. Il est long.
la fleur	Est-ce une fleur?	Oui, c'est une fleur. Elle est jolie.

Exercises

I. Fill in the missing adjectives. Refer to the statements above.

1. Le chapeau est _joli_.   3. Le crayon est _long_.

2. La commode est _belle_.   4. La fleur est _jolie_.

II. Match the following. Refer to the statements above.

1. the pencil   _3_ la fleur

2. the hat   _1_ le crayon

3. the flower   _4_ la commode

4. the dresser   _2_ le chapeau

III. Choose the correct adjective. Refer to the statements above.

1. Le chapeau est   (a) joli.   (b) long.   (c) bon.   (d) petit.   _a_

2. La commode est   (a) belle.   (b) ronde.   (c) longue.   (d) bonne.   _a_

3. Le crayon est   (a) joli.   (b) rond.   (c) bon.   (d) long.   _d_

4. La fleur est   (a) jolie.   (b) ronde.   (c) grande.   (d) longue.   _a_

	le garage	Est-ce un garage?	Oui, c'est un garage. Il est grand.
	le gâteau	Est-ce un chapeau?	Non, ce n'est pas un chapeau.
		Est-ce un gâteau?	Oui, c'est un gâteau. Il est délicieux.
	le jambon	Est-ce un jambon?	Oui, c'est un jambon. Il est beau.
	le journal	Est-ce un journal?	Oui, c'est un journal. Il est intéressant.

Exercises

I. Fill in the missing adjectives. Refer to the statements above.

1. Le garage est ___grand___ .   3. Le jambon est ___beau___ .

2. Le gâteau est ___délicieux___ .   4. Le journal est ___intéressant___ .

II. Choose the correct adjective. Refer to the statements above.

1. Le garage est   (a) intéressant.   (b) délicieux.   (c) grand.   ___c___

2. Le gâteau est   (a) long.   (b) intéressant.   (c) délicieux.   ___c___

3. Le jambon est   (a) beau.   (b) grand.   (c) intéressant.   ___a___

4. Le journal est   (a) rond.   (b) intéressant.   (c) beau.   ___b___

III. Fill in the missing words. Refer to the statements next to the pictures.

1. Est-ce un garage? Oui, ___c'est un garage___ . Il ___est___ grand.

2. Est-ce un chapeau? Non, ce ___n'est___ ___pas___ un chapeau. C'est ___un___ gâteau.

3. Est-ce un jambon? Oui, _c'est_ un jambon. Il est _beau_.

4. Est-ce un journal? Oui, _c'est_ un journal. Il _est_ intéressant.

	une lampe	Est-ce une lampe?	Oui, c'est une lampe. Elle est splendide.
	un lit	Est-ce une commode?	Non, ce n'est pas une commode.
		Est-ce un lit?	Oui, c'est un lit. Il est confortable.
	une maison	Est-ce un garage?	Non, ce n'est pas un garage.
		Est-ce une maison?	Oui, c'est une maison. Elle est charmante.
	un oeuf	Est-ce un ballon?	Non, ce n'est pas un ballon.
		Est-ce un oeuf?	Oui, c'est un oeuf. Il est blanc.

Exercises

I. Choose the correct adjective. Refer to the statements next to the pictures above.

1. Le lit est   (a) blanc.   (b) délicieux.   (c) intéressant.   (d) confortable.   ___d___

2. La lampe est   (a) confortable.   (b) splendide.   (c) bonne.   (d) longue.   ___b___

3. La maison est   (a) délicieuse.   (b) bonne.   (c) charmante.   (d) ronde.   ___c___

4. L'oeuf est   (a) blanc.   (b) charmant.   (c) confortable.   (d) beau.   ___a___

II. Match the following.

1. a house

2. a lamp

___4___ un oeuf

___3___ un lit

3. a bed   _____1_____ une maison

4. an egg   _____2_____ une lampe

un parapluie   Est-ce un parapluie?   Oui, c'est un parapluie. Il est ouvert.

une pomme   Est-ce une banane?   Non, ce n'est pas une banane.

Est-ce une pomme?   Oui, c'est une pomme. Elle est magnifique.

une robe   Est-ce un chapeau?   Non, ce n'est pas un chapeau.

Est-ce une robe?   Oui, c'est une robe. Elle est mignonne.

un sandwich   Est-ce un gâteau?   Non, ce n'est pas un gâteau.
Est-ce un sandwich?   Oui, c'est un sandwich. Il est délicieux.

Exercises

I. Fill in the missing adjectives. Refer to the sentences next to the pictures.

1. Le parapluie est ___ouvert___ .   3. La robe est ___mignonne___ .

2. La pomme est ___magnifique___   4. Le sandwich est ___délicieux___ .

II. Fill in the missing words. Refer to the sentences next to the pictures.

1. Est-ce un parapluie? Oui, c'est ~~X~~ ___un parapluie___ Il ___est___ ___ ouvert.

2. Est-ce une banane? Non, ce ___n'est___ ___pas___ ___ une banane. C' ___est___ une pomme.

3. Est-ce un chapeau? Non, _ce n'est_ _pas_ un chapeau. C'est _une_ robe.

4. Est-ce un sandwich? Oui, c'est _un_ sandwich. Il est _délicieux_.

un stylo   Est-ce un crayon?   Non, ce n'est pas un crayon.
               Est-ce un stylo?   Oui, c'est un stylo. Il est long.

un téléphone Est-ce une radio?   Non, ce n'est pas une radio.
                  Est-ce un téléphone?   Oui, c'est un téléphone. Il est noir.

un téléviseur Est-ce un téléviseur? Oui, c'est un téléviseur. Il est beau.

Exercises

I. Choose the correct adjective. Refer to the sentences next to the pictures.

1. Le stylo est   (a) blanc.   (b) délicieux.   (c) ouvert.   (d) long.   _d_

2. Le téléphone est   (a) confortable.   (b) joil.   (c) rond.   (d) noir.   _d_

3. Le téléviseur est   (a) délicieux.   (b) beau.   (c) charmant.   (d) confortable.   _b_

II. Match the following.

1. a television set   _4_ un stylo

2. a chair   _5_ un téléphone

3. a flower   _1_ un téléviseur

4. a pen   _6_ un oeuf

5. a telephone   _2_ une chaise

6. an egg   _3_ une fleur

10

III. Personnes (People)

Que fait-il?	Que fait-elle?	Que font-ils?
(What is he doing?)	(What is she doing?)	(What are they doing?)

Le garçon boit du lait.   Que fait-il?   Il boit du lait.

La petite fille danse.   Que fait-elle?   Elle danse.

Le garçon lit un livre.   Que fait-il?   Il lit un livre.

La petite fille et le garçon courent.   Que font-ils?   Ils courent.

Exercises

I. Fill in the missing words. Refer to the sentences next to the pictures above.

1. Le garçon boit du lait. Que fait-il? Il ___boit___ du ___lit___.

2. La petite fille danse. Que fait-elle? Elle ___danse___.

3. Le garçon lit un livre. Que fait-il? Il lit ___un___ ___livre___.

4. La petite fille et le garçon courent. Que font-ils? Ils ___courent___.

II. The following sentences are scrambled. Write them in the correct word order. Refer to the sentences next to the pictures above.

1. Le / lait / du / garçon / boit / ___Le garço boit du lait___.

jeune

2. La / danse / jeune / fille / _la fille danse_ .

3. Le / livre / un / garçon / lit / _Le garcon lit le livre_ .

4. La / fille / jeune / et / garçon / le / courent / _La jeune fille et_ _le garcon courant_ .

La jeune femme chante.
C'est une chanteuse.   Que fait-elle?   Elle chante.

La femme écrit une
lettre.   Que fait-elle?   Elle écrit une lettre.

L'agent de police arrête
les autos.   Que fait-il?   Il arrête les autos.

I. Fill in the missing words. Refer to the sentences next to the pictures above.

1. La jeune femme chante. Que fait-elle? Elle _chante_ .

2. La femme écrit une lettre. Que fait-elle? Elle _écrit_ une lettre.

3. L'agent de police arrête les autos. Que fait-il? Il _arrête_ les _autos_ .

II. Choose the correct answer. Refer to the sentences next to the pictures above.

1. La jeune femme   (a) arrête les autos.   (b) chante.   (c) écrit
   une lettre.   _c_

2. La femme   (a) écrit une lettre.   (b) arrête les autos.   (c) danse.   _a_

3. L'agent de police   (a) boit du lait.   (b) lit un livre.   (c) arrête
   les autos.   _c_

IV. L'École: la salle de classe (The School: the classroom)

le tableau

la chaise

la maîtresse de français

le bureau

l'horloge

le globe

la carte de France

la feuille de papier

le stylo

un élève

une élève

le livre

le crayon

le petit banc

le pupitre

Exercises

I. Choose the sentence in Column A that corresponds to the picture and write it on the line next to the number of the picture in Column B. If you have to, look up the French words in the vocabulary at the end of the book.

Column A   standing

Column B

6 Le garçon est debout. standing

4 Le garçon lit un livre.

3 Il y a une carte de France sur le mur.

1 Madame Duval est derrière le bureau.

7 La petite fille lève la main.

5 La petite fille écrit une composition.

2 Il est une heure.

1. _____

2. 4 Le garçon lit un livre

3. _____

4. 7 La petite fille lève la main

5. _____

6. 2 Il est une heure

7. _____

II.   Answer each question following the example in the box.

Est-ce la table?

Non, madame (mademoiselle, monsieur), ce n'est pas la table. C'est le bureau.

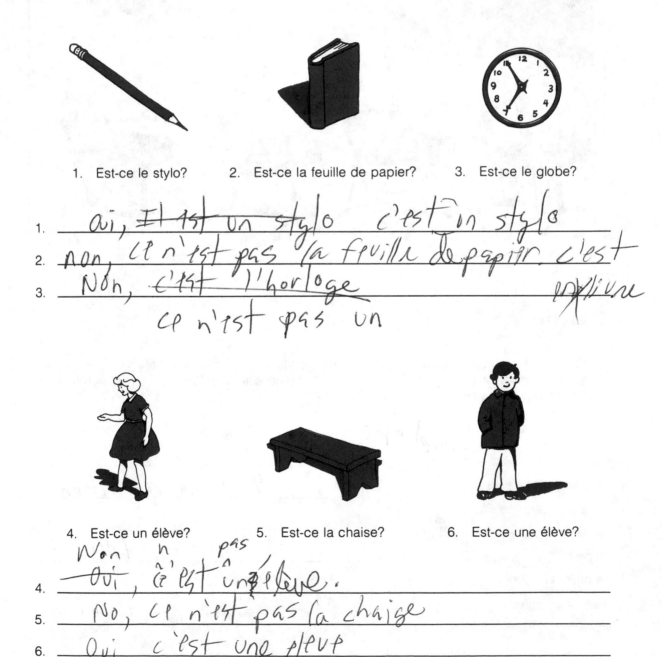

1.   Est-ce le stylo?   2.   Est-ce la feuille de papier?   3.   Est-ce le globe?

1. _oui, Il est un stylo c'est un stylo_
2. _non, ce n'est pas la feuille de papier c'est_
3. _Non, c'est l'horloge_ _explique_
       ce n'est pas un

4.   Est-ce un élève?   5.   Est-ce la chaise?   6.   Est-ce une élève?

4. _Non   n   pas_
   Oui, c'est un élève.
5. _No, ce n'est pas la chaise_
6. _Oui c'est une élève_

7. Est-ce le petit banc?   8. Est-ce l'horloge?   9. Est-ce le tableau?

7. _____ oui, c'est un petit banc._____

8. _____ no, ce n'est pas_____

9. _____ No, ce n'est pas un tableau. c'est un banc_____

The Louvre Museum with its façades by Francis I and Louis XIII contrasts with the new crystal Pyramid entry by the celebrated architect I. M. Pei. This view juxtaposes the old and new faces of Paris.
Reprinted with permission of French Government Tourist Office, New York.

V. La Maison: la salle à manger
(The House: the dining room)

Exercises

I. Answer each question following the examples in the box.

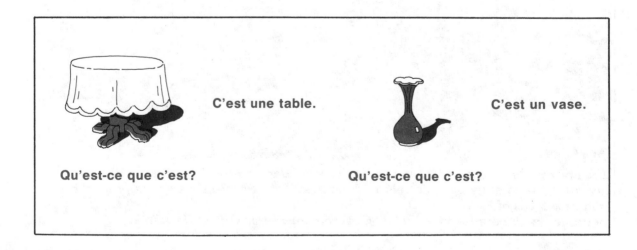

C'est une table.

Qu'est-ce que c'est?

C'est un vase.

Qu'est-ce que c'est?

1. Qu'est-ce que c'est?

2. Qu'est-ce que c'est?

3. Qu'est-ce que c'est?

4. Qu'est-ce que c'est?

5. Qu'est-ce que c'est?

6. Qu'est-ce que c'est?

1. _C'est une fleur_

2. _C'est une assiette_

3. _C'est une tasse_

4. _C'est une cuiller_

5. _C'est un verre glass_

6. _C'est un couteau_

II. Fill in the missing letters of these French words.

1. UNE CHA_I_SE
2. UNE AS_S_IET_T_E
3. UN TAPI_S_
4. UNE FOU_R_CHET_T_E
5. UN COU_T_EAU
6. UNE NAP_P_E
7. UN VER_R_E
8. UN_E_ TAS_S_E
9. UNE CU_I_LLER
10. UN_E_ FL_E_U_R_

VI. La Ville: dans la rue (The City: in the street)

un immeuble
un autobus
un agent de police
une voiture
un feu
une petite fille   un garçon
le trottoir   le passage clouté   une dame   un homme
une valise
— la rue —
un petit garçon
un petit chien
le trottoir

Exercises

I. Answer each question following the examples in the box.

C'est une dame.

C'est un homme.

Qui est-ce?

Qui est-ce?

1.   Qui est-ce?   2.   Qui est-ce?   3.   Qui est-ce?   4.   Qui est-ce?   5.   Qui est-ce?

1. _C'est une dame_

2. _C'est un homme_

3. _C'est une petite fille._

4. _C'est un garcon_

5. _C'est un agent de police_

6.   Qu'est-ce que c'est?   7.   Qu'est-ce que c'est?   8.   Qu'est-ce que c'est?

6. _C'est une voiture_

7. _C'est un immeuble_

8. _C'est un autobus_

II.   Fill in the missing letters of these French words.

1. UN _É_ VA _L_ IS _E_

2. UN PETI _T_ CH _I_ EN

3. L _E_ TROT _T_ OI _R_

4. LE MÉT _R_ O

VII. Summary of two very common irregular verbs: **avoir** and **être** in the present tense, affirmative and negative.

For speaking practice, say aloud the verb forms, with the subject pronouns, of **avoir** and **être** in the present tense, affirmative, and negative.

avoir (to have)

affirmative		negative	
j'ai	I have	**je n'ai pas**	I don't have
tu as	you have *(familiar)*	**tu n'as pas**	you don't have
il a	he *or* it has	**il n'a pas**	he *or* it doesn't have
elle a	she *or* it has	**elle n'a pas**	she *or* it doesn't have
nous avons	we have	**nous n'avons pas**	we don't have
vous avez	you have	**vous n'avez pas**	you don't have
ils ont	they have	**ils n'ont pas**	they don't have
elles ont		**elles n'ont pas**	

être (to be)

affirmative		negative	
je suis	I am	**je ne suis pas**	I am not
tu es	you are *(familiar)*	**tu n'es pas**	you are not
il est	he *or* it is	**il n'est pas**	he *or* it isn't
elle est	she *or* it is	**elle n'est pas**	she *or* it isn't
nous sommes	we are	**nous ne sommes pas**	we are not
vous êtes	you are	**vous n'êtes pas**	you are not
ils sont	they are	**ils ne sont pas**	they are not
elles sont		**elles ne sont pas**	

Note that the subject pronoun **vous** is singular or plural. Use it when speaking to an adult you do not know or, if you do know the person, use it for courtesy, politeness, and respect. Examples:

Singular	Plural
Vous êtes Monsieur Paquet?	**Vous êtes Monsieur et Madame Paquet?**
You are Mr. Paquet?	You are Mr. and Mrs. Paquet?

Note also that the subject pronoun **tu,** which also means *you*, is used in the singular when speaking to a child, a relative, a friend, or an animal. The plural of **tu** is **vous.** Examples:

Singular	Plural
Tu es Janine? Tu es Pierre?	**Vous êtes Janine et Pierre?**
You are Janine? You are Pierre?	You are Janine and Pierre?

PART ONE
STRUCTURES AND VERBS

Concorde Takes Off. The world's first supersonic passenger aircraft
cuts the flying time between New York and Paris to 3½ hours.
Reprinted with permission of Air France.

Madame Paquet cherche dans l'armoire, Janine cherche dans la commode, et Pierre cherche sous le lit. (Mrs. Paquet is searching in the closet, Janine is searching in the dresser, and Pierre is searching under the bed.)

The Noun and the Definite and Indefinite Articles (Singular)

Have you ever looked high and low for something you lost?

Le chapeau échappé

Monsieur Paquet cherche son chapeau. Madame Paquet cherche le chapeau dans l'armoire, Janine cherche dans la commode, et Pierre cherche sous le lit. Le chien est sous la commode.

Monsieur Paquet:	Où est mon chapeau?
Janine:	Je cherche dans la commode, papa.
Pierre:	Nous cherchons partout, papa. Je cherche sous le lit maintenant.
Madame Paquet:	Je cherche aussi, François. Je cherche dans l'armoire. Oh! Je suis fatiguée de chercher le chapeau!
Monsieur Paquet:	Je cherche sous la chaise maintenant. Cherchons dans la cuisine, dans le salon, dans la salle de bains, dans la cave, sous le lit, sous la commode, dans l'armoire, dans le garage. Partout dans la maison!
Janine:	Tiens! Papa! Coco mange le chapeau. Il est sous la commode!
Monsieur Paquet:	Ah, non! Quelle horreur!
	(Monsieur Paquet quitte la chambre vite.)
Madame Paquet:	Où vas-tu, François?
Monsieur Paquet:	Je vais en ville acheter un nouveau chapeau. Zut, alors!
Madame Paquet:	Attends, attends! Je vais avec toi. J'aimerais acheter une nouvelle robe.

Vocabulaire

acheter *v.,* to buy
aimer *v.,* to like, to love
l'armoire *n. f.,* the closet
aussi *adv.,* also, too
avec *prep.,* with
la cave *n.,* the cellar
la chaise *n.,* the chair
la chambre *n.,* the room
le chapeau *n.,* the hat
chercher *v.,* to look for, to search for
le chien *m.,* **la chienne** *f., n.,* the dog
la commode *n.,* the dresser,

the chest of drawers
la cuisine *n., the kitchen*
dans *prep.,* in
de *prep.,* of
échappé *m.,* **échappée** *f., adj.,* escaped
elle *pron.,* she, it
en *prep.,* in, into
et *conj.,* and
être *v.,* to be
la famille *n.,* the family
fatigué *m.,* **fatiguée** *f., adj.,* tired
la fille *n.,* the daughter

le fils *n.,* the son
le garage *n.,* the garage
l'horreur *n. f.,* the horror
il *pron.,* he, it
je *pron.,* I
le *m.,* **la** *f., def. art.,* the
le lit *n.,* the bed
madame *n.,* Mrs., madam
maintenant *adv.,* now
la maison *n.,* the house
manger *v.,* to eat
la mère *n.,* the mother
mon *m.,* **ma** *f., poss. adj.,* my
monsieur *n.,* Mr., sir

nous *pron.*, we, us
nouveau *m.*, **nouvelle** *f.*, *adj.*, new
où *adv.*, where
partout *adv.*, everywhere
le père *n.*, the father
petit *m.*, **petite** *f.*, *adj.*, small
quel *m.*, **quelle** *f.*, *adj.*, what
qui *pron.*, who
quitter *v.*, to leave
la robe *n.*, the dress
la salle de bains *n.*, the bathroom
le salon *n.*, the living room
son *m.*, **sa** *f.*, *poss. adj.*, his, her
sous *prep.*, under

tiens! *exclam.*, look!
toi *pron.*, you
un *m.*, **une** *f.*, *indef. art.*, a, an
la ville *n.*, the town, the city
vite *adv.*, quickly
le vocabulaire *n.*, the vocabulary
zut alors! *exclam.*, gosh darn it!

Verb forms used in this dialogue:

j'aimerais I'd like, I'd love
attends wait
je cherche I look (for), I am looking (for)

il cherche, elle cherche he is looking (for), she is looking (for)
qui cherche who is looking (for)
nous cherchons we are looking (for)
cherchons let's look (for)
est is
il est he is, it is
il mange he eats, he is eating
il quitte he leaves, he is leaving
je suis I am
je vais I am going
vas-tu? are you going?

Exercises

Review the dialogue and vocabulary before starting these exercises.

I. Choose the correct answer based on the dialogue in this unit.

1. Monsieur Paquet cherche
   (a) dans la commode. (b) sous le lit. (c) le chapeau. (d) dans l'armoire. ___b___ ___c___

2. Janine cherche
   (a) sous le lit. (b) dans le salon. (c) sous la commode. (d) dans la commode. ___d___ ___a___

3. Pierre cherche
   (a) sous la chaise (b) dans le garage. (c) dans la salle de bains. (d) sous le lit. ___d___

4. Le chapeau est
   (a) dans la commode. (b) sous la commode (c) sous le lit. (d) dans la cuisine. ___b___

5. Coco mange le chapeau sous
   (a) le lit.   (b) la chaise.   (c) l'armoire.   (d) la commode. ___a___

II. Answer the following questions in complete sentences.

Model: Qui cherche sous le lit?   **Answer: Pierre cherche sous le lit.**
         (Who is searching under the bed?)   (Pierre is searching under the bed.)

1. Qui cherche dans la commode? _Janine cherche dans la commode_

2. Qui cherche dans l'armoire? _Madame Paquet cherche dans la commode_

3. Qui cherche sous la chaise? _Monsieur Paquet cherche sous la chaise_

III. Looking for Something. Proficiency in Speaking and Writing.
Situation: You are looking for a letter you received from a friend. Janine is helping you.
You are **Vous.**

1. **Janine:** **Tu as la lettre?**

2. **Vous:** Non je n'ai pss la lettre. cherchons
dans la commode!

3. **Janine:** **Où cherches-tu?**

4. **Vous:** je chrche sous le lit.

5. **Janine:** **Je vais chercher sous le lit.**

IV. Un acrostiche (an acrostic). Complete the French words in the squares across.

1.	L	a					
2.	E	t					
3.	C	h	e	r	c	h	e	r
4.	H	o	r	r	e	u	r
5.	A	R	M	O	I	R	E
6.	P	È	R	E			
7.	E	l	l	e			
8.	A	I	M	E	R		
9.	U	N					

1. definite article, feminine singular.

2. and

3. to search, to look for

4. horror

5. closet

6. father

7. she

8. to love, to like

9. indefinite article, masculine singular.

Structures de la Langue

A. The definite articles

MASCULINE NOUNS			
le père	the father	**l'homme**	the man
le garçon	the boy	**l'ami**	the friend (boy)
le frère	the brother	**le fils**	the son

FEMININE NOUNS			
la mère	the mother	**la femme**	the woman, wife
la jeune fille	the girl	**l'amie**	the friend (girl)
la soeur	the sister	**la fille**	the daughter

Rules and observations:

1. Nouns are classified by gender, which means that they are either masculine or feminine. A noun is a word that refers to a person, thing, place, or quality; *e.g.,* **la mère**, **la chaise**, **le salon**, **la beauté** (beauty).

2. Nouns denoting persons of the male sex are naturally of the masculine gender.

3. Nouns denoting persons of the female sex are naturally of the feminine gender.

4. Animals that are male or female are naturally of the masculine or feminine gender; *e.g.,* **le chat**, **la chatte** (the cat).

5. Things are also either masculine or feminine, but there is no easy way to determine their gender. You must learn the gender of a noun when you learn the noun by putting **le** or **la** in front of it! **Le** is masculine, **la** is feminine.

6. Some nouns, whether masculine or feminine, take **l'** in front, if they begin with a vowel or a silent **h**. The **e** in **le** drops and the **a** in **la** drops. You're left with **l'**.

7. Some nouns are sometimes masculine, sometimes feminine, in which case the meaning changes; *e.g.,* **le livre** (the book), **la livre** (the pound).

8. To sum it up, French has three forms for the definite article in the singular: **le**, **la**, **l'** — they all mean **the**.

A FEW MORE COMMON MASCULINE NOUNS	
l'arbre the tree	**l'enfant** the child (boy)
le beurre the butter	**le fils** the son
le café the coffee, the café	**le garage** the garage
le chapeau the hat	**le mari** the husband
le chef the chief, the chef	**le nom** the name

A FEW MORE COMMON FEMININE NOUNS	
la bouche the mouth	**l'heure** the hour
la campagne the countryside	**la maison** the house
la chaise the chair	**la montre** the watch
l'enfant the child (girl)	**la porte** the door
la famille the family	**la table** the table

Exercises

Review the preceding material before starting these exercises.

I. Use the appropriate definite article in the singular: **le, la** or **l'**.

1. _le_ garçon

2. _la_ mère

3. _le_ père

4. _la_ jeune fille

5. _l'_ ami

6. _le_ homme

7. _le_ café

8. _le_ chapeau

9. _l'_ enfant

10. _la_ commode

11. _le_ nom

12. _l'_ arbre

13. _le_ lit

14. _la_ porte

15. _l'_ amie

II. Word Hunt.   Can you find these 10 words in French in this puzzle?

1. the woman

2. the man

3. the boy

4. the girl

5. the sister

6. the tree

7. the child

8. the brother

9. the book

10. the mother

L	A	M	L	E	L	I	V	R	E	P	L
O	L	E	G	A	R	Ç	O	N	F	G	A
J	H	I	L	A	M	E	R	E	A	E	S
A	U	O	I	L	H	O	M	M	E	'E	O
L	A	J	E	U	N	E	F	I	L	L	E
E	B	L	E	F	R	E	R	E	A	E	U
L	E	J	O	U	R	L	A	I	R	O	R
A	L	A	F	E	M	M	E	M	B	O	Y
L	E	L	E	N	F	A	N	T	R	U	E
Z	Y	L	E	L	A	M	O	I	E	N	A

III. Food and Drink. Proficiency in Speaking, Reading, and Writing.

Situation: You are at a table in a restaurant deciding what to eat and drink. You are talking with the waitress/**la serveuse.**

In this guided conversation, you are playing the role of **Vous.** You may use your own words and ideas or those suggested below. Review the vocabulary in the **Leçons Préliminaires.** You must read the statements the waitress makes in order to say something related to what she says. Before writing your words, say them aloud.

La serveuse: **Bonjour. Vous désirez?**

Vous: _Je désire un sandwich_

Tell her you want **(Je désire)** a sandwich.

La serveuse: **Un sandwich? Bon! Un sandwich au jambon?**

Vous: _Oui Un sandwich au jambon_

Yes. A ham sandwich.

La serveuse: **Et avec le sandwich? Une tasse de café? Avec crème? Sucre?**

Vous: _Oui, une tasse de café avec crème. et sucre._

And with the ham sandwich a cup of coffee with cream and sugar.

La serveuse: **Vous désirez un fruit?**

Vous: _Oui, je désirez un pomme et une banane_

Tell her you want an apple and a banana.

IV. Shopping. Proficiency in Speaking, Reading, and Writing.

Situation: You are shopping for a few things in a furniture store because you are moving into a new apartment. You are talking with the salesman/**le vendeur.**

You are playing the role of **Vous.** You may use your own words and ideas or those suggested below. Review the vocabulary under the dialogue in this unit. Before writing your words, say them aloud.

Le vendeur: **Bonjour. Vous désirez?** _veux_

Vous: _Je vais acheter une chaise_

Tell him you want to buy **(acheter)** a chair.

Le vendeur: **Nous avons de belles chaises. Les voici**/Here they are.

Vous: _Oui, elles sont belle Elles_

Yes, they are beautiful.

Le vendeur: **Vous désirez une table aussi?** _une lampe_

Vous: _Oui, je désire un lit, un armoir une table aussi_

Tell him you also want to buy a bed, an armoire, a lamp, and a table.

V. Planning a Trip to France. Proficiency in Speaking, Reading, and Writing.

Situation: You and your family are planning a trip to France. You are looking for the passports.

In this guided conversation, you are playing the role of **Vous.** You may use your own words and ideas or those suggested below. Review the vocabulary under the dialogue at the beginning of this unit. Before writing your words, say them aloud.

Le père: **Où sont les passeports?**

La mère: **Je cherche dans l'armoire, François.**

Vous: _Papa, il cherchir sous le lit._
I'm looking under the bed, Dad.

Janine: **Je cherche dans la commode, papa.**

Vous: _il cherche sous la chaise maintanant._
Now I'm looking under the chair, Dad.

La mère: **Nous cherchons partout, François. Oh! Je suis fatiguée de chercher les passeports!**

Vous: _cherchons dan la cuisine la cele dan la le salon, dan la salle de bains_
Let's look in the kitchen, in the living room, in the bathroom, in the cellar, under the dresser, in the garage. Everywhere in the house! _le sstru_

VI. Write the answers to the question in complete French sentences. Use the noun in parentheses with the appropriate definite article: **le**, **la**, **l'**.

Question: **Où est le chapeau?**   **Model answer:** **(salon) Le chapeau est**
(Where is the hat?)   **dans le salon.** (The hat
                                                 is in the living room.)

1. (cuisine) _le chapeau est dans la cuisine._
2. (armoire) _L'armoire est dans la commode_
3. (maison) _le maison est dans la ville chaud_
4. (commode) _la commode est dans la chambre_
5. (garage) _le gâteau est dans la maison_

B. The indefinite articles

MASUCLINE NOUNS		FEMININE NOUNS	
un père	a father	**une mère**	a mother
un garçon	a boy	**une fille**	a girl
un frère	a brother	**une soeur**	a sister
un parapluie	an umbrella	**une orange**	an orange

Rules and observations:

1. The indefinite article has two forms: **un** and **une**. The first is masculine and the second is feminine. Each means **a** or **an**; *e.g.,* **un père**, **une mère**.

2. **Un** is used with a masculine noun whether it begins with a consonant, a vowel, or a silent **h**; *e.g.,* **un garçon**, **un ami**, **un homme**.

3. **Une** is used with a feminine noun whether it begins with a consonant, a vowel, or a silent **h**; *e.g.,* **une femme**, **une orange**, **une horreur**.

Exercises

Review the preceding material before starting these exercises.

I. Use the appropriate indefinite article in the singular: **un** or **une**.

1. _Un_ garçon
2. _Une_ mère
3. _Un_ père
4. _Un_ ami
5. _Une_ amie

6. _Un_ homme
7. _Un_ café
8. _Un_ chat
9. _Une_ chatte
10. _Un_ nom

11. _Un_ arbre
12. _Une_ orange
13. _Une_ porte
14. _Une_ famille
15. _Un_ parapluie

II. Word Hunt. Can you find these 5 words in French in this puzzle?

1. a tree
2. an orange
3. a boy
4. an umbrella
5. a girl

U	N	E	J	E	U	N	E	F	I	L	L	E	A
N	E	F	I	L	M	O	A	U	V	O	U	S	S
A	R	B	E	A	U	N	G	A	R	Ç	O	N	S
R	O	U	G	E	P	L	U	S	E	R	S	T	U
B	L	U	N	P	A	R	A	P	L	U	I	E	R
R	J	O	I	N	D	R	E	E	T	R	E	S	E
E	U	N	E	O	R	A	N	G	E	U	N	A	N

III. Picture Interpretation. Proficiency in Speaking and Writing.

Situation: Study the picture below and complete the dialogue. You are talking with a friend about what the woman in the picture is doing. Review the vocabulary in this work unit and the preliminary lessons. You may use words of your own or any of the following: **la femme, ma mère** (my mother), **une nouvelle robe, pourquoi** (why), **elle va** (she is going).

1. **Richard:** **Qui est la femme?**

2. **Vous:** _la femme est dan l'armoire,_

3. **Richard:** **Que fait-elle?** _dans l'armoire une nouvelle robe._

4. **Vous:** _Elle chercher ~~dan~~ pour quelque chose._

5. **Richard:** **Que cherche-t-elle?**

6. **Vous:** _elle cherche pour une nouvelle robe._

7. **Richard:** **Pourquoi?**

8. **Vous:** _parce que Elle va au café._

IV. Comment dit-on en français . . . ? (How do you say in French . . . ?)

Find the following statements in the dialogue at the beginning of this work unit and write them in French.

1. Mr. Paquet is looking for his hat. _Monsieur Paquet est cherche pour son livre sous la commode_

2. The dog is under the dresser. _le chien est sous la commode_

3. We are searching everywhere. _Nous cherchons partout._

4. I'm going downtown to buy a new hat. _Je vais en ville pour acheté une nouvelle chapeau_

5. Coco is eating the hat. _le chien est mangé le chapeau nouveau chapeau_

V. Fill in the blanks with an appropriate singular definite or indefinite article.

Coco, _un_ chien, est sous _la_ commode. Madame Paquet, _une_ mère, cherche
          1   2   3

dans _l'_ armoire. Janine cherche dans _la_ commode, et Pierre cherche sous
          4   5

_le_ lit. Madame Paquet est fatiguée de chercher _le_ chapeau. Monsieur Paquet,
    6   7

_un_ père, va en ville acheter _un_ nouveau chapeau et Madame Paquet va acheter
    8   9

une nouvelle robe.
    10

VI. Activities. Proficiency in Writing.

A. Write the French words for five foods you would take on a picnic.

1. _le jambon_ 2. _le gateaux_ 3. _les pommes_ 4. _les bananes_ 5. _les sandwichs_

B. Write the French words for six things usually placed on a table for a meal.

1. _fourchette_   3. _une cuiller_   5. _une nappe_
2. _assiette_   4. _un couteau_   6. _une fleur_
                       un verre   _une tappe_

C. Write eight French verbs that indicate what a person is doing.

1. _courent_   3. _ecrite_   5. _chercher_   7. _acheten_
2. _vais_   4. _etudie_   6. _fait_   8. _____
   vas

32

AU CLAIR DE LA LUNE

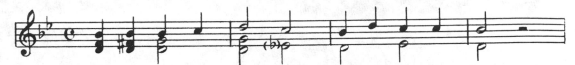

Au clair de la lu _ ne Mon a _ mi Pier _ rot

Prê _ te - moi ta plu _ me Pour é _ crir' un mot

Ma chan _ dell' est mor _ te, Je n'ai plus de feu;

Ou _ vre moi ta por _ te Pour l'a _ mour de Dieu.

Au clair de la lune.
Pierrot répondit :
Je n'ai pas de plume,
Je suis dans mon lit.

Va chez la voisine,
Je crois qu'elle y est,
Car, dans sa cuisine,
On bat le briquet.

Au clair de la lune,
On n'y voit qu'un peu.
On chercha la plume.
On chercha le feu.

En cherchant d' la sorte,
Je n' sais ce qu'on trouva.
Mais je sais qu' la porte,
Sur eux se ferma.

Quel déjeuner! (What a lunch!)

The Noun and the Definite and Indefinite Articles (Plural)

*In this scene, Claire and François Paquet are
with their friends from Martinique, Joséphine
and Alphonse Banluc, who are living in Paris.
They are all with their children at the Bois de
Boulogne, a park near Paris, to celebrate
La Fête Nationale on the 14th of July.*

Vive le quatorze juillet!

Claire Paquet:	Venez, tout le monde. Venez! Nous pouvons déjeuner sur l'herbe maintenant. Nous allons commencer par la viande. Janine, as-tu les sandwichs?
Janine:	Les sandwichs? Quels sandwichs? Je n'ai pas les sandwichs. J'ai seulement les gâteaux et les petits fours glacés. C'est pour le dessert.
Claire Paquet:	Tu n'as pas les sandwichs? Bon, bon. Pierre, tu as apporté les sandwichs, j'espère.
Pierre:	Mais non! J'ai seulement les éclairs.
Claire Paquet:	François, tu as sûrement apporté la viande: le rosbif, le veau, le porc, le jambon, et le poulet.
François Paquet:	Mais non, ma chérie. J'ai apporté la glace.
Claire Paquet:	Joséphine, tu as sûrement apporté la viande, j'espère.
Joséphine Banluc:	Mais non. J'ai apporté un gâteau!
Claire Paquet:	Alphonse, tu as les saucisses et les saucissons, j'espère.
Alphonse Banluc:	Mais non, Claire. J'ai apporté un grand gâteau et les petits fours glacés! C'est pour le dessert. J'ai apporté aussi une bouteille d'eau minérale pour notre santé.
Claire Paquet:	Quel déjeuner!
Tous les enfants:	C'est merveilleux! Nous aimons mieux les desserts!
Claire Paquet:	Eh, bien! C'est la Fête Nationale et, dans l'esprit de ce grand jour de fête, moi, je dis: mangeons les gâteaux!

Vocabulaire

l'an *n. m.*, the year
apporter *v.*, to bring
bien *adv.*, well
le bois *n.*, the woods
bon *m.*, **bonne** *f., adj.*, good
la bouteille *n.*, the bottle
ce *dem. adj.*, this
chéri *m.*, **chérie** *f., adj.*,
    darling, dearest
commencer *v.*, to begin
déjeuner *v.*, to have lunch
le déjeuner *n.*, the lunch
le dessert *n.*, the dessert
dire *v.*, to say
l'eau *n. f.*, the water; **l'eau
    minérale** *n.*, mineral water
l'éclair *n. m.*, the eclair
eh bien! *exclam.*, oh, well!
espérer *v.*, to hope
l'esprit *n. m.*, the spirit
la femme *n.*, the wife
la fête *n.*, the holiday
le gâteau *n.*, the cake
la glace *n.*, the ice cream
glacé *m.*, **glacée** *f., adj.*,
    glazed, frosted
l'herbe *n. f.*, the grass
le jambon *n.*, the ham
le jour *n.*, the day
juillet *n. m.*, July
les *def. art., pl.*, the
mais non! *exclam.*, why no!
le mari *n.*, the husband
merveilleux *m.*,
    merveilleuse *f., adj.*,
    marvelous, wonderful
mieux *adv.*, better
moi *pron.*, me
non *adv.*, no
ou *conj.*, or
oui *adv.*, yes
le parc *n.*, the park
la pâtisserie *n.*, the pastry
le petit four *n.*, the little cake
le porc *n.*, the pork
le poulet *n.*, the chicken
pour *prep.*, for
pouvoir *v.*, to be able
près (de) *adv.*, near (to)
quatorze *adj.*, fourteen
le quatorze juillet *n.*, the
    fourteenth of July, **La
    Fête Nationale,** the
    French National Holiday
quel *m.*, **quelle** *f., adj.*, what;
    quel déjeuner! what a
    lunch!
le rosbif *n.*, the roast beef
le sandwich *n.*, the sandwich
la santé *n.*, health
la saucisse *n.*, the sausage
le saucisson *n.*, bologna
seulement *adv.*, only
sur *prep.*, on
sûrement *adv.*, surely
tous *m.*, **toutes** *f., adj. pl.*,
    all, every
tous les enfants, all the
    children
tout *m.*, **toute** *f., adj. sing.*,
    all, every
tout le monde, everybody
tu *per. pron.*, you
le veau *n.*, the veal
venir *v.*, to come
la viande *n.*, the meat
vivre *v.*, to live

Verb forms used in this
dialogue:

j'ai I have
je n'ai pas I do not have
tu as you have
tu n'as pas you do not have
as-tu? have you?
nous aimons we like, we
    love
nous allons we are going
j'ai apporté I brought
tu as apporté you brought
il a apporté, elle a apporté
    he brought, she brought
je dis I say
j'espère I hope
c'est it is
mangeons! let us eat!
nous pouvons we can, we
    are able
il va, elle va he goes, she
    goes (is going)
venez! come!
ils viennent (de) they come
    (from)
vive —! long live —!

Exercises

Review the dialogue and vocabulary before starting these exercises.

I. Choose the correct answer based on the dialogue in this unit.

1. Le déjeuner dans le parc est sur
    (a) les gâteaux.   (b) le dessert.   (c) les petits fours glacés.   (d) l'herbe. ___d___

2. Joséphine et Alphonse Banluc viennent
    (a) du Bois de Boulogne. (b) de la Bastille. (c) de la Martinique. (d) du parc. ___c___

3. Le rosbif et le porc sont des
    (a) viandes.　　　(b) gâteaux.　　　(c) desserts.　　　(d) sandwichs. _d_

4. Tout le monde a apporté
    (a) de la viande. (b) des sandwichs. (c) de l'eau minérale. (d) de la pâtisserie. _d_

5. Tout le monde mange
    (a) du gâteau et de la glace.　　　(b) des saucisses.　　　(c) du veau. _a_
    (d) des sandwichs.

II. Picnic in the Park. Proficiency in Writing.

Situation: You and your friends are planning a picnic in the park. You call your friend to discuss what you will each bring. In three sentences tell your friend what food you would like to have at the picnic. Then ask your friend which of these he or she would like to bring. You may use your own ideas or ideas suggested by the following: **avoir, apporter, les sandwichs, les desserts, les éclairs, la glace, le gâteau, le poulet, la viande, le veau, le jambon, la saucisse.**

1. _nous app Je veux les sandwichs ou et les desserts_

2. _____

3. _____

III. In a Fast-Food Restaurant. Proficiency in Writing.

Situation: You and a friend are in a fast-food restaurant/**dans un restaurant cuisine rapide**. Your friend asks you why you like mineral water/**Pourquoi aimes-tu l'eau minérale?** Begin your response with: **Pour moi**/For me. In three sentences tell why you like it. You may use your own words and ideas or those suggested by the following: **c'est bon, la santé, aimer mieux, le café.**

1. _____

2. _____

3. _____

IV. Mots croisés (crossword puzzle). Give the French words for the English clues.

Horizontalement

1. I
4. good, *masc. sing.*
6. also
8. the, *pl.*
9. definite article, *fem. sing.*
11. the sandwiches
13. with
16. definite article, *masc. sing.*
17. to bring
18. you, *fam. sing.*
19. at, to
20. my, *fem. sing.*
21. and

Verticalement

2. the ice cream
3. is
5. only
7. the cakes
10. year
12. on
14. she
15. for

Structures de la Langue

A. Formation of regular plural of nouns

MASCULINE AND FEMININE NOUNS			
Singular		Plural	
la mère	the mother	**les mères**	the mothers
le père	the father	**les pères**	the fathers
la jeune fille	the girl	**les jeunes filles**	the girls
la fille	the daughter	**les filles**	the daughters
l'homme	the man	**les hommes**	the men
l'arbre	the tree	**les arbres**	the trees

Rules and observations:

1. To form the plural of a noun, whether masculine or feminine, ordinarily just add **s** to the singular form.

2. Change the definite article **the** from **le** to **les**, **la** to **les**, and **l'** to **les**.

3. In sum, French has only one form for the definite article in the plural: **les**.

B.   Formation of irregular plural of nouns

Rules and observations:

1. Nouns that end in **-s**, **-x**, **-z** in the singular, whether masculine or feminine, do not normally change in the plural. They remain the same. See examples in the box below. You can tell the noun is singular or plural from **le** or **la**, or **les**.

Singular		Plural	
le fils	the son	**les fils**	the sons
la voix	the voice	**les voix**	the voices
le nez	the nose	**les nez**	the noses

2. Nouns that end in **-au**, **-eu**, **-ou** in the singular, whether masculine or feminine, ordinarily add **-x** to form the plural. See examples in the box below.

Singular		Plural	
le gâteau	the cake	**les gâteaux**	the cakes
le jeu	the game	**les jeux**	the games
le genou	the knee	**les genoux**	the knees

3. Nouns that end in **-al** or **-ail** in the singular ordinarily drop that ending and add **-aux** to form the plural. See examples in the box below.

Singular		Plural	
le journal	the newspaper	**les journaux**	the newspapers
le travail	the work	**les travaux**	the works

4. There are other irregular plurals of nouns. Study the examples in the box below.

Singular		Plural	
le ciel	the sky, heaven	**les cieux**	the skies, heavens
l'oeil	the eye	**les yeux**	the eyes
madame	Mrs., madam	**mesdames**	ladies
mademoiselle	miss	**mesdemoiselles**	misses
monsieur	mister, sir, gentleman	**messieurs**	sirs, gentlemen

Exercises

Review the preceding material before starting these exercises.

I. Write the plural form for each noun.

1. le garçon _____
2. le fils _____
3. le chapeau _____
4. le journal _____
5. le ciel _____

6. l'oeil _____
7. le père _____
8. la voix _____
9. la mère _____
10. le chat _____

II. Write the singular form for each noun.

1. les tables _____
2. les nez _____
3. les genoux _____
4. les voix _____
5. les yeux _____

6. les messieurs _____
7. les hommes _____
8. les jeunes filles _____
9. les enfants _____
10. les arbres _____

III. Change to the singular or to the plural, depending on which is given.

1. les pères _____
2. les hommes _____
3. l'eau _____
4. le fils _____
5. la table _____

6. les journaux _____
7. le cheval _____
8. l'oiseau _____
9. les élèves _____
10. le pays _____

C. Contraction of the definite article with **à** and **de**

à + **le** *changes to* **au**	**de** + **le** *changes to* **du**
à + **les** *changes to* **aux**	**de** + **les** *changes to* **des**

Rules and observations:

1. When the preposition **à** (*at, to*) is in front of the definite article **le** or **les**, it changes to the forms given in the box above.

2. When the preposition **de** (*from, of*) is in front of the definite article **le** or **les**, it changes to the forms given in the box above.

3. There is no contraction of **à** followed by **l'** or **la**. It remains **à l'** or **à la**.

4. There is no contraction of **de** followed by **l'** or **la**. It remains **de l'** or **de la**.

Janine va au café.

Madame Paquet va aux grands magasins.

Janine va à la gare.

Madame Paquet donne un bonbon à l'enfant.

Pierre vient du restaurant.

Madame Paquet vient des grands magasins.

Pierre vient de l'école.

Janine vient de la bibliothèque.

Exercises

Review the preceding material before starting these exercises.

I. Match the following.

1. Janine is going to the station.   _____ Janine va au café.

2. Pierre is coming from the restaurant.   _____ Madame Paquet va aux grands magasins.

3. Mr. Paquet is coming from the department stores.   _____ Pierre vient de l'école.

4. Janine is coming from the library.   _____ Monsieur Paquet vient des grands magasins.

5. Pierre is coming from the school.   _____ Madame Paquet donne un bonbon à l'enfant.

6. Mrs. Paquet is giving a candy to the child.   _____ Pierre vient du restaurant.

7. Janine is going to the café.   _____ Janine va à la gare.

8. Mrs. Paquet is going to the department stores.   _____ Janine vient de la bibliothèque.

II. Fill in the missing words. Choose either au, aux, à l', or à la.

1. Janine va _____ café.

2. Pierre va _____ gare.

3. Madame Paquet va _____ grands magasins.

4. Hélène va _____ école.

III. Fill in the missing words. Choose either du, de l', de la, or des.

1. Pierre vient _____ restaurant.

2. Janine vient _____ école.

3. Monique vient _____ bibliothèque.

4. Marie vient _____ grands magasins.

D. Use of the definite article with de for possession

le livre **du** maître	the teacher's book
le livre **de la** maîtresse	the teacher's book
les livres **des** garçons	the boys' books
le livre **de** Janine	Janine's book
le livre **de l'**élève	the pupil's book

Rules and observations:

1. The preposition **de** is used to express possession, as shown in the examples in the above box.

2. The preposition **de** changes to **du** or **des**, as shown in the examples in the above box.

Exercises

Review the preceding material before starting the exercises.

I.   Match the following.

1. le parapluie de Pierre	_____ the boy's hat
2. les robes des jeunes filles	_____ the boys' dogs
3. les cheveux de Janine	_____ the girl's skirt
4. le chapeau du garçon	_____ the girls' dresses
5. le journal de Pierre	_____ the pupil's pencil
6. les chiens des garçons	_____ the pupils' pens
7. la jupe de la jeune fille	_____ Janine's eyes
8. les yeux de Janine	_____ Janine's hair
9. les stylos des élèves	_____ Pierre's newspaper
10. le crayon de l'élève	_____ Pierre's umbrella

II.   Fill in the missing words. Use either du, des, de, de l' or de la.

1. J'ai les crayons _____ jeunes filles.

2. J'ai le journal _____ femme.

3. J'ai les livres _____ Pierre.

4. J'ai les cahiers _____ garçon.

5. J'ai le stylo _____ élève.

6. J'ai le chapeau _____ homme.

7. J'ai le jeu _____ Janine.

8. J'ai les journaux _____ père.

9. J'ai les bonbons _____ enfant.

10. J'ai le parapluie _____ mère.

III. Obtaining and Providing Information. Proficiency in Speaking and Writing.

Situation: Your friend Janine is visiting you in your house. She is always asking questions. Provide answers for her.

Your role is **Vous.** You may vary and extend this dialogue with your own words and ideas. Later, after you have written what you said on the lines, you may exchange roles with Janine for more practice in speaking and writing. Use any or all of the following: **dis-moi**/*tell me*; **dans cette photo**/*in this photo*; **qui mange**/*who is eating*; **ce parapluie**/*this umbrella*; **ma tante**/*my aunt*; **ma mère**/*my mother*; **mon père**/*my father*; **tout le temps**/*all the time*; **les gants**/*the gloves*; **c'est...**/*it's...*; **ce sont**/*they are...*

Janine: **Dis-moi, dans cette photo, qui est la femme qui mange?**

Vous: _____

Tell her: It's my aunt Sophie. She eats all the time.

Janine: **Et ce parapluie sur le lit?**

Vous: _____

Tell her: It's my mother's umbrella.

Janine: **Et les gants sous la chaise?**

Vous: _____

Tell her: They are my father's gloves.

*The commemorative bronze bas-relief, **Le Triomphe de la République,** by the sculptor Jules Dalou. It is on the base of the Statue de la République in the center of the vast Place de la République in Paris.*

Reprinted with permission of French Government Tourist Office, New York, N.Y.

Avez-vous de la viande? Avez-vous des saucisses? Avez-vous du café? (Do you have any meat? Do you have any sausages? Do you have any coffee?)

The Noun and the Definite and Indefinite Articles (Conclusion)

Some people always know what to order in a restaurant and some don't. Have you ever done what Pierre does in this scene?

La grande décision

Le Serveur: Bonjour. Vous désirez?

Pierre: Bonjour. Avez-vous de la viande?

Le Serveur: Oui. Nous avons de la viande.

Pierre: Avez-vous des saucisses?

Le Serveur: Oui. Nous avons de belles saucisses.

Pierre: Non, je ne veux pas de viande. Je ne veux pas de saucisses.

Le Serveur: Nous avons du poisson.

Pierre: Je ne veux pas de poisson . . . Avez-vous de l'eau minérale?

Le Serveur: Oui. Nous avons de l'eau minérale.

Pierre: Non, je ne veux pas d'eau minérale . . . Avez-vous du café?

Le Serveur: Oui. Nous avons du café.

Pierre: Non, je ne veux pas de café.

Le Serveur: Aimez-vous les éclairs et les tartes?

Pierre: Oui, oui. J'aime les éclairs et les tartes.

Le Serveur: Je regrette. Nous n'avons ni éclairs, ni tartes.

Vocabulaire

aimer *v.*, to like, to love;
  aimez-vous? do you like?
  j'aime, I like
avoir *v.*, to have;
  avez-vous? do you have?
  nous avons, we have;
  **nous n'avons ni éclairs,
  ni tartes,** we have neither
  eclairs nor tarts
beau(x) *m.*, **belle(s)** *f., adj.*,
  beautiful

bonjour *salutation,* good day
la décision *n.*, decision
désirer *v.*, to wish, to desire;
  vous désirez? you wish?
l'école *n. f.,* the school
grand *m.*, **grande** *f., adj.*,
  great, big
ni . . . ni *conj.*, neither . . . nor
parle *v., form of* **parler** (to
  talk, to speak); **Pierre
  parle,** Pierre is talking
le poisson *n.*, the fish

regretter *v.*, to regret, to be
  sorry; **je regrette,** I'm sorry
le restaurant *n.*, restaurant
le serveur *n.*, server,
  waiter
la serveuse *n.*, server,
  waitress
veux *v. form of* **vouloir** (to
  want); **je ne veux pas,** I do
  not want; **Pierre veut,**
  Pierre wants
vous *pron.*, you

Exercises

Review the dialogue and vocabulary before starting these exercises.

I. Choose the correct answer based on the dialogue in this unit.

1. Pierre est dans   (a) une école.   (b) un parc.   (c) la maison.
   (d) un restaurant.   _____

2. Pierre parle avec   (a) un ami.   (b) une amie.   (c) une femme.
   (d) un serveur de restaurant.   _____

3. Pierre aime   (a) la viande.   (b) le poisson.   (c) les éclairs et
   les tartes.   (d) les saucisses.   _____

II. Lists. Write a list of words for each situation.

A. You are in a restaurant. Write a list of four things that are on the table.

    1. _____   2. _____   3. _____   4. _____

B. You are in a pastry shop **(une pâtisserie)**. Write a list of four things you would like to buy.

    1. _____   2. _____   3. _____   4. _____

III. Word Hunt. Can you find these words in French in this puzzle? Circle them.

1. I like
2. some fish
3. we have
4. the meat
5. some coffee
6. sir
7. some water

D	U	C	A	F	E	D	E	S
U	M	O	N	S	I	E	U	R
P	D	U	O	D	E	L	A	O
O	C	A	U	J	A	I	M	E
I	D	C	S	P	O	I	D	U
S	E	L	A	V	O	S	N	E
S	L	A	V	I	A	N	D	E
O	E	D	O	E	L	A	E	A
N	A	E	N	A	U	E	A	E
D	U	L	S	O	M	O	N	S

Structures de la Langue

A. The Partitive

Essentially, the plural of the indefinite articles **un** and **une** is **des**. The partitive denotes a part of a whole; or in other words, *some*. It can be plural or singular in form.

1. SIMPLE AFFIRMATIVE

J'ai **du** café.	I have *some* coffee.
J'ai **de la** viande.	I have *some* meat.
J'ai **de l'**eau.	I have *some* water.
J'ai **des** bonbons.	I have *some* candies.

2. SIMPLE NEGATIVE

Je n'ai pas **de** café.	I don't have *any* coffee.
Je n'ai pas **de** viande.	I don't have *any* meat.
Je n'ai pas **d'**eau.	I don't have *any* water.
Je n'ai pas **de** bonbons.	I don't have *any* candies.

3. WITH AN ADJECTIVE

J'ai **du** bon café.	I have *some* good coffee.
J'ai **de** jolis chapeaux.	I have *some* pretty hats.
J'ai **de** jolies jupes.	I have *some* pretty skirts.

Observations based on the examples given in the three boxes above:

1. Use either **du**, **de la**, **de l'**, or **des** in front of the noun, depending on whether the noun is masculine or feminine, singular or plural. Study the examples in the first box above.

2. The form **du** is used in front of a masculine singular noun beginning with a consonant, as in **j'ai du café**. See the first box above.

3. The form **de la** is used in front of a feminine singular noun beginning with a consonant, as in **j'ai de la viande.** See the first box above.

4. The form **de l'** is used in front of a feminine or masculine singular noun beginning with a vowel or a silent *h*, as in **j'ai de l'eau**. See the first box above.

5. The form **des** is used in front of all plural nouns.

6. To express *any* in front of a noun, when the verb is negative, use **de** in front of the noun. The noun can be feminine or masculine, singular or plural, but it *must* begin with a consonant, as in **je n'ai pas de café**. See the second box above.

7. To express *any* in front of a noun, when the verb is negative, use **d'** in front of the noun. The noun can be feminine or masculine, singular or plural, but it *must* begin with a vowel or silent *h*, as in **je n'ai pas d'eau**. See the second box above.

8. When the noun is preceded by an adjective, use **de**, as in **j'ai de jolis chapeaux**. See the third box above. Exception: **J'ai du bon café.**

9. When the noun is preceded by an adverb or noun of quantity or measure, use **de**, as in **j'ai beaucoup de choses**.

10. When the noun is modified by another noun, use **de**, as in **une école de filles** /a girls' school.

11. The partitive is not used with **sans** or **ne ... ni ... ni**.

   Examples: Je quitte la maison **sans argent**.
   (I'm leaving the house *without any money*.)

   Nous **n**'avons **ni** éclairs **ni** tartes.
   We have *neither* eclairs *nor* tarts.

Exercises

Review the preceding material before starting these exercises.

I. Answer the following questions in the affirmative.

   Model: Avez-vous du café?   **Answer: Oui, j'ai du café.**
   (Do you have any coffee?)   (Yes, I have some coffee.)

1. Avez-vous du pain? _____

2. Avez-vous de la viande? _____

3. Avez-vous de l'eau? _____

4. Avez-vous des bonbons? _____

5. Avez-vous du beurre? _____

Avez-vous des bonbons? (Do you have any candies?)

II.   Answer the following questions in the negative.

Model: Avez-vous du café?	**Answer: Non, je n'ai pas de café.**
(Have you any coffee?)	(No, I haven't any coffee.)

1.   Avez-vous du café?   _____

2.   Avez-vous de la viande?   _____

3.   Avez-vous de l'eau?   _____

4.   Avez-vous des bonbons?   _____

5.   Avez-vous du beurre?   _____

III.   Notes. Proficiency in Writing.

Situation: On your way to school this morning, you lost a few things. Using at least eight words, write a note to your friend who sits near you in French class asking if he/she has any of those things for you today; for example, candies, money, paper, a pen, a pencil.

_____

_____

_____

IV. Answer the following questions in the negative.

> **Model: Avez-vous du bon café?**   **Answer:** **Non, je n'ai pas de bon café.**
> (Do you have [any] good coffee?)   (No, I don't have any good coffee.)

1. Avez-vous de belles fleurs? _____

2. Avez-vous de jolis chapeaux? _____

3. Avez-vous de jolies jupes? _____

4. Avez-vous du bon vin? _____

5. Avez-vous de jolies cravates? _____

B. The definite article with parts of body and clothing

J'ai **les** mains sales.	My hands are dirty.
J'ai **les** yeux bruns.	My eyes are brown.
J'ai **les** cheveux noirs.	My hair is black.
J'ai **le** chapeau sur **la** tête.	I have my hat on my head.

Rule: Use the definite article instead of the possessive adjective when there is no doubt as to who the possessor is.

Exercises

I. Answer the following questions in the affirmative.

> **Model: Avez-vous les mains sales?**   **Answer:** **Oui, j'ai les mains sales.**
> (Are your hands dirty?)   (Yes, my hands are dirty.)

1. Avez-vous les mains sales? _____

2. Avez-vous le visage sale? _____

3. Avez-vous le nez long? _____

4. Avez-vous les yeux bruns? _____

5. Avez-vous les cheveux noirs? _____

II. Answer the following questions in the negative.

> **Model:** **Avez-vous les pieds grands?**   **Answer:**   **Non, je n'ai pas les pieds grands.**
> (Do you have big feet?)   (No, I don't have big feet.)

1. Avez-vous les pieds grands? _____

2. Avez-vous le visage sale? _____

3. Avez-vous les mains sales? _____

4. Avez-vous le chapeau sur la tête? _____

5. Avez-vous les cheveux noirs? _____

C. The definite article with parts of the day

Je vais à l'école **les** matins.	I go to school *in the* mornings.
Je joue **les** après-midi.	I play *in the* afternoons.
J'étudie **les** soirs.	I study *in the* evenings.

Rule: Use the definite article with parts of the day when the action is habitual. It can also be used in the singular. In English it means *in the*.

Je vais à l'école le matin.   **Je joue l'après-midi.**   **J'étudie le soir.**

Exercises

I. Answer the following questions in the affirmative.

> **Model:** **Allez-vous à l'école les matins?** (Do you go to school in the mornings?)
>
> **Answer:** **Oui, je vais à l'école les matins.** (Yes, I go to school in the mornings.)

1. Allez-vous à l'école les matins? _____

2. Allez-vous à la bibliothèque les après-midi? _____

3. Allez-vous au restaurant les soirs? _____

4. Allez-vous au parc les après-midi? _____

5. Allez-vous au café les soirs? _____

II. Answer the following questions in the negative.

> **Model:** **Allez-vous au cinéma les soirs?** (Do you go to the movies in the evenings?)
>
> **Answer:** **Non, je ne vais pas au cinéma les soirs.** (No, I don't go to the movies in the evenings.)

1. Allez-vous au cinéma les soirs? _____

2. Allez-vous à l'école les matins? _____

3. Allez-vous à la bibliothèque les soirs? _____

D. Omission of the definite article with **parler**, **de**, and **en**

Janine est **de** France.	Elle **parle** français.	Elle **prononce** bien **le français**.
Janine is from France.	She speaks French.	She pronounces French well.

Julie répond **en** français dans la classe **de** français.
Julie answers in French in the French class.

Rules and observations:

1. Do not use the definite article in front of the name of a language if the verb **parler** directly precedes it.

2. Do not use the definite article in front of the name of a language or a subject of study if the preposition **de** or **en** directly precedes it.

3. **De** indicates *concerned with* in expressions such as the following:
   la classe de français (the French class), **la leçon de français** (the French lesson), **le professeur d'anglais** (the English teacher), **le maître de musique** (the music teacher).

4. Change **de** to **d'** if the word that follows starts with a vowel or a silent *h*. Example: **le professeur d'anglais**.

E. Omission of the indefinite article with **cent** and **mille**

J'ai **cent dollars**.	I have *one hundred dollars*.
J'ai **mille dollars**.	I have *one thousand dollars*.

Rule: Do not use the indefinite article **un** or **une** in front of **cent** (100) or **mille** (1,000).

Exercises

Review the preceding material before starting these exercises.

I. Write two sentences using the word (language name) given in parentheses. Begin the first sentence with **il** (he) or **elle** (she) and use the verb **parle** (speaks). Begin the second sentence with the appropriate subject pronoun (**il** *or* **elle**) and use the verb **prononce** (pronounces) and the adverb **bien** (well).

Model: **Pierre est de France.**
(Peter is from France.)

You write: **Il parle français.**
(He speaks French.)

Il prononce bien le français.
(He pronounces French well.)

1. Louis est de France.

   (le français) _____

2. María est d'Espagne.

   (l'espagnol) _____

3. Madame Belini est d'Italie.

(l'italien) _____

4. Monsieur Armstrong est d'Angleterre.

(l'anglais) _____

5. Hilda est d'Allemagne.

(l'allemand) _____

II. Answer the following questions in the affirmative.

Model: Avez-vous cent dollars?　　　　**Answer: Oui, j'ai cent dollars.**
(Have you 100 dollars?)　　　　　　　　　　(Yes, I have 100 dollars.)

1. Avez-vous cent dollars? _____

2. Avez-vous mille francs? _____

3. Avez-vous cent livres? _____

4. Avez-vous mille amis? _____

III. Complete with an appropriate selection: **le, la, l'**, or **les**. Use a dash (—) if no definite article is required.

Le maître de _____ musique à _____ école est aussi professeur de _____ français. Il
　　　　　　　　 1　　　　　　　　 2　　　　　　　　　　　　　　　　 3

parle _____ français dans _____ classe de français, et il prononce bien _____ français.
　　　 4　　　　　　　 5　　　　　　　　　　　　　　　　　　　 6

Il a _____ yeux bleus et _____ cheveux noirs.
　　 7　　　　　　　 8

IV. Change the words in italics to either the singular or plural, depending on which is given.

Model: J'ai le gâteau.　　　　　　**Answer: J'ai les gâteaux.**
(I have the cake.)　　　　　　　　　　(I have the cakes.)

1. J'ai *le sandwich*. _____   5. J'ai *des jupes*. _____

2. J'ai *l'éclair*. _____   6. J'ai *le chapeau*. _____

3. J'ai *les saucisses*. _____   7. J'ai *les desserts*. _____

4. J'ai *un dollar*. _____   8. J'ai *des gâteaux*. _____

V. Jeu de mots   (Word game.) **Translate these 14 words into French to fill in the squares.**

1. the news-
    papers

2. water

3. health

4. dress

5. children

6. on

7. works
    (noun)

8. afternoon

9. indefinite
    article, *fem.
    sing.*

10. roast beef

11. tree

12. nose

13. head

14. evening

1	2	3	4	5	6	7	8	9	10	11	12	13	14
L	E	S	R	E	S	T	A	U	R	A	N	T	S

VI. Physical Characteristics. Proficiency in Writing.

Situation: You are filling in an application for a student visa to France because you are going to study French at the Université de Paris. You are asked to write a short paragraph in French containing four or five sentences stating a few of your physical characteristics.

Before you begin, you may want to review this topic and the exercises in section **B** in this work unit.

You may use your own ideas and words or the following: I have blue (brown, gray, green) eyes/**J'ai les yeux bleus (bruns, gris, verts).** I have black (brown, blond, red) hair/**J'ai les cheveux noirs (bruns, blonds, roux).** I have big (small) feet/**J'ai les pieds grands (petits).** I have a round face/**J'ai le visage rond.** I have big (small) hands/**J'ai les mains grandes (petites).**

You may practice writing the paragraph on the following lines.

_____

_____

_____

_____

VII. Dining Out. Proficiency in Speaking and Writing.

Situation: You are in a small café-restaurant **(un bistro)** in Paris. In this guided dialogue, you are playing the role of **Vous.** You may address the waiter **(le serveur)** as **Monsieur**/Sir.

You may use your own words and ideas or those suggested below. After you say the words aloud, write them on the lines. Before you start, you may want to review the dialogue and vocabulary at the beginning of this lesson. Make use of the words the waiter says before and after what you want to say. You may also want to use the vocabulary and verb forms in the back pages.

Le serveur: **Bonjour, madame (mademoiselle, monsieur). Vous désirez?**

Vous: _____

Respond with a greeting and ask: Have you any fish today?

Le serveur: **Oui, nous avons du poisson aujourd'hui.**

Vous: _____

Have you any meat?

Le serveur: **Oui, nous avons de la viande. Nous avons du bifteck et du rosbif aux pommes frites**/steak and roast beef with French fries.

Vous: _____

Do you have any mashed potatoes?

Le serveur: **Oui, nous avons de la purée de pommes de terre.**

Vous: _____

Do you have any sausages?

Le serveur: **Oui, nous avons de belles saucisses.**

Vous: _____

No, sir. I'm sorry. I don't want any meat. I don't want any sausages. I don't want any mashed potatoes.

Le serveur: **Vous désirez du poisson?**

Vous: _____

No, sir, I don't want any fish. I'm sorry.

Le serveur: **Aimez-vous les éclairs et les tartes?**

Vous: _____

Yes, yes. I like eclairs and tarts.

Le serveur: **Je regrette. Nous n'avons ni éclairs, ni tartes.**

VIII.   Shopping. Proficiency in Speaking and Writing.

Situation: You are in a pastry shop **(une pâtisserie)** in Paris. In this guided dialogue, you're playing the role of **Vous.** When you greet the clerk, use **Madame.**

You may use your own words and ideas or those suggested below. After you say the words aloud, write them on the lines. Say **J'aimerais** for *I would like.* Before you start, review the dialogue and vocabulary at the beginning of Work Unit 2 and 3.

Madame: **Bonjour, madame (mademoiselle, monsieur). Vous désirez?**

Vous: _____

          I would like a big chocolate cake **(un grand gâteau au chocolat).**

Madame: **Et avec ceci?**/*And with this?*

Vous: _____

          I would like two eclairs and two apple tarts **(deux tartes aux pommes).**

Madame: **C'est tout?**

Vous: _____

          Yes, that's all, thank you.

Madame: **Vous pouvez payer à la caisse. Merci.** (*You may pay at the cashier's desk. Thank you.*)

IX.   Socializing. Proficiency in Speaking and Writing.

Situation: You are at a party where there are five foreign exchange students. Janine and Pierre Paquet are there. You are introducing them to the new students.

On the lines below, write three short statements in French about each of the new students. You may use your own words and ideas or those under the lines. First, you may need to review Exercise I under the section **E** in this lesson.

1. _____

   Jacques is from France. He speaks French. He pronounces French well.

2. _____

   María is from Spain. She speaks Spanish. She pronounces Spanish well.

3. _____

   Rosa is from Italy. She speaks Italian. She pronounces Italian well.

4. _____

   Ian is from England. He speaks English. He pronounces English well.

5. _____

   Marlena is from Germany. She speaks German. She pronounces German well.

X. Obtaining and Providing Information. Proficiency in Speaking and Writing.

Situation: You are spending an afternoon shopping at the Galeries Lafayette, a beautiful department store **(un beau grand magasin)** in Paris. You are talking with a receptionist to obtain some information about the location of certain departments.

You may use your own words and ideas or those suggested below. After you say the words aloud, write them on the lines. Say **J'aimerais savoir** for *I would like to know*; **où se trouve le restaurant?**/where is the restaurant located? **à gauche**/on the left; **à droite**/on the right; **tout droit**/straight ahead; **au fond**/in the rear; **au rez-de-chaussée**/on the ground (main) floor; **au deuxième étage**/on the second floor; **l'escalier mécanique**/the escalator; **les toilettes**/the rest rooms.

Review the English words and terms with their French translations in the photo on the following page.

Vous: _____

_____

Greet the receptionist, using **Madame.** Tell her you would like to know where the restaurant is located.

Madame: **Le restaurant se trouve au cinquième étage.**

Vous: _____

And where is the Currency Exchange Office located, please?/**(s'il vous plaît)**

Madame: **Le Bureau de Change se trouve au rez-de-chaussée, au fond.**

Vous: _____

Ask her at what time the fashion shows begin.

Madame: **Les défilés de mode commencent à deux heures.**

Vous: _____

Tell her you would also like to know where the gourmet deluxe grocery is located.

Madame: **L'épicerie fine se trouve ici sur le rez-de-chaussée, tout droit, au fond.**

Vous: _____

And the rest rooms?

Madame: **Les toilettes se trouvent au troisième étage. L'escalier mécanique est à gauche.**

Vous: _____

Thank her, then ask her where the interpreters are located.

Madame: **Les interprètes se trouvent à droite. Mais vous parlez français extraordinairement bien!**

Reprinted with permission of Galeries Lafayette, Paris.

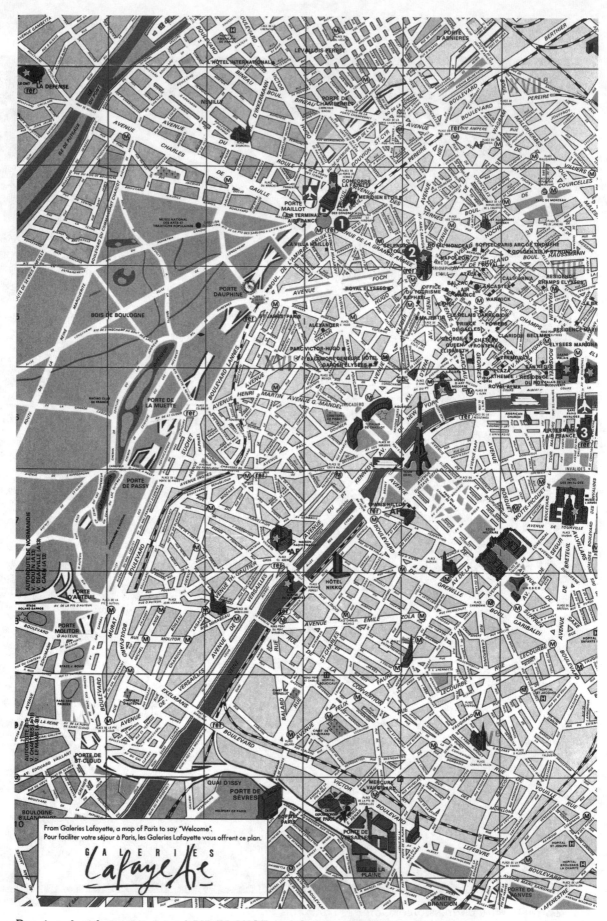

Reprinted with permission of *AIR FRANCE* and *Galeries Lafayette, Paris*

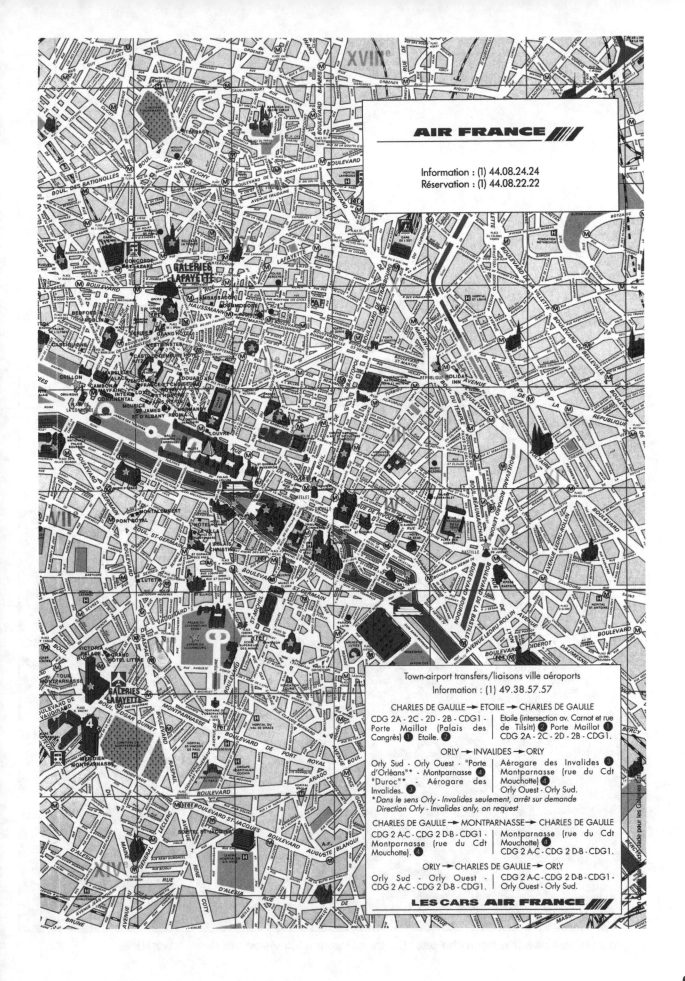

AIR FRANCE ////

Information : (1) 44.08.24.24
Réservation : (1) 44.08.22.22

Town-airport transfers/liaisons ville aéroports
Information : (1) 49.38.57.57

CHARLES DE GAULLE ➔ ETOILE ➔ CHARLES DE GAULLE

CDG 2A - 2C - 2D - 2B - CDG1 - Porte Maillot (Palais des Congrès) ❶ Etoile. ❷ | Etoile (intersection av. Carnot et rue de Tilsitt) ❷ Porte Maillot ❶ CDG 2A - 2C - 2D - 2B - CDG1.

ORLY ➔ INVALIDES ➔ ORLY

Orly Sud - Orly Ouest - "Porte d'Orléans"* - Montparnasse ❹ "Duroc"* - Aérogare des Invalides. ❸ | Aérogare des Invalides ❸ Montparnasse (rue du Cdt Mouchotte) ❹ Orly Ouest - Orly Sud.

*Dans le sens Orly - Invalides seulement, arrêt sur demande
Direction Orly - Invalides only, on request

CHARLES DE GAULLE ➔ MONTPARNASSE ➔ CHARLES DE GAULLE

CDG 2 A-C - CDG 2 D-B - CDG1 - Montparnasse (rue du Cdt Mouchotte) ❹ | Montparnasse (rue du Cdt Mouchotte) ❹ CDG 2 A-C - CDG 2 D-B - CDG1.

ORLY ➔ CHARLES DE GAULLE ➔ ORLY

Orly Sud - Orly Ouest - CDG 2 A-C - CDG 2 D-B - CDG1. | CDG 2 A-C - CDG 2 D-B - CDG1 - Orly Ouest - Orly Sud.

LES CARS AIR FRANCE ////

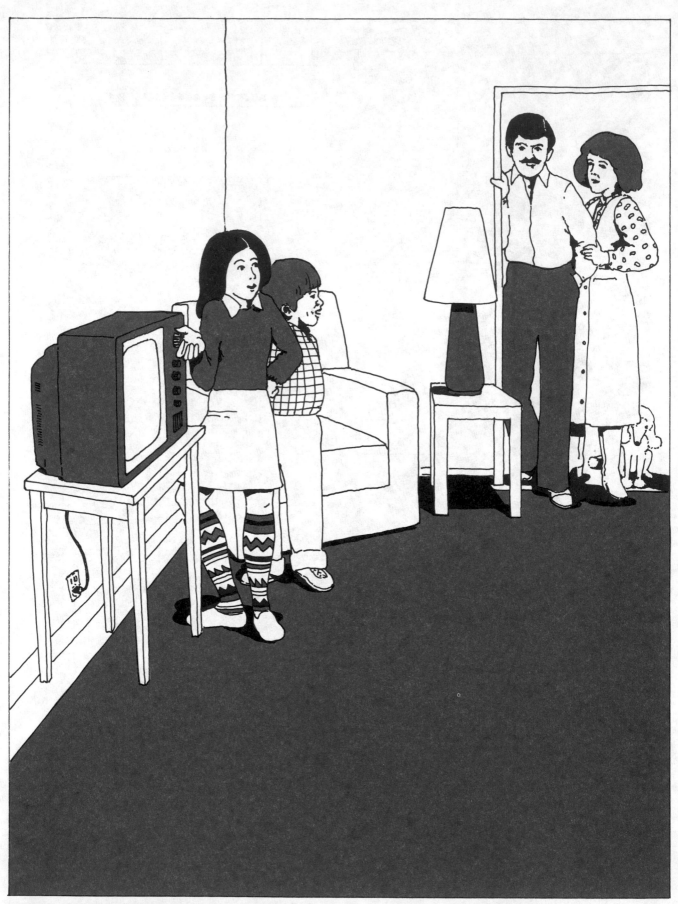

Maman, papa, le téléviseur ne marche pas! (Mother, Dad, the television set doesn't work!)

Present Indicative Tense of Regular Verbs Ending in —er

Can Janine and Pierre live without
violence on television for one evening?

La beauté ou la violence?

Janine et Pierre allument le téléviseur, mais il ne marche pas. Tous les deux sont inquiets parce que l'émission, ce soir, est "La violence triomphe!" La mère et le père entrent dans le salon et Pierre et Janine s'exclament:

— Maman, papa, le téléviseur ne marche pas!

— Bon! Vous regardez trop de violence à la télévision, vous deux, dit la mère.

— Mais l'émission ce soir est très importante! C'est "La violence triomphe!" s'exclament Janine et Pierre.

— La violence ne triomphe pas dans cette maison! Je regrette, dit le père.

— Est-ce que nous allons faire réparer le téléviseur? demandent Janine et Pierre.

— Allons-nous faire réparer le téléviseur?! répètent la mère et le père. Oh! s'exclament-ils. Oh, non! Aujourd'hui, non!

Pierre et Janine regardent dans les journaux. L'émission "Les oeuvres d'art du Louvre" est à la télévision ce soir avant l'émission "La violence triomphe!" Alors, ils s'exclament:

— Papa, maman, c'est l'émission "Les oeuvres d'art du Louvre" à la télévision ce soir!

— Quoi?! Vite! Au téléphone. Nous allons faire réparer le téléviseur tout de suite!

Vocabulaire

aller *v.*, to go; **nous allons**, we are going

allumer *v.*, to turn on (an apparatus)

alors *adv.*, then

après *prep.*, after

aujourd'hui *adv.*, today

avant *prep.*, before

la beauté *n.*, beauty

cet *m.*, **cette** *f.*, *adj.*, this

demander *v.*, to ask

deux *adj.*, two; **tous les deux**, both

dire *v.*, to say, to tell; **dit la mère**, says the mother

l'émission *n. f.*, the show, the television program

entrer *v.*, to enter

s'exclamer *v.*, *refl.*, to exclaim

faire *v.*, to do, to make

inquiet *m.*, **inquiète** *f.*, *adj.*, upset, worried

mais *conj.*, but

marcher *v.*, to walk; to run, to work (a machine or apparatus)

l'oeuvre *n. f.*, **d'art** *n. m.*, the work of art

parce que *conj.*, because

quoi *interr. pron.*, what

regarder *v.*, to look (at), to watch

réparer *v.*, to repair; **faire réparer**, to have (something) repaired

répéter *v.*, to repeat

le soir *n.*, the evening

le téléphone *n.*, the telephone; **au téléphone**, to the telephone

le téléviseur *n.*, the television set

la télévision *n.*, television

tout de suite *adv.*, right away, immediately, at once

très *adv.*, very

triompher *v.*, to triumph

trop (de) *adv.*, too much (of)

la violence *n.*, violence

Exercises

Review the story and vocabulary before starting these exercises.

I. Answer the following questions in complete sentences. They are based on the story, "La beauté ou la violence?"

1. Qui allume le téléviseur? _____

2. Qui entre dans le salon? _____

3. Qui regarde dans les journaux? _____

II. **Expressing personal feelings. Proficiency in Speaking and Writing.**

Situation: Your friend Pierre wants to know your personal feelings about watching television on Saturday nights. Make three statements, then write them on the lines.

1. _____

2. _____

3. _____

III. Choose the correct answer based on the story in this unit.

1. Janine et Pierre allument
   (a) la radio. (b) le téléviseur. (c) l'émission. _____

2. Janine et Pierre regardent dans
   (a) le téléviseur. (b) le téléphone. (c) les journaux. _____

3. Madame et Monsieur Paquet entrent dans
   (a) la cuisine. (b) le salon. (c) le garage. _____

IV. Complete by writing the missing French words. Find them in the story in this unit.

Janine et Pierre _____ le téléviseur mais il ne _____ pas. La mère et le

père _____ dans le salon et Pierre et Janine s'_____.

— Maman, papa, le téléviseur ne _____ pas!

La mère dit: Bon! Vous _____ trop de violence à la télévision, vous deux.

— Est-ce que nous allons faire réparer le téléviseur? _____ Janine et Pierre.

— Oh! Oh, non! Aujourd'hui, non! s'exclament la _____ et le _____.

Structures de la Langue

A.   Introduction

A verb is a word that expresses an action *(to dance)* or a state of being *(to think)*. Tense means time. French and English verb tenses are divided into three main groups of time: past, present, and future. A verb tense shows if an action took place (past), is taking place (present), or will take place (future). Here, we will study the present tense.

French verbs are divided into three main conjugations (types) according to the infinitive ending, which can be either **-er**, **-ir**, **-re**. You might say that these endings mean *to* in English: **danser** *(to dance),* **finir** *(to finish),* **vendre** *(to sell).* In this unit, we will concentrate on the first conjugation (**-er** ending).

You must memorize the personal endings for the **-er** verbs because they indicate the subject. You must also memorize the personal subject pronouns in French because each one is used with its own personal ending on the verb. These are all given in dark letters in the following chart:

FIRST CONJUGATION

	-er
Infinitive →	**danser** *to dance*

Required subject pronouns
 	
 SINGULAR
 	
 PERSON
 1. **je**   I
 2. **tu**   you *(familiar only)*
 3. **il** } he *or* it
     elle } she *or* it
 	
 PLURAL
 	
 1. **nous**   we
 2. **vous**   you
 3. **ils** } they
     elles }
	I dance, *or*
	 I do dance, *or*
	 I am dancing;
	 you dance, *etc.*
	
	 dans**e**
	 dans**es**
	
	 dans**e**
	
	 dans**ons**
	 dans**ez**
	
	 dans**ent**

Rules and observations:

1. To form the present tense of a regular verb ending in **-er**, drop the **-er**. What remains is called the *stem*. Add to the stem the personal endings shown in the above chart. They are: **-e, -es, -e, -ons, -ez, -ent**.

2. Note that *do, am, are, does, is* (which are used in English in the present tense) are *not translated* into French. Therefore, **je danse** can mean *I dance*, or *I do dance*, or *I am dancing*. The same applies to the rest of the conjugation, for example, *you dance*, or *you do dance*, or *you are dancing, etc.*

SINGULAR	
With noun	With pronoun
Janine danse tous les soirs.	**Elle danse tous les soirs.**
(Janine dances every night.)	(She dances every night.)
L'ours danse.	**Il danse.**
(The bear is dancing.)	(It (or he) is dancing.)
PLURAL	
Janine et Marie dansent souvent.	**Elles dansent souvent.**
(Janine and Mary dance often.)	(They dance often.)
Janine et Pierre dansent beaucoup.	**Ils dansent beaucoup.**
(Janine and Pierre dance a lot.)	(They dance a lot.)
Les ours dansent.	**Ils dansent.**
(The bears are dancing.)	(They are dancing.)

B. The subject pronouns

1. Study the subject pronouns in the chart on the preceding page.

2. The subject pronoun is placed in front of the verb in an affirmative statement: **Je danse tous les soirs**. I dance every night.

3. The subject pronoun is always used with the verb in a simple statement or question.

4. In French there are two subject pronouns that mean *you:*

   (a) **tu** is a singular pronoun and is used when you are speaking to a member of your family, a close friend, a classmate, or someone younger than you.

   (b) **vous** is the polite form of *you* and is used at all other times.

   (c) **vous** is also the plural of **tu**; when you are speaking to two or more members of your family at the same time, or two or more close friends at the same time, use **vous**.

5. If the first letter of a verb is a vowel, drop **e** in **je** and add an apostrophe: **j'aime la glace**. *I like ice cream.*

6. The subject pronouns **il**, **elle**, **ils**, **elles** are used to take the place of a noun, whether it is a person, place, thing, or animal.

7. The subject pronoun **il** is used to take the place of a masculine singular noun.

8. The subject pronoun **elle** is used to take the place of a feminine singular noun.

9. The subject pronoun **ils** is used to take the place of two or more masculine nouns. It is also used to take the place of one masculine and one feminine noun. There could be any number of feminine nouns as subjects, but as long as there is at least one masculine noun mixed in with the subjects, the pronoun must be **ils**. See the **Janine et Pierre** example in the above box.

10. The subject pronoun **elles** is used to take the place of two or more feminine nouns *only*. See the **Janine et Marie** example in the above box.

C. Some Common Regular Verbs of the First Conjugation

aimer	to love, to like	**fermer**	to close
apporter	to bring	**jouer**	to play
chanter	to sing	**montrer**	to show
chercher	to look for	**oublier**	to forget
demander	to ask (for)	**parler**	to talk, to speak
désirer	to desire, to wish	**porter**	to carry, to wear
donner	to give	**regarder**	to look (at), to watch
écouter	to listen (to)	**réparer**	to fix, to repair
étudier	to study	**trouver**	to find

D. The uses of the present tense

This tense is used much of the time in both French and English. It indicates:

(a) An action or a state of being at the present time.
   Examples:
   1. **Je vais** à l'école maintenant. *I am going* to school now.
   2. **Je pense**; donc, **je suis**. *I think;* therefore, *I am.*

(b) Habitual action.
   Example:
   1. **Je vais** à la bibliothèque tous les jours. *I go* to the library every day.

Voir c'est croire. (Seeing is believing.)

(c) A general truth, something which is permanently true.

Examples:
1. Deux et deux **font** quatre. Two and two *are* four.
2. Voir c'**est** croire. Seeing *is* believing.

(d) Vividness when talking or writing about past events. This is called the *historical present*.

Example:
1. Marie-Antoinette **est** condamnée à mort. Elle **entre** dans la charrette et **est** en route pour la guillotine. Marie-Antoinette *is* condemned to die. She *goes* into the cart and *is* on her way to the guillotine.

(e) The near future.

Example:
1. Il **arrive** demain. He *arrives* tomorrow.

(f) An action or state of being that occurred in the past and *continues up to the present*. In English, this tense is the *present perfect*.

Examples:
1. Je **suis** ici depuis dix minutes. I *have been* here for ten minutes. (meaning: I am still here at present.)
2. Elle **est** malade depuis trois jours. She *has been* sick for three days. (meaning: She is still sick at present.)

E.   The verb in the negative

1.   To use a verb in the negative, place **ne** in front of the verb and **pas** after it:

Je **ne** danse **pas**.   I do not dance (or, I am not dancing).

---

2.   If the first letter of a verb is a vowel, drop **e** in **ne** and add an apostrophe:

Je **n'**aime **pas** le café.   I do not like coffee.

F.   The verb in the interrogative

1.   To use a verb in a question, put **est-ce que** in front of the subject:

Est-ce que vous dansez?   Do you dance?

Est-ce que Janine danse?   Is Janine dancing?

---

2.   If the first letter of the subject is a *vowel* or *silent h,* drop **e** in **que** and add an apostrophe:

Est-ce qu'Albert danse?   **Est-ce qu'**il danse?

Is Albert dancing?   Is he dancing?

Est-ce qu'Hélène danse?   **Est-ce qu'**elle danse?

Is Helen dancing?   Is she dancing?

---

3.   To use a verb in a question, there is something else you can do instead of using the **est-ce que** form. You can use the *inverted form.* Move the subject pronoun and put it after the verb, joining it with a hyphen:

Dansez-vous?   Do you dance?

---

4. If the subject pronoun is **je**, do not use the inverted form. Use the **est-ce que** form. The inverted form with **je** is used only with certain verbs.

5. In the inverted form, when the last letter of the verb is a vowel in the third person singular, insert **-t-** in front of **il** or **elle**:

Danse-t-il?	Does he dance? Is he dancing?
Danse-t-elle?	Does she dance? Is she dancing?

6. In the inverted form, if the subject is a noun, mention the noun first and use the pronoun of of the noun:

Pierre danse-t-il?	Does Pierre dance?
Janine danse-t-elle?	Does Janine dance?
Le garçon danse-t-il?	Is the boy dancing?
La jeune fille danse-t-elle?	Is the girl dancing?

G. The verb in the negative-interrogative

1. To use a verb in a question that is negative, first use the interrogative form you learned above (par. F).

2. Put **ne** in front of the verb.

3. Put **pas** after the verb if you use the **est-ce que** form.

4. Or, if you use the inverted form, put **pas** after the subject pronoun:

Est-ce que vous ne dansez pas?	Don't you dance?
Est-ce qu'Albert ne danse pas?	Doesn't Albert dance?
Est-ce qu'elle ne danse pas?	Doesn't she dance?
Ne dansez-vous pas?	Don't you dance?
Ne danse-t-il pas?	Doesn't he dance?
Janine ne danse-t-elle pas?	Doesn't Janine dance?
Le garçon ne danse-t-il pas?	Doesn't the boy dance?

Exercises

I.   Obtaining and Providing Information. Proficiency in Speaking and Writing.

Situation: You are talking with a friend while standing in line for tickets to a basketball game. Your friend wants to know where and when you work **(travailler)**, when you watch **(regarder)** television, and if you speak **(parler)** French all the time.

After you make three statements, write them on the lines for practice.

1. _____

2. _____

3. _____

II.   Substitute only one appropriate subject pronoun for the word or words in italics and rewrite the entire sentence in French.

       Model: **Janine allume le téléviseur.**   **You write:** **Elle allume le téléviseur.**
                (Janine turns on the   (She turns on the television set.)
                television set.)

1. *Madame Paquet* entre dans le salon. _____

2. *Pierre* cherche le journal. _____

3. *Marie et Alice* chantent bien. _____

4. *Robert et Georges* jouent à la balle. _____

5. *Janine et Pierre* regardent trop de violence à la télévision. _____

_____

Janine et Pierre regardent trop de violence à la télévision.
(Janine and Pierre watch too much violence on television.)

III. Vocabulary Building. Proficiency in Writing.

Write a list of four French verbs you would need to use to talk to a clerk in a store while buying a TV set. The verbs must be of the **–er** type. They are all in this work unit.

1. _____ 2. _____ 3. _____ 4. _____

IV. Meeting People. Proficiency in Speaking and Writing.

Situation: Five parents are visiting the school where you are the French teacher. They all speak French. They obtained permission from the principal to visit classes because they want to see if the students use the language. Their children are shy and they would like to see them encouraged to speak French.

Of the above list of commonly used regular **–er** verbs in section **C,** select three and use them in brief sentences. You may use your own words and ideas and/or the following: **Désirez-vous parler français avec moi? Parlez-vous français à la maison? Est-ce que vous chantez en français avec les enfants?**

After the parents leave the classroom, write what you said on the lines for practice. Begin your statements with a greeting, such as **Bonjour, madame/monsieur. Comment allez-vous?**

1. _____
2. _____
3. _____

V. Answer the following questions in the affirmative in complete French sentences. In answer (a) use **oui**. In answer (b) use **aussi** (also). Study the models. Use subject pronouns in your answers.

Models: (a) **Chantez-vous le matin?** (Do you sing in the morning?)   You write: (a) **Oui, je chante le matin.** (Yes, I sing in the morning.)

(b) **Et Simone?** (And Simone?)   You write: (b) **Elle chante aussi.** (She sings also.)

1. (a) Dansez-vous? _____
   (b) Et François? _____
2. (a) Pierre cherche-t-il le chapeau? _____
   (b) Et Janine? _____
3. (a) Hélène étudie-t-elle la leçon? _____
   (b) Et vous? _____

VI. Answer the following questions in the negative in complete French sentences. In answer (a) use **non**. In answer (b) use **non plus** (either). Study the models carefully. Use subject pronouns in your answers. Place **non plus** at the end of the sentence.

Models: (a) **Est-ce que vous dansez?** You write: (a) **Non, je ne danse pas.**
(Do you dance?)   (No, I don't dance.)

(b) **Et Charles?** You write: (b) **Il ne danse pas non plus.**
(And Charles?)   (He doesn't dance either.)

1. (a) Est-ce que vous dansez? _____

   (b) Et Paul? _____

2. (a) Est-ce qu'il étudie? _____

   (b) Et Monique? _____

3. (a) Est-ce que Paul cherche la balle? _____

   (b) Et les enfants? _____

4. (a) Est-ce que la femme écoute la musique? _____

   (b) Et vous? _____

5. (a) Est-ce que tu fermes la fenêtre? _____

   (b) Et nous? _____

VII. Choose the correct verb form and write it with its subject on the blank line.

1. Je (fermes, ferme, fermons) la porte.   _____*Je ferme*_____

2. Tu (apportes, apportez, apportent) le gâteau.   _____

3. Il (étudient, étudions, étudie) les devoirs.   _____

4. Elle (parlent, parle, parlez) bien.   _____

5. Nous (marche, marchez, marchons) lentement.   _____

6. Vous (donner, donnez, donnons) des fleurs à la maîtresse.   _____

7. Ils (joue, jouent, jouons) dans la rue.   _____

8. Elles (chante, chantent, chantes) doucement.   _____

9. Vous (cherchez, cherches, cherchent) le chapeau.   _____

10. J' (aimes, aime, aimons) la glace.   _____

VIII. Word Search. Can you find these verb forms with their subject pronouns *in French* in this puzzle? Circle them.

1. I dance.
2. You (familiar) study.
3. She plays.
4. We love.
5. They (m.) are singing.
6. I love.
7. He arrives.
8. He talks.
9. He forgets.

J	E	D	A	N	S	E	N	T	C	O
A	J	A	I	M	E	J	I	U	N	I
I	L	P	A	R	L	E	O	É	O	E
I	L	O	U	B	L	I	E	T	U	A
E	L	L	E	J	O	U	E	U	S	U
J	E	J	O	U	E	A	L	D	A	O
I	L	A	R	R	I	V	E	I	I	I
E	L	L	E	A	R	R	I	E	M	E
N	O	U	S	J	O	U	O	S	O	A
I	L	S	C	H	A	N	T	E	N	T
A	E	I	O	U	I	L	S	P	S	L

IX. Activities. Proficiency in Speaking and Writing.

A. Situation: You are at home. Your mother and father want to watch a TV show about French art. You and your brother (or sister) want to watch **Le Tour de France** on TV. In three short sentences tell your mother and father why you prefer to watch the sports program. You may use your own words, those in this lesson, or any or all of the following: **allumer le téléviseur, regarder mon programme favori, je préfère, nous préférons, j'aime, nous aimons, les sports, les cyclistes, la télé, la télévision.**

B. Situation: You and your friend cannot decide on what to do this Saturday night. You want to go dancing but your friend wants to go to a concert. In four sentences tell what you want to do and why. You may use your own words, those in this unit, or the following: **préférer, aimer mieux, danser, aller, écouter la musique, au concert.**

C. Now, write what you said on the lines below for practice.

_____

_____

_____

X. Entertainment. Proficiency in Speaking and Writing.

Situation: Michel and Michelle are talking about what to do this evening. Michel wants to dance but Michelle wants to see a movie.

You are playing both roles. What would he say? What would she say? After you say the words aloud, write them on the lines for practice. You may want to review the vocabulary in this lesson, in the back pages, and in the verb tables. Use **Je désire** for *I want* or **J'aimerais** for *I would like.*

Michel: _____

Michelle: _____

XI. Daily Activities. Proficiency in Writing.

Situation: You are corresponding with Micheline, a pen pal in France. She wants to know about your daily activities.

Write a note telling her three activities that you do every day. You may use your own words and ideas and/or the following: **Je vais à la bibliothèque tous les jours**/*I go to the library every day.* **Je regarde la télé tous les soirs**/*I watch TV every evening.* **J'étudie mes leçons de français tous les jours**/*I study my French lessons every day.*

Before you write the note, pretend you are talking to her. Then write your three sentences.

le premier janvier, 1996

Chère Micheline,

_____

_____

_____

Ton ami(e),

_____

XII. Dining Out. Proficiency in Speaking and Writing.

Situation: You and Janine are looking for a good French restaurant to have lunch. You look at the menu and prices on the window and you decide to go in. You talk to the waiter/**le serveur.**

You may use your own words and ideas or the suggested words under the lines. Later, after you have written what you said on the lines, you may play the roles of Janine and the waiter for more practice in speaking and writing.

Janine: **Aimes-tu le menu? Les prix sont bons**/The prices are good. **Nous entrons?**/Shall we go in?

Vous: _____

Yes, the menu is good. And the prices are good. Let's go in!/**Entrons!**

Janine: **D'accord!**/Okay! **Entrons!**

Le serveur: **Bonjour. Vous désirez?**

Vous: _____

We are looking for a good French restaurant.

Le serveur: **Ce restaurant est le meilleur!**/This restaurant is the best! **Voici une bonne table**/Here is a good table. **Asseyez-vous, s'il vous plaît**/Sit down, please.

Janine: **Merci.**

Vous: _____

Bring us the soup of the day/**Apportez-nous la soupe du jour.**

Le serveur: **Excellent! J'apporte deux soupes du jour tout de suite**/right away.

(You have been waiting fifteen minutes for the waiter to return with the soup.)

Vous: _____

What a restaurant!/**Quel restaurant!** What a waiter! Where is he?!

Janine: **Mon Dieu!**/My God! **Le service est très mauvais ici.**

(The waiter finally returns with the two soups.)

Vous: _____

There are flies in the soup!/**Il y a des mouches dans la soupe!**

Janine: **Sortons d'ici tout de suite!**

Vous: _____

Yes, Janine. Let's get out of here right away! What a restaurant!

XIII.   Appreciating French Art. Proficiency in Speaking and Writing.

Situation: You and a friend are visiting The Metropolitan Museum of Art in New York. You are admiring a painting by Pierre Auguste Renoir, a great French artist, **un grand artiste français.** It is entitled *Madame Georges Charpentier et ses enfants.*

Look at the picture below and answer the questions in French in complete sentences.

1. Qui est la femme? _____

2. Combien d'enfants y a-t-il dans ce tableau/*in this painting*? _____

3. Est-ce que le chien est grand ou petit? _____

4. Que voyez-vous sur la table? Un vase de fleurs? Des fruits? Une carafe? _____
_____

5. Aimez-vous ce tableau? Est-il beau? Magnifique? Splendide? _____
_____

Madame Georges Charpentier et ses enfants by Pierre Auguste Renoir (1841–1919).
The Metropolitan Museum of Art, Wolfe Fund, 1907. Catharine Lorillard Wolfe Collection (07.122).

Au revoir, Monsieur! (Good-bye, Sir!)

Present Indicative Tense of Regular Verbs Ending in —*ir*

Have you ever received a note from a friend in a class at school? If you are an adult using this book, do you remember your school days when notes were passed from one student to another? In this episode, Pierre is reading a note that was just passed to him.

Tout est bien qui finit bien

Pierre est en classe de mathématiques. Il lit un petit mot caché dans les pages de son livre. Voici le mot:

Pierre, mon chéri:
    Je déteste ce cours et je déteste le professeur. Il est très mauvais prof. Il choisit des leçons difficiles et il punit les élèves quand ils ne finissent pas leurs devoirs.
    Je t'aime et je t'adore.
                                        Anne-Marie

Le professeur dit à Pierre:

— Tu ne finis pas tes devoirs! Tu as un mot caché dans les pages de ton livre! De qui est ce mot? Donne-moi le mot!

Pierre rougit. Il regarde la belle Anne-Marie et elle lui dit tendrement de ses beaux yeux bleus de ne pas révéler leur amour secret et de ne pas donner le petit mot au professeur.
    A ce moment-là, le signal retentit. Le cours est fini! Tous les élèves quittent la salle de classe immédiatement et Pierre aussi, avec le petit mot caché dans les pages de son livre.

Quand il est à la porte, Pierre s'exclame:

— Au revoir, monsieur!

Dans le couloir, Anne-Marie dit à Pierre:

— Chéri, tu es formidable! Tu es vraiment un homme.

Pierre dit:

— Ouf! Je l'ai échappé belle! Tout est bien qui finit bien!

Vocabulaire

à *prep.*, to, at
aimer *v.*, to love, to like; **je t'aime** I love you
au revoir *salutation*, good-bye

cacher *v.*, to hide; **caché** hidden
choisir *v.*, to choose; **il choisit** he chooses
le cours *n.*, the course

détester *v.*, to detest
les devoirs *n. m. pl.*, the homework, the assignments

dit *v. form of* **dire** (to say, to tell); **le professeur dit** the teacher says

donner *v.*, to give; **donne-moi** give me

'échapper *v.*, to escape; **je l'ai échappé belle!** I had a narrow escape!

'l'élève *n. m. f.*, the student, the pupil; **tous les élèves** all the students

fini, finis, finit, finissent *v forms of* **finir** (to finish); **fini** finished; **tu ne finis pas** you are not finishing; **ils ne finissent pas** they do not finish; **tout est bien qui finit bien!** all's well that ends well!

ils *subject pron. m.*, **elles** *subject pron. f.*, they

immédiatement *adv.*, immediately

la leçon *n.*, the lesson

leur, leurs *poss. adj.*, their

lit *v. form of* **lire** (to read); **il lit** he is reading

le livre *n.*, the book

lui *indir. obj. pron.*, to him, to her; **elle lui dit** she says to him

mauvais *adj. m. s.*, bad

le moment *n.*, moment; **à ce moment-là** at that moment

le mot *n.*, the word, the note; **un petit mot** a note

ne pas révéler not to reveal; **ne pas donner** not to give

ouf! *interj.*, whew!

la porte *n.*, the door

le professeur *n.*, the teacher

punit *v. form of* **punir** (to punish); **il punit** he punishes

quand *adv.*, when

qui *pron.*, who, whom, which; **de qui** from whom

quittent *v. form of* **quitter** (to leave); **tous les élèves quittent la salle de classe** all the students leave the classroom

retentit *v. form of* **retentir** (to resound, to ring); **le signal retentit** the signal sounds, the bell rings

rougit *v. form of* **rougir** (to blush); **Pierre rougit** Pierre blushes

la salle *n.*, the room; **la salle de classe** the classroom

son *poss. adj. m. sing.*, his

ton *poss. adj. m. sing.*, your

voici here is

Exercises

Review the story and vocabulary before starting these exercises.

I.   Choose the correct answer based on the story in this unit.

1. Pierre est dans
   (a) le restaurant.   (b) le garage.   (c) l'école.   (d) la bibliothèque.   _____

2. Pierre lit
   (a) un journal.   (b) un livre.   (c) un menu.   (d) un petit mot.   _____

3. Le petit mot est caché dans les pages du livre
   (a) du professeur.   (b) de son ami.   (c) de Pierre.   (d) de son amie.   _____

II. Activities. Proficiency in Speaking.

A. Situation: You are in French class. All the students have finished an exercise in writing except you. The teacher approaches and asks why you are not finishing the assignment: **Pourquoi ne finis-tu pas le devoir?** In two sentences tell your teacher why. You may use your own words, those in this lesson, or the following: **finir, accomplir, choisir, la leçon, l'exercice, parce que, difficile.**

B. Situation: You and a friend are in the school cafeteria talking about homework. In three sentences tell your friend about an assignment one of your teachers gave your class. Explain why the assignment was given. You may use your own words, those in this lesson, or the following: **punir, choisir, les exercices, faciles, difficiles, parce que.**

III. Choose the appropriate French word and write it on the blank line. Base your choice only on the content of the story in this unit.

| **rougit** | **finit** | **retentit** | **choisit** | **finissent** |

1. Le professeur _____ des leçons difficiles.

2. Pierre _____ .

3. Tout est bien qui _____ bien.

4. Les élèves ne _____ pas les devoirs.

5. Le signal _____ .

Structures de la Langue

Here are the personal endings for verbs of the second conjugation (**-ir**).

SECOND CONJUGATION

	-ir
Infinitive →	**finir** *to finish*

Required subject pronouns
 	
SINGULAR
PERSON
1. **je**   I
2. **tu**   you *(familiar only)*
3. **il** } he *or* it
    elle } she *or* it
 	
PLURAL
 	
1. **nous**   we
2. **vous**   you
3. **ils** }
    elles } they
	I finish, *or*
	I do finish, *or*
	I am finishing;
	you finish, *etc.*
	
	fin**is**
	fin**is**
	
	fin**it**
	
	fin**issons**
	fin**issez**
	
	fin**issent**

Note that **vous** is also formal singular.

Rules and observations:

1. To form the present tense of a regular verb ending in **-ir**, drop the **-ir**. What remains is called the *stem*. Add to the stem the personal endings shown in the above chart. They are: **-is, -is, -it, -issons, -issez, -issent**.

2. Note that *do, am, are, does, is* (which are used in English in the present tense) are *not translated* into French. Therefore, **je finis** can mean *I finish*, or *I do finish*, or *I am finishing*. The same applies to the rest of the conjugation, for example, *you finish*, or *you do finish*, or *you are finishing, etc.*

Some Common Regular Verbs of the Second Conjugation

accomplir	to accomplish	**punir**	to punish
bâtir	to build	**remplir**	to fill
bénir	to bless	**réussir (à)**	to succeed (in)
choisir	to choose	**rougir**	to blush
désobéir (à)	to disobey	**saisir**	to seize
obéir (à)	to obey	**salir**	to soil, to dirty

Exercises

Review the preceding material before starting these exercises.

I. Expressing Personal Feelings. Proficiency in Speaking and Writing.

Situation: You are on the phone telling a classmate your personal feelings about the new biology teacher.

You may use your own words and ideas and/or any of the following: **J'aime la biologie mais je n'aime pas le maître (la maîtresse)**/*I like biology but I don't like the teacher*; **il (elle) punit les élèves quand ils ne finissent pas les devoirs**/*he (she) punishes the students when they don't finish their homework*; **quand il (elle) explique la leçon, je ne saisis rien**/*when he (she) explains the lesson, I don't grasp anything*; **il (elle) choisit des questions très difficiles**/*he (she) chooses very difficult questions.*

There is a lot of static on the telephone and your friend is not sure what you are saying. Write a note containing at least three statements about your feelings. Practice writing on the lines below.

La date: _____

Cher ami Paul (Chère amie Janine),

_____

_____

_____

                                              Ton ami (Ton amie),

                                              _____

II. Expressing Personal Feelings. Proficiency in Speaking and Writing.

Situation: Take a minute to study the picture shown below. Pretend that you are either the boy or girl. Make two statements in French expressing your personal feelings in response to what the woman is saying to you.

After you make two statements aloud, write them on the lines under the picture for practice.

1. _____

2. _____

III. Use the subject pronoun in parentheses to take the place of the subject pronoun in italics. Rewrite each sentence, making the required changes in the verb forms.

Model: **_Nous_ finissons la leçon.**   **(Je) You write: Je finis la leçon.**
(We are finishing the lesson.)   (I am finishing the lesson.)

1. (Ils) _____   4. (Elle) _____

2. (Tu) _____   5. (Vous) _____

3. (Il) _____   6. (Elles) _____

IV. Use the subject pronoun in parentheses to take the place of the subject pronoun in italics. Rewrite each sentence, making the required changes in the verb forms. Keep them all in the negative.

Model: **_Elle_ ne finit pas le dîner.**   **(Je) You write: Je ne finis pas le dîner.**
(She is not finishing the   (I am not finishing the
dinner.)   dinner.)

1. (Vous) _____   4. (Elles) _____

2. (Il) _____   5. (Ils) _____

3. (Tu) _____   6. (Nous) _____

V. Answer the following questions in the affirmative in complete French sentences, using subject pronouns in your answers. In answer (a) use **Oui**. In answer (b) use **aussi**.

Models: **(a) Henri finit-il la leçon?**   You write: **(a) Oui, il finit la leçon.**
(Is Henry finishing the   (Yes, he is finishing the
lesson?)   lesson.)

(b) Et vous?   You write: **(b) Je finis la leçon aussi.**
(And you?)   (I am finishing the lesson
also.)

1. (a) Henri finit-il le livre? _____

    (b) Et vous? _____

2. (a) Les professeurs punissent-ils les mauvais élèves? _____

_____

(b) Et Monsieur Fouchy? _____

3. (a) Monsieur Banluc choisit-il une nouvelle automobile? _____

_____

(b) Et Madame et Monsieur Paquet? _____

_____

4. (a) Le chien obéit-il au garçon? _____

(b) Et les chats? _____

5. (a) Finissez-vous la leçon aujourd'hui? _____

(b) Et Janine? _____

VI. Answer the following questions in the negative in complete sentences in French, using subject pronouns in your answers. In answer (a) use **Non**. In answer (b) use **non plus** (either).

Models:	(a) **Est-ce que vous finissez la leçon?** (Are you finishing the lesson?)	You write:	(a) **Non, je ne finis pas la leçon.** (No, I am not finishing the lesson.)
	(b) **Et Charles?** (And Charles?)	You write:	(b) **Il ne finit pas la leçon non plus.** (He isn't finishing the lesson either.)

1. (a) Est-ce qu'Henri désobéit? _____

(b) Et vous? _____

2. (a) Est-ce que tu finis la leçon? _____

(b) Et Pierre? _____

3. (a) Est-ce que Monsieur Paquet choisit une auto? _____

(b) Et Madame Paquet? _____

4. (a) Est-ce que nous bâtissons une maison? _____

(b) Et Monsieur et Madame Banluc? _____

5. (a) Est-ce que vous rougissez? _____

(b) Et les jeunes filles? _____

VII. Choose the correct verb form and write it with its subject on the blank line.

1. Je (finissons, finis, finissez) la leçon. _____

2. Tu (saisis, saisit, saisissons) la balle. _____

3. Il (accomplis, accomplit, accomplissez) les devoirs. _____

4. Elle (bâtit, bâtissons, bâtissent) une maison. _____

5. Nous (choisissons, choisissez, choisissent) un dessert. _____

6. Vous (punis, punit, punissez) le chien. _____

7. Ils (rougit, rougissez, rougissent) facilement. _____

8. Elles (désobéissent, désobéit, désobéissez) à leurs parents. _____

9. Je (remplis, remplit, remplissons) le vase. _____

10. Vous (finis, finissons, finissez) les devoirs. _____

VIII. Word Search. Can you find these verb forms with their subject pronouns *in French* in this puzzle? Circle them.

1. We finish.
2. You *(polite)* succeed.
3. I choose.
4. You *(familiar)* obey.
5. He seizes.
6. I finish.
7. She punishes.
8. He blesses.
9. I build.

A	E	I	O	J	E	C	H	O	I	S	I	S	J
É	A	E	L	L	E	P	U	N	I	T	A	E	O
I	L	B	É	N	I	T	A	E	O	U	I	F	B
V	O	U	S	R	É	U	S	S	I	S	S	E	Z
F	O	T	N	Z	Z	S	S	I	L	F	I	N	I
N	O	U	S	F	I	N	I	S	S	O	N	S	E
J	E	O	E	L	J	E	L	L	A	N	O	U	S
E	L	B	S	J	E	B	Â	T	I	S	F	I	N
I	S	É	S	S	F	O	N	S	S	I	T	S	T
V	O	I	U	R	I	U	E	S	I	S	E	Z	S
J	E	S	F	O	N	L	M	O	T	N	L	L	E
I	L	C	H	O	I	M	N	A	E	I	U	A	N
B	N	E	I	T	S	N	O	U	S	P	A	L	R

IX.   Appreciating French Sculpture. Proficiency in Writing.

Situation: Last year when you were in Paris, you visited **Le Musée Rodin** and were overwhelmed as you looked at Auguste Rodin's many sculptures, in particular, *Le Penseur*/*The Thinker*. This year you are visiting the Rodin Museum in Philadelphia where there are many bronze casts of his works.

Look at the photo below of *Le Penseur.* Write at least three sentences telling us your impressions. You may use your own words and ideas and/or any of the following: **C'est une oeuvre d'art magnifique**/*It's a magnificent work of art.* **Je pense que cette statue est la plus belle de toutes les oeuvres de Rodin**/*I think that this statue is the most beautiful of all the works of Rodin.* **C'est une grande joie de regarder cette statue**/*It's a great joy to look at this statue.*

1. _____

2. _____

3. _____

Le Penseur (The Thinker) by Auguste Rodin, French sculptor. A bronze cast of this magnificent statue is in front of Philosophy Hall on the Columbia University campus in New York City. Reprinted with permission of French Cultural Services, New York.

X. Appreciating French Art. Proficiency in Speaking and Writing.

Situation: During a field trip to Canada with your French teacher and classmates, you visit the **Musée des Beaux-Arts de Montréal.** You admire a painting of a young woman entitled *Octobre* by Jean-Jacques (*dit* James) Tissot.

It's your turn to say a few words in French about the painting. Look at the picture on the following page. You may use your own words and ideas or the following.

A few verbs you may want to use: **voir** / to see; **regarder** / to look at; **admirer** / to admire; **avoir** / to have; **être** / to be; **porter** / to carry, to wear; **marcher** / to walk; **faire une promenade** / to take a walk.

A few nouns: **le tableau** / painting; **la jeune femme** / young woman; **le livre** / book; **le chapeau** / hat; **l'arbre** / tree; **les feuilles mortes** / dead leaves; **les chaussures** / shoes; **le visage** / face; **les yeux** / eyes; **le nez** / nose; **la bouche** / mouth; **les lèvres** / lips; **la robe** / dress; **les cheveux** / hair; **la tresse** / braid; **l'oreille** / ear; **les plumes** / feathers; **le manteau** / coat; **le col** / collar.

A few adjectives: **beau, beaux, belle, belles** / beautiful; **grand, grande** / big; **joli, jolie** / pretty; **élégant, élégante** / elegant; **impressionnant** / impressive; **splendide**/ splendid; **superbe** / superb. Use the vocabulary and verb tables in the back pages.

After you have jotted down a few words in French that you plan to use, say them aloud. Then, pretending that you are talking to a friend, use them in at least ten short sentences for practice on the lines below. All you need is a subject and a verb and you have a sentence. Try these, just for starters: **Le tableau de Tissot, artiste français, est superbe** / The painting by Tissot, French artist, is superb. **La jeune femme èst belle** / The young woman is beautiful. **Elle a de beaux yeux** / She has beautiful eyes. **Elle porte un beau manteau et une jolie robe** / She is wearing a beautiful coat and a pretty dress. **Elle porte un livre sous le bras** / She is carrying a book under her arm. **Elle fait une promenade** / She is taking a walk. **Elle va chez elle** / She is going home.

1. _____

2. _____

3. _____

4. _____

5. _____

6. _____

7. _____

8. _____

9. _____

10. _____

Octobre *(1877) by Jean-Jacques (dit James) Tissot (1836–1902)*

Collection of the Montreal Museum of Fine Arts, Gift of Lord Strathcona and Family.
Photo: Brian Merrett, MMFA.

Test 1

This test is based on Work Units 1 to 5. Review them before starting this test.

Part One Speaking Proficiency

Directions: Read the ten situations given below. Take a few minutes to organize your thoughts about the words you are going to speak. Select five of them.

1. **Situation:** You are looking for a letter you received from a friend. Janine is helping you. Imagine a brief conversation between you and Janine. Make five statements in all, two that you would make and three that Janine would make. You are playing both roles.

2. **Situation:** You are at a table in a restaurant deciding what to eat and drink. You are talking to the waiter or waitress. Make at least four statements.

3. **Situation:** You are in a furniture store shopping for a few things because you are moving into a new apartment. You are talking with the salesman. Make six statements in all, three that you would make and three that the salesman would make. You are playing both roles.

4. **Situation:** You and your family are planning a trip to France. You are looking for the passports. Make at least three statements.

5. **Situation:** You and a friend are in a fast-food restaurant/**dans un restaurant cuisine rapide.** Your friend wants to know why you like mineral water. Make three statements telling why you like it.

6. **Situation:** Your friend Catherine is visiting you in your house. She wants to know whose umbrella is on the bed. Tell her it's your mother's umbrella. She also wants to know whose gloves are under the chair. Tell her they are your father's gloves. Catherine is looking at a picture in your photo album. She wants to know who the woman is who is eating. Tell her it's your aunt Sophie who eats all the time.

7. **Situation:** You are in a small café-restaurant in Paris. Ask the waiter if he has any fish today, any mashed potatoes, any sausages. Tell him you don't want any roast beef with French fries.

8. **Situation:** You are at a party introducing three foreign exchange students to a friend. Say that Jacques is from France, he speaks French, he pronounces French well. María is from Spain, she speaks Spanish, she pronounces Spanish well. Rosa is from Italy, she speaks Italian, she pronounces Italian well.

9. **Situation:** Your friend Pierre wants to know your personal feelings about watching television on Saturday nights. Make three statements.

10. **Situation:** You are at the Musée Rodin in Paris admiring the sculpture *Le Penseur*. Make three statements about it.

Part Two   Listening Proficiency

Directions: Your teacher will read aloud four short paragraphs. Each one will contain only a few sentences. You will hear each paragraph twice. Then you will hear one question based on each. You will hear the question only once. It is printed below. Choose the best suggested answer and check the letter of your choice.

Selection Number 1

1. Qui cherche sous le lit?

   A. Monsieur Paquet
   B. Madame Paquet
   C. Pierre
   D. Janine

Selection Number 2

2. Qui a apporté la glace?

   A. Monsieur Paquet
   B. Janine
   C. Pierre
   D. Monsieur Banluc

Selection Number 3

3. Qui a de grands pieds?

   A. François
   B. Françoise
   C. Raymond
   D. Janine

Selection Number 4

4. Où sont Janine et Pierre?

   A. dans le salon
   B. dans la cuisine
   C. dans le garage
   D. dans la cave

Part Three   Reading Proficiency

Directions: In the following passage there are five blank spaces numbered 1 through 5. Each blank space represents a missing word. For each blank space, four possible completions are provided. Only one of them makes sense in the context of the passage.

First, read the passage in its entirety to determine its general meaning. Then read it a second time. For each blank space choose the completion that makes the best sense and is grammatically correct. Then write its letter in the space provided.

Pierre _____ en classe de mathématiques. Il lit un petit mot caché dans les pages de

     1. A. sont
        B. est
        C. a
        D. ont

son livre. Voici le mot:

Pierre, mon chéri:

Je déteste ce cours et je déteste le professeur. Il est

_____ mauvais. Il _____ des leçons difficiles

2. A. beaucoup   3. A. choisissons
   B. tendrement   B. choisissez
   C. très   C. choisit
   D. formidable   D. choisis

et il punit les élèves quand ils ne finissent pas leurs devoirs.

Je t'aime et je t'adore.

Anne-Marie

Le professeur dit à Pierre:

—Tu ne _____ pas tes devoirs! Tu as un mot caché dans les pages

4. A. finis
   B. finit
   C. finissez
   D. finissent

de ton livre! De _____ est ce mot? Donne-moi le mot!

5. A. que
   B. quoi
   C. qui
   D. qu'

Part Four   Writing Proficiency

Directions: Of the ten situations in Part One (Speaking Proficiency) in this test, select five and write what you said on the lines below.

Situation No. __ _____

_____

_____

Situation No. __ _____

_____

_____

Situation No. __ _____

_____

_____

Situation No. __ _____

_____

_____

Situation No. __ _____

_____

_____

Pour combien vendez-vous ce vase, madame? (For how much are you selling this vase, Madam?)

Present Indicative Tense of Regular Verbs Ending in —re

*Have you ever bought anything at a
flea market? Sometimes you can pick up
something interesting.*

Le vase extraordinaire

Aujourd'hui Janine est au marché aux puces avec son amie Monique. Elles passent la journée au marché parce que c'est un endroit très intéressant.

— Oh, Monique! Regarde! Un joli vase. Il est superbe! s'exclame Janine.

— Pour combien vendez-vous ce vase, madame? demande Monique.

— Je vends ce vase pour dix francs, mademoiselle, répond la marchande. Il est vraiment très joli.

—Il est d'une beauté très rare! dit Janine. Mais je n'ai pas dix francs sur moi. J'ai deux francs. Monique, as-tu huit francs?

— Non, Janine, je n'ai pas huit francs, répond Monique.

— Je vais retourner à la maison pour demander à ma mère les huit francs. Je veux avoir ce vase. Il est extraordinaire, dit Janine à la femme. Viens, Monique!

Après une heure, Janine et Monique reviennent avec l'argent. Quand elles arrivent à la boutique où la femme vend le vase, Janine s'exclame:

— Oh! Le vase n'est pas ici! Où est le vase extraordinaire, madame? Le vase rare! Le joli vase!

— Je regrette, mademoiselle, mais il est vendu, répond la femme.

Janine et Monique vont partir et après un moment, la femme ajoute:

— Attendez! Attendez! Attendez, mesdemoiselles! J'ai beaucoup de vases exactement comme l'autre.

La marchande ouvre une grande boîte et elle met sur la table quinze vases exactement comme l'autre.

— Choisissez, mademoiselle! dit la femme.

Vocabulaire

ai, as *v. forms of* **avoir** (to have); **j'ai** I have; **je n'ai pas** I don't have; **as-tu?** do you have?

ajoute *v. form of* **ajouter** (to add); **la femme ajoute** the woman adds

l'argent *n. m.,* money
arrivent *v. form of* **arriver** (to arrive); **elles arrivent** they arrive

PART ONE: STRUCTURES AND VERBS

attendez *v. form of* **attendre**
(to wait); **attendez!** wait!
aujourd'hui *adv.*, today
autre *adj., pron.* other;
l'autre the other one
la boîte *n.*, the box
la boutique *n.*, the shop
c'est it's, it is
choisissez *v. form of* **choisir**
(to choose); **choisissez!**
choose!
combien *adv.*, how much
comme *adv.*, like, as
dix *adj.*, ten
l'endroit *n. m.*, the place
exactement *adv.*, exactly
extraordinaire *adj.*,
extraordinary, unusual
huit *adj.*, eight
ici *adv.*, here
intéressant *adj.*, interesting
joli *m.*, **jolie** *f., adj.*, pretty
la journée *n.*, the day
le marchand *n.*, la

marchande *n.*, the
merchant, shopkeeper
le marché *n.*, the market; **au**
marché aux puces at the
flea market
met *v. form of* **mettre** (to put);
elle met she puts
ouvre *v. form of* **ouvrir** (to
open); **elle ouvre** she
opens
partir *v.*, to leave
passent *v. form of* **passer** (to
spend *time*); **elles**
passent they are spending
la puce *n.*, the flea
quinze *adj.*, fifteen
rare *adj.*, rare
regarde *v. form of* **regarder**
(to look, to look at);
regarde! look!
répond *v. form of* **répondre**
(to reply, to answer);
répond la marchande
answers the shopkeeper

retourner *v.*, to return, to go
back
reviennent *v. form of* **revenir**
(to return, to come back);
elles reviennent they
return
vais *v. form of* **aller** (to go); **je**
vais I'm going
le vase *n.*, the vase
vend, vendez, vends,
vendu *v. forms of* **vendre**
(to sell); **la femme vend**
the woman is selling;
vendez-vous? are you
selling?; **je vends** I am
selling; **vendu** sold
veux *v. form of* **vouloir** (to
want); **je veux** I want
viens *v. form of* **venir** (to
come); **viens!** come!
vont *v. form of* **aller** (to go);
elles vont they are going
vraiment *adv.*, really

Exercises

Review the story and vocabulary before starting these exercises.

I. Oui ou Non?

1. Aujourd'hui Janine est au marché aux puces. _____

2. La marchande vend le vase pour quinze francs. _____

3. Monique n'a pas huit francs. _____

4. Janine et Monique retournent à la maison. _____

5. Quand elles retournent à la boutique avec l'argent, le vase est vendu. _____

II. Complete the dialogue between Janine and the merchant. Refer to the dialogue in this unit if you have to.

1. Janine: Pour combien _____-vous ce vase, madame?

2. La Marchande: Je _____ ce vase pour _____ francs, mademoiselle.

3.   Janine: Oh! Il est _____ très rare!

4.   La Marchande: Oui, et il est très _____ aussi.

III.   The words in the following boxes are scrambled. Unscramble them to find a meaningful sentence. Write the sentences on the lines provided.

Model:

combien	pour	madame?
vase	ce	vendez-vous

You write: *Pour combien vendez-vous ce vase, madame?* _____

(For how much are you selling this vase, Madam?)

1.

vends	vase	pour
dix francs	ce	je

You write: _____

2.

marchande	de	la
vend	beaucoup	vases

You write: _____

3.

moment	un	après	**Attendez!**
ajoute	femme	la	**Attendez!**

You write: _____

99

Structures de la Langue

Here are the personal endings for verbs of the third conjugation (**-re**).

THIRD CONJUGATION

	-re
Infinitive →	**vendre** to sell
	I sell, *or* I do sell, *or* I am selling; you sell, *etc.*

Required subject pronouns

SINGULAR

PERSON			
1.	**je**	I	vend**s**
2.	**tu**	you *(familiar only)*	vend**s**
3.	**il**	he *or* it	vend
	elle	she *or* it	

PLURAL

1.	**nous**	we	vend**ons**
2.	**vous**	you	vend**ez**
3.	**ils**	they	vend**ent**
	elles		

Note that **vous** is also formal singular.

Rules and observations:

1. To form the present tense of a regular verb ending in **-re**, drop the **-re**. What remains is called the *stem*. Add to the stem the personal endings shown in the above chart. They are: **-s, -s, -, -ons, -ez, -ent**.

2. Note that for an **-re** verb there is normally no ending to add in the third person singular. The last letter of the stem is often **d**, so the verb form remains the same as the stem, for example, **il** or **elle vend**. However, there are some **-re** verbs whose last letter in the stem is not **d**. In that case, you have to add **t**:

interrompre *to interrupt*	**rompre** *to break*
il, elle interromp**t**	il, elle romp**t**

3.   Note that, in the plural, the personal endings for an **-re** verb are the same as those for an **-er** verb.

4.   Finally, note also that *do, am, are, does, is* (which are used in English in the present tense) *are not translated* into French. Therefore, **je vends** can mean *I sell,* or *I do sell,* or *I am selling.* The same applies to the rest of the persons, for example, *you sell,* or *you do sell,* or *you are selling, etc.*

Some Common Regular Verbs of the Third Conjugation

attendre	to wait (for)	**interrompre**	to interrupt
défendre	to defend, to forbid	**perdre**	to lose
descendre	to go (come) down, to descend	**rendre**	to give back, to return
entendre	to hear	**répondre (à)**	to answer, to reply
		rompre	to break

Exercises

Review the preceding material before starting these exercises.

I.   Substitute only one appropriate subject pronoun for the word or words in italics and rewrite the entire sentence in French.

   Model: *La dame* **répond au téléphone.**   **You write:**   **Elle répond au téléphone.**
   (The lady is answering the phone.)   (She is answering the phone.)

1.   *Le soldat* défend sa patrie. _____

2.   *La marchande* vend des vases. _____

3.   *Anne et Georges* entendent la musique. _____

4.   *L'homme et la femme* vendent leur maison. _____

5.   *Le grand chien* rompt la petite barrière. _____

Anne et Georges entendent la musique. (Anne and George hear the music.)

II. Helping a Friend. Proficiency in Writing.

Situation: You are helping a friend use French verbs. Ask your friend to follow the directions in each situation below.

A. Write three French verbs that you would use while shopping in a department store. They must be of the **–re** type.

    1. _____   2. _____   3. _____

B. Write three French verbs that you would use when talking on a telephone. They must be of the **–re** type.

    1. _____   2. _____   3. _____

C. Write three French verbs that you would use to describe the above picture of Anne and Georges. They can be **–er, –ir,** or **–re** types.

    1. _____   2. _____   3. _____

III. Shopping. Proficiency in Speaking and Writing.

Situation: You are in an antique shop in Paris. You like a vase and you want to buy it.

Complete the following dialogue. The saleswoman is **la vendeuse.** You are **Vous.** You may use your own words and ideas and/or the words under the lines. Use **Je désire** for *I want.*

La vendeuse: **Bonjour, monsieur (madame, mademoiselle). Vous désirez?**

Vous: _____

Greet her and say you want to buy this vase/**ce vase.**

La vendeuse: **Il est joli, n'est-ce pas?**/*isn't it?*

Vous: _____

Ask her for how much she is selling this vase.

La vendeuse: **Je vends le vase pour cent francs.**

Vous: _____

Ask her if it is rare.

La vendeuse: **Oui, il est rare.**

Vous: _____

Ask her if she accepts credit cards.

La vendeuse: **Oui, nous acceptons les cartes de crédit.**

Vous: _____

Here is my credit card/**Voici ma carte de crédit.**

La vendeuse: **Et votre passeport, s'il vous plaît.**

Vous: _____

Here is my passport.

IV. Answer the following questions in the affirmative in complete French sentences, using subject pronouns in your answers. In answer (a) use **oui**. In answer (b) use **aussi** (also). Make the required changes in the verb forms.

Models: (a) **La dame répond-elle au téléphone?**
(Is the lady answering the phone?)

You write: (a) **Oui, elle répond au téléphone.**
(Yes, she is answering the phone.)

(b) **Et les dames?**
(And the ladies?)

You write: (b) **Elles répondent au téléphone aussi.**
(They are answering the phone also.)

1. (a) Pierre répond-il à la lettre? _____

(b) Et vous? _____

2. (a) Monsieur Coty vend-il la maison? _____

    (b) Et Monsieur Dupont? _____

3. (a) Le soldat défend-il la patrie? _____

    (b) Et vous? _____

4. (a) Le vase est-il joli? _____

    (b) Et le parapluie? _____

5. (a) Janine est-elle au marché aux puces? _____

    (b) Et Monique? _____

V. Change the following affirmative statements to interrogative sentences. Use the inverted form only.

    Model: Pierre danse tous les soirs.   **You write: Pierre danse-t-il tous les soirs?**
        (Pierre dances every evening.)   (Does Pierre dance every evening?)

1. Janine étudie dans la bibliothèque. _____

2. Elle cherche le chapeau. _____

3. Il finit la leçon. _____

4. Elle choisit une jolie robe. _____

5. Nous répondons à la lettre. _____

6. Ils vendent la maison. _____

VI. Change to the plural or singular, according to what is given.

    Models: Il vend. (He sells.)   **You write: Ils vendent.** (They sell.)

             Elles chantent. (They sing.)   **Elle chante.** (She sings.)

1. Elle attend. _____   4. Il écoute. _____

2. Je vends. _____   5. Tu finis. _____

3. Nous dansons. _____   6. Ils répondent. _____

VII. Change the following affirmative statements to interrogative sentences. Use the **est-ce que** form only.

    Model: Pierre étudie.   **You write: Est-ce que Pierre étudie?**
        (Pierre is studying.)   (Is Pierre studying?)

1. Elle finit le livre. _____

2. Monsieur Berty vend la voiture. _____

3. Elle choisit un joli chapeau. _____

4. Il défend la patrie. _____

5. Hélène ouvre la boîte. _____

VIII. Write the French word opposite each picture. Use the definite article with the word. Write one letter in each box.

IX. Complete each verb form in the present indicative by writing the correct letter or letters on the blank lines.

1. J'aim_____ le français.

2. Vous chant_____ bien.

3. Janine étudi_____ beaucoup.

4. Je chois_____ un chapeau.

5. Ils attend_____ l'autobus.

6. Je vend_____ l'automobile.

7. Vous chois_____ une leçon facile.

8. Nous fin_____ les devoirs.

X. Give the three English translations for each of the following French verb forms in the present indicative.

1. Je danse. _____ _____ _____

2. Vous finissez. _____ _____ _____

3. Nous vendons. _____ _____ _____

XI. Word Search. Can you find these verb forms with their subject pronouns *in French* in this puzzle? Circle them.

1. He sells.
2. She waits.
3. We answer.
4. They *(m.)* lose.
5. You *(familiar)* forbid.
6. They *(f.)* lose.
7. I give back.
8. You answer.

N	N	O	I	L	V	E	N	D	O	U	I	N
I	L	S	P	E	R	D	E	N	T	I	C	I
E	L	L	E	S	I	M	P	O	R	T	A	N
L	U	I	E	L	L	E	A	I	T	E	N	D
E	L	L	E	S	P	E	R	D	E	N	T	O
E	J	E	R	E	N	D	S	A	L	O	R	S
V	O	S	S	E	T	M	O	I	S	O	N	T
N	O	U	S	R	É	P	O	N	D	O	N	S
U	E	A	I	P	N	A	C	E	G	L	I	L
A	E	I	T	U	D	É	F	E	N	D	S	T
V	O	U	S	R	É	P	O	N	D	E	Z	U

Paris market.
Reprinted with permission of Eric Kroll/Taurus Photos.

XII. Appreciating French Art. Proficiency in Writing.

Situation: You are in a museum of French impressionist art admiring the painting **Le Bateau-Atelier**/*The Studio Boat* by the French artist Claude Monet.

Write at least four short sentences about the picture below. You may use your own words and ideas or tell us who is in the boat, what he or she is doing, and something about the scenery outside the boat.

1. _____

2. _____

3. _____

4. _____

Monet's **Le Bateau-Atelier** *(The Studio Boat) 1874.*
© *S.P.A.D.E.M., Paris/V.A.G.A., New York.*

XIII.   Educational Tour. Proficiency in Speaking and Writing.

Situation: You are on an educational tour in Paris with a group of students from your school. Your guide is **Madame Durand,** who is a professor at the **Université de Paris.** You have been asking her questions about Paris. Now she has a few questions to ask you because she is impressed with your ability to speak French.

Participate in this conversation. You are playing the role of **Vous.** Later, for more practice, switch roles with her and do the conversation with a friend.

Madame Durand: **Vous parlez français extraordinairement bien!**

Vous: _____

Thank her.

Madame Durand: **Depuis combien de temps étudiez-vous le français?**/*How long have you been studying French?*

Vous: _____

Tell her you have been studying French for one year/**J'étudie le français depuis un an.**

Madame Durand: **Vous êtes extraordinaire! Où habitez-vous?**

Vous: _____

Tell her in what city and country you live.

Madame Durand: **Aimez-vous mon pays?**/*my country*

Vous: _____

   _____

Tell her you like the country, the French language/**la langue française,** the French people/**les Français,** the culture/**la culture,** music/**la musique,** and French art/**l'art français.**

Madame Durand: **Merci. Bon. Maintenant, nous allons au Marché aux puces**/*Now we are going to the Flea Market.* **Venez, tout le monde!**/*Come, everybody.*

Raymond: **Où allons-nous?**

Vous: _____

We are going to the Flea Market.

Madame Durand: **C'est ça!**/*That's right!* **Bravo!**

Vous: _____

Ask her what the word for "flea" is in French: **Quel est le mot pour** *flea* **en français?**

Madame Durand: **Le mot est "la puce." Allons!**/*Let's go!* **Attention aux puces!**/*Watch out for the fleas!*

XIV.   Shopping. Proficiency in Speaking and Writing.

Situation: After your conversation with **Madame Durand**, you and the other students in the group go to **Le Marché aux puces.** You are still playing the role of yourself—**Vous.**

You may use your own ideas and words or those under the lines. Later, for more practice, switch roles with her and do the conversation with a friend.

Madame Durand:	**Le voici!**/*Here it is!* **C'est le Marché aux puces! Désirez-vous acheter quelque chose?**/*something?*
Vous:	_____ Tell her yes, you want to buy something.
Madame Durand:	**Qu'est-ce que vous désirez acheter? Avez-vous assez d'argent?**/*Have you enough money?*
Vous:	_____ Tell her you have enough money and you want to buy a pillow/**un oreiller.**
Madame Durand:	**Un oreiller?! Pourquoi?**
Vous:	_____ Tell her the pillow on your bed at the hotel is not good. Or, give another reason.
Madame Durand:	**D'accord**/*Okay*, **si vous insistez.**
Vous:	_____ Say there are many articles at good prices here/**Il y a beaucoup d'articles à bons prix ici.** Then ask her where the pillows are.
Madame Durand:	**Les oreillers sont là-bas**/*over there.* **Tout droit**/*straight ahead.*
Vous:	_____ Ask the saleswoman for how much she is selling the pillows. Address her as **Madame.**
La vendeuse:	*Un franc pour chaque oreiller/*One franc for each pillow.* **Ce n'est pas beaucoup. Cet**/*this* **oreiller est très joli. Il n'y a pas beaucoup de puces dedans**/*There aren't many fleas inside it.*
Vous:	_____ Tell her you'll take it/**Je le prends.** Then tell her: "Here's one franc."
La vendeuse:	**Attention aux puces!**
Vous:	_____ Thank her and say good-bye. Also say, "Have a nice day!"/**Passez une bonne journée!**

* **un franc**/about twenty cents

Pierre aime les sports. Son sport favori est le football. (Pierre loves sports. His favorite sport is soccer.)

Formation and Use of Reflexive Verbs in the Present Indicative

Are you as eager as Pierre to play in a soccer game?

Surprise! Surprise!

Pierre aime les sports. Son sport favori est le football. Il veut être toujours en forme parce qu'il est gardien de but dans son équipe à l'école. Il veut être toujours prêt à bien jouer. Il est au régime. Il mange seulement des aliments qui sont bons pour la santé. Pendant la saison de football, il évite les glaces, les pommes frites, et les pâtisseries. C'est un brave garçon.

Il se couche de bonne heure, il se lève avec le soleil, il se lave soigneusement, il s'habille vite, et il prend le petit déjeuner.

Il annonce à ses parents:

— C'est le grand match de football aujourd'hui! C'est après les classes.

Pierre dit à Janine:

— Janine, tu vas jouer dans l'équipe avec les garçons et les jeunes filles aussi, n'est-ce pas?

— Oui, répond Janine. Les jeunes filles aiment les sports aussi. Je vais être au stade pour jouer avec les garçons et les jeunes filles cet après-midi.

Pierre se dépêche pour arriver tôt dans la grande cour de l'école. Il court un kilomètre sur la piste avant d'entrer dans l'école.

Pour Pierre, le football est tout. Il se rappelle les bons conseils de son entraîneur de football:

— Attention au filet, Pierre! Attention au filet! Garde le but! Le but!

Pierre joue extrêmement bien. C'est un très bon garçon, bon étudiant, bon joueur. Ses camarades aiment beaucoup Pierre.

Après la dernière classe, Pierre va au gymnase. Il se prépare pour le grand match. Il met sa tenue d'exercice. Il fait de la gymnastique avant de commencer le match.

Pierre fait de la gymnastique pendant quelques heures. Maintenant il est prêt pour le grand match!

Pierre court à toute vitesse au stade. Quand il arrive au stade, il voit que tout le monde part.

— Pierre! Pourquoi es-tu en retard? demande l'entraîneur.

Pierre ne répond pas. Il est stupéfié.

— Le match est terminé, dit l'entraîneur.

— Le match est terminé?! s'exclame Pierre.

— Oui, terminé, fini. Surprise! Surprise!

Vocabulaire

l'aliment *n. m.*, food
annoncer *v.*, to announce
l'après-midi *n.m.*, the afternoon
attention à watch out for
brave *adj., m. f.*, good, fine, honest (when **brave** follows a noun, it means *brave*; **une femme brave, un homme brave** a brave woman, a brave man)
le but *n.*, the goal; **gardien de but** goalie
c'est . . . it's (*sometimes* he's . . . (or) she's . . .)
le conseil *n.*, advice
se coucher *refl. v.*, to go to bed
la cour *n.*, the yard
court *v. form of* **courir** (to run); **Pierre court** Pierre runs
se dépêcher *refl. v.*, to hurry
dernier *m.*, **dernière** *f., adj.*, last
l'entraîneur *n. m.*, the coach, sports instructor
l'équipe *n. f.*, the team
éviter *v.*, to avoid
fais, fait *v. forms of* **faire** (to do, to make); **il fait de la gymnastique** he does gymnastics
le filet *n.*, the net

le football *n.*, soccer (in the U.S.A.)
la forme *n.*, the shape, the form; **en forme** in good shape
garder *v.*, to guard; **gardien de but** goalie
le gymnase *n.*, the gymnasium; **la gymnastique** *n.*, gymnastics
s'habiller *refl. v.*, to get dressed
jouer *v.*, to play; **le joueur** *m.*, **la joueuse** *f., n.*, the player
le kilomètre *n.*, kilometer (about 0.62 miles)
se laver *refl. v.*, to wash oneself
se lever *refl. v.*, to get up
le match *n.*, the game, the match (sport)
mettre *v.*, to put, to put on (wear); **il met** he puts on
n'est-ce pas? isn't it so? aren't you?
les pâtisseries *n. f.*, pastries
le petit déjeuner *n.*, breakfast
la piste *n.*, the track
*les pommes frites *n. f.*, fried potatoes, French fries
prendre *v.*, to take; **prendre**

le petit déjeuner to have breakfast
se préparer *refl. v.*, to prepare oneself, to get ready
prêt *m.*, **prête** *f., adj.*, ready, prepared
que *interrog. pron.*, what; *as a conj.*, that
quel *adj. m. s.*, what (which); **quel sport?** what (which) sport?
se rappeler *refl. v.*, to remember, to recall
le régime *n.*, diet; **au régime** on a diet
se *refl. pron.*, himself, herself, oneself, itself, themselves
soigneusement *adv.*, carefully
le soleil *n.*, the sun
son *poss. adj., m. sing.*, **ses** *pl.*, his
le stade *n.*, the stadium
tard *adv.*, late
la tenue d'exercice gym suit
tôt *adv.*, early
toujours *adv.*, always
veut *v. form of* **vouloir** (to want); **il veut** he wants
la vitesse *n.*, speed; **à toute vitesse** very fast
voit *v. form of* **voir** (to see); **il voit** he sees

*You can also say **les frites** for French fries.

Exercises

Review the story and vocabulary before starting these exercises.

I. Answer the following questions in complete sentences. They are based on the story, "Surprise! Surprise!"

1. Quel est le sport favori de Pierre? _____

2. Pourquoi veut-il être toujours en forme? _____

3. Quels aliments mange-t-il? _____

4. Se lève-t-il tôt ou tard? _____

5. Est-ce que Janine va jouer dans le match aussi? _____

II. Answer the following questions in complete sentences. They are personal questions and require answers of your own.

1. Aimez-vous les sports? _____

2. Est-ce que vous vous couchez tôt ou tard? _____

3. Vous dépêchez-vous pour arriver à l'école? _____

4. Est-ce que vous vous lavez soigneusement? _____

5. Vous habillez-vous vite? _____

III. Vocabulary Building. Proficiency in Writing.

A. Write four foods that you would take with you on your way to see a soccer game.

1. _____   2. _____   3. _____   4. _____

B. Write four words related to any game or sport.

1. _____   2. _____   3. _____   4. _____

IV. Un acrostiche. Complete the French words in the squares across.

1. slowly
2. to avoid
3. to go to bed
4. to get up
5. for
6. or
7. to answer
8. late
9. to wash oneself

1. L
2. E
3. S
4. S
5. P
6. O
7. R
8. T
9. S

Structures de la Langue

A. Formation and use of reflexive verbs in the present indicative; all four forms: Affirmative, Negative, Interrogative, Negative-Interrogative

se laver *to wash oneself*

AFFIRMATIVE

I wash myself, I am washing myself, I do wash myself, *etc.*

Singular		Plural	
je	**me lave**	nous	**nous lavons**
tu	**te laves**	vous	**vous lavez**
il	**se lave**	ils	**se lavent**
elle	**se lave**	elles	**se lavent**

NEGATIVE

I am not washing myself, I do not wash myself, *etc.*

Singular		Plural	
je	**ne** me lave **pas**	nous	**ne** nous lavons **pas**
tu	**ne** te laves **pas**	vous	**ne** vous lavez **pas**
il	**ne** se lave **pas**	ils	**ne** se lavent **pas**
elle	**ne** se lave **pas**	elles	**ne** se lavent **pas**

INTERROGATIVE WITH **est-ce que** FORM

Am I washing myself? Do I wash myself? *etc.*

Singular	Plural
est-ce que je me lave?	**est-ce que** nous nous lavons?
est-ce que tu te laves?	**est-ce que** vous vous lavez?
est-ce qu'il se lave?	**est-ce qu'**ils se lavent?
est-ce qu'elle se lave?	**est-ce qu'**elles se lavent?

INTERROGATIVE WITH *INVERTED FORM*

Am I washing myself? Do I wash myself? *etc.*

Singular	Plural
***est-ce que** je me lave?	**nous** lavons-nous?
te laves-tu?	**vous** lavez-vous?
se lave-t-il?	**se** lavent-ils?
se lave-t-elle?	**se** lavent-elles?

*The inverted form is ordinarily used in the first person singular *only* with certain verbs.

Observe that the subject pronoun shifts in the interrogative when using the inverted form; it is joined to the verb with a hyphen:

Affirmative:	Tu te laves.	Nous nous lavons.
Interrogative:	Te laves-tu?	Nous lavons-nous?

Est-ce que je ne me lave pas? (Don't I wash myself?)

NEGATIVE-INTERROGATIVE WITH **est-ce que** FORM

Am I not washing myself? Don't I wash myself? *etc.*

Singular	Plural
est-ce que je **ne** me lave **pas**?	**est-ce que** nous **ne** nous lavons **pas**?
est-ce que tu **ne** te laves **pas**?	**est-ce que** vous **ne** vous lavez **pas**?
est-ce qu'il **ne** se lave **pas**?	**est-ce qu'**ils **ne** se lavent **pas**?
est-ce qu'elle **ne** se lave **pas**?	**est-ce qu'**elles **ne** se lavent **pas**?

NEGATIVE INTERROGATIVE WITH *INVERTED FORM*

Am I not washing myself? Don't I wash myself? *etc.*

Singular	Plural
*****est-ce que** je **ne** me lave **pas**?	**ne** nous lavons-nous **pas**?
ne te laves-tu **pas**?	**ne** vous lavez-vous **pas**?
ne se lave-t-il **pas**?	**ne** se lavent-ils **pas**?
ne se lave-t-elle **pas**?	**ne** se lavent-elles **pas**?

*The inverted form is ordinarily used in the first person singular *only* with certain verbs.

Observe that the subject pronoun shifts in the negative-interrogative when using the inverted form; it is joined to the verb with a hyphen:

Negative:	Tu ne te laves pas.	Nous ne nous lavons pas.
Negative-Interrogative:	Ne te laves-tu pas?	Ne nous lavons-nous pas?

Rules and observations:

1. To form the present tense of a reflexive verb in a simple affirmative sentence, put the reflexive pronoun in front of the verb. Study the first box (Affirmative).

2. A reflexive verb expresses an action that is turned back upon the subject; for example, I wash *myself* (je **me** lave). The reflexive pronoun in the English sentence is *myself*; in the French sentence it is **me**.

3. The reflexive pronouns in French are: **me**, **te**, **se**, **nous**, and **vous**.

4. The reflexive pronouns in English are: **myself**, **yourself**, **herself**, **himself**, **itself**, **ourselves**, **yourselves**, and **themselves**.

REFLEXIVE PRONOUNS

	Singular		Plural
me	myself	**nous**	ourselves
te	yourself	**vous**	yourselves (yourself)
se	himself, herself, itself	**se**	themselves

5. You must be careful to use the appropriate reflexive pronoun, the one that matches the subject pronoun. You already know the subject pronouns, but here they are again, beside the reflexive pronouns.

Singular	Plural
1. **je me . . .**	1. **nous nous . . .**
2. **tu te . . .**	2. **vous vous . . .**
3. **il se . . .**	3. **ils se . . .**
elle se . . .	**elles se . . .**

6. Note that in the third person singular and third person plural the reflexive pronoun is the same: **se** (himself, herself, itself, themselves).

7. Note that in the first person plural, the reflexive pronoun is the same as the subject pronoun: **nous** (ourselves).

8. Note that in the second person plural, the reflexive pronoun is the same as the subject pronoun: **vous** (yourself, yourselves).

9. Most of the time, a verb that is reflexive in French is also reflexive in English. One example of a verb that is not reflexive in English but is in French:

se dépêcher   to hurry

je me dépêche   I hurry, *or* I do hurry, *or* I am hurrying

10. Note the position of the reflexive pronouns and the **ne** and **pas** in the boxes above.

11. The reflexive pronouns **me**, **te**, and **se** become **m'**, **t'**, and **s'** when they are in front of a verb beginning with a vowel or silent *h*, as in the following example:

s'appeler   to be called, named

je **m'**appelle Marie.	My name is Mary.
tu **t'**appelles Hélène.	Your name is Helen.
il **s'**appelle Henri.	His name is Henry.
elle **s'**appelle Jeanne.	Her name is Jeanne.

B. Formation of some irregular reflexive verbs

s'asseoir _to sit down_	
je **m'assieds**	nous **nous asseyons**
tu **t'assieds**	vous **vous asseyez**
il **s'assied**	ils **s'asseyent**
elle **s'assied**	elles **s'asseyent**

s'endormir _to fall asleep_	
je **m'endors**	nous **nous endormons**
tu **t'endors**	vous **vous endormez**
il **s'endort**	ils **s'endorment**
elle **s'endort**	elles **s'endorment**

se servir _to use_	
je **me sers**	nous **nous servons**
tu **te sers**	vous **vous servez**
il **se sert**	ils **se servent**
elle **se sert**	elles **se servent**

se souvenir _to remember_	
je **me souviens**	nous **nous souvenons**
tu **te souviens**	vous **vous souvenez**
il **se souvient**	ils **se souviennent**
elle **se souvient**	elles **se souviennent**

Some Other Common Reflexive Verbs			
s'amuser	to enjoy oneself, to have a good time	**se rappeler**	to remember, to recall
se coucher	to go to bed, to lie down	**se regarder**	to look at oneself
s'habiller	to get dressed, to dress oneself	**se reposer**	to rest
se lever	to get up	**se trouver**	to be situated, to be located

Exercises

Review the preceding material before starting these exercises.

I. Fill in the missing reflexive pronouns in French.

1. Je _____ lave.

2. Je ne _____ dépêche pas.

3. Tu _____ amuses.

4. Il _____ couche.

5. Elle _____ habille.

6. Nous _____ levons.

7. Vous _____ rappelez.

8. Ils _____ amusent.

9. Elles _____ reposent.

10. Il _____ regarde.

II. Match the following.

1. Je me dépêche.   _____ She is falling asleep.

2. Je m'appelle Yves.   _____ You are having a good time here.

3. Vous vous couchez de bonne heure.   _____ Are you washing yourself?

4. Tu t'amuses ici.   _____ Aren't I washing myself?

5. Il s'habille.   _____ My name is Yves.

6. Est-ce que je ne me lave pas?   _____ I sit down.

7. Je m'assieds.   _____ I hurry.

8. Elle s'endort.   _____ You go to bed early.

9. Te laves-tu?   _____ He is getting dressed.

10. Vous ne vous lavez pas.   _____ You don't wash yourself.

III. Word Search. Can you find the following five verb forms in French with their subject pronouns in this puzzle?

1. I am getting dressed.
2. You are washing yourself.
3. He is hurrying.
4. They *(m.)* are enjoying themselves.
5. I am resting.

D	E	I	P	T	E	C	H	E	J
J	E	L	A	U	L	A	V	R	E
D	I	S	D	T	E	J	A	U	M
I	L	S	U	E	L	O	I	N	E
A	S	A	I	L	M	A	N	G	R
J	E	M	H	A	B	I	L	L	E
I	D	U	O	V	E	E	O	A	P
I	É	S	S	E	M	E	T	S	O
O	P	E	I	S	S	E	L	V	S
J	Ê	N	A	P	P	E	L	E	E
U	C	T	I	L	S	E	M	E	L
A	H	J	E	I	U	O	I	L	T
J	E	M	E	R	E	G	A	R	E

IV. Fill in the missing subject pronouns.

1. _____ m'amuse.

2. _____ t'habilles.

3. _____ vous regardez.

4. _____ (or) _____ se servent.

5. _____ (or) _____ se souvient.

6. _____ nous couchons.

7. _____ vous levez.

8. _____ (or) _____ s'assied.

9. _____ (or) _____ se reposent.

10. _____ m'endors.

V. Answer the following questions in the affirmative.

Model: Vous lavez-vous?
(Do you wash yourself?)

You write: Oui, je me lave.
(Yes, I wash myself.)

1. Vous amusez-vous? _____

2. Vous couchez-vous? _____

3. Vous reposez-vous? _____

4. Vous habillez-vous? _____

5. Vous asseyez-vous? _____

VI. Answer the following questions in the negative.

Model: Vous lavez-vous tous les jours?
(Do you wash yourself every day?)

You write: Non, je ne me lave pas tous les jours.
(No, I do not wash myself every day.)

1. Vous amusez-vous ici? _____

2. Vous couchez-vous de bonne heure tous les soirs? _____

_____

3. Vous habillez-vous vite tous les matins? _____

_____

4. Vous appelez-vous Jean-Jacques? _____

5. Vous asseyez-vous ici? _____

VII. Change each sentence by replacing the verb in italics with the proper form of the verb in parentheses. Keep the same subject. Rewrite the entire sentence in French.

> **Model:** **Se dépêche-t-il tous les matins? (s'habiller)**
> (Does he hurry every morning [to get dressed]?)
>
> **You write:** **S'habille-t-il tous les matins?**
> (Does he get dressed every morning?)

1. *Se lave*-t-il tous les soirs? (se dépêcher) _____

2. Je *m'assieds* sur cette chaise. (s'endormir) _____

3. Nous *nous couchons* de bonne heure. (se lever) _____

4. Il *s'habille* vite. (se laver) _____

5. Je *me lave* tous les jours. (s'amuser) _____

VIII. The words in the following boxes are scrambled. Unscramble them to find a meaningful sentence. Write the complete sentences on the lines provided.

Model:

nous	café	maintenant
servons	du	nous

You write: ____ **Nous nous servons du café maintenant.** ____

(We are serving ourselves coffee now.)

1.

m'	ma	habille
dans	je	chambre

4.

me	heure	bonne
couche	je	de

2.

ils	samedis	théâtre
au	tous les	s'amusent

5.

dépêchons	pour	à l'école
nous	aller	nous

3.

tu	reposes	te
dîner	après	le

6.

je	tous	matins
les	lave	me

1. _____

2. _____

3. _____

4. _____

5. _____

6. _____

IX. Daily Activities. Proficiency in Writing.

Situation: You are studying French in a summer session at the Alliance Française institute in Paris. Before you left for France, you promised your friend Donald that you would write a postcard about your daily activities.

On the lines below, write a note telling him at least five things you do every day. Use the reflexive verbs you studied in this lesson. For example, you may want to say that you go to bed early, you fall asleep easily, you get up with the sun, you wash yourself carefully, you dress quickly, and you are enjoying yourself in Paris. You may add other words and ideas of your own.

le trois avril, 1996

Cher ami Donald,

_____

_____

_____

Ton ami (Ton amie),

_____

X. Change the following statements into questions. Use the inverted form only.

Model: **Il se lave avant de manger.**
(He washes himself before eating.)

You write: **Se lave-t-il avant de manger?**
(Does he wash himself before eating?)

1. Elle se repose. _____

2. Vous vous levez très tard le matin. _____

3. Elle s'assied devant la porte. _____

4. Nous nous dépêchons. _____

5. Ils se couchent tard. _____

XI. Change the following statements into negative-interrogative sentences. Use the **est-ce que** form or the inverted form.

Model:	**Pierre se lève avec le soleil.** (Pierre gets up with the sun.)	**You write:**	**Pierre ne se lève-t-il pas avec le soleil?**
		Or:	**Est-ce que Pierre ne se lève pas avec le soleil?**
			(Doesn't Pierre get up with the sun?)

1.   Pierre se couche de bonne heure. _____

2.   Il se lave soigneusement. _____

3.   Il s'habille vite. _____

4.   Il se dépêche. _____

5.   Il se prépare à jouer au football. _____

XII. Choose the correct form and write it on the blank line. Write the verb form with the subject.

1.   Je (me lave, vous lavez, se lavent) tous les matins.   _____

2.   Vous (vous amusez, s'amusent, nous amusons) tout le temps.   _____

3.   Il (s'endorment, s'endort, vous endormez) vite.   _____

4.   Elle (s'habille, s'habillent, nous habillons) dans la chambre.   _____

5.   Nous (me couche, vous couchez, nous couchons) de bonne heure.   _____

6.   Tu (t'amuses, s'amuse, s'amusent) tous les jours!   _____

7.   Ils (se sert, se servent, nous servons) du café noir.   _____

8.   Elles (s'endort, vous endormez, s'endorment) tranquillement.   _____

9.   Je (s'amuse, m'amuse, nous amusons) tous les soirs au café.   _____

10.   Madame Paquet (se dépêche, nous dépêchons, vous dépêchez) pour sortir.   _____

XIII. Activities. Proficiency in Writing.

Situation: You are writing a letter to a pen pal in France but first you want to practice a few French words you plan to use.

A. Write four reflexive verbs that you would use when talking about yourself and what you do in the mornings and evenings.

1. _____ 2. _____ 3. _____ 4. _____

B. Write three foods that a person avoids eating when trying to lose weight to be in shape for a sport.

1. _____ 2. _____ 3. _____

XIV. Obtaining Information. Proficiency in Writing.

Situation: You also promised to write to Diane during your summer studies in Paris. This time you are going to ask her questions using reflexive verbs with **est-ce que** or the inverted form. Use the familiar **tu** form (2d pers., sing.) because she is your friend. Ask at least three questions.

You may use your own ideas and words and/or the following: **Est-ce que tu t'amuses tous les jours?**/Are you enjoying yourself every day, Are you having a good time every day? **Moi, je m'amuse beaucoup ici**/As for me, I am enjoying myself a lot here. **Te couches-tu tard ou tôt?**/Do you go to bed late or early? **T'endors-tu facilement?**/Do you fall asleep easily? **Moi, je m'endors facilement**/As for me, I fall asleep easily. **Te reposes-tu quand tu es fatiguée?**/Do you rest when you're tired? **Je me repose quand je suis fatigué(e)**/I rest when I'm tired.

La date: _____

Chère amie Diane,

_____

_____

_____

_____

_____

Ton ami (Ton amie),

_____

XV. Sports. Proficiency in Speaking and Writing.

Situation: You spent a wonderful afternoon at an indoor swimming pool in Paris. A picture of the pool is shown below. It's something to write home about.

Write at least four sentences. You may use your own ideas and words and/or the following: **j'aime nager**/*I like to swim*; **je nage tous les jours dans cette belle piscine**/*I swim every day in this beautiful pool*; **j'aime la natation**/*I like swimming*; **c'est mon sport favori**/*it's my favorite sport*; **voici une photo de la piscine**/*here is a photo of the swimming pool*.

After you state your sentences, practice writing them on these lines:

_____

_____

_____

Reprinted with permission of French Government Tourist Office, New York, N.Y.

XVI. Sharing Information. Proficiency in Speaking, Reading, and Writing.

Situation: Today you are serving as an interpreter. A conference of school principals is being held in your school. One of the visitors is **Monsieur Dufy,** who is principal of a school in Paris. Mrs. Johnson, your school principal, does not speak French and the visitor speaks very little English.

In this dialogue the three of you are in Mrs. Johnson's office. Your role is **Vous.** Don't forget to use the **vous** form when talking to **Monsieur Dufy** because he is an acquaintance. After **Monsieur Dufy** makes a statement, tell Mrs. Johnson in English what he is saying. You can express yourself easily in French by using words that **Monsieur Dufy** says in French.

You may vary and extend the conversation with your own ideas and words. Later, switch roles with a friend for more practice.

Mrs. Johnson: Ask him if he wants to have lunch with us in school.

Vous: **Monsieur,** _____

_____

Monsieur Dufy: **Oui, je désire déjeuner avec vous à l'école. Avec plaisir.**

Mrs. Johnson: That's good. Now ask him if he wants to eat meat or fish.

Vous: **Monsieur,** _____

_____

Monsieur Dufy: **Je préfère manger de la viande. Je n'aime pas le poisson.**

Mrs. Johnson: That's fine. Now ask him if he is going to speak in French to the students of the French Club at three o'clock in room 312.

Vous: **Monsieur,** _____

_____

Monsieur Dufy: **Oui, oui, certainement. Je vais parler en français aux étudiants du Cercle Français à trois heures dans la salle 312. Avec grand plaisir.**

Mrs. Johnson: Ask him at what time he is going to leave in a taxi to go to the airport.

Vous: **Monsieur,** _____

_____

Monsieur Dufy: **Je vais partir en taxi pour aller à l'aéroport à quatre heures.**

Mrs. Johnson: Please thank him. Tell him to have a good trip!/**Bon voyage!**

Vous: _____, **Monsieur.** _____

XVII. Appreciating French Art. Proficiency in Speaking and Writing.

Situation: You are in Paris at **Le Moulin Rouge**/The Red Mill. It's a place of entertainment where you can have dinner and see musical shows.

Look at the picture below and tell us what is happening. Use your own words and ideas or the following in three short sentences. First, say them aloud, then write them on the lines. **Le Moulin Rouge est un endroit de divertissement à Paris**/The Moulin Rouge is a place of entertainment in Paris. **Les femmes portent de beaux manteaux longs, de belles robes longues, et de beaux chapeaux**/The women are wearing beautiful long coats, beautiful long dresses, and beautiful hats. **Les hommes et les femmes parlent pendant qu'ils dînent**/The men and women are talking while dining. **Ils s'amusent**/They are enjoying themselves. **Dans quelques minutes la chanteuse Jane Avril va chanter dans un nouveau spectacle à minuit**/In a few minutes the singer Jane Avril is going to sing in a new show at midnight.

1. _____

2. _____

3. _____

Au Moulin Rouge, oil on canvas, 1893–1895, 123 x 141 cm, by Henri de Toulouse-Lautrec, French, (1864–1901). Helen Birch Bartlett Memorial Collection, 1928.610. Photograph © 1995, The Art Institute of Chicago, All Rights Reserved.

– Ch! Ch! Filez! Oh, ces mouches! s'exclame Madame Paquet. ("Shoo! Shoo! Go away! Oh, these flies!" exclaims Mrs. Paquet.)

Cardinal and Ordinal Numbers

Have you ever been at a public auction?
Let's see what happens to
Madame Paquet.

Ch! Ch! Filez! Filez!

Madame et Monsieur Paquet quittent la maison pour aller à une vente aux enchères. Madame Paquet aime beaucoup les ventes aux enchères. Elle veut acheter une petite table ronde pour le salon de sa maison.

Ils arrivent et ils entrent dans la salle des ventes. Ils entendent le commissaire-priseur qui parle à un groupe de personnes:

Le Commissaire-priseur: Mesdames, Messieurs, attention! S'il vous plaît!

   (Monsieur et Madame Paquet prennent deux places au cinquième rang près de la porte.)

Le Commissaire-priseur: J'ai ici, mesdames et messieurs, un très, très beau fauteuil. Qui offre cinquante francs?

   (Monsieur Paquet parle à sa femme à voix basse: – Tout est si élégant ici. Très élégant.)

   (Madame Paquet répond à voix basse: – Oui, mais je n'aime pas les mouches! Et le fauteuil est très laid!)

Le Commissaire-priseur: Merci, monsieur! J'ai cinquante francs pour ce beau fauteuil. Qui offre soixante francs? . . . Soixante francs, ce n'est pas beaucoup pour ce beau fauteuil! Qui offre soixante francs?

   (Madame Paquet dit à son mari à voix basse: – Les mouches dans cette salle sont terribles!)

Le Commissaire-priseur: Merci, madame! Merci! J'ai soixante francs de la dame au premier rang. Qui offre soixante-dix francs?

   (Madame Paquet demande à son mari à voix basse: – François, qui est la dame au premier rang qui offre soixante francs pour ce fauteuil monstrueux? Elle doit être folle!)

   (Monsieur Paquet répond: – Je ne sais pas, ma chérie.)

Le Commissaire-priseur: Merci encore, madame! J'ai une offre de soixante-dix francs! Qui offre quatre-vingts? . . . Merci, monsieur! J'ai une offre de quatre-vingts francs. Qui offre quatre-vingt-dix francs? . . . Merci, madame! J'ai quatre-vingt-dix francs de la dame là-bas au troisième rang. Qui offre cent francs? Cent francs? Qui offre cent francs?

   (Madame Paquet lève la main pour chasser les mouches de son nez. — Ch! Ch! Filez! Filez! Oh, ces mouches!)

Le Commissaire-priseur: Merci, madame! J'ai cent francs de la dame au cinquième rang près de la porte! J'ai cent francs! C'est la dernière mise! Une fois, deux fois, trois fois. C'est fini! Vendu à la charmante dame avec son mari au cinquième rang près de la porte! Vous pouvez payer à la caisse, s'il vous plaît, madame.

(Tout le monde regarde Madame Paquet.)

Madame Paquet: Qui? Moi?

Vocabulaire

ai *v. form of* **avoir** (to have); **j'ai** I have

assister à *v.,* to be present at, to attend

beau *m.,* **belle** *f., adj.,* beautiful, handsome

la caisse *n.,* the cash box; **à la caisse** at the cash desk

Ch! Ch! *interj.,* Shoo! Shoo!

charmant *m.,* **charmante** *f., adj.,* charming

chasser *v.,* to chase away

le commissaire-priseur *n.,* the auctioneer

doit *v. form of* **devoir** (to owe, ought to, must); **elle doit être folle** she must be crazy

l'enchère *n. f.,* the bid, the bidding

le fauteuil *n.,* the armchair

filez! *exclam.,* go away!

fois *n. f.,* time; **une fois** one time, once; **deux fois** two times, twice

folle *f.,* **fou, fol** *m., adj.,* crazy

le franc *n.,* the franc, the French unit of money

là-bas *adv.,* over there

laid *m.,* **laide** *f., adj.,* ugly

lève *v. form of* **lever** (to raise, to lift); **elle lève la main** she raises her hand

la mise *n.,* the bid; **la dernière mise** the last bid

moi *pron.,* me

monstrueux *m.,* **monstrueuse** *f., adj.,* monstrous

la mouche *n.,* the fly

le nez *n.,* the nose

offre *v. form of* **offrir** (to offer); **une offre** an offer; **qui offre?** who offers?

payer *v.,* to pay

la place *n.,* the seat, the place

pouvez *v. form of* **pouvoir** (to be able, can, may); **vous pouvez** you can, you may

prennent *v. form of* **prendre** (to take); **ils prennent** they take

le rang *n.,* the row

rond *m.,* **ronde** *f., adj.,* round

sais *v. form of* **savoir** (to know); **je sais** I know; **je ne sais pas** I don't know

la salle *n.,* the (large) room; **la salle des ventes** the auction sales room

si *adv.,* so; *conj.,* if

s'il vous plaît please

tout *pron.,* everything, all; **tout le monde** everybody

vendu *v. form of* **vendre** (to sell) sold

la vente *n.,* the sale; **la vente aux enchères** the auction

la voix *n.,* the voice; **à voix basse** in a low voice

Exercises

Review the story and vocabulary before starting these exercises.

   I.   **Answer the following questions in complete sentences. They are based on the story in this unit.**

   1.   Qui aime beaucoup les ventes aux enchères? _____

   2.   Qui entre dans la salle des ventes? _____

   3.   Pourquoi Madame Paquet lève-t-elle la main? _____

   4.   Qui offre cent francs pour le fauteuil? _____

   5.   Qui regarde Madame Paquet? _____

II. Answer the following questions in complete sentences. They are personal questions and require answers of your own.

1. Aimez-vous les ventes aux enchères? _____

2. ·Avez-vous un salon dans votre maison? _____

3. Avez-vous une jolie petite table ronde dans votre maison? _____

_____

III. **Comment dit-on en français . . .?** (How do you say in French . . .?) Find these statements in the story and write them in French.

1. Mr. Paquet talks to his wife in a low voice. _____

_____

2. Mrs. Paquet raises her hand to chase away the flies from her nose. _____

_____

3. I have one hundred francs. _____

IV. The words in the following boxes are scrambled. Unscramble them to find a meaningful sentence. Write the sentence in French on the line provided.

Model:

de	ils	maison
la	bonne heure	quittent

You write: _____ **Ils quittent la maison de bonne heure.** (They leave the house early.)

1.

salle	ils	la
dans	des ventes	entrent

3.

est	élégant	dans
cette salle	si	tout

2.

n'aime	je	ce
fauteuil	pas	monstrueux

4.

veux	une	je
ronde	table	jolie petite

1. _____

2. _____

3. _____

4. _____

Structures de la Langue

A. Cardinal Numbers: 1 to 1,000

0 zéro	**50 cinquante**	502 cinq cent deux, *etc.*
1 un, une	51 cinquante et un	**600 six cents**
2 deux	52 cinquante-deux, *etc.*	601 six cent un
3 trois	**60 soixante**	602 six cent deux, *etc.*
4 quatre	61 soixante et un	**700 sept cents**
5 cinq	62 soixante-deux, *etc.*	701 sept cent un
6 six	**70 soixante-dix**	702 sept cent deux, *etc.*
7 sept	71 soixante et **onze**	**800 huit cents**
8 huit	72 soixante-douze, *etc.*	801 huit cent un
9 neuf	**80 quatre-vingts**	802 huit cent deux, *etc.*
10 dix	81 quatre-vingt-un	**900 neuf cents**
11 onze	82 quatre-vingt-deux, *etc.*	901 neuf cent un
12 douze	**90 quatre-vingt-dix**	902 neuf cent deux, *etc.*
13 treize	91 quatre-vingt-onze	1,000 **mille**
14 quatorze	92 quatre-vingt-douze, *etc.*	
15 quinze	**100 cent**	
16 seize	101 cent un	
17 dix-sept	102 cent deux, *etc.*	
18 dix-huit	**200 deux cents**	
19 dix-neuf	201 deux cent un	
20 vingt	202 deux cent deux, *etc.*	
21 vingt et un	**300 trois cents**	
22 vingt-deux, *etc.*	301 trois cent un	
30 trente	302 trois cent deux, *etc.*	
31 trente et un	**400 quatre cents**	
32 trente-deux, *etc.*	401 quatre cent un	
40 quarante	402 quatre cent deux, *etc.*	
41 quarante et un	**500 cinq cents**	
42 quarante-deux, *etc.*	501 cinq cent un	

Rules and observations:

1. Learning numbers in French is easy. It's very much like the way we form numbers in English.

2. From 0 through 16 it's a matter of learning new vocabulary because there is, naturally, a word for each number. Study the simple words in French from 0 to 16 in the above table.

3. Next, notice that numbers 17, 18, 19 are based on 10 plus 7, 8, 9. The word for 10 (**dix**) is joined with a hyphen to the word for 7 (**sept**), 8 (**huit**), and 9 (**neuf**). Examine these three numbers in the above table.

4. The compound numbers actually start with 20. From 20 to 29, just state the word for 20 (**vingt**) and add to that word the cardinal numbers from 1 to 9. This is how we form the numbers in English, also. There is one exception: You are supposed to use the word **et** (*and*) with **un** (*one*). The **et** is omitted after one: vingt-deux, vingt-trois, *etc.* Don't forget to join the added word with a hyphen.

5. Next, it's a matter of learning new vocabulary after 20: **vingt** (20), **trente** (30), **quarante** (40), and so on. To each whole number add **un** through **neuf**. Don't forget to use **et** (*and*) with **un** only and drop it from **deux** to **neuf**. Study these numbers in the table above.

6. The word 100 is also new vocabulary for you: **cent**, with no **un** in front of it for one hundred. It's just plain **cent**.

7. From 200 to 900, it's only a matter of using words you have already learned: 200 is **deux cents**, 300 is **trois cents**, just as in English. Notice the **s** on **cents**. The **s** drops with compound numbers in the hundreds: **deux cent un** (201), **trois cent un** (301), and so on. In brief, there is an **s** on **cents** only in the round whole number in the hundreds: 200 (**deux cents**), 300 (**trois cents**), 400 (**quatre cents**), and so on. In the hundreds, never use **et** (*and*). Any multiple, any other number added to the round whole number drops the **s** on **cents**: **cent un** (101), **cent deux** (102), and so on.

B.   Simple arithmetical expressions

deux **et** deux **font** quatre	$2 + 2 = 4$
trois **fois** cinq **font** quinze	$3 \times 5 = 15$
douze **moins** dix **font** deux	$12 - 10 = 2$
dix **divisés par** deux **font** cinq	$10 \div 2 = 5$

Rules and observations:

1. In French you need to state **et** (*and*) as we do in English when adding. Besides saying two *and* two are four, we can say two *plus* two are four. In French, we say **et** (*and*).

2. The symbol **x** (meaning *times*) is expressed by **fois** in French.

3. In French, we use the word **moins** to express *minus* or *less*.

4. In French, we say **divisés par** to express *divided by*.

5. In French, we use the word **font** (meaning *make*) to express *are* or *make*.

C. Fractions

$^1/_2$	**un demi**	a (one) half
$^1/_3$	**un tiers**	a (one) third
$^1/_4$	**un quart**	a (one) fourth
$^1/_5$	**un cinquième**	a (one) fifth

D. Approximate amounts

une dizaine	about ten
une quinzaine	about fifteen
une vingtaine	about twenty
une trentaine	about thirty
une quarantaine	about forty
une cinquantaine	about fifty
une soixantaine	about sixty
une centaine	about a hundred
un millier	about a thousand

Observations:

1.   Notice that each of the above approximate amounts is based on a cardinal number.

2.   Did you notice that **une quarantaine** (*about forty*) is related to the English word *quarantine,* which means a period of *forty* days?

E.   Ordinal numbers: first to twentieth

first	**premier, première**	1st	**1er, 1re**
second	**deuxième (second, seconde)**	2d	**2e**
third	**troisième**	3d	**3e**
fourth	**quatrième**	4th	**4e**
fifth	**cinquième**	5th	**5e**
sixth	**sixième**	6th	**6e**
seventh	**septième**	7th	**7e**
eighth	**huitième**	8th	**8e**
ninth	**neuvième**	9th	**9e**
tenth	**dixième**	10th	**10e**
eleventh	**onzième**	11th	**11e**
twelfth	**douzième**	12th	**12e**
thirteenth	**treizième**	13th	**13e**
fourteenth	**quatorzième**	14th	**14e**
fifteenth	**quinzième**	15th	**15e**
sixteenth	**seizième**	16th	**16e**
seventeenth	**dix-septième**	17th	**17e**
eighteenth	**dix-huitième**	18th	**18e**
nineteenth	**dix-neuvième**	19th	**19e**
twentieth	**vingtième**	20th	**20e**

Rules and observations:

1.   You must learn the difference between a **cardinal** number and an **ordinal** number. If you have trouble distinguishing between the two, just remember that we use the cardinal numbers most of the time: un, deux, trois (one, two, three), and so on.

2.   Use the *ordinal* numbers to express a certain *order:* premier (première, if the noun following is feminine), deuxième, troisième (first, second, third), and so on.

3. **Premier** is the masculine singular form and **première** is the feminine singular form. Examples: **le premier homme** (*the first man*), **la première femme** (*the first woman*).

4. The masculine singular form **second**, or the feminine singular form **seconde**, is used to mean *second* when there are only two. When there are more than two, **deuxième** is used. Examples: **le Second Empire**, because there were only two empires in France; however, **la Deuxième République**, because there have been more than two Republics in France.

5. The raised letters in **1er** are the last two letters in the word **premier**; it is equivalent to our *st* in *1st*. The raised letters in **1re** are the last two letters in the word **première**, which is the *feminine* singular form of *first*.

6. The raised letter **e** after an ordinal number (for example, **2e**) stands for the **ième** ending of a French ordinal number.

7. When referring to sovereigns or rulers, the only ordinal number used is **Premier**. For all other designations, the cardinal numbers are used. The definite article (*the*) is used in English but not in French. Examples:

but:	François 1er	François Premier	Francis the First
	Louis XIV	Louis Quatorze	Louis the Fourteenth

Exercises

A.   Cardinal numbers

I.   Complete the following by writing in the French word or words.

1.   Deux et deux font _____   4.   Six et quatre font _____

2.   Trois et quatre font _____   5.   Huit et neuf font _____

3.   Cinq et sept font _____   6.   Neuf et trois font _____

II.   Write the French word or words for the following cardinal numbers.

1.   2 _____   6.   20 _____   11.   61 _____

2.   4 _____   7.   21 _____   12.   69 _____

3.   6 _____   8.   22 _____   13.   70 _____

4.   8 _____   9.   30 _____   14.   80 _____

5.   10 _____   10.   37 _____   15.   100 _____

III.   Activities. Proficiency in Speaking.

A.   Take a good look at the picture at the beginning of this work unit. Describe the scene to a friend in at least ten words in French.

B.   Tell your friend that you are going to a used furniture store to buy a few things for your room.

C.   How many students are there in each of the rows in your French class? Begin by saying that there are **(il y a)** so many students in the first row **(dans le premier rang),** so many in the second row, and so on.

IV.   Choose the correct answer and write the word on the line.

1.   Deux et cinq font   (a) quatre   (b) six   (c) sept   (d) neuf.   _____

2.   Trois fois cinq font   (a) quinze   (b) vingt   (c) dix-sept   (d) huit.   _____

3.   Douze moins dix font   (a) vingt-deux   (b) cent vingt   (c) deux (d) vingt.   _____

4.   Dix divisés par deux font   (a) douze   (b) cinquante   (c) six (d) cinq.   _____

5.   Douze divisés par six font   (a) douze   (b) dix-huit   (c) deux (d) dix.   _____

B. Ordinal numbers

I. Match the following.

1. troisième	_____ first	6. vingtième	_____ fifteenth
2. cinquième	_____ second	7. quinzième	_____ seventeenth
3. premier	_____ third	8. dix-neuvième	_____ twentieth
4. deuxième	_____ fourth	9. seizième	_____ nineteenth
5. quatrième	_____ fifth	10. dix-septième	_____ sixteenth

II. Activities. Proficiency in Speaking.

Situation: Your neighbors have a child who is about six years old. The parents have asked you to teach their child how to count in French from one to thirty. You have agreed to do this in exchange for a big piece of chocolate cake! It will be fun! Now, begin.

III. Match the following.

1. Henri Quatre	_____ Francis I
2. Louis Seize	_____ Louis XIV
3. François Premier	_____ Henry V
4. Henri Cinq	_____ Louis XVI
5. Louis Quatorze	_____ Henry IV

C. Cardinals, fractions, approximate amounts, ordinals, simple arithmetical expressions

I. Complete the following by writing in the French word or words.

1. Six moins quatre font _____

2. Vingt et quarante font _____

3. Cinquante divisés par deux font _____

4. Trois cents moins cent font _____

5. Mille moins deux cents font _____

II. Word Search. Find these seven words in French in this puzzle and circle them.

1. one hundred
2. thirty
3. third
4. one thousand
5. fifty
6. five
7. twelve

U	N	M	I	C	T	R	E	N	T	E	X
N	D	E	C	I	N	Q	U	A	N	T	E
M	T	R	C	C	E	N	T	A	I	N	E
T	R	O	I	S	I	È	M	E	U	N	E
O	M	I	N	L	D	O	U	Z	E	L	L
Q	C	I	Q	N	T	R	M	I	L	L	E

III. Match the following.

1. four   _____ un quart

2. about a thousand   _____ une centaine

3. eighty   _____ quatorze

4. one half   _____ quatre

5. fourteenth   _____ soixante-neuf

6. about a hundred   _____ quatre-vingts

7. one fourth   _____ quatorzième

8. fourteen   _____ un demi

9. ninety   _____ quatre-vingt-dix

10. sixty-nine   _____ un millier

IV. Transcribe the following into French words.

     Model: $2 \times 5 = 10$ **You write:** **Deux fois cinq font dix.**

1. $3 \times 9 = 27$ _____

2. $8 - 6 = 2$ _____

3. $20 \div 5 = 4$ _____

4. $7 \times 100 = 700$ _____

5. $80 \text{ et } 10 = 90$ _____

V. Picture Interpretation. Proficiency in Speaking and Writing.

Situation: Look at the picture shown above. Write at least ten words in French, saying something about the teacher, the pupil, and the subject being taught. You may use your own ideas and words or any of the following: **une classe de mathématiques, l'élève, la maîtresse, intelligent, difficile, facile.**

VI. Transcribe the following French words into simple arithmetical expressions using symbols and figures.

     Model: Deux fois dix font vingt.   **You write:** $2 \times 10 = 20$.

1. Trois fois cinq font quinze. _____

2. Douze moins dix font deux. _____

3.   Dix divisés par deux font cinq. _____

4.   Deux et deux font quatre. _____

5.   Neuf fois dix font quatre-vingt-dix. _____

VII.   Shopping. Proficiency in Speaking and Writing.

Situation: You go with a friend to an auction sale because you want to buy a small round table for your bedroom.

In this conversation you are speaking for yourself as **Vous.** Select one of your friends to talk with you. Let's say her name is Catherine. You may use your own ideas and words, those under the lines, or those that Catherine uses. Review the story at the beginning of this work unit. After the dialogue is completed, write what you said on the lines. Later, you may switch roles with your friend for more practice.

Catherine: **Aimes-tu la petite table ronde?**

Vous: _____

Tell her you like the small round table but you don't like the flies in this salesroom.

Catherine: **Oui. Les mouches dans cette salle des ventes sont terribles.**

Vous: _____

_____

Ask Catherine who the lady is in the first row who is offering sixty francs for the monstrous armchair.

Catherine: **Je ne sais pas. Elle doit être folle!**

Vous: _____

Surely **(sûrement),** she must be crazy!

Catherine: **Alors**/so, **tu désires acheter la petite table ronde?**

Vous: _____

Yes, it is perfect for my room/**Oui, elle est parfaite pour ma chambre.**

Catherine: **As-tu assez d'argent?**

Vous: _____

Yes, I have enough money. I am going to offer two hundred francs.

Catherine: **Tu vas offrir deux cents francs?! C'est trop!**/It's too much!

Vous: _____

Oh, these flies! Shoo! Shoo! Go away!

Catherine: **Si tu offres deux cents francs, tu es folle/*fou aussi**/also.

Vous: _____

No matter/**n'importe.** The small round table is perfect for my room.

*fou, masc. sing.; **folle,** fem. sing.

Monsieur Paquet dit: Quel embarras! Je n'ai pas de revolver! L'avion va partir sans nous! Il est dix heures moins deux! (Mr. Paquet says, "How embarrassing! I don't have a gun! The plane is going to leave without us! It is two minutes to ten!")

Time Expressions, Telling Time, Dates, Age, Months, Days, Seasons

*In this scene Monsieur and Madame
Paquet, Janine, and Pierre are going
through customs at Charles de Gaulle
Airport. What an experience!*

Bon voyage! Bon retour!

La famille Paquet fait des préparations pour un voyage en avion aux Etats-Unis. Madame Paquet a une soeur qui habite à La Nouvelle-Orléans avec son mari et ses trois enfants. Maintenant, ils font les valises et dans quelques minutes ils vont quitter la maison pour aller à l'aéroport Charles de Gaulle.

— Quelle heure est-il? demande Monsieur Paquet.

— Il est huit heures, répond sa femme.

— Il faut se dépêcher, dit Pierre. L'avion va partir dans deux heures.

Madame Paquet est très heureuse parce qu'elle va revoir sa soeur. Janine et Pierre sont heureux aussi parce qu'ils vont voir leurs cousins pour la première fois. Monsieur Paquet est heureux parce qu'il va voir la Louisiane.

Ils montent dans le taxi et dans quelques minutes ils arrivent à l'aéroport. Ils cherchent les billets, qui sont déjà payés.

— Votre nom, s'il vous plaît, demande la jeune dame au guichet.

— Paquet. Vous avez les billets pour la famille Paquet. Nous allons aux Etats-Unis pour quelques semaines, à La Nouvelle-Orléans, en Louisiane.

— Vous êtes sûr que c'est pour aujourd'hui, monsieur? demande la jeune dame.

— Oui, oui. Quelle est la date aujourd'hui? C'est le premier juillet, n'est-ce pas? demande Monsieur Paquet.

— Oui, c'est bien ça, répond-elle. Quel âge ont les deux enfants?

— Janine, dis à la dame ton âge, dit la mère.

— J'ai quinze ans, répond Janine.

— Pierre, dis ton âge à la dame.

— J'ai dix ans, répond Pierre.

— Parfait. C'est parfait, répond la dame au guichet. Voici les billets. L'avion va partir dans quelques minutes. Bon voyage et bon retour!

— Merci, merci, merci, merci, répondent-ils.

Ils passent à la douane où il y a une machine automatique qui détecte des objets en métal. Quand Monsieur Paquet passe par la machine avec une valise, ils entendent un signal d'alarme assourdissant. Un agent de police arrive vite.

— Halte! crie-t-il. Avez-vous un revolver dans votre valise? Il faut chercher dans la valise, dit l'agent.

— Quel embarras! C'est très ennuyeux, dit Monsieur Paquet. Je n'ai pas de revolver! L'avion va partir sans nous. Il est dix heures moins deux!

— Je regrette, monsieur, mais les règles sont les règles.

L'agent de police cherche dans la valise de Monsieur Paquet.

— Ah! Ha! Un pistolet! Vous êtes arrêté! Terroriste! s'exclame l'agent.

— Mais ce n'est pas une arme! C'est un pistolet d'enfant. C'est le jouet de Pierre, mon fils.

— Mon jouet! Donnez-moi mon pistolet! s'exclame Pierre.

— Mille excuses, dit l'agent. Vous pouvez passer.

— Mille excuses?! Mille excuses?! Oh! C'est une honte!

— Vite! crie Madame Paquet. L'avion va partir sans nous!

Vocabulaire

l'aéroport *n. m.*, the airport

l'arme *n. f.*, the weapon

arrêter *v.*, to stop; **l'arrêt** *n. m.*, the stop, the arrest; **vous êtes arrêté** you are under arrest

assourdir *v.*, to deafen; **assourdissant** *adj.*, deafening

avez *v. form of* **avoir** (to have); **vous avez** you have

l'avion *n. m.*, the airplane

le billet *n.*, the ticket

bon retour! *exclam.*, have a good return (trip)!

bon voyage! *exclam.*, have a good trip!

cela *dem. pron.*, that (**ça** is short for **cela**); **c'est ça** that's it; **c'est bien ça** that's quite right

crie *v. form of* **crier** (to shout, to cry out); **crie-t-il** he shouts

déjà *adv.*, already

dis *v. form of* **dire** (to tell, to say); **dis à la dame . . .** tell the lady . . .

la douane *n.*, customs

ennuyer *v.*, to annoy; **ennuyeux** annoying

les Etats-Unis *n. m.*, the United States; **aux Etats-Unis** to (in) the United States

fait, font *v. forms of* **faire** (to do, to make); **faire un voyage** to take a trip

falloir *v.*, to be necessary; **il faut** it is necessary

le guichet *n.*, the ticket window

habiter *v.*, to live, to reside

l'heure *n. f.*, the hour (used in telling time); **quelle heure est-il?** what time is it?

heureux *m.*, **heureuse** *f.*, *adj.*, happy

il est dix heures moins deux it's two minutes to ten

il y a there is, there are

j'ai quinze ans I'm fifteen years old; **j'ai dix ans** I'm ten years old

leurs *poss. adj. pl.*, their

la Louisiane *n.*, Louisiana

merci thank you

monter *v.*, to climb up or into, to ascend, to get into; **ils montent dans le taxi** they

get into the taxi
le nom *n.*, the name
La Nouvelle-Orléans *n.*, New Orleans
l'objet *n. m.*, the object
par *prep.*, by
parfait *adj.*, perfect
passent *v. form of* **passer** (to pass, to go by); **ils passent à la douane** they

go to customs
quel âge ont les deux enfants? how old are the two children? **quelle est la date aujourd'hui?** what's the date today? **quelle heure est-il?** what time is it?
quelque *adj.*, some, any; **quelque chose** something

le signal *n.*, the signal; **le signal d'alarme** the alarm
sûr *adj.*, sure, certain; **bien sûr** of course, certainly
ton *poss. adj. m. s.*, your
va, vont *v. forms of* **aller** (to go); **elle va** she is going; **ils vont** they are going
voir *v.*, to see
le voyage *n.*, the trip

Exercises

Review the story and vocabulary before starting these exercises.

I.   Choose the correct answer based on the story.

1.   La famille Paquet va faire un voyage à   (a) Paris.   (b) Chicago.
      (c) La Nouvelle-Orléans.   (d) New York.   _____

2.   Madame Paquet est heureuse parce qu'elle va revoir   (a) son frère.
      (b) sa mère.   (c) ses cousins.   (d) sa soeur.   _____

3.   Janine et Pierre sont heureux parce qu'ils vont voir   (a) leur chien.
      (b) leurs amis.   (c) leurs cousins.   (d) l'aéroport.   _____

4.   Janine a   (a) douze ans.   (b) treize ans.   (c) quatorze
      ans.   (d) quinze ans.   _____

5.   Pierre a   (a) treize ans.   (b) douze ans.   (c) onze ans.
      (d) dix ans.   _____

II.   Expressing Personal Feelings. Proficiency in Speaking and Writing.

Situation: You have just arrived at the **Aéroport Charles de Gaulle** on an **AIR FRANCE** plane. A representative of the airline is talking to you. Say four words in French to describe your flight, then write them on the lines. You may use the words in the advertisement on page 154.

1. _____   2. _____   3. _____   4. _____

III.   Scrambled sentences. Unscramble each sentence so that it is meaningful. Write them in proper word order. Look for them in the story.

1.   Quinze ans j'ai. _____

2.   Heure est quelle il? _____

3.   Aujourd'hui date la est quelle? _____

IV. Answer the following questions in complete sentences. They are personal questions and require answers of your own.

1. Aimez-vous faire des voyages? _____

2. Aimez-vous les avions ou les trains? _____

3. Aimez-vous regarder un avion dans le ciel? _____

Structures de la Langue

A. Telling time

TIME EXPRESSIONS

Quelle heure est-il?	What time is it?
Il est une heure.	It is one o'clock.
Il est une heure dix.	It is ten minutes after one.
Il est une heure et quart.	It is a quarter after one.
Il est deux heures et demie.	It is half past two; it is two thirty.
Il est trois heures moins vingt.	It is twenty minutes to three.
Il est trois heures moins le quart.	It is a quarter to three.
Il est midi.	It is noon.
Il est minuit.	It is midnight.
à quelle heure?	at what time?
à une heure	at one o'clock
à une heure précise	at exactly one o'clock
à trois heures précises	at exactly three o'clock
à neuf heures du matin	at nine in the morning
à trois heures de l'après-midi	at three in the afternoon
à dix heures du soir	at ten in the evening
à l'heure	on time
à temps	in time
vers trois heures	around three o'clock
un quart d'heure	a quarter of an hour
une demi-heure	a half hour
Il est midi et demi.	It is twelve thirty.

Il est une heure.   **Il est une heure dix.**   **Il est une heure et quart.**

Il est deux heures et demie.   **Il est trois heures moins vingt.**   **Il est trois heures moins le quart.**

Rules and observations:

1.   In telling time, **Il est** is used plus the hour, whether it is one or more than one, *e.g.,* **Il est une heure**, **Il est deux heures**.

2.   If the time is *after* the hour, state the hour, then the minutes, *e.g.,* **Il est une heure dix**.

3.   The conjunction **et** is used with **quart** after the hour and with **demi** or **demie**, *e.g.,* **Il est une heure et quart**, **Il est une heure et demie**, **Il est midi et demi**.

4.   The masculine form **demi** is used after a masculine noun, *e.g.,* **Il est midi et demi**. The feminine form **demie** is used after a feminine noun, *e.g.,* **Il est deux heures et demie**.

5.   **Demi** remains **demi** when *before* a feminine or masculine noun and it is joined to the noun with a hyphen, *e.g.,* **une demi-heure**.

6.   If the time expressed is *before* the hour, **moins** is used, *e.g.,* **Il est trois heures moins vingt**.

7.   A quarter *after* the hour is **et quart**; a quarter *to* the hour is **moins le quart**.

8.   To express A.M. use **du matin**; to express P.M. use **de l'après-midi** if it is the afternoon or **du soir** if it is the evening.

B. Asking the date, giving the date

Quelle est la date aujourd'hui?	
Quel jour du mois est-ce aujourd'hui?	What's the date today?
Quel jour du mois sommes-nous aujourd'hui?	
C'est aujourd'hui le premier mai.	Today is May first.
C'est aujourd'hui le deux mai.	Today is May second.

Rule:

In giving the date, use the cardinal numbers, except for the first of the month which is always **le premier**.

C. Asking your age, giving your age

Quel âge avez-vous?	How old are you?
J'ai quinze ans.	I am fifteen (years old).

Rules:

1. In giving your age, use the cardinal numbers.

2. The verb **avoir** is used in French; the verb *to be* is used in English.

D. Months of the year

Les mois de l'année sont: **janvier**, **février**, **mars**, **avril**, **mai**, **juin**, **juillet**, **août**, **septembre**, **octobre**, **novembre**, **décembre**.

The months of the year are: January, February, March, April, May, June, July, August, September, October, November, December.

WORK UNIT 9. TIME EXPRESSIONS, TELLING TIME, DATES, AGE, MONTHS, DAYS, SEASONS

Rules:

1. The months are not ordinarily capitalized.

2. They are all masculine in gender.

E. Days of the week

Les jours de la semaine sont: **dimanche**, **lundi**, **mardi**, **mercredi**, **jeudi**, **vendredi**, **samedi**.

The days of the week are: Sunday, Monday, Tuesday, Wednesday, Thursday, Friday, Saturday.

Le samedi nous faisons des achats. (On Saturdays we do shopping.)

Quel jour est-ce aujourd'hui?   **C'est aujourd'hui lundi.**

(What day is it today?)   (Today is Monday.)

Rules:

1. The days are not capitalized.

2. They are also all masculine in gender.

F. Seasons of the year

Les saisons de l'année sont: **le printemps**, **l'été**, **l'automne**, **l'hiver**.

The seasons of the year are: spring, summer, fall, winter.

Rules:

1. The seasons are not capitalized.

2. They are masculine in gender.

Exercises

Review the preceding material before starting these exercises.

I. Match the following.

1. Quelle heure est-il?   _____ It is 9 o'clock.

2. Est-il deux heures?   _____ It is noon.

3. Il est neuf heures.   _____ Is it 2 o'clock?

4. Il est midi.   _____ What time is it?

5. Il est minuit.   _____ It is midnight.

6. Il est une heure.   _____ It is 1 o'clock.

II. Quelle heure est-il? Write the answer in a complete sentence (in French) on the line provided under each clock.

Model:

You write: **Il est dix heures moins deux.**

1.

3.

2.

4.

III.   Quelle est la date aujourd'hui?   Write the answer in a complete sentence on the line provided under each calendar.

Model:

SEPTEMBRE						
D	L	M	M	J	V	S
	1	2	3	4	5	6
7	8	9	10	11	12	13
14	15	16	17	18	19	20
21	22	23	24	25	26	27
28	29	30				

You write: C'est aujourd'hui le seize septembre.

1.

OCTOBRE						
D	L	M	M	J	V	S
			1	2	3	4
5	6	7	8	9	10	11
12	13	14	15	16	17	18
19	20	21	22	23	24	25
26	27	28	29	30	31	

2.

NOVEMBRE						
D	L	M	M	J	V	S
						1
2	3	4	5	6	7	8
9	10	11	12	13	14	15
16	17	18	19	20	21	22
23/30	24	25	26	27	28	29

_____   _____

IV.   A quelle heure?   (At what time?)   Answer the following questions in complete sentences using the time given in parentheses. Be sure to use one of the following with each time stated: **du matin, de l'après-midi, du soir.**

**Model: A quelle heure étudiez-vous?   You write: J'étudie à huit heures du
(8:00 PM)**   (At what time do   **soir.**   (I study at 8 o'clock
you study?)   in the evening.)

1.   A quelle heure vous levez-vous? (6:30 AM) _____

2.   A quelle heure allez-vous à l'école? (8:00 AM) _____

3.   A quelle heure regardez-vous la télévision? (4:00 PM) _____

4.   A quelle heure dînez-vous? (6:00 PM) _____

5.   A quelle heure vous couchez-vous? (10:30 PM) _____

V. Persuasion. Proficiency in Speaking and Writing.

Situation: You are at home. Your mother and father want to watch a soap opera on television. You and your brother (or sister) were planning on watching a program of French art. Both shows are at the same time.

In three sentences try to persuade your parents to let you watch the program on French art. You may use your own ideas and words and/or the following: **Nous désirons regarder l'art français à la télé**/*We want to watch French art on TV.* **Nous aimons l'art français**/*We like French art.* **Si nous avons la permission de regarder notre programme, nous promettons de laver la voiture et nettoyer la salle de bains**/*If we have permission to watch our program, we promise to wash the car and clean the bathroom.* **Nous promettons, aussi, de nettoyer nos chambres**/*We promise, also, to clean our rooms.*

First, say your sentences aloud, then write them on the lines.

1. _____

2. _____

3. _____

VI. Answer the following questions in complete sentences. You will write two sentences. In your first sentence (a) answer the question in the negative. In your second sentence (b) give the day that **precedes** the day asked in the question.

Model: **Est-ce dimanche aujourd'hui?**   (Is today Sunday?)

You write: **(a) Non, ce n'est pas dimanche.**   (No, it's not Sunday.)
             (b) C'est aujourd'hui samedi.   (Today is Saturday.)

1. Est-ce lundi aujourd'hui?

   (a) _____   (b) _____

2. Est-ce mardi aujourd'hui?

   (a) _____   (b) _____

3. Est-ce mercredi aujourd'hui?

   (a) _____   (b) _____

4. Est-ce vendredi aujourd'hui?

   (a) _____   (b) _____

5. Est-ce jeudi aujourd'hui?

   (a) _____   (b) _____

VII. Write in French the questions that would have been asked.

> **Model:** **Elle a vingt-huit ans.** (She is twenty-eight years old.)
>
> You write the question that would have been asked: **Quel âge a-t-elle?** (How old is she?)

1. Il a cinquante ans. _____

2. Il est trois heures. _____

3. Elle a trente ans. _____

4. C'est aujourd'hui le premier mai. _____

5. Il est minuit. _____

VIII. **Planning a Trip to France. Proficiency in Speaking and Writing.**

Situation: You and your family are planning a trip to France. Select one of your friends to talk with you. Let's say his name is Luc. You may use your own ideas and words, those under the lines, or those that Luc uses. After the conversation is completed, write what you said on the lines. Later, you may switch roles with your friend for more practice in speaking and writing.

Vous: _____

Greet your friend and ask him how he is/**Salut, Luc! Comment vas-tu?**

Luc: **Pas mal. Et toi?**/*Not bad. And you?* **Quoi de neuf?**/*What's new?*

Vous: _____

Very well, thank you. I am going to take a trip to France with my family/**Très bien, merci. Je vais faire un voyage en France avec ma famille.**

Luc: **C'est formidable!**/*That's great!* **Quand allez-vous partir?**

Vous: _____

Tell him the day and date.

Luc: **En avion ou en bateau?**/*By plane or boat?*

Vous: _____

By plane. On AIR FRANCE.

Luc: **À quelle heure allez-vous partir?**

Vous: _____

Tell him at what time you are going to leave.

Luc: **Quelles villes allez-vous visiter en France?**

Vous: _____

Tell him what cities you are going to visit in France.

Luc: **C'est formidable! Quels endroits intéressants** (what interesting places) **allez-vous visiter à Paris?**

Vous: _____

The Louvre Museum/**Le Musée du Louvre,** the Eiffel Tower/**La Tour Eiffel,** and **L'Arc de Triomphe.**

Luc: **Tu as de la chance!**/*You're lucky!* **Bon voyage!**

IX.   Newspaper Advertisement. Proficiency in Writing.

Situation: You are reading a French newspaper. Examine carefully the picture shown below. In three or four sentences, consisting of a total of at least twelve words in French, write about the Charles de Gaulle Airport or the advantages of traveling by plane. Words you need are in this picture.

_____

_____

_____

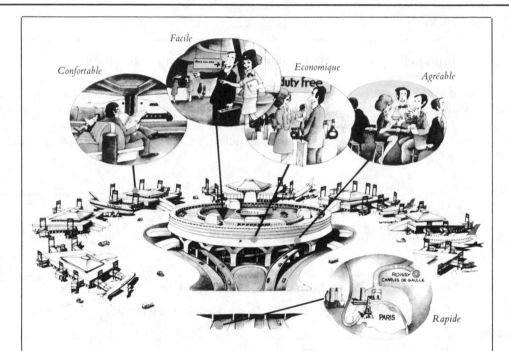

L'aéroport Charles de Gaulle : pour vous simplifier la vie.

Depuis le 1er Novembre, la plupart des vols Air France atterrissent à l'aéroport Charles de Gaulle. Et cette étonnante réalisation vaut bien qu'on y fasse escale. Car son architecture insolite n'a pas été conçue uniquement pour le plaisir des yeux. Et tout a été prévu pour votre confort et votre commodité.

En effet, en transférant la majorité de son activité à Charles de Gaulle, Air France n'a pas ménagé ses efforts. Trois des sept satellites sont exclusivement réservés aux passagers d'Air France. Des tapis roulants vous glissent en douceur des satellites de départ et d'arrivée jusqu'au terminal principal; ainsi vous passez presque instantanément de l'enregistrement à la salle d'embarquement.

L'accès aux taxis et aux autobus est direct après votre passage aux postes de douane et de police. Et partout dans l'aérogare, des équipes d'accueil Air France sont là pour répondre à toutes vos questions et faciliter vos déplacements.

Et de l'aéroport Charles de Gaulle, vous êtes non seulement près de Paris et de l'aérogare de la Porte Maillot, face au nouveau Méridien, notre hôtel 4 étoiles qui offre 1023 chambres, mais aux portes des quartiers d'affaires et touristiques de la rive droite.

Air France à l'aéroport Charles de Gaulle. A ne pas manquer.

AIR FRANCE
Nous vous comprenons

Reprinted with permission of AIR FRANCE.

X.   Oral Report. Proficiency in Speaking.

Situation: You are reading a French magazine. Carefully read the French printed in the picture below about the island of Corsica located off the coast of France in the Mediterranean Sea. In your French class, volunteer to give a two-minute oral report about traveling through the island. You may use your own ideas and words or those printed in the picture. Also, you may refer to notes on a 3 × 5 card in your hand while giving the brief oral report.

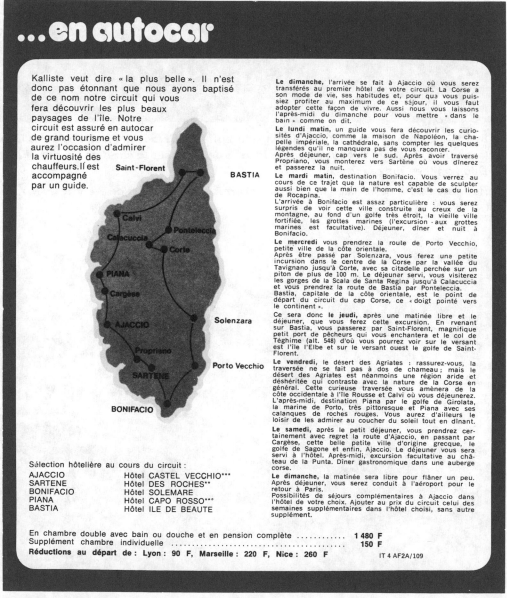

la corse..

...en autocar

Kalliste veut dire « la plus belle ». Il n'est donc pas étonnant que nous ayons baptisé de ce nom notre circuit qui vous fera découvrir les plus beaux paysages de l'île. Notre circuit est assuré en autocar de grand tourisme et vous aurez l'occasion d'admirer la virtuosité des chauffeurs. Il est accompagné par un guide.

Saint-Florent

BASTIA

Calvi

Ponteleccia

Calacuccia

Corte

PIANA

Cargèse

AJACCIO

Solenzara

Propriano

Porto Vecchio

SARTENE

BONIFACIO

Le dimanche, l'arrivée se fait à Ajaccio où vous serez transférés au premier hôtel de votre circuit. La Corse a son mode de vie, ses habitudes et, pour que vous puissiez profiter au maximum de ce séjour, il vous faut adopter cette façon de vivre. Aussi nous vous laissons l'après-midi du dimanche pour vous mettre « dans le bain » comme on dit.

Le lundi matin, un guide vous fera découvrir les curiosités d'Ajaccio, comme la maison de Napoléon, la chapelle impériale, la cathédrale, sans compter les quelques légendes qu'il ne manquera pas de vous raconter.
Après déjeuner, cap vers le sud. Après avoir traversé Propriano, vous monterez vers Sartène où vous dînerez et passerez la nuit.

Le mardi matin, destination Bonifacio. Vous verrez au cours de ce trajet que la nature est capable de sculpter aussi bien que la main de l'homme, c'est le cas du lion de Rocapina.
L'arrivée à Bonifacio est assez particulière : vous serez surpris de voir cette ville construite au creux de la montagne, au fond d'un golfe très étroit, la vieille ville fortifiée, les grottes marines (l'excursion · aux grottes marines est facultative). Déjeuner, dîner et nuit à Bonifacio.

Le mercredi vous prendrez la route de Porto Vecchio, petite ville de la côte orientale.
Après être passé par Solenzara, vous ferez une petite incursion dans le centre de la Corse par la vallée du Tavignano jusqu'à Corte, avec sa citadelle perchée sur un piton de plus de 100 m. Le déjeuner servi, vous visiterez les gorges de la Scala de Santa Regina jusqu'á Calacuccia et vous prendrez la route de Bastia par Ponteleccia.
Bastia, capitale de la côte orientale, est le point de départ du circuit du cap Corse, ce « doigt pointé vers le continent ».

Ce sera donc **le jeudi,** après une matinée libre et le déjeuner, que vous ferez cette excursion. En rvenant sur Bastia, vous passerez par Saint-Florent, magnifique petit port de pêcheurs qui vous enchantera et le col de Téghime (alt. 548) d'où vous pourrez voir sur le versant est l'île l'Elbe et sur le versant ouest le golfe de Saint-Florent.

Le vendredi, le désert des Agriates : rassurez-vous, la traversée ne se fait pas à dos de chameau ; mais le désert des Agriates est néanmoins une région aride et déshéritée qui contraste avec la nature de la Corse en général. Cette curieuse traversée vous amènera de la côte occidentale à l'Ile Rousse et Calvi où vous déjeunerez. L'après-midi, destination Piana par le golfe de Girolata, la marine de Porto, très pittoresque et Piana avec ses calanques de roches rouges. Vous aurez d'ailleurs le loisir de les admirer au coucher du soleil tout en dînant.

Le samedi, après le petit déjeuner, vous prendrez certainement avec regret la route d'Ajaccio, en passant par Cargèse, cette belle petite ville d'origine grecque, le golfe de Sagone et enfin, Ajaccio. Le déjeuner vous sera servi à l'hôtel. Après-midi, excursion facultative au château de la Punta. Dîner gastronomique dans une auberge corse.

Le dimanche, la matinée sera libre pour flâner un peu. Après déjeuner, vous serez conduit à l'aéroport pour le retour à Paris.
Possibilités de séjours complémentaires à Ajaccio dans l'hôtel de votre choix. Ajouter au prix du circuit celui des semaines supplémentaires dans l'hôtel choisi, sans autre supplément.

Sélection hôtelière au cours du circuit :

AJACCIO	Hôtel CASTEL VECCHIO***
SARTENE	Hôtel DES ROCHES**
BONIFACIO	Hôtel SOLEMARE
PIANA	Hôtel CAPO ROSSO***
BASTIA	Hôtel ILE DE BEAUTE

En chambre double avec bain ou douche et en pension complète .... **1 480 F**
Supplément chambre individuelle .... **150 F**
Réductions au départ de : Lyon : 90 F, Marseille : 220 F, Nice : 260 F   IT 4 AF2A/109

La Corse (Corsica).
Reprinted with permission of AIR FRANCE.

Le Train Grande Vitesse (TGV) (high-speed train). **SNCF/Société Nationale des Chemins de Fer** (French National Railroads). **Trouvez la ville de Dijon sur la carte de France.** (Find the city of Dijon on the map of France.)

Reprinted with permission of French Government Tourist Office, New York, N.Y.

Le TGV à Lyon. Trouvez la ville de Lyon sur la carte de France. (Find the city of Lyon on the map of France.)

Reprinted with permission of French Government Tourist Office, New York, N.Y.

LA CARTE DE FRANCE

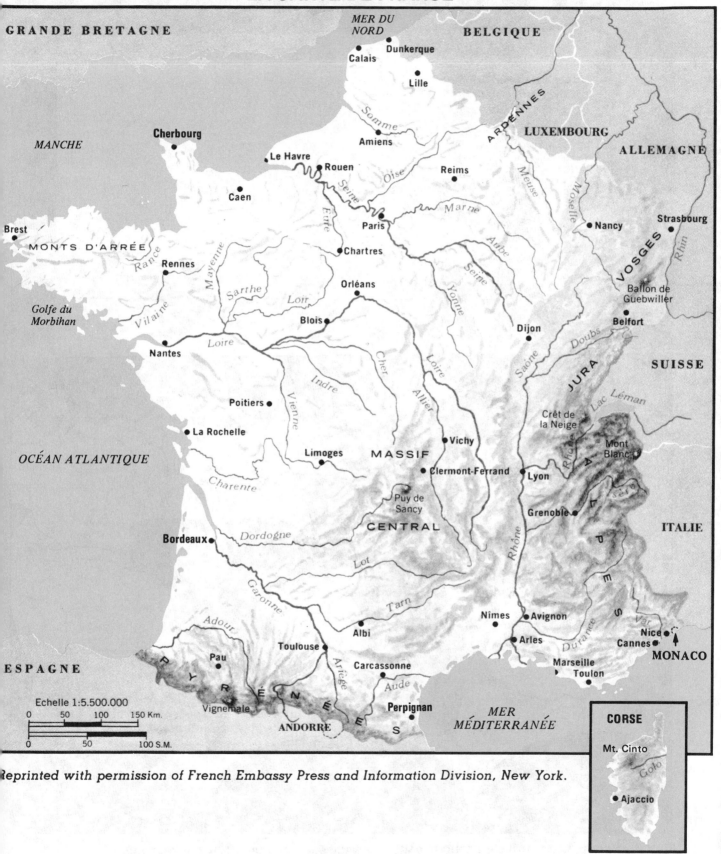

Reprinted with permission of French Embassy Press and Information Division, New York.

Tout d'un coup, Coco arrive en courant dans la grande salle. Sur la tête, il a le chapeau haut de forme, dans la gueule le bâton et la cape, et sur le dos le lapin! (All of a sudden, Coco arrives running into the auditorium. On his head he has the black silk top hat, in his mouth the wand and the cape, and on his back the rabbit!)

Formation and Use of the Imperative (Command)

Who do you suppose wins the big talent
show prize?

Le concours de talents à l'école

C'est aujourd'hui vendredi. C'est le grand jour du concours de talents dans la grande salle de l'école. Il y a des étudiants qui vont chanter, danser, faire des tours de force et des tours de main, jouer d'un instrument de musique, et raconter des contes drôles. Janine et Pierre sont dans le concours de talents, aussi. Pierre est le magicien et Janine l'assistante. Ils préparent leur représentation.

— Donne-moi mon chapeau haut de forme, dit Pierre à Janine.

— Je n'ai pas ton chapeau haut de forme, répond Janine.

— Apporte-moi mon bâton, dit Pierre à Janine.

— Je n'ai pas ton bâton, répond Janine.

— Donne-moi ma cape, dit Pierre.

— Je n'ai pas ta cape, répond Janine.

— Apporte-moi le lapin, dit Pierre.

— Je n'ai pas le lapin, répond Janine.

A ce moment-là, quelques spectateurs dans la grande salle s'écrient:

— Dansez! Chantez! Faites quelque chose!

Ce sont les étudiants et les professeurs.

— Zut, alors! Ne finissons pas, Janine. Nous n'avons ni chapeau haut de forme, ni bâton, ni cape, ni lapin.

— Ne choisis pas cette alternative, dit Janine à Pierre.

— Alors, restons-nous ou partons-nous? demande Pierre. Il faut faire quelque chose!

— Allez-vous faire quelque chose, enfin?! demandent tous les spectateurs.

— Ne réponds pas, Janine, dit Pierre.

Tout d'un coup, Coco arrive en courant dans la grande salle. Sur la tête il a le chapeau haut de forme, dans la gueule le bâton et la cape, et sur le dos le lapin!

— Viens ici, Coco! s'exclame Pierre.

— Assieds-toi, Coco! s'exclame Janine.

— C'est merveilleux! dit Pierre. Maintenant, finissons la représentation.

Janine et Pierre finissent leur représentation. Les autres étudiants finissent leurs représentations, aussi. Et qui gagne le grand prix? Coco, naturellement! Parce qu'il a beaucoup de talent!

Vocabulaire

apporte! bring!; **apporte-moi** bring me

assieds-toi! sit down!

le bâton n., the wand, stick, baton

ce sont . . . they are . . ., it's . . .

le chapeau haut de forme n., the black silk top hat

la chose n., thing; **quelque chose** something

le concours de talents the talent show

le conte n., the story, tale

courant pres. part. of **courir**; **en courant** (while) running

donne-moi give me

le dos n., the back

drôle adj., funny, droll, odd

faites v. form of **faire** (to do, to make); **faites quelque chose!** do something!

finissons! let's finish!; **ne finissons pas!** let's not finish!

gagner v., to win

la grande salle n., the auditorium

la gueule n., the mouth of an animal

le lapin n., the rabbit

le magicien, la magicienne n., the magician

le maître, la maîtresse n., the teacher

naturellement adv., naturally

partons-nous? are we leaving?

le prix n., the price, the prize;

le grand prix the grand prize

raconter v., to tell, to relate

la représentation n., the presentation, performance, show

restons-nous? are we staying?

le spectateur, la spectatrice n., the spectator

la tête n., the head

tour de force feat of strength; **tour de main** sleight of hand, hand trick

tous adj. m. pl., all

tout d'un coup all of a sudden

viens ici! come here!

zut, alors! gosh darn it!

Note that **ne** + verb + **ni** + noun + **ni** + noun = neither ... nor

Exercises

Review the story and vocabulary before starting these exercises.

I. **Answer the following questions in complete sentences. They are based on the story.**

1. Quel jour est-ce aujourd'hui? _____

2. Dans le concours de talents, qui va jouer le rôle de magicien? _____

3. Qui est l'assistante de Pierre? _____

4. Est-ce que Pierre et Janine ont le chapeau haut de forme, le bâton, la cape, et le lapin?

   _____

5. Qui gagne le grand prix? _____

II. Answer the following questions in complete sentences. They are personal questions that require answers of your own.

1. Avez-vous du talent? Dansez-vous? Chantez-vous? _____

2. Est-ce que vous jouez d'un instrument de musique? _____

3. Aimez-vous le français? _____

4. Quel jour de la semaine allez-vous au cinéma? _____

III. Comment dit-on en français . . .?

Find these statements in the story and write them in French.

1. Today is Friday. _____

2. It's the big day of the talent show. _____

3. Bring me my wand, bring me the rabbit. _____

IV. Picture Interpretation. Proficiency in Speaking.

Situation: It is your turn in French class to look at a picture and say a few words about it.

Look at the picture at the beginning of this work unit. In a brief oral report, about two minutes, tell your classmates what is going on in the scene. You may begin with: **Aujourd'hui c'est le grand jour du concours de talents dans la grande salle de l'école. Janine et Pierre sont . . .**

Structures de la Langue

A. Formation and use of the imperative (command) in the three regular conjugations (**-er**, **-ir**, **-re**)

AFFIRMATIVE

	2d person singular **(tu)**	2d person plural **(vous)**	1st person plural **(nous)**
DANSER	**danse!** *dance!*	**dansez!** *dance!*	**dansons!** *let's dance!*
FINIR	**finis!** *finish!*	**finissez!** *finish!*	**finissons!** *let's finish!*
VENDRE	**vends!** *sell!*	**vendez!** *sell!*	**vendons!** *let's sell!*

NEGATIVE

DANSER	**ne** danse **pas!** *don't dance!*	**ne** dansez **pas!** *don't dance!*	**ne** dansons **pas!** *let's not dance!*
FINIR	**ne** finis **pas!** *don't finish!*	**ne** finissez **pas!** *don't finish!*	**ne** finissons **pas!** *let's not finish!*
VENDRE	**ne** vends **pas!** *don't sell!*	**ne** vendez **pas!** *don't sell!*	**ne** vendons **pas!** *let's not sell!*

Rules and observations:

1. In the two boxes above, the 2d person singular and the 2d person plural are right next to each other so that you can compare the forms. The 1st person plural stands alone at the right.

2. To form the *imperative* in the affirmative, use the same verb form as in the present indicative, which you have already learned. Drop the subject pronouns, **tu**, **vous**, or **nous**.

3. There is one exception. You must drop the final **s** in the 2d person singular of an **–er** verb. This is done in the affirmative and negative, as shown above, as in **danse!** For more about this, see Work Unit 11.

4. To form the negative of the imperative, place **ne** in front of the verb and **pas** after it, as you learned to do when forming the negative of the present indicative.

Review the preceding material before starting these exercises.

I. Write, in French, the three forms of the imperative in the affirmative.

Model: danser   You write: danse   dansez   dansons
                               (2d pers., sing.) (2d pers., pl.) (1st pers., pl.)

A. –ER verbs

1. **donner** _____ _____ _____

2. **apporter** _____ _____ _____

3. **chercher** _____ _____ _____

4. **aider** _____ _____ _____

5. **chanter** _____ _____ _____

B. –IR verbs

1. **finir** _____ _____ _____

2. **choisir** _____ _____ _____

3. **bâtir** _____ _____ _____

4. **punir** _____ _____ _____

5. **obéir** _____ _____ _____

C. –RE verbs

1. **vendre** _____ _____ _____

2. **attendre** _____ _____ _____

3. **descendre** _____ _____ _____

4. **répondre** _____ _____ _____

5. **rendre** _____ _____ _____

II. Change the following imperative sentences to the negative.

> **Model:** **Danse, mon enfant!**   **You write:** **Ne danse pas, mon enfant!**
> (Dance, my child!)   (Don't dance, my child!)

1. Chante, Janine! _____

2. Finissons le travail maintenant! _____

3. Vendez la maison, Monsieur Paquet! _____

4. Ecoute la musique, Pierre! _____

5. Attendez l'autobus! _____

III.   Friendly Persuasion. Proficiency in Speaking.

Look at this picture. Imagine a conversation between the mother and the child according to one of the situations described. Use verbs in the imperative in the **tu** form.

Situation: The mother tells her daughter to eat her spinach **(Mange tes épinards)** but the girl refuses **(Je refuse).** Or the mother tells the girl to finish her homework **(Finis tes devoirs),** and the girl says she doesn't want to **(Je ne veux pas).** These are two suggestions to get you started, or you may use your own ideas. Choose a classmate to do the dialogue with you. Later, write the conversation for intensive practice.

B. Formation and use of reflexive verbs in the imperative

AFFIRMATIVE

	2d person singular **(tu)**	2d person plural **(vous)**	1st person plural **(nous)**
S'ASSEOIR *to sit down*	**assieds-toi!** *sit down!*	**asseyez-vous!** *sit down!*	**asseyons-nous!** *let's sit down!*
SE LEVER *to get up*	**lève-toi!** *get up!*	**levez-vous!** *get up!*	**levons-nous!** *let's get up!*
SE LAVER *to wash oneself*	**lave-toi!** *wash yourself!*	**lavez-vous!** *wash yourself! or wash yourselves!*	**lavons-nous!** *let's wash ourselves!*

NEGATIVE

	2nd person singular **(tu)**	2nd person plural **(vous)**	1st person plural **(nous)**
S'ASSEOIR	**ne** t'assieds **pas!** *don't sit down!*	**ne** vous asseyez **pas!** *don't sit down!*	**ne** nous asseyons **pas!** *let's not sit down!*
SE LEVER	**ne** te lève **pas!** *don't get up!*	**ne** vous levez **pas!** *don't get up!*	**ne** nous levons **pas!** *let's not get up!*
SE LAVER	**ne** te lave **pas!** *don't wash yourself!*	**ne** vous lavez **pas!** *don't wash yourself! or don't wash yourselves!*	**ne** nous lavons **pas!** *let's not wash ourselves!*

Rules and observations:

1. To form the imperative of a reflexive verb in the affirmative use the same verb form as in the present indicative, unless the form is irregular in the imperative.

2. Drop the subject pronouns **tu**, **vous**, and **nous**.

3. You must drop the **s** in the 2d person singular of an **–ER** verb. This is done in the affirmative and negative, as shown above. See **se lever** and **se laver** in the 2d person singular.

4. Keep the reflexive pronouns **te**, **vous**, and **nous**. They serve as direct object pronouns. **Vous** and **nous** are reflexive pronouns as well as subject pronouns.

5. The reflexive pronoun is placed *after* the verb in the affirmative of the imperative. The verb and pronoun are joined with a hyphen. **Te** becomes **toi** when it is placed *after* the verb with a hyphen. This happens only in the affirmative.

6. To form the imperative of a reflexive verb in the negative, keep the reflexive pronoun *in front of* the verb form. **Te** becomes **t'** in the negative imperative when the verb right after it starts with a vowel or a silent *h*, as in **ne t'assieds pas**.

7. In forming the negative imperative, place **ne** in front of the reflexive pronoun and **pas** after the verb.

Exercises

Review the preceding material before starting these exercises.

I. Choose the correct verb form and write it on the line.

1. Wash yourself! (lavez-vous, lavons-nous, vous vous lavez) _____

2. Sit down! (asseyons-nous, assieds-toi, vous vous asseyez) _____

3. Get up! (levons-nous, nous nous levons, levez-vous) _____

4. Sit down! (asseyez-vous, asseyons-nous, levez-vous) _____

5. Let's wash ourselves! (lavez-vous, vous vous lavez, lavons-nous) _____

6. Get up! (lève-toi, levons-nous, lave-toi) _____

7. Don't wash yourself! (ne te lave pas, ne te lève pas, lave-toi) _____

8. Let's not get up! (ne nous levons pas, ne vous levez pas, levez-vous) _____

9. Don't sit down! (ne nous asseyons pas, ne vous levez pas, ne vous asseyez pas) _____

10. Wash yourself! (lave-toi, lève-toi, lavons-nous) _____

II. Change the following affirmative imperatives to the negative imperative.

  Model: **Levez-vous!**   **You write:** **Ne vous levez pas!**

              (Get up!)   (Don't get up!)

1. Lavons-nous! _____   4. Assieds-toi! _____

2. Asseyez-vous! _____   5. Lavez-vous! _____

3. Lave-toi! _____   6. Lève-toi! _____

III. Telling Someone What to Do. Proficiency in Speaking and Writing.

Situations A and B.

A. You are a surgeon talking to a nurse in an operating room. Write a list of three verbs in the imperative using the **vous** form telling the nurse to give you something, bring you this, look for that, and any other verbs in this lesson that would make sense in this situation; for example, to get you started, you can say **donnez-moi** (give me). Don't forget to add **s'il vous plaît!**

  1. _____ 2. _____ 3. _____

B. Review the scene at the beginning of this work unit, **Le concours de talents à l'école.** Write a list of three verbs in the imperative using the **tu** form that you can find in that scene.

  1. _____ 2. _____ 3. _____

IV. Fill in the missing letters to form the imperative.

  Model: Dance!   **Answer: DANSE _Z_ !**

1. Listen!   ÉCOUTE ___ !

2. Give!   DONN ___ ___ !

3. Sing!   CHANTE ___ !

4. Finish!   FIN ___ ___ ___ EZ!

5. Choose!   CHOISISS ___ ___ !

6. Let's not sell!   NE VEND ___ ___ ___ PAS!

7. Don't wait!   N'ATTEN ___ ___ ___ PAS!

8. Answer!   RÉ ___ ___ N ___ ___ Z!

9. Wait!   ATT ___ ___ D ___ ___ !

10. Sit down!   A ___ ___ EY ___ ___ -VOUS!

11. Get up!   LEV ___ ___ -VOUS!

12. Wash yourself!   L ___ VE ___ -VOUS!

V. Storytelling. Proficiency in Speaking and Writing.

Situation: Judy, one of your classmates, was absent when this lesson was done in class. She wants you to tell her what is going on in the picture at the beginning of this work unit about the talent show in your school. It was summarized in class.

Use your own words and key words in the vocabulary at the end of the story. When you tell her, make at least five statements. Then practice writing them on the lines below.

1. _____

2. _____

3. _____

4. _____

5. _____

VI. Health. Proficiency in Speaking and Writing.

Situation: Pretend that you are a dentist **(le, la dentiste),** telling your patient what to do.

Use the imperative (command) in the polite **vous** form as practiced in this lesson. For example, you may want to say: **Asseyez-vous**/*Sit down*; **ouvrez la bouche**/*open your mouth*; **fermez les yeux**/*close your eyes*; **fermez la bouche**/*close your mouth*; **ouvrez les yeux**/*open your eyes*; **levez-vous**/*get up*. Don't forget to add **s'il vous plaît** *(please)* after each command!

Say aloud at least six statements in the imperative that you would say to your patient. Then practice writing them on the lines below.

1. _____

2. _____

3. _____

4. _____

5. _____

6. _____

VII. Girl Talk. Proficiency in Speaking, Reading, and Writing.

Situation: Look at the photo of the three French girls talking. From left to right, they are Claudette, Yvette, and Odette.

Let's imagine what they are saying. You may use your own ideas and words or those in the following guided conversation. Say and write the words on the blank lines. Use the **tu** form of a verb (2d pers., sing.) because they are friends.

A note of cultural interest: The young ladies are wearing the typical Pont-Aven costume of Bretagne, a region of France located in the northwest. See Brest and Rennes on the map in the preceding work unit. Original features of the Breton costume include the headdress **(la coiffe)** and the large collar made of starched lace.

Claudette: **Moi? Oh, non, je ne chante pas bien!**

Yvette: _____

But you dance very well.

Odette: **Claudette danse très bien quand elle danse avec son ami Roger. N'est-ce pas, Claudette?**/*Isn't that so, Claudette?*

Claudette: _____

Yes, it's true.

Yvette: _____

Are you going to the big dance in town with Roger tonight?

Claudette: **Oui, je vais au grand bal en ville avec Roger ce soir. Viens avec nous, Yvette**/*Come with us, Yvette.*

Yvette: _____

With my friend Pierre?

Claudette: **Bien sûr, avec ton ami Pierre. Et toi, Odette, tu viens avec nous? Avec Gérard?**

Odette: **Gérard et moi nous allons au cinéma ce soir. Nous allons voir le film** *Les Parapluies de Cherbourg/The Umbrellas of Cherbourg.** **C'est un vieux film, mais excellent.**

Claudette: _____

It's a fascinating film!/**C'est un film passionnant!**

*Cherbourg is a seaport located in the northwest on the English Channel/**La Manche.** Find it on the map in the preceding work unit.

Reprinted with permission of French Government Tourist Office, New York, N.Y.

VIII. Appreciating French Art. Proficiency in Speaking and Writing.

Situation: You and your classmates are on a field trip to the Philadelphia Museum of Art. You are admiring a painting by Pierre Auguste Renoir, a great French artist/**un grand artiste français**. It is entitled *Les Grands Boulevards*.

Look at the picture below. Say aloud a few words in French that come to mind while you appreciate looking at the painting. You may use your own words or, for starters, you may use the following:

Ce tableau de Renoir est magnifique/*This painting by Renoir is magnificent*. How about a few more adjectives? For example, **impressionnant**/*impressive*; **intéressant**/*interesting*; **splendide**/*splendid*; **beau**/*beautiful*. A few nouns: **les gens**/*the people*; **les beaux arbres**/*the beautiful trees*; **le grand boulevard**/*the big boulevard*. A few verbs: **Je regarde**/*I'm looking at*; **je vois**/*I see*; **les gens se promènent**/*the people are taking a walk*; **j'admire**/*I admire*. If you want to use other verbs, check them out in the verb tables beginning on page 540. Now, practice writing what you said on these lines:

_____

_____

_____

Les Grands Boulevards by Pierre Auguste Renoir (1841–1919). Reprinted with permission of the Philadelphia Museum of Art: The Henry P. McIlhenny Collection in Memory of Frances P. McIlhenny.

Test 2

This test is based on Work Units 6 to 10. Review them before starting this test.

Part One   Speaking Proficiency

Directions: Read the eleven situations given below. Take a few minutes to organize your thoughts about the words you are going to speak. Select seven of them.

1. **Situation:** You are helping a friend use French verbs. Say three French verbs that you would use while shopping in a department store. They must be of the **–re** type. Also say three French verbs that you would use when talking on a telephone. They must also be of the **–re** type.

2. **Situation:** You are in an antique shop in Paris. You like a vase and you want to buy it. Make four statements that you would use while talking with the saleswoman.

3. **Situation:** You are in a museum of French impressionist art admiring the painting **Le Bateau-Atelier**/*The Studio Boat* by the French artist Claude Monet. Make at least three statements about the painting. It is in Work Unit 6.

4. **Situation:** You are on an educational tour in Paris with a group of students from your school. Your guide is Madame Durand. She is impressed with your ability to speak French. She wants to know how long you have been studying French, in what city and country you live, and if you like the French language, the people, culture, music, and art of France. Answer her.

5. **Situation:** You are a tourist shopping at the **Marché aux Puces.** Make at least three statements about a used pillow you want to buy because you don't like the one in your hotel room.

6. **Situation:** Say aloud four reflexive verbs that you would use when talking about yourself and what you do in the mornings and evenings.

7. **Situation:** State three foods that a person avoids eating when trying to lose weight.

8. **Situation:** You spent a wonderful afternoon at an indoor swimming pool in Paris. A picture of it is in Work Unit 7. Make at least four statements.

9. **Situation:** Your neighbors have a child who is about six years old. The parents have asked you to teach their child how to count in French from one to fifty. You have agreed to do this in exchange for a pleasant surprise.

10. **Situation:** You have just arrived at the Aéroport Charles de Gaulle on an AIR FRANCE plane. A representative of the airline is talking to you. Say four adjectives to describe your flight.

11. **Situation:** You are at the Philadelphia Museum of Art admiring the painting **Les Grands Boulevards** by the French artist Renoir. Make at least three statements about the painting. It is in Work Unit 10.

Part Two   Listening Proficiency

Directions: Your teacher will read aloud four short paragraphs. Each one will contain only a few sentences. You will hear each paragraph twice. Then you will hear one question based on each. You will hear the question only once. It is printed below. Choose the best suggested answer and check the letter of your choice.

Selection Number 1

1. Pourquoi Pierre désire-t-il
   être toujours en bonne forme?

   A. parce qu'il aime manger
   B. parce qu'il est gardien de but
   C. parce qu'il est à l'école
   D. parce que son sport favori
      est le tennis

Selection Number 2

2. Où va Pierre après la dernière classe?

   A. à la piscine
   B. à l'école
   C. au gymnase
   D. à la maison

Selection Number 3

3. Qu'est-ce que Madame Paquet
   désire acheter?

   A. une maison
   B. une vente aux enchères
   C. un foyer
   D. une petite table ronde

Selection Number 4

4. Combien d'enfants a la soeur de Madame
   Paquet?

   A. cinq
   B. quatre
   C. trois
   D. deux

Part Three   Reading Proficiency

Directions: In the following passage there are five blank spaces numbered 1 through 5. Each blank space represents a missing word. For each blank space, four possible completions are provided. Only one of them makes sense in the context of the passage.

First, read the passage in its entirety to determine its general meaning. Then read it a second time. For each blank space choose the completion that makes the best sense and is grammatically correct. Then write its letter in the space provided.

Madame Paquet est très _____ parce qu'elle va revoir sa soeur.

1. A. heureux
   B. heureuse
   C. heureuses
   D. content

Janine et Pierre sont heureux aussi parce qu'ils vont _____ leurs cousins

2. A. vois
   B. voit
   C. voir
   D. voient

pour la première fois. Monsieur Paquet est heureux parce qu'il _____ voir

    3. A. vais
        B. vas
        C. va
        D. vont

La Louisiane. Ils _____ dans le taxi et dans quelques minutes ils

    4. A. monte
        B. montons
        C. montez
        D. montent

arrivent à l'aéroport. Ils cherchent les billets, _____ sont déjà payés.

    5. A. qui
        B. que
        C. quel
        D. quels

Part Four   Writing Proficiency

Directions: Of the eleven situations in Part One (Speaking Proficiency) in this test, select seven and write what you said on the lines below.

Situation No. __ _____

_____

_____

Situation No. __ _____

_____

_____

Situation No. __ _____

_____

_____

Situation No. __ _____

_____

_____

Situation No. __ _____

_____

_____

Situation No. __ _____

_____

_____

Situation No. __ _____

_____

_____

Qu'est-ce que c'est?

Qu'est-ce que c'est?

Qu'est-ce que c'est?

Qu'est-ce que c'est?

Qu'est-ce que c'est?

Irregular Verbs in the Present Indicative and Imperative

Have you ever played guessing games in English? In French? Here are some in French.

Qu'est-ce que c'est?

A brief description is given of something and then you are asked, "Qu'est-ce que c'est?" (What is it?) See how many you can do. The answers are upside down at the bottom of the page.

1. C'est quelque chose à boire. Il peut avoir le goût d'orange, ananas, pamplemousse, raisin, ou tomate. Il peut être en boîte ou en bouteille. C'est toujours délicieux. Qu'est-ce que c'est?

2. C'est un meuble. Vous vous asseyez sur ce meuble. Qu'est-ce que c'est?

3. C'est quelque chose à manger. Elle est toujours froide et crémeuse. Elle peut être au chocolat, à la vanille, aux fraises. Elle est toujours délicieuse. Qu'est-ce que c'est?

4. C'est un fruit. Il a la couleur rouge ou jaune ou verte. Qu'est-ce que c'est?

5. C'est une machine qui a un moteur et quatre roues. Elle peut aller vite ou lentement. Elle est dangereuse si le conducteur ne fait pas attention. Elle ne peut pas marcher sans essence. Qu'est-ce que c'est?

6. C'est un appareil. Une personne peut parler dans cet appareil et peut entendre une autre personne parler. Quand une personne veut parler, cet appareil sonne. Qu'est-ce que c'est?

7. C'est un animal qui a des plumes et des ailes. Il vole comme un avion. Qu'est-ce que c'est?

8. C'est un appareil. Il sonne tous les matins quand vous dormez, et vous vous levez. Qu'est-ce que c'est?

9. C'est une partie du corps humain. Elle a cinq doigts. Qu'est-ce que c'est?

10. C'est un objet d'habillement. C'est pour la tête. Qu'est-ce que c'est?

10. un chapeau
9. une main 8. un réveille-matin 7. un oiseau
6. un téléphone 5. une automobile ou une voiture 4. une pomme
3. une glace 2. une chaise 1. un jus de fruit

Vocabulaire

l'aile *n. f.*, the wing
l'ananas *n. m.*, the pineapple
l'appareil *n. m.*, the apparatus, instrument
boire *v.*, to drink
la boîte *n.*, the box, tin can
la bouteille *n.*, the bottle
le conducteur, la conductrice *n.*, the driver
le corps *n.*, body; le corps humain the human body
crémeux *m.*, crémeuse *f.*, *adj.*, creamy
dangereux *m.*, dangereuse *f.*, *adj.*, dangerous
délicieux *m.*, délicieuse *f.*, *adj.*, delicious
le doigt *n.*, the finger
entendre *v.*, to hear

l'essence *n. f.*, gasoline
faire attention *v.*, to pay attention, to be careful
la fraise *n.*, the strawberry
froid *m.*, froide *f.*, *adj.*, cold
le goût *n.*, the taste, flavor
l'habillement *n. m.*, clothing
jaune *adj.*, yellow
le jus *n.*, juice; jus d'orange orange juice
le meuble *n.*, piece of furniture
le moteur *n.*, motor, engine
le pamplemousse *n.*, the grapefruit
la partie *n.*, the part (of a whole)
la personne *n.*, the individual, person

peut *v. form of* pouvoir (can, be able); elle peut aller it can go; il peut avoir it can have; il peut être it can be
qu'est-ce que c'est? what is it?
le raisin *n.*, the grape
la roue *n.*, the wheel
rouge *adj.*, red
sans *prep.*, without
sonner *v.*, to ring
la tomate *n.*, the tomato
la vanille *n.*, vanilla
vert *m.*, verte *f.*, *adj.*, green
veut *v. form of* vouloir (to want); une personne veut a person wants
la voiture *n.*, the car, automobile
voler *v.*, to fly

Exercises

Review the preceding material before starting these exercises.

I. Choose the correct answer based on the guessing game at the beginning of this unit.

1. Un jus de fruit est quelque chose à
   (a) manger.   (b) boire.   (c) conduire.   (d) pouvoir.   _____

2. La glace est toujours
   (a) charmante.   (b) froide.   (c) ennuyeuse.   (d) ronde.   _____

3. Une voiture peut être dangereuse si le conducteur ou la conductrice ne fait pas   (a) sa leçon.   (b) ses devoirs.   (c) son stylo.   (d) attention.   _____

II. Answer the following questions in complete sentences. They are personal questions and require answers of your own.

   Model answer: Mon fruit favori est l'orange.
   (My favorite fruit is the orange.)

1. Quel est votre fruit favori? _____

2. Quel est votre dessert favori? _____

3. Quel est votre sport favori? _____

III.   Un acrostiche.   Complete the French words in this puzzle.

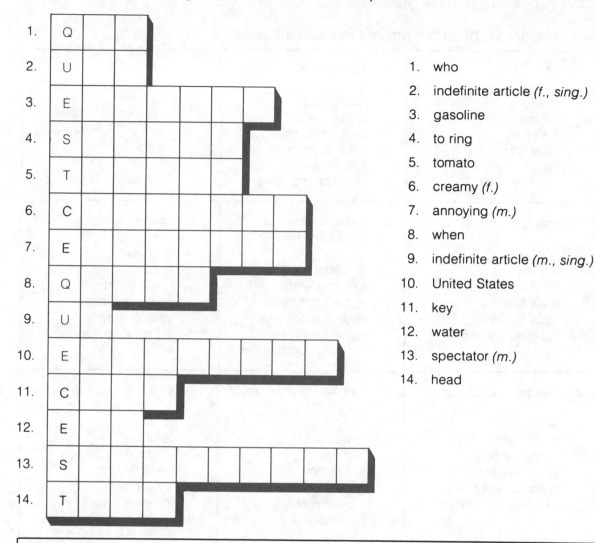

1. Q
2. U
3. E
4. S
5. T
6. C
7. E
8. Q
9. U
10. E
11. C
12. E
13. S
14. T

1.   who
2.   indefinite article *(f., sing.)*
3.   gasoline
4.   to ring
5.   tomato
6.   creamy *(f.)*
7.   annoying *(m.)*
8.   when
9.   indefinite article *(m., sing.)*
10. United States
11. key
12. water
13. spectator *(m.)*
14. head

IV.   Guessing Games. Proficiency in Speaking.

Situation: Your French teacher asks you to face all the students in the classroom and describe a few objects in French. Describe the object and then ask what it is: **Qu'est-ce que c'est?** Describe at least four. You may use your own ideas or those suggested in this lesson.

V.   More Guessing Games. Proficiency in Speaking.

Situations:

A. Look at the five things in the picture at the beginning of this work unit. In French, ask a friend what each thing is. If you don't get an answer, give a response.

B. Select three items in your French classroom and ask a student who sits near you to answer your question. **"Qu'est-ce que c'est?"**

Structures de la Langue

A. Irregular verbs in the present indicative tense

1. **aller** *to go*	2. **apprendre** *to learn*	3. **avoir** *to have*
je vais tu vas il, elle va nous allons vous allez ils, elles vont	j'apprends tu apprends il, elle apprend nous apprenons vous apprenez ils, elles apprennent	j'ai tu as il, elle a nous avons vous avez ils, elles ont
4. **boire** *to drink*	5. **comprendre** *to understand*	6. **courir** *to run*
je bois tu bois il, elle boit nous buvons vous buvez ils, elles boivent	je comprends tu comprends il, elle comprend nous comprenons vous comprenez ils, elles comprennent	je cours tu cours il, elle court nous courons vous courez ils, elles courent
7. **devenir** *to become*	8. **devoir** *have to, must, should*	9. **dire** *to say, tell*
je deviens tu deviens il, elle devient nous devenons vous devenez ils, elles deviennent	je dois tu dois il, elle doit nous devons vous devez ils, elles doivent	je dis tu dis il, elle dit nous disons vous dites ils, elles disent
10. **écrire** *to write*	11. **être** *to be*	12. **faire** *to do, make*
j'écris tu écris il, elle écrit nous écrivons vous écrivez ils, elles écrivent	je suis tu es il, elle est nous sommes vous êtes ils, elles sont	je fais tu fais il, elle fait nous faisons vous faites ils, elles font
13. **lire** *to read*	14. **mettre** *to put, place, put on*	15. **ouvrir** *to open*
je lis tu lis il, elle lit nous lisons vous lisez ils, elles lisent	je mets tu mets il, elle met nous mettons vous mettez ils, elles mettent	j'ouvre tu ouvres il, elle ouvre nous ouvrons vous ouvrez ils, elles ouvrent

16. **partir** _to leave, depart_	17. **pouvoir** _can, to be able_	18. **prendre** _to take_
je pars tu pars il, elle part nous partons vous partez ils, elles partent	je peux _or_ puis tu peux il, elle peut nous pouvons vous pouvez ils, elles peuvent	je prends tu prends il, elle prend nous prenons vous prenez ils, elles prennent
19. **revenir** _to come back_	20. **savoir** _to know (how)_	21. **sortir** _to go out, leave_
je reviens tu reviens il, elle revient nous revenons vous revenez ils, elles reviennent	je sais tu sais il, elle sait nous savons vous savez ils, elles savent	je sors tu sors il, elle sort nous sortons vous sortez ils, elles sortent
22. **venir** _to come_	23. **voir** _to see_	24. **vouloir** _to want_
je viens tu viens il, elle vient nous venons vous venez ils, elles viennent	je vois tu vois il, elle voit nous voyons vous voyez ils, elles voient	je veux tu veux il, elle veut nous voulons vous voulez ils, elles veulent

Exercises

I. Answer the following questions in the affirmative in complete sentences. In answer (a) use **oui;** in answer (b) use **aussi.** Study the models.

Models: (a) **Allez-vous au cinéma?**   You write: (a) **Oui, je vais au cinéma.**
       (b) **Et Pierre?**   (b) **Il va au cinéma aussi.**
       (a) Are you going to the movies?   (a) Yes, I am going to the movies.
       (b) And Pierre?   (b) He is going to the movies also.

1. (a) Lisez-vous beaucoup? _____

   (b) Et Janine? _____

2. (a) Apprenez-vous le français? _____

   (b) Et Pauline? _____

3. (a) Avez-vous de la glace? _____

   (b) Et Dominique? _____

4. (a) Buvez-vous du jus d'orange? _____

   (b) Et Robert? _____

5. (a) Comprenez-vous la leçon? _____

   (b) Et Joséphine? _____

II. Answer the following questions in the negative in complete sentences. In answer (a) use **Non.** In answer (b) use **non plus.** Study the models.

Models:	(a) **Est-ce que Pierre fait attention en classe?**	You write:	(a) **Non, il ne fait pas attention en classe.**
	(b) **Et vous?**		(b) **Je ne fais pas attention en classe non plus.**
	(a) Does Pierre pay atttention in class?		(a) No, he does not pay attention in class.
	(b) And you?		(b) I do not pay attention in class either.

1. (a) Est-ce que Robert lit beaucoup? _____

   (b) Et vous? _____

2. (a) Est-ce que Monique met le vase sur la table? _____

   (b) Et Jacques? _____

3. (a) Est-ce que vous ouvrez la porte? _____

   (b) Et Charles? _____

4. (a) Est-ce que Marie part à huit heures? _____

   (b) Et l'avion? _____

5. (a) Pouvez-vous aller au cinéma ce soir? _____

   (b) Et Madame et Monsieur Paquet? _____

III. Change each sentence by replacing the verb in the sentence with the proper form of the verb in parentheses. Keep the same subject, of course. Rewrite the entire sentence in French.

Models: Ouvre-t-il la fenêtre? (fermer)   You write: **Ferme-t-il la fenêtre?**
    (Does he open the window?)   (Does he close the window?)

1. *Ferme*-t-il la porte? (ouvrir) _____

2. Est-ce qu'elle *écrit* la lettre? (lire) _____

3. *Buvez*-vous du café? (prendre) _____

4. Il ne *comprend* pas la leçon. (faire) _____

5. *Savez*-vous la date? (écrire) _____

IV. Socializing. Proficiency in Speaking and Writing.

Situation: A new student was transferred to your French class today. Her name is Debbie. Greet her and introduce yourself. Then tell her about the French guessing games you are playing in class.

Try to use some irregular verbs in the present tense on the preceding pages; for example, **aller, apprendre, devoir.** You may use your own ideas and words and/or the following for starters: **Dans la classe de français nous jouons un jeu très intéressant**/*In French class we are playing a very interesting game;* **je vais donner la description d'une chose et tu dois deviner ce que c'est**/*I am going to give the description of a thing and you must (are supposed to) guess what it is;* **puis, je demande, "Qu'est-ce que c'est?"**/*then, I ask, "What is it?";* **tu vas deviner la réponse**/*you are going to guess the answer.*

After you make your statements, write them on the following lines for practice.

_____

_____

_____

V. Choose the correct verb form.

1. Nous (vois, voyons, voient) la mer. _____

2. Je (savez, savent, sais) la réponse. _____

3. Ils (fait, faisons, font) leur travail. _____

4. Ils (part, partent, partez) maintenant. _____

5. Tu (bois, buvez, boivent) du lait. _____

VI. Answer the following questions in complete sentences in the affirmative, substituting the subject pronoun **Ils** or **Elles** for the noun **frères** or **soeurs**. Add **aussi**.

> **Model:** **François apprend bien. Et vos frères?**
> (François learns well. And your brothers?)
>
> **You write:** **Ils apprennent bien aussi.**
> (They learn well also.)

1. Pierre comprend bien. Et vos frères? _____

2. Guillaume écrit bien. Et vos soeurs? _____

3. Michel va bien. Et vos frères? _____

4. Guy lit bien. Et vos soeurs? _____

5. Alfred voit bien. Et vos frères? _____

B. The imperative of some common irregular verbs

Infinitive	2nd pers. sing. **(tu)**	2nd pers. pl. **(vous)**	1st pers. pl. **(nous)**
aller	**va** *go!*	**allez** *go!*	**allons** *let's go!*
apprendre	**apprends** *learn!*	**apprenez** *learn!*	**apprenons** *let's learn!*
avoir	**aie*** *have . . . !*	**ayez*** *have . . . !*	**ayons*** *let's have . . . !*
boire	**bois** *drink!*	**buvez** *drink!*	**buvons** *let's drink!*
dire	**dis** *say!*	**dites** *say!*	**disons** *let's say!*
écrire	**écris** *write!*	**écrivez** *write!*	**écrivons** *let's write!*
être	**sois*** *be . . . !*	**soyez*** *be . . . !*	**soyons*** *let's be . . . !*
faire	**fais** *do!* (or) *make!*	**faites** *do!* (or) *make!*	**faisons** *let's do!* (or) *let's make!*
lire	**lis** *read!*	**lisez** *read!*	**lisons** *let's read!*
mettre	**mets** *put . . . !*	**mettez** *put . . . !*	**mettons** *let's put . . . !*

*These forms are present subjunctive.

ouvrir	**ouvre** *open . . . !*	**ouvrez** *open . . . !*	**ouvrons** *let's open . . . !*
partir	**pars** *leave!*	**partez** *leave!*	**partons** *let's leave!*
prendre	**prends** *take!*	**prenez** *take!*	**prenons** *let's take!*
revenir	**reviens** *come back!*	**revenez** *come back!*	**revenons** *let's come back!*
sortir	**sors** *go out!*	**sortez** *go out!*	**sortons** *let's go out!*
venir	**viens** *come!*	**venez** *come!*	**venons** *let's come!*
voir	**vois** *see!*	**voyez** *see!*	**voyons** *let's see!*

Rules and observations:

1. In the boxes above, the 2d person singular (**tu**) and the 2d person plural (**vous**) are right next to each other so that you can compare the forms of the 2d persons. The 1st person plural (**nous**) stands alone at the right.

2. Note that the final **s** drops in the 2d person singular on an **–ER** verb in the imperative. However, when the pronouns **y** and **en** are linked to it, the **s** is retained in all regular **–ER** verbs and in the verb **aller.** Examples: **donnes-en** (*give some!*); **manges-en** (*eat some!*); **vas-y** (*go there!*). The reason for this is that it makes it easier to link the two elements by pronouncing the **s** as a **z.**

Exercises

Review the above material before starting these exercises.

I. Choose the correct verb form in the imperative.

1. Drink! (buvez, partez, faites)   _____

2. Come! (pars, viens, vois) _____

3. Say! (dites, faites, voyez) _____

4. Write! (mettez, ayez, écrivez) _____

5. Read! (soyez, sortez, lisez) _____

6. Open! (ouvrons, ouvre, écris) _____

7. Let's go out! (sortez, sortons, voyons) _____

8. Let's be . . . ! (soyez, soyons, ayons) _____

9. Let's drink! (allons, buvons, buvez) _____

10. Come back! (revenez, sortez, venez) _____

Dis la vérité. (Tell the truth.)

II. Change each sentence by replacing the verb in the sentence with the proper form of the verb in parentheses. Keep the imperative form, of course. Rewrite the entire sentence in French. The verb form you write must be in the same person as the one you are replacing.

> Model: **Dites la vérité. (écrire)**   You write: **Ecrivez la vérité.**
> (Tell the truth. [Write])   (Write the truth.)

1. *Ecrivez* la phrase. (dire) _____

2. *Prends* le lait. (boire) _____

3. *Venez* tout de suite. (partir) _____

4. *Ouvre* la fenêtre. (fermer) _____

5. *Mets* la valise là-bas. (prendre) _____

6. *Lisons* la lettre. (écrire) _____

7. *Apprenez* le poème. (lire) _____

8. *Partons* maintenant. (sortir) _____

9. *Soyez* à l'heure. (revenir) _____

10. *Voyons* la leçon. (faire) _____

III. Match the following.

1. Close the door.	_____ Donnes-en au garçon.
2. Take your time.	_____ Manges-en si tu veux.
3. Let's open the windows.	_____ Mettez les valises ici.
4. Eat some if you want.	_____ Vas-y.
5. Leave right away.	_____ Ouvrons les fenêtres.
6. Put the suitcases here.	_____ Revenez demain.
7. Give some to the boy.	_____ Ferme la porte.
8. Go there.	_____ Dis la vérité.
9. Come back tomorrow.	_____ Pars tout de suite.
10. Tell the truth.	_____ Prenez votre temps.

IV. For each sentence write a response in the imperative.

> **A. Model: Je veux manger maintenant.**   You write: **Bon! Alors, mange**
> (I want to eat now.)   **maintenant!**
>   (Good! Then eat now!)

In your response use the **tu** form of the imperative.

Je veux partir maintenant. (I want to leave now.)

1. Je veux partir maintenant. _____

2. Je dois ouvrir la fenêtre. _____

3. Je désire faire la leçon. _____

4. Je vais écrire une lettre. _____

5. Je vais lire le journal. _____

**B. Model: Nous voulons boire de   You write: Bon! Alors, buvez de
        l'eau maintenant.   l'eau maintenant!
        (We want to drink water now.)   (Good! Then drink water now!)**

1. Nous désirons sortir maintenant. _____

2. Nous voulons être ici à dix heures. _____

3. Nous allons faire le travail ce soir. _____

4. Nous désirons apprendre l'anglais. _____

5. Nous voulons parler français. _____

The following is a **summary** of **avoir** and **être** in the present indicative affirmative and negative; and in the interrogative and negative-interrogative with **est-ce que** and the inverted form.

AVOIR		ÊTRE	
Affirmative		**Affirmative**	
j'ai	nous avons	je suis	nous sommes
tu as	vous avez	tu es	vous êtes
il *or* elle a	ils *or* elles ont	il *or* elle est	ils *or* elles sont
Negative		**Negative**	
je n'ai pas	nous n'avons pas	je ne suis pas	nous ne sommes pas
tu n'as pas	vous n'avez pas	tu n'es pas	vous n'êtes pas
il n'a pas	ils n'ont pas	il n'est pas	ils ne sont pas
elle n'a pas	elles n'ont pas	elle n'est pas	elles ne sont pas

AVOIR	ÊTRE
Interrogative	**Interrogative**
(a) with **est-ce que**	(a) with **est-ce que**
Est-ce que j'ai?	Est-ce que je suis?
Est-ce que tu as?	Est-ce que tu es?
Est-ce qu'il a?	Est-ce qu'il'est?
Est-ce qu'elle a?	Est-ce qu'elle est?
Est-ce que nous avons?	Est-ce que nous sommes?
Est-ce que vous avez?	Est-ce que vous êtes?
Est-ce qu'ils ont?	Est-ce qu'ils sont?
Est-ce qu'elles ont?	Est-ce qu'elles sont?
(b) **inverted form**	(b) **inverted form**
ai-je?	suis-je?
as-tu?	es-tu?
a-t-il?	est-il?
a-t-elle?	est-elle?
avons-nous?	sommes-nous?
avez-vous?	êtes-vous?
ont-ils?	sont-ils?
ont-elles?	sont-elles?

AVOIR	ÊTRE
Negative-interrogative	**Negative-interrogative**
(a) with **est-ce que**	(a) with **est-ce que**
Est-ce que je n'ai pas?	Est-ce que je ne suis pas?
Est-ce que tu n'as pas?	Est-ce que tu n'es pas?
Est-ce qu'il n'a pas?	Est-ce qu'il n'est pas?
Est-ce qu'elle n'a pas?	Est-ce qu'elle n'est pas?
Est-ce que nous n'avons pas?	Est-ce que nous ne sommes pas?
Est-ce que vous n'avez pas?	Est-ce que vous n'êtes pas?
Est-ce qu'ils n'ont pas?	Est-ce qu'ils ne sont pas?
Est-ce qu'elles n'ont pas?	Est-ce qu'elles ne sont pas?
(b) **inverted form**	(b) **inverted form**
n'ai-je pas?	ne suis-je pas?
n'as-tu pas?	n'es-tu pas?
n'a-t-il pas?	n'est-il pas?
n'a-t-elle pas?	n'est-elle pas?
n'avons-nous pas?	ne sommes-nous pas?
n'avez-vous pas?	n'êtes-vous pas?
n'ont-ils pas?	ne sont-ils pas?
n'ont-elles pas?	ne sont-elles pas?

Exercises

I. Newspaper Advertisement. Proficiency in Reading and Writing.

Situation: You are looking for an apartment in the classified ads of a French newspaper. Read the following ad and answer the questions in complete sentences.

> **BEL APPARTEMENT**
> belle vue
> 2 pièces, salle de bains
> cuisine moderne, petit balcon
> à Montparnasse
> tél. 45-04-55-14

1. Combien de pièces y a-t-il dans l'appartement? _____

2. Est-ce que l'appartement est grand ou petit? _____

3. Quel est le numéro de téléphone? _____

II.   Sharing. Proficiency in Reading and Writing.

Situation: Look at the picture below of two children playing together. Answer the questions in complete sentences on the lines provided.

1. Combien d'enfants y a-t-il dans cette photo? _____

_____

2. Qu'est-ce qu'ils font ensemble/*together*? Jouent-ils? Étudient-ils? Mangent-ils? _____

_____

_____

3. Où sont-ils? Dans un parc? Dans une chambre? _____

_____

4. Quel âge a le garçon à gauche? Quatre ans? Six ans? _____

5. Et le garçon à droite? A-t-il quatre ans? Cinq ans? _____

_____

III. Home for the Holidays. Proficiency in Speaking and Writing.

Situation: You are home from college for the holidays. It's Christmas!/**C'est Noël!** Your friend Anne, is visiting you. You are talking about how to spend the day together.

Your role is **Vous.** You may vary and extend this guided conversation with your own words and ideas. Later, after you have written on the lines what you said, you may exchange roles with Anne for more practice in speaking and writing. Here, you are going to use some of the irregular verbs in the present indicative tense that are in this work unit. Use the **tu** form of verbs because you and Anne are friends. Feel free to use some of the words that Anne uses when you make your statements.

Anne: **Que veux-tu faire aujourd'hui?**

Vous: _____

_____

I want to buy a few presents. It's Christmas, you know! Do you have to buy some presents too?

Anne: **Oui, je sais que c'est Noël. Oui, je dois acheter quelques cadeaux aussi.**

Vous: _____

We can go to the department stores together.

Anne: **Quelle bonne idée! Nous pouvons aller au grand magasin Les Galeries Lafayette.**

Vous: _____

I have a lot of money! I can buy presents for all my friends.

Anne: **Moi, aussi. J'ai beaucoup d'argent. Je peux acheter des cadeaux pour tous mes amis.**

Vous: _____

I see in the newspapers that Santa Claus is at the Galeries Lafayette.

Anne: **Que dis-tu? Le Père Noël est aux Galeries Lafayette aujourd'hui?!**

Vous: _____

I'm saying that Santa Claus is at the Galeries Lafayette today.

Anne: **Allons en ville tout de suite.**

Vous: _____

Okay. Let's go downtown right away.

Anne: **Veux-tu prendre le métro ou le bus?**

Vous: _____

I want to take the bus. Let's leave now!/**Partons maintenant!**

IV. Giving Directions. Proficiency in Speaking and Writing.

Situation: As you are getting off a bus in Paris, a gentleman asks you for directions to the Opera House and the Café de la Paix.

You may vary and extend this guided conversation with your own words and ideas. Later, after you have written what you said on the lines, exchange roles with a friend for more practice in speaking and writing. Use the **vous** form of verbs because you do not know the gentleman.

You are going to use some common irregular verbs in the imperative (command) and in the present indicative. They are on the preceding pages; for example, **aller, comprendre, dire, être, prendre, savoir, vouloir.** Feel free to use some of the words that **Monsieur** uses when you make your statements.

Monsieur: **Pardonnez-moi, s'il vous plaît. Je suis touriste. Je veux aller à l'Opéra et au Café de la Paix. Quelle est la bonne direction?**/*Which is the right way?*

Vous: _____

Take this street/**cette rue**. Go straight ahead/**tout droit.**

Monsieur: **Je vais répéter ce que**/*what* **vous dites. Je prends cette rue et je vais tout droit. Et puis?**/*And then?*

Vous: _____

And then, at the end of this street, turn to the left/**tournez à gauche**.

Monsieur: **Et puis, au bout de cette rue, je tourne à droite**/*to the right.*

Vous: _____

No! At the end of this street, turn to the left!

Monsieur: **Je tourne à gauche.**

Vous: _____

That's right/**C'est ça.** At the end of this street, turn left. And then, you are there!/**là.**

Monsieur: **Je ne sais pas si je comprends.**

Vous: _____

You say you don't know if you understand?

Monsieur: **C'est ça. Je dis que je ne sais pas si je comprends.**

Vous: _____

I'm going to repeat what I am saying. Take this street. Go straight ahead. Then, at the end of this street, turn to the left. And then, you are there. That's all!/**C'est tout!** Do you understand now?

Monsieur: **Merci beaucoup. Je comprends maintenant. C'est clair**/*It's clear.*

Vous: _____

Don't get lost!/**Ne vous perdez pas!**

Oh! Monsieur! Votre autographe, s'il vous plaît! Voici mon programme et voici mon stylo.
(Oh, Sir! Your autograph, please! Here is my program and my pen.)

The Passé Composé

*Have you ever asked someone for an
autograph? That's what Janine did while
she was at the Paris Opera House
during intermission.*

L'autographe spécial

Hier soir la famille Paquet est allée à l'Opéra. Ils ont vu la représentation de *Faust*. Ils ont quitté la maison à sept heures et demie et ils sont arrivés à l'Opéra à huit heures. Ils sont entrés dans le théâtre et ils ont pris leurs places à huit heures et quart. La représentation a commencé à huit heures et demie.

Pendant l'entracte, Madame Paquet est allée parler avec quelques dames. Monsieur Paquet est allé fumer une cigarette, Pierre est allé acheter du chocolat, et Janine est allée boire un jus d'orange.

Madame Paquet a parlé avec les dames et, puis, elle est retournée à sa place. Monsieur Paquet a fumé sa cigarette et il est retourné à sa place aussi. Pierre a mangé son chocolat et il est retourné à sa place. Janine a bu son jus d'orange, mais avant de retourner à sa place, elle a vu un homme et elle a dit:

— Oh! Monsieur! Vous êtes le grand acteur Philippe Jirard!

— Mais . . . mademoiselle . . . a répondu le monsieur.

— Oh! Monsieur! Votre autographe, s'il vous plaît! Voici mon programme et voici mon stylo. Vous pouvez écrire votre autographe sur mon programme, a dit Janine.

— Mais . . . Mais . . . a dit le monsieur.

— Vous êtes très modeste, a dit Janine.

— Mais . . . Ce n'est pas que je suis modeste, mademoiselle . . . Mais si vous insistez . . . Voilà mon autographe! a dit le monsieur.

— Merci, monsieur. Merci mille fois, monsieur! a dit Janine.

Janine est retournée à sa place.
L'opéra se termine et tout le monde quitte le théâtre.
Dehors, Janine a annoncé:

— Regardez mon programme! J'ai l'autographe de Philippe Jirard!

— Philippe Jirard?! Vraiment? Incroyable! a dit la mère.

Janine a donné son programme à sa mère et elle a lu: "Je ne suis pas Philippe Jirard. Je m'appelle Jean Leblanc."

— Ce n'est pas possible! Oh! J'ai fait une bêtise! a dit Janine.

— Ce n'est pas si bête. Tu as l'autographe de Jean Leblanc. Tout le monde n'a pas l'autographe de Jean Leblanc sur un programme! a répondu Pierre.

— Qui est Jean Leblanc? a demandé le père.

— C'est une personne ordinaire, comme toi et moi! a répondu la mère. Maintenant nous avons un autographe spécial!

Et ils ont ri.

Vocabulaire

l'acteur m., **l'actrice** f., n., the actor, the actress

allé past part. of **aller** (to go); **la famille Paquet est allée** the Paquet family went

s'appeler v., to be named, to call oneself; **Je m'appelle Jean Leblanc** My name is John Leblanc

arrivé past part. of **arriver** (to arrive); **ils sont arrivés** they arrived

bête adj., foolish, dumb; **une bêtise** a foolish mistake

bu past part. of **boire** (to drink); **Janine a bu** Janine drank

commencé past part. of **commencer** (to begin); **la représentation a commencé** the performance began

la dame n., the lady

dehors adv., outside

demandé past part. of **demander** (to ask); **le père a demandé** the father asked

dit past part. of **dire** (to say, to tell); **a dit Janine** said Janine

donné past part. of **donner** (to give); **Janine a donné** Janine gave

l'entracte n. m., intermission

entré past part. of **entrer** (to enter, to go in); **ils sont entrés** they entered

fait past part. of **faire** (to do, to make); **j'ai fait** I did

fumé past part. of **fumer** (to smoke); **il a fumé** he smoked

hier adv., yesterday

incroyable adj., unbelievable

insistez v. form of **insister** (to insist); **vous insistez** you insist

leurs poss. adj. pl. their; **leurs places** their seats

lu past part. of **lire** (to read); **elle a lu** she read

mangé past part. of **manger** (to eat); **il a mangé** he ate

modeste adj., modest

parlé past part. of **parler** (to talk, to speak); **elle a parlé** she talked

pouvez v. form of **pouvoir** (can, to be able); **vous pouvez écrire** you can write

pris past part. of **prendre** (to take); **ils ont pris** they took

le programme n., the program

quitté past part. of **quitter** (to leave)

répondu past part. of **répondre** (to reply); **a répondu Pierre** replied Pierre

retourné past part. of **retourner** (to return, go back); **elle est retournée** she returned

ri past part. of **rire** (to laugh); **ils ont ri** they laughed

si conj., if; as an adv., so

le stylo n., the pen

terminé past part. of **terminer** (to end)

voici here is, here are; **voilà** there is, there are (used when pointing out)

vu past part. of **voir** (to see); **elle a vu un homme** she saw a man

Exercises

Review the story and vocabulary before starting these exercises.

I. Answer the following questions in complete sentences. They are based on the story in this unit.

1. A quelle heure est-ce qu'ils ont quitté la maison pour aller à l'Opéra? _____

    _____

2. A quelle heure sont-ils arrivés à l'Opéra? _____

    _____

3. A quelle heure est-ce qu'ils ont pris leurs places? _____

    _____

4. A quelle heure la représentation a-t-elle commencé? _____

_____

II. Activities. Proficiency in Speaking.

A. Expressing personal feelings.
Situation: You are at a concert. During intermission, a friend of yours sees you and asks you how you like the concert. Tell him/her what you think of it. You may use your own words and the vocabulary at the beginning of this work unit.

B. Friendly persuasion.
Situation: You are going out for the evening with a friend. You want to see a French movie but your friend wants to go to a French opera. Persuade your friend to see a French film with you. You may use your own words and the vocabulary at the beginning of this work unit.

III. Fill in the blank lines with the past participle in French. Refer to the story if you have to. The answers are there!

1. Hier soir la famille Paquet est _____ à l'Opéra.

2. Ils ont _____ la représentation de *Faust*.

3. Ils ont _____ la maison à sept heures et demie.

4. Ils sont _____ à l'Opéra à huit heures.

5. Ils sont _____ dans le théâtre.

6. Ils ont _____ leurs places.

7. Madame Paquet est _____ parler avec quelques dames.

8. Monsieur Paquet est _____ boire un café.

9. Pierre est _____ acheter du chocolat.

10. Janine est _____ boire un jus d'orange.

IV. Word Search. Find the past participles *in French* in this puzzle and circle them.

A	L	L	É	T	F	U	M	É	L
P	A	R	L	É	A	L	A	B	U
P	R	I	S	D	I	T	N	T	O
R	Q	U	I	T	T	É	U	R	I
U	R	É	P	O	N	D	U	F	T

1. allé   6. parlé
2. bu   7. pris
3. dit   8. quitté
4. fait   9. répondu
5. lu   10. ri

Structures de la Langue

The Passé Composé (past indefinite *or* compound past)

A. Verbs conjugated with **avoir**

	1st conjugation **–ER**	2nd conjugation **–IR**	3rd conjugation **–RE**
INFINITIVES ⟶	**danser** *to dance*	**finir** *to finish*	**vendre** *to sell*
	I danced, *or* I have danced, *or* I did dance; you danced, *etc.*	I finished, *or* I have finished, *or* I did finish; you finished, *etc.*	I sold, *or* I have sold, *or* I did sell; you sold, *etc.*
SINGULAR			
1. **j'** (I)	**ai dansé**	**ai fini**	**ai vendu**
2. **tu** (you — *familiar only*)	**as dansé**	**as fini**	**as vendu**
3. **il** (he *or* it) **elle** (she *or* it)	**a dansé**	**a fini**	**a vendu**
PLURAL			
1. **nous** (we)	**avons dansé**	**avons fini**	**avons vendu**
2. **vous** (you)	**avez dansé**	**avez fini**	**avez vendu**
3. **ils** **elles** (they)	**ont dansé**	**ont fini**	**ont vendu**

Rules and observations:

1. To form the passé composé of verbs conjugated with **avoir,** use the present indicative of **avoir** plus the past participle of the verb. All verbs are conjugated with **avoir** except: *all reflexive verbs and the 17 verbs listed in section C of this lesson.*

2. To form the past participle of a regular **–er** verb, drop the **–er** ending and add **é**.

3. To form the past participle of a regular **–ir** verb, drop the **–ir** ending and add **i**.

4. To form the past participle of a regular **-re** verb, drop the **-re** ending and add **u**.

5. The passé composé is used to express an action that was completed in the past. It is used in conversation and in informal writing.

6. The passé composé can be translated into English in three different ways, as noted above.

7. To form the negative, place **n'** in front of the present indicative of **avoir** which, in the passé composé, is called the auxiliary or helping verb. Then put **pas** after it:

1st conjugation	2nd conjugation	3rd conjugation
je **n'ai pas** dansé	je **n'ai pas** fini	je **n'ai pas** vendu
tu **n'as pas** dansé	tu **n'as pas** fini	tu **n'as pas** vendu
il (or) elle **n'a pas** dansé	il (or) elle **n'a pas** fini	il (or) elle **n'a pas** vendu
nous **n'avons pas** dansé	nous **n'avons pas** fini	nous **n'avons pas** vendu
vous **n'avez pas** dansé	vous **n'avez pas** fini	vous **n'avez pas** vendu
ils (or) elles **n'ont pas** dansé	ils (or) elles **n'ont pas** fini	ils (or) elles **n'ont pas** vendu

8. To form the interrogative, use either (a) the **est-ce que** form in front of the subject, or (b) the inverted form, both of which you learned when you formed the present indicative tense:

(a)	(b)
Est-ce que j'ai dansé?	ai-je dansé?
Est-ce que tu as dansé?	as-tu dansé?
Est-ce qu'il a dansé?	a-t-il dansé?
Est-ce qu'elle a dansé?	a-t-elle dansé?
Est-ce que nous avons dansé?	avons-nous dansé?
Est-ce que vous avez dansé?	avez-vous dansé?
Est-ce qu'ils ont dansé?	ont-ils dansé?
Est-ce qu'elles ont dansé?	ont-elles dansé?

Note: In (b) box above, if you use the inverted form, you need to add **-t-** in the 3rd person singular between the auxiliary verb and the subject pronoun. You already learned to do this when you used the inverted form in the present indicative tense.

9. To form the negative-interrogative, use either (a) the **est-ce que** form in front of the subject in the negative form, or (b) the inverted form in the negative:

(a) Est-ce que je n'ai pas dansé?	(b) n'ai-je pas dansé?
Est-ce que tu n'as pas dansé?	n'as-tu pas dansé?
Est-ce qu'il n'a pas dansé?	n'a-t-il pas dansé?
Est-ce qu'elle n'a pas dansé?	n'a-t-elle pas dansé?
Est-ce que nous n'avons pas dansé?	n'avons-nous pas dansé?
Est-ce que vous n'avez pas dansé?	n'avez-vous pas dansé?
Est-ce qu'ils n'ont pas dansé?	n'ont-ils pas dansé?
Est-ce qu'elles n'ont pas dansé?	n'ont-elles pas dansé?

Note: In both (a) and (b) boxes above, it is very easy to form the negative-interrogative of a verb in the passé composé. If you just drop, for a minute, the past participle *dansé,* what you have left is actually what you already learned: the negative-interrogative of the present indicative tense of the verb **avoir**. See the summary at the end of work unit eleven.

Exercises

Review the preceding material before starting these exercises.

I. Write the answers to the following in complete sentences in French.

A. Passé composé with **avoir** in the affirmative — answer in the affirmative.

> Model: **Avez-vous vendu la maison?** You answer: **Oui, j'ai vendu la**
> (Did you sell the house?) **maison.**
> (Yes, I sold the house.)

1. Avez-vous vendu la voiture? _____

2. Avez-vous acheté la propriété? _____

3. Avez-vous fini les leçons? _____

4. Avez-vous réussi la vente de la propriété? _____

5. Avez-vous fermé les portes et les fenêtres? _____

B. Passé composé with **avoir** in the negative — answer in the negative.

> Model: **Janine a-t-elle dansé** You answer: **Non, elle n'a pas dansé**
> **hier soir?** **hier soir.**
> (Did Janine dance (No, she did not dance
> last evening?) last evening.)

> Use a pronoun subject in your answer where a noun subject is given in the question.

1.   Janine a-t-elle chanté hier soir? _____

2.   Robert a-t-il choisi une jolie cravate? _____

3.   As-tu mangé l'éclair? _____

4.   Janine et Pierre ont-ils étudié les leçons? _____

5.   Avons-nous fini le travail? _____

C.   Passé composé with **avoir** in the interrogative — change to the interrogative in the inverted form.

Model:	**Janine a parlé à Madame Richy.** (Janine talked to Mrs. Richy.)	You ask:	**Janine a-t-elle parlé à Madame Richy?** (Did Janine talk to Mrs. Richy?)

1.   Pierre a vu Madame Richy. _____

2.   Hélène a choisi une jolie robe. _____

3.   Coco a mangé l'éclair. _____

Coco a mangé l'éclair! Maintenant il va manger le gâteau! (Coco ate the eclair! Now he's going to eat the cake!)

4.   Suzanne et Georges ont étudié les devoirs. _____

5.   Marie et Betty ont voyagé en France. _____

D. Passé composé with **avoir** in the interrogative — change to the interrogative with **est-ce que**.

    Model: **Madame Banluc a chanté hier soir.**
    (Mrs. Banluc sang last evening.)

    You ask: **Est-ce que Madame Banluc a chanté hier soir?**
    (Did Mrs. Banluc sing last evening?)

1. Madame Paquet a acheté un beau chapeau. _____

2. Pierre a perdu sa montre. _____

3. Monsieur Paquet a bu un café. _____

4. Paul a mangé du chocolat. _____

5. Janine a bu un jus d'orange. _____

E. Passé composé with **avoir** in the negative-interrogative — change into negative-interrogative using the inverted form only.

    Model: **Madame Paquet n'a pas acheté un beau chapeau.**
    (Mrs. Paquet did not buy a beautiful hat.)

    You ask: **Madame Paquet n'a-t-elle pas acheté un beau chapeau?**
    (Didn't Mrs. Paquet buy a beautiful hat?)

1. Madame Richy n'a pas acheté une automobile. _____

_____

2. Monsieur Richy n'a pas voyagé aux Etats-Unis. _____

_____

3. Madame et Monsieur Armstrong n'ont pas aimé le dessert. _____

_____

4. Mathilde n'a pas entendu la musique. _____

_____

5. Joseph n'a pas choisi une jolie cravate. _____

_____

F. Passé composé with **avoir** in the negative-interrogative — change into negative-interrogative using the **est-ce que** form only.

    Model: **Suzanne n'a pas fini le livre.**
    (Suzanne didn't finish the book.)

    You ask: **Est-ce que Suzanne n'a pas fini le livre?**
    (Didn't Suzanne finish the book?)

1. Robert n'a pas dansé hier soir. _____

2.   Joséphine n'a pas chanté ce matin. _____

3.   Guy et Michel n'ont pas fini leurs leçons. _____

_____

4.   Françoise et Simone n'ont pas entendu la musique. _____

_____

5.   Charles n'a pas perdu son ami. _____

II.   Match the following.

1.   She drank some milk.   _____ Il a vendu sa voiture.

2.   They heard a big noise.   _____ Elles ont fini le travail.

3.   She played in the park.   _____ Il a fermé la fenêtre.

4.   She worked yesterday.   _____ Ils ont oublié de venir.

5.   They lost their dog.   _____ Il a expliqué la leçon.

6.   He explained the lesson.   _____ Elle a joué dans le parc.

7.   He sold his car.   _____ Elles ont perdu leur chien.

8.   He closed the window.   _____ Ils ont entendu un grand bruit.

9.   They forgot to come.   _____ Elle a bu du lait.

10. They finished the work.   _____ Elle a travaillé hier.

III.   Change the infinitive in parentheses to the past participle.

Model: (voir)   Ils ont _____   You write on the blank line: vu
la représentation de Carmen.   (saw)
(They _____
the performance of Carmen.)

1.   (aimer)   Ils ont _____ la représentation de *Carmen*.

2.   (quitter)   Ils ont _____ la maison à sept heures et demie.

3.   (prendre)   Ils ont _____ leurs places à huit heures et quart.

4.   (commencer)   La représentation a _____ à huit heures et demie.

5.   (parler)   Madame Paquet a _____ avec les dames.

6.   (finir)   Monsieur Paquet a _____ son café.

7.   (manger)   Pierre a _____ son chocolat.

8.   (boire)   Janine a _____ son jus d'orange.

9. (voir)   Elle a _____ un homme.

10. (dire)   Elle a _____ : — Oh! Monsieur! Votre autographe!

IV. Give the three translations for each of the following French verb forms in the passé composé. Refer to the chart in section **A** of this lesson.

1. J'ai dansé.   _____ _____ _____

2. Vous avez fini.   _____ _____ _____

3. Nous avons vendu.   _____ _____ _____

V. For each of the following verbs in the passé composé write in French the correct form of **avoir**; in other words, the present indicative tense of **avoir**.

1. J'_____ joué.   7. Vous _____ perdu.

2. Tu _____ pleuré.   8. Ils _____ répondu.

3. Il _____ fini.   9. J'_____ étudié.

4. Elle _____ choisi.   10. Il _____ parlé.

5. Janine _____ chanté.   11. Robert _____ travaillé.

6. Nous _____ dansé.   12. Marie et Bob _____ dîné.

B. Verbs conjugated with **être**

MASCULINE SUBJECTS		FEMININE SUBJECTS	
Singular	Plural	Singular	Plural
je suis allé	nous sommes allé**s**	je suis allé**e**	nous sommes allé**es**
tu es allé	vous êtes allé**(s)**	tu es allé**e**	vous êtes allé**e(s)**
il est allé	ils sont allé**s**	elle est allé**e**	elles sont allé**es**
English equivalents: I went, *or* I have gone, *or* I did go; you went, *or* you have gone, *or* you did go; *etc., etc., etc.*			

Rules and observations:

1. To form the *passé composé* of verbs conjugated with **être**, use the present indicative of **être** plus the past participle of the verb. All reflexive verbs are conjugated with **être** as are the 17 verbs in the chart in section **C**.

2. The past participle of a verb conjugated with **être** agrees in gender (*i.e.,* whether masculine or feminine) and number (*i.e.,* whether singular or plural) with the subject, as shown in the box above. The past participle of a verb conjugated with **être**, therefore, is like an adjective because it describes the subject in some way.

Compare: **Elle est jolie.**   **Elle est partie.**

(She is pretty.)   (She has left.)

---

3. To form the negative, interrogative, and negative-interrogative, do the same as you did for verbs conjugated with **avoir** in the passé composé. The word order is the same. See the summary at the end of work unit eleven.

C. The 17 verbs conjugated with être*

1. **aller** to go	BUT: *Elle m'a passé le sel.* She passed me the salt.
2. **arriver** to arrive	AND: *Elle a passé un examen.* She took an exam.
3. ***descendre** to go down, come down	11. ***rentrer** to go in again, to return (home)
Elle est descendue vite. She came down quickly.	*Elle est rentrée tôt.* She returned home early.
BUT: *Elle a descendu la valise.* She brought down the suitcase.	BUT: *Elle a rentré le chat dans la maison.* She brought (took) the cat into the house.
4. **devenir** to become	
5. **entrer** to enter, go in, come in	12. **rester** to remain, stay
6. ***monter** to go up, come up	13. **retourner** to return, go back
Elle est montée lentement. She went up slowly.	14. **revenir** to come back
BUT: *Elle a monté l'escalier.* She went up the stairs.	15. ***sortir** to go out
7. **mourir** to die	*Elle est sortie hier soir.* She went out last night.
8. **naître** to be born	BUT: *Elle a sorti son mouchoir.* She took out her handkerchief.
9. **partir** to leave	
10. ***passer** to go by, pass by	16. **tomber** to fall
Elle est passée chez moi. She came by my house.	17. **venir** to come

*Some of these verbs, as noted above, are conjugated with **avoir** if the verb is used in a transitive sense and has a direct object.

D. Some irregular past participles

	INFINITIVE	PAST PARTICIPLE		INFINITIVE	PAST PARTICIPLE
1.	**apprendre** *to learn*	**appris**	16.	**naître** *to be born*	**né**
2.	**avoir** *to have*	**eu**	17.	**ouvrir** *to open*	**ouvert**
3.	**boire** *to drink*	**bu**	18.	**paraître** *to appear, seem*	**paru**
4.	**comprendre** *to understand*	**compris**	19.	**permettre** *to permit*	**permis**
5.	**couvrir** *to cover*	**couvert**	20.	**pouvoir** *to be able, can*	**pu**
6.	**croire** *to believe*	**cru**	21.	**prendre** *to take*	**pris**
7.	**devenir** *to become*	**devenu**	22.	**promettre** *to promise*	**promis**
8.	**devoir** *to owe, have to, should*	**dû**	23.	**recevoir** *to receive*	**reçu**
9.	**dire** *to say, tell*	**dit**	24.	**revenir** *to come back*	**revenu**
10.	**écrire** *to write*	**écrit**	25.	**rire** *to laugh*	**ri**
11.	**être** *to be*	**été**	26.	**savoir** *to know*	**su**
12.	**faire** *to do, make*	**fait**	27.	**tenir** *to hold*	**tenu**
13.	**lire** *to read*	**lu**	28.	**venir** *to come*	**venu**
14.	**mettre** *to put, place*	**mis**	29.	**voir** *to see*	**vu**
15.	**mourir** *to die*	**mort**	30.	**vouloir** *to want*	**voulu**

Exercises

Review the preceding material before starting these exercises.

I. Write the answers to the following in complete sentences.

    A. Passé composé with **être** in the affirmative — answer the questions in the affirmative.

Drill on **aller**

REMEMBER TO WATCH FOR AN AGREEMENT ON THE PAST PARTICIPLE WITH THE SUBJECT IN THE PASSÉ COMPOSÉ WHEN THE VERB IS CONJUGATED WITH **être**!

Model: **Madame Paquet est-elle allée à l'opéra?**
(Did Mrs. Paquet go to the opera?)

You answer: **Oui, Madame Paquet est allée à l'opéra.**
(Yes, Mrs. Paquet went to the opera.)

1. Janine est-elle allée au cinéma? _____

2. Monique est-elle allée à l'école? _____

3. Robert est-il allé au théâtre? _____

4. Pierre et Raymond sont-ils allés au parc? _____

5. Anne et Béatrice sont-elles allées au Canada? _____

_____

6. Jacques et Jeanne sont-ils allés à l'aéroport? _____

_____

7. Monsieur et Madame Beaupuy sont-ils allés aux Etats-Unis? _____

_____

8. La mère est-elle allée dans le garage? _____

9. Le père est-il allé dans la cuisine? _____

10. La jeune fille est-elle allée à la pharmacie? _____

_____

B. Passé composé with **être** in the negative — answer the questions in the negative.

Model: **Janine est-elle arrivée à l'Opéra à huit heures et demie?**
(Did Janine arrive at the Opera at eight thirty?)

You answer: **Non, elle n'est pas arrivée à l'Opéra à huit heures et demie.**
(No, she did not arrive at the Opera at eight thirty.)

> Use a pronoun subject in your answer where a noun subject is given in the question.

1. Madame Paquet est-elle arrivée à l'Opéra à huit heures et demie? _____

   _____

2. Est-ce qu'ils sont entrés dans le théâtre à huit heures? _____

   _____

3. Monsieur et Madame Paquet sont-ils partis de bonne heure? _____

   _____

4. Est-ce qu'il est resté à la maison? _____

5. Simone est-elle sortie ce soir? _____

C. Passé composé with **être** in the interrogative — change to the interrogative in the inverted form.

Model: **Monique est tombée dans la rue.**
(Monique fell in the street.)

You ask: **Monique est-elle tombée dans la rue?**
(Did Monique fall in the street?)

1. Yolande est venue ce soir. _____

2. François est retourné à midi. _____

3. Les garçons sont restés dans l'école. _____

4. Les jeunes filles sont descendues vite. _____

5. Monsieur et Madame Paquet sont rentrés à minuit. _____

   _____

D. Passé composé with **être** in the interrogative — change to the interrogative with **est-ce que**.

Model: **Madame Banluc est née à la Martinique.**
(Mrs. Banluc was born in Martinique.)

You ask: **Est-ce que Madame Banluc est née à la Martinique?**
(Was Mrs. Banluc born in Martinique?)

1. John James Audubon est né aux Cayes à Haïti. _____

   _____

2. Napoléon Bonaparte est mort à Sainte-Hélène. _____

   _____

3. Marie-Antoinette est née à Vienne. _____

4. Jacques Chirac est devenu président de la République Française en 1995. _____

   _____

5. Joséphine est née à la Martinique. _____

Joséphine est née à la Martinique. (Josephine was born in Martinique.)

6. Marie-Antoinette est morte à Paris. _____

7. Joséphine est devenue impératrice en 1804. _____

_____

    E. Passé composé with **être** in the negative-interrogative — change the following negative sentences into negative-interrogative using the inverted form only.

        Model: Tu n'es pas sorti hier soir.   **You ask: N'es-tu pas sorti hier soir?**
           (You did not go out last evening.)   (Didn't you go out last evening?)

1. Tu n'es pas resté à la maison. _____

2. Elle n'est pas tombée dans le jardin. _____

3. Il n'est pas parti ce matin. _____

4. Vous n'êtes pas arrivé à dix heures. _____

5. Elles ne sont pas allées à l'école aujourd'hui. _____

_____

II. Match the following.

1. She has left.	_____ Il a bu du vin.
2. They have read some books.	_____ Elle est partie.
3. They died.	_____ Ils ont lu des livres.
4. He drank some wine.	_____ Elles sont mortes.
5. We went into the living room.	_____ Vous avez appris la leçon.
6. You went to the restaurant.	_____ Nous sommes entrés dans le salon.
7. He has had an accident.	_____ Tu es allée au restaurant.
8. She has been sick.	_____ Vous êtes devenu médecin.
9. You became a doctor.	_____ Il a eu un accident.
10. You learned the lesson.	_____ Elle a été malade.

III. Give the three English translations for each of the following French verb forms in the passé composé. Refer to the chart in section **B.**

1. Je suis allé au cinéma. _____ _____ _____

2. Elle est partie. _____ _____ _____

3. Nous sommes arrivés. _____ _____ _____

IV. For each of the following verbs in the passé composé write the correct form of either **avoir** or **être**, depending on which is required.

1. Suzanne _____ parlé.

2. Il _____ monté.

3. Elle _____ sortie.

4. Elle _____ compris.

5. Nous _____ arrivés.

6. Vous _____ dit.

7. Elles _____ lu.

8. . Tu _____ fait.

9. Robert _____ resté.

10. Ils _____ ri.

11. Je _____ allé.

12. Madame Paquet _____ bu.

V. Identify the following past participles by writing the infinitive form These past participles are all irregular.

Model: dit   **You write: dire**

1. appris _____

2. devenu _____

3. eu _____

4. couvert _____

5. cru _____

6. compris _____

7. permis _____

8. reçu _____

9. promis _____

10. voulu _____

11. dû _____

12. vu _____

13. dit _____

14. venu _____

15. écrit _____

16. été _____

17. bu _____

18. fait _____

19. tenu _____

20. lu _____

21. ouvert _____

22. mis _____

23. su _____

24. mort _____

25. ri _____

26. né _____

27. revenu _____

28. paru _____

29. pu _____

30. pris _____

VI. Write the past participle for each of the following verbs. Some are regular, some are irregular.

Model: vendre   **You write: vendu**

1. avoir _____

2. être _____

3. faire _____

4. finir _____

5. savoir _____

6. lire _____

7. apprendre _____

8. défendre _____

9. choisir _____

10. aller _____   13. aider _____   16. voir _____

11. sortir _____   14. bâtir _____   17. danser _____

12. saisir _____   15. jouer _____   18. vendre _____

VII. Some verbs in French are conjugated with **avoir** to form the passé composé and some verbs are conjugated with **être**. For each of the following verbs write on the blank line either **avoir** or **être**, depending on which is required to form the passé composé.

Models: **aller**   You write: **être**

parler   You write: **avoir**

1. rester _____   8. chanter _____   15. partir _____

2. danser _____   9. mourir _____   16. chercher _____

3. finir _____   10. donner _____   17. retourner _____

4. vendre _____   11. dire _____   18. choisir _____

5. arriver _____   12. naître _____   19. avoir _____

6. entrer _____   13. aller _____   20. être _____

7. aimer _____   14. étudier _____   21. venir _____

VIII. Change from the passé composé to the present indicative tense.

Model: **Il a bu du lait.**   You write: **Il boit du lait.**
(He drank milk.)   (He is drinking milk.)

1. Il a lu un bon livre. _____

2. J'ai vendu la voiture. _____

3. Elle est allée à l'Opéra. _____

4. Nous avons écrit des lettres. _____

5. Vous êtes arrivé de bonne heure. _____

IX. Change from the present indicative tense to the passé composé.

Model: **Monsieur Paquet a une belle voiture grise.**   You write: **Monsieur Paquet a eu une belle voiture grise.**
(Mr. Paquet has a beautiful gray car.)   (Mr. Paquet had a beautiful gray car.)

1. Madame Paquet a un beau chapeau rouge. _____

2.   Janine boit un jus d'orange. _____

3.   Pierre mange du chocolat. _____

4.   Monique va au cinéma. _____

5.   Jeanne et Joséphine entrent dans le théâtre. _____

The Opera House, Paris. Opéra National de Paris-Garnier, Place de l'Opéra.
Reprinted with permission of French Cultural Services, New York.

Note: There is a second Opera House in Paris. It is Opéra National de Paris-Bastille,
Place de la Bastille.

X. Fill in the ending of the past participle with the appropriate agreement, if needed. If none is needed, write a dash (—). Refer to the story at the beginning of this unit if you have to. The answers are there!

> Model: **La famille Paquet est**   **You fill in the ending of the past participle if**
> **allé _____ à l'Opéra.**   **an agreement is needed: e** or **s**

1. La famille Paquet est allé _____ à l'Opéra.

2. Monsieur Paquet est retourné_____ à sa place.

3. Madame Paquet est retourné_____ à sa place.

4. Janine est retourné_____ à sa place.

5. Ils sont arrivé _____ à l'Opéra à huit heures.

6. Ils sont entré_____ dans le théâtre.

7. Pierre est retourné_____ à sa place.

XI. On the blank line, write the appropriate past participle of the verb in parentheses. Refer to the story at the beginning of this unit if you have to. The answers are there!

> Model: **(aller)**   **La famille Paquet**   **You write on the blank line: allée**
> **est _____ à l'opéra.**

1. (aller)   La famille Paquet est _____ à l'Opéra.

2. (arriver)   Ils sont _____ à l'Opéra à huit heures.

3. (entrer)   Ils sont _____ dans le théâtre.

4. (aller)   Madame Paquet est _____ parler avec quelques dames.

5. (aller)   Monsieur Paquet est _____ boire un café.

6. (aller)   Pierre est _____ acheter du chocolat.

7. (aller)   Janine est _____ boire un jus d'orange.

8. (retourner)   Madame Paquet est _____ à sa place.

9. (retourner)   Monsieur Paquet est _____ à sa place.

10. (retourner)   Janine est _____ à sa place.

XII.   French Opera. Proficiency in Speaking and Writing.

Situation: Last night you went to the Opera House in Paris. You saw the opera *Pelléas et Mélisande*, music composed by Claude Debussy.

Say aloud at least four statements in French using the **passé composé** tense. You may use your own ideas and words, those used in the story at the beginning of this work unit, and/or the following: **Hier soir, je suis allé(e) à l'Opéra**/*Last night, I went to the Opera*. **J'ai vu l'opéra *Pelléas et Mélisande***/*I saw the opera Pelléas et Mélisande.* **Pendant l'entracte, j'ai bu un jus d'orange et j'ai mangé du chocolat**/*During intermission, I drank an orange juice and I ate some chocolate.*

Now, write what you said on the following lines:

_____

_____

_____

XIII.   Folklore Basque. Proficiency in Speaking and Writing.

Situation: Look at the picture on the following page of the young men dressed in white doing the Sabre Dance.

Basque is located in southwest France. Look for the city of Pau and the Pyrenees Mountains **(les Pyrénées)** on the map of France at the end of Work Unit 9.

In at least three sentences, tell us what the young men are doing, what they are wearing, and something about their berets. You may use your own ideas and words and/or the following: **Dans cette photo les jeunes hommes sont habillés en blanc**/*In this photo the young men are dressed in white.* **Ils portent des bérets noirs**/*They are wearing black berets.* **Ils dansent**/*They are dancing.* **C'est La Danse des Sabres**/*It's the Sabre Dance.* **Ils sont beaux et magnifiques!**/*They are handsome and magnificent!* **Ils sont extraordinaires**/*They are extraordinary.*

Now, write what you said on the following lines:

_____

_____

XIV.   Word Game. Proficiency in Writing.

Situation: You are playing word games at a French Club party. Change one letter in each of the past participles given and get the past participle of another verb. Write the new words on the lines. Make up a few more. They are in this work unit.

1. **pu** (past part. of **pouvoir**)   _____ (past part. of **savoir**)

2. **eu** (past part. of **avoir**)   _____ (past part. of **lire**)

Folklore Basque. La Danse des Sabres.
Reprinted with permission of French Government Tourist Office, New York, N.Y.

XV. Obtaining and Providing Information. Proficiency in Speaking and Writing.

Situation: You are on a school trip in Paris with your classmates and Mr. Durand, your French teacher. Last night Catherine, a classmate, returned very late to the hotel. Mr. Durand and the others were worried about her. Catherine has been asked to explain where she was and what she did.

Your role is **Catherine.** You may vary and extend this guided conversation with your own words and ideas. Later, after you have written what you said on the lines, you may exchange roles with Mr. Durand for more practice in speaking and writing. Here, you are going to practice using verbs in the **passé composé.** Feel free to use some of the words that Mr. Durand uses when you make your statements.

M. Durand: **Catherine, hier soir vous êtes rentrée à l'hôtel très tard. Où êtes-vous allée?**

Catherine: _____
Tell him you went to the theater.

M. Durand: **Vous êtes allée au théâtre? Avec qui?**

Catherine: _____
Tell him you went alone to the theater.

M. Durand: **Vous êtes allée seule au théâtre? À quel théâtre?**/_To which theater?_
Et vous avez vu quelle pièce?/_what play_

Catherine: _____
Yes, I went alone to the theater. To **La Comédie Française.** I saw the play **L'Avare**/_The Miser._ It's a comedy by Molière.

M. Durand: **Avez-vous aimé la comédie?**

Catherine: _____
Yes, I liked the comedy very much. Very funny/**très drôle.**

M. Durand: **Avez-vous vu quelques personnes au théâtre que vous connaissez?**/_Did you see any people at the theater that you know?_

Catherine: _____
Yes, I saw the Paquet family—the mother, father, Janine, and Pierre.

M. Durand: **Pendant l'entracte, qu'est-ce que vous avez bu et mangé?**

Catherine: _____
During intermission I ate chocolate with Pierre, I drank orange juice with Janine, and I talked with Madame Paquet and some ladies.

M. Durand: **Est-ce que vous êtes allée boire du café?**

Catherine: _____
Yes, I went to drink some coffee with Mr. Paquet.

M. Durand: **D'accord**/_Okay._ **Tout est bien qui finit bien!**/_All's well that ends well!_

XVI. Providing Information. Proficiency in Writing.

Situation: You are checking out of your hotel in Paris and you have been asked to answer a questionnaire of services provided.

Answer the following questions in complete sentences.

1. **Avez-vous été satisfait des services dans notre hôtel pendant votre séjour? /**
   Have you been satisfied with the services in our hotel during your stay?

   _____

   _____

2. **Avez-vous aimé votre chambre? Est-ce qu'elle a été propre? Confortable? /**
   Did you like your room? Was it clean? Comfortable?

   _____

   _____

3. **Avez-vous été satisfait de notre service téléphonique? /**
   Were you satisfied with our telephone service?

   _____

   _____

4. **Est-ce que les employés ont montré de la politesse? /**
   Did the employees show politeness?

   _____

   _____

5. **Est-ce que les repas dans le restaurant ont été bons? Excellents? /**
   Were the meals in the restaurant good? Excellent?

   _____

   _____

6. **Est-ce que le service dans le restaurant a été rapide? /**
   Was the service in the restaurant fast?

   _____

   _____

7. **Est-ce que les prix ont été bons? Trop chers? /**
   Were the prices good? Too expensive?

   _____

   _____

XVII.   A Letter to a Friend. Proficiency in Writing.

Situation: Before you left for Paris you promised your friend Yvette that you would write her a letter about your activities. Here's your chance to keep your promise!

Refer to Exercise XV above where you had a conversation with Monsieur Durand about how you spent the evening at La Comédie Française.

Now, using the statements you made in the conversation, write a letter to Yvette telling her how you spent yesterday evening. Write at least seven sentences.

Dimanche, le 14 avril 1996

Chère amie Yvette,

_____

_____

_____

_____

_____

Grosses bises de/*Love and kisses from,*

_____

XVIII.   Word Game. Proficiency in Writing.

Situation: You are playing more word games at a French Club party. Change one letter in each of the irregular past participles given below and get the irregular past participle of another verb. Write the new words on the lines. If you need any help, review them all in section **D.** in this work unit.

1. **vu** (past part. of **voir**)   Change it to →   _____ (past part. of **pouvoir**)

2. **lu** (past part. of **lire**)   Change it to →   _____ (past part. of **savoir**)

3. **bu** (past part. of **boire**)   Change it to →   _____ (past part. of **avoir**)

4. **pu** (past part. of **pouvoir**)   Change it to →   _____ (past part. of **lire**)

5. **eu** (past part. of **avoir**)   Change it to →   _____ (past part. of **boire**)

Here's a recipe in French for a stew.
Try making it yourself. It's fun!

RAGOÛT DE MOUTON À L'IRLANDAISE (IRISH STEW)

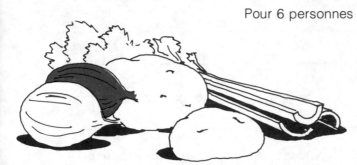

Pour 6 personnes   cuisson: 2 heures, 35 min.

1500 grammes de mouton coupé
   en morceaux
3 grosses pommes de terre
300 grammes d'oignons
sel, poivre, blanc de céleri,
   et 3 gousses d'ail
3 cuillères à soupe de farine blanche

1. Disposez dans une cocotte:
    (a)   une couche d'oignons hachés
    (b)   une grosse pomme de terre coupée en lamelles
    (c)   un tiers des morceaux de mouton
    (d)   du sel, du poivre
    (e)   une gousse d'ail haché (si vous désirez)
2. Répétez en disposant une deuxième couche d'oignons hachés, une grosse pomme de terre coupée en lamelles, un tiers des morceaux de mouton, du sel, du poivre, une gousse d'ail haché.
3. Répétez en disposant une troisième couche d'oignons hachés, une grosse pomme de terre coupée en lamelles, un tiers des morceaux de mouton, du sel, du poivre, une gousse d'ail haché.
4. Ajoutez une tasse et demie d'eau chaude.
5. Faites bouillir pendant 5 min.
6. Laissez cuire doucement, à couvert, pendant 1 heure 30 min.
7. Après une heure et demie, si le mélange est épais, ajoutez un peu d'eau chaude. Maintenant, mettez dans la cocotte le céleri coupé en petits morceaux.
8. Laissez cuire doucement pendant 1 heure.
9. Maintenant, ajoutez 3 cuillères à soupe de farine blanche, lentement, pendant que vous remuez le mélange.
10. Bonne chance! Ne le brûlez pas!

Direct Object Pronouns, including *en*

Let's see how the family stew turns out.

À chacun son goût

Ce soir Pierre a servi le dîner pour la famille et les voisins, Monsieur et Madame Richy. Il a servi un ragoût de mouton à l'irlandaise. La recette pour le ragoût est sur la page d'en face.

Pierre:	Voici le ragoût! Je vais le servir maintenant. A table, s'il vous plaît!

(Tout le monde va s'asseoir à table: Monsieur et Madame Paquet, Janine, Pierre, Monsieur et Madame Richy.)

Janine:	Oh! Il sent bon!
Monsieur Paquet:	Et comment! Il sent très bon. Moi, j'ai très faim.
Madame Paquet:	Il est magnifique, n'est-ce pas? . . . Excusez-moi, je vais dans la cuisine. Vous pouvez commencer sans moi.

(Madame Paquet se lève. Elle quitte la table pour aller dans la cuisine.)

Madame Richy:	Vraiment extraordinaire!
Monsieur Richy:	J'adore les ragoûts.
Madame Richy:	Moi aussi. Pierre, tu es un bon garçon!
Pierre:	Alors, qui va commencer?
Monsieur Paquet:	Après toi, Pierre. Tu peux commencer si tu veux.
Janine:	Vas-y, Pierre! Tu goûtes le premier.
Pierre:	Bon. Alors, je vais commencer . . . Maintenant, je goûte le ragoût . . .
Janine:	Je vais le goûter aussi . . . Oh! Oh! Il est brûlé! C'est dégoûtant. Je vais être malade. Il est brûlé! Goûtez-en!

(Janine se lève et quitte la table.)

Pierre:	Oui. Il est brûlé. Janine a raison. Il est brûlé. Je ne l'aime pas. Je vais être malade aussi. Goûtez-en!

(Pierre se lève et quitte la table.)

Monsieur Paquet: Je vais le goûter aussi . . . Oui. Il est brûlé. Janine et Pierre ont raison. Je ne l'aime pas.

(Monsieur Paquet se lève et quitte la table.)

Monsieur Richy: Moi, je vais le goûter maintenant . . . Ce ragoût est délicieux! Il est bien cuit, comme le ragoût de ma mère. Bien cuit! Excellent . . . Chérie, pourquoi ne fais-tu pas un ragoût si bien cuit aussi?

Madame Richy: Tu as raison, chéri. La prochaine fois je vais le faire trop cuire. Je vais le brûler pour toi et tu peux le manger seul. Tiens! Mange toute la cocotte!

(Madame Richy se lève. Monsieur Richy reste seul à la table avec la cocotte de ragoût brûlé devant lui.)

(Madame Paquet rentre dans la salle à manger avec le dessert.)

Madame Paquet: Alors, est-ce que tout le monde aime mon ragoût? J'ai un dessert que j'ai fait aussi. Qui veut en goûter?

Vocabulaire

à couvert covered

à table to (at) the table, come to the table!

l'ail *n. m.*, garlic: **une gousse d'ail** a clove of garlic

aime *v. form of* **aimer**; **Je ne l'aime pas!** I don't like it!

ajouter *v.*, to add

avoir faim *v.*, to be hungry; **avoir raison** to be right; **J'ai grand faim** I'm very hungry; **Janine et Pierre ont raison!** Janine and Pierre are right!

blanc *m.*, **blanche** *f.*, *adj.*, white

bouillir *v.*, to boil

brûler *v.*, to burn; **brûlé** burned; **ne le brûlez pas!** don't burn it!

le céleri *n.*, celery; **le blanc de céleri** celery stalk

chacun *pron.*, each one; **à chacun son goût** to each his/her own (taste)

la chance *n.*, chance, luck; **bonne chance!** good luck!

chaud *m.*, **chaude** *f.*, *adj.*, hot

la cocotte *n.*, the stewing pot; **toute la cocotte** the whole pot

comment *adv.*, how

connaît *v. form of* **connaître** to know (someone), to be acquainted with (someone); **Est-ce que Pierre connaît Madeleine?** Does Pierre know Madeleine? (pres. indicative: **je connais, tu connais, il (elle) connaît, nous connaissons, vous connaissez, ils (elles) connaissent**)

la couche *n.*, layer

couper *v.*, to cut; **coupé** sliced

la cuillère *n.*, the spoon; **cuillère à soupe** soup spoon

cuire *v.*, to cook; **cuit** cooked; **cuisson** cooking time; **bien cuit** well done (cooked); **trop cuit** over-done (overcooked)

dégoûtant *adj.*, disgusting, revolting

devant *prep.*, in front of;

devant lui in front of him

disposer *v.*, to dispose, to arrange; **en disposant** arranging

doucement *adv.*, gently (low flame)

en *partitive*, some; **goûtez-en!** taste some!

épais *m.*, **épaisse** *f.*, *adj.*, thick

la faim *n.*, hunger; **avoir faim** to be hungry

faire bouillir *v.*, to boil; **faire trop cuire** to overcook

la farine *n.*, flour

goûter *v.*, to taste; **le goût** the taste; **Qui veut en goûter?** Who wants to taste some? **Goûtez-en!** Taste some!

le gramme *n.*, the gram (metric unit of measurement); 1 gram equals about .035 ounce; 500 grams equal about 1.1 lbs.; 300 grams equal about 10 oz.

gros *m.*, **grosse** *f.*, *adj.*, big, fat, large

hacher *v.*, to chop (up);

haché chopped
irlandais *m.,* **irlandaise** *f.,*
    adj., Irish; **à l'irlandaise**
    Irish style
le kilogramme *n.,* kilogram
    (1,000 grams; 1 kilo equals
    about 2.2 lbs.)
laisser *v.,* to let, to allow
la lamelle *n.,* the thin slice
malade *adj.,* sick
le mélange *n.,* the mixture
mettez *v. form of* **mettre** (to
    put, to place)
le morceau *n.,* the piece,
    morsel
le mouton *n.,* the mutton
l'oignon *n. m.,* the onion

la page *n.,* the page; **page
    d'en face** opposite page
pendant *prep.,* during;
    pendant que *conj.,* while
peux *v. form of* **pouvoir; tu
    peux commencer** you can
    begin
le poivre *n.,* the pepper
la pomme de terre *n.,* the
    potato
prochain *m.,* **prochaine** *f.,*
    adj., next; **la prochaine
    fois** the next time
le ragoût *n.,* the stew
la raison *n.,* the reason;
    avoir raison to be right
la recette *n.,* the recipe

remuer *v.,* to stir
le sel *n.,* the salt
sent *v. form of* **sentir** (to
    smell, to feel); **il sent très
    bon!** it smells very good!
servir *v.,* to serve; **je vais le
    servir maintenant** I'm
    going to serve it now.
seul *m.,* **seule** *f., adj.,* alone
tiens! *exclam.,* here!
un tiers one-third
vas-y! go to it!
veux *v. form of* **vouloir** (to
    want); **si tu veux** if you
    want
le voisin, la voisine *n.,* the
    neighbor

Exercises

Review the story and vocabulary before starting these exercises.

I. Answer the following questions in complete sentences. They are based on the story,
    "A chacun son goût."

1. Qui a servi le dîner ce soir? _____

2. Pour qui a-t-il servi le dîner? _____

3. Qui commence à goûter le ragoût? _____

4. Qui aime le ragoût? _____

5. Pourquoi aime-t-il le ragoût? _____

6. Qui a fait le ragoût? _____

II. Answer the following questions in complete sentences. They are personal questions and re-
    quire answers of your own.

1. Aimez-vous manger du ragoût? _____

2. Savez-vous faire un ragoût? _____

3. Aimez-vous le ragoût brûlé? _____

III. **Comment dit-on en français . . . ?** Find these statements in the story and write them in French.

1. And how! It smells very good. I'm very hungry. _____

   _____

2. Janine is right. It's burned. I don't like it. Taste some! _____

   _____

3. I'm going to taste it. _____

4. Mrs. Paquet comes back into the dining room with the dessert. _____

   _____

5. Does everybody like my stew? I have a dessert that I made also. Who wants to taste some?

   _____

   _____

Structures de la Langue

A. Direct object pronouns

	Singular		Plural
me or **m'**	me	**nous**	us
te or **t'**	you (familiar)	**vous**	you (sing. polite or plural)
le or **l'**	him, it } person or thing	**les**	them (persons or things)
la or **l'**	her, it }		

Rules and observations:

1. A direct object **pronoun** takes the place of a direct object **noun**.

2. A direct object noun ordinarily comes after the verb, but a direct object pronoun is ordinarily placed *in front of* the verb.

3. The vowel **e** in **me**, **te**, **le** and the vowel **a** in **la** drop and an apostrophe is added if the verb right after it starts with a vowel or a silent *h; e.g.,* **je l'aime**. (I like it.)

4. You might say that the direct object "receives" the action of the verb.

5. Study the direct object pronouns in the above box and the model sentences in the boxes below.

B.   Direct object pronoun referring to a thing in the present indicative

The noun as direct object of the verb	The pronoun in place of the noun
(a) **Janine lit le poème.** *Janine is reading the poem.*	(a) **Janine le lit.** *Janine is reading it.*
(b) **Pierre lit la lettre.** *Pierre is reading the letter.*	(b) **Pierre la lit.** *Pierre is reading it.*
(c) **Janine apprend le poème.** *Janine is learning the poem.*	(c) **Janine l'apprend.** *Janine is learning it.*
(d) **Pierre écrit la lettre.** *Pierre is writing the letter.*	(d) **Pierre l'écrit.** *Pierre is writing it.*
(e) **Janine lit les poèmes.** *Janine is reading the poems.*	(e) **Janine les lit.** *Janine is reading them.*

Rules and observations:

1.   The direct object pronoun must agree in gender and number with the noun it is replacing. Gender means masculine or feminine. Number means singular or plural.

2.   Actually, what you do is drop the noun direct object. The definite article that remains becomes the pronoun direct object. Put it *in front of* the verb. If the verb starts with a vowel or a mute *h*, drop the **e** in **le** and the **a** in **la** and add an apostrophe.

(a) From: **Janine lit le poème.** You get: **Janine le lit.**	
(b) From: **Pierre lit la lettre.** You get: **Pierre la lit.**	
(c) From: **Janine apprend le poème.** You get: **Janine l'apprend.**	

(d) From: **Pierre écrit la lettre.** You get: **Pierre l'écrit.**	**Pierre** ⌐ **écrit** (**la**) **let~~tre~~.**
(e) From: **Janine lit les poèmes.** You get: **Janine les lit.**	**Janine** ⌐ **lit** (**les**) **poè~~mes~~.**

C. Direct object pronoun referring to a person in the present indicative

Pierre	**me**	connaît.		Pierre	knows	*me.*
	te					*you. (familiar)*
	le					*him.*
	la					*her.*
	nous					*us.*
	vous					*you. (sing. polite or plural)*
	les					*them.*

Rules and observations:

1. Direct object pronouns, whether they refer to persons or things, are ordinarily placed *in front of* the verb.

2. If the verb is negative, put **ne** *in front of the direct object pronoun* and **pas** *after* the verb, as in the examples in the box below.

Pierre	ne	**me**	connaît pas.		Pierre	does	not	know	*me.*
	ne	**te**	pas.						*you. (familiar)*
	ne	**le**	pas.						*him.*
	ne	**la**	pas.						*her.*
	ne	**nous**	pas.						*us.*
	ne	**vous**	pas.						*you. (sing. polite or plural)*
	ne	**les**	pas.						*them.*

D. Direct object pronoun in the affirmative and negative command

Affirmative command		Negative command	
with noun direct object	with pronoun direct object	with noun direct object	with pronoun direct object
Apprenez le poème!	**Apprenez-le!**	N'apprenez pas le poème.	**Ne l'apprenez pas!**
Ecrivez la lettre!	**Ecrivez-la!**	N'écrivez pas la lettre.	**Ne l'écrivez pas!**
Etudiez les leçons!	**Etudiez-les!**	N'étudiez pas les leçons.	**Ne les étudiez pas!**

Rules and observations:

1. In the affirmative command, a direct object pronoun is placed *right after* the verb and joined with a hyphen.

2. In the negative command, a direct object pronoun is placed *in front of* the verb, where it ordinarily goes.

3. In the negative command, the **ne** is placed *in front of* the direct object pronoun and the **pas** *after* the verb.

E. Direct object pronoun as object of an infinitive

(a) **Monsieur Richy veut goûter le ragoût.** ⟶ **Monsieur Richy veut le goûter.**

    (Mr. Richy wants to taste the stew.)   *(Mr. Richy wants to taste it.)*

(b) **Janine veut apprendre le poème.** ⟶ **Janine veut l'apprendre.**

    (Janine wants to learn the poem.)   *(Janine wants to learn it.)*

(c) **Pierre ne veut pas écrire la lettre.** ⟶ **Pierre ne veut pas l'écrire.**

    (Pierre does not want to write the letter.)   *(Pierre does not want to write it.)*

Rules and observations:

1. A pronoun as object of an infinitive is placed *in front* of the infinitive.

2. In a negative statement with a pronoun as object of an infinitive, **ne** is placed in front of the verb and **pas** after it (as is usual) and the pronoun as object of the infinitive still remains in front of the infinitive.

3. The point is that the verb can be made negative and it has nothing to do with the logical position of the pronoun as object of an infinitive.

F. Direct object pronoun with a verb in the passé composé

The noun as direct object of the verb	The pronoun in place of the noun
(a) **Marie a préparé le dîner.** (Mary prepared the dinner.)	(a) **Elle l'a préparé.** (She prepared it.)
(b) **Robert a préparé la salade.** (Robert prepared the salad.)	(b) **Il l'a préparée.** (He prepared it.)
(c) **Jean a préparé les dîners.** (John prepared the dinners.)	(c) **Il les a préparés.** (He prepared them.)
(d) **Anne a préparé les salades.** (Anne prepared the salads.)	(d) **Elle les a préparées.** (She prepared them.)

Rules and observations:

1. The verb form **a préparé** is in the passé composé, 3d person, singular tense. Review how to form the passé composé in the preceding work unit.

2. You still put the direct object pronoun *in front of* the verb form **(a préparé),** just as you put it *in front of* the simple verb form in the present indicative. Review the position of the direct object pronoun in the present indicative in section **B** above.

3. There is one new thing to be learned here: the past participle (**préparé**) of the verb in the passé composé must agree in gender (masculine or feminine) and number (singular or plural) with the *preceding* direct object pronoun, if there is one.

4. If the *preceding* direct object pronoun is **le** (masculine, singular), there is no agreement required on the past participle.

5. If the *preceding* direct object pronoun is **la** (feminine, singular), you must add **e** to the past participle.

6. If the *preceding* direct object pronoun is **les** (masculine, plural), you must add **s** to the past participle.

7.   If the *preceding* direct object pronoun is **les** (feminine, plural), you must add **es** to the past participle.

8.   To sum it up: There must be an agreement in both gender and number in the past participle of a verb conjugated with **avoir** with the *preceding* direct object pronoun if there is one. There is no agreement if the direct object is a *noun* and it follows the verb. Compare the column on the right and the column on the left in the above box.

9.   A reminder: When we conjugate a verb with **être,** there is an agreement between the past participle and the subject, *e.g.,* **Janine est allée au théâtre.** Review sections **B** and **C** in Work Unit 12.

G.   Meanings and positions of **en** as an object pronoun

(a) Avez-vous **du café?** (Have you *any coffee?*) (Have you *some coffee?*)	Oui, j'**en** ai. (Yes, I have *some* [*of it*].)
(b) Buvez-vous **de l'eau?** (Do you drink *any water?*)	Oui, j'**en** bois. (Yes, I drink *some.*)
(c) Mangez-vous **de la glace?** (Do you eat *any ice cream?*)	Oui, j'**en** mange. (Yes, I eat *some .*)
(d) Mangez-vous **des pommes?** (Do you eat *any apples?*)	Oui, j'**en** mange. (Yes, I eat *some .*)
(e) Avez-vous **des soeurs?** (Do you have *any sisters?*)	Oui, j'**en** ai deux. (Yes, I have two [*of them*].)
(f) Vient-il **de Paris?** (Does he come *from Paris?*)	Oui, il **en** vient. (Yes, he comes *from there .*)
(g) Avez-vous peur **des serpents?** (Are you afraid *of snakes?*)	Oui, j'**en** ai peur. (Yes, I'm afraid *of them .*)
(h) Buvez **du café!** (Drink *some coffee!*)	Buvez-**en**! (Drink *some!*)
(i) Ne buvez pas **de café!** (Don't drink *any coffee!*)	N'**en** buvez pas! (Don't drink *any* [*of it*]*!*)

1. The pronoun **en** has more than one translation in English, as you can see from the model sentences in the above box.

2. **En** is used to replace a noun preceded by the preposition **de** or any combination of **de**; for example, **du**, **de l'**, **de la**, **des**.

3. **En** is used to refer to persons or things if the noun is used in a partitive sense.

4. **En** is used to refer to places and things but not to persons, if the noun is not used in a partitive sense. See (f) and (g) above.

5. In the affirmative imperative, **en** is placed *right after* the verb and joined with a hyphen. In the negative imperative, **en** is placed in front of the verb, where it is ordinarily placed, e.g., **Goûtez-en!** (Taste some!), **N'en goûtez pas!** (Don't taste any!)

Exercises

I. Change the following sentences by substituting a pronoun as object of the verb in place of the noun object. Rewrite the entire sentence.

Model: **Janine lit *le poème.***   You write: **Janine le lit.**
(Janine is reading the poem.)   (Janine is reading it.)

1. Pierre lit *la lettre.* _____

2. Janine écrit *la leçon.* _____

3. Michel apprend *l'espagnol.* _____

4. Christophe fait *les devoirs.* _____

5. Alexandre écoute *la musique.* _____

6. Yolande prononce *le mot.* _____

7. Théodore voit *l'hôtel.* _____

8. Monique dit *la phrase.* _____

9. Joséphine attend *l'autobus.* _____

10. Anne mange *les gâteaux.* _____

II. Answer the following questions in the affirmative, substituting a pronoun as object of the verb in place of the noun object. Also, substitute a pronoun in place of the noun subject. Rewrite the entire sentence.

        Model: **Janine écrit-elle *la leçon?***   **You write:** **Oui, elle l'écrit.**
                 (Is Janine writing the lesson?)   (Yes, she is writing it.)

1. Monique dit-elle *la phrase?* _____

2. Joséphine attend-elle *l'autobus?* _____

3. Pierre lit-il *la lettre?* _____

4. Michel mange-t-il *les gâteaux?* _____

5. Yolande écoute-t-elle *la musique?* _____

III. Answer the following questions in the negative, substituting a pronoun as object of the verb in place of the noun object. Also, substitute a pronoun in place of the noun subject. Rewrite the entire sentence.

        Model: **Est-ce que Janine boit le**   **You write:** **Non, elle ne le boit pas.**
                 jus d'orange?   (Is Janine drinking the
                 (No, she is not drinking it.)   orange juice?)

1. Est-ce que Pierre mange la saucisse? _____

2. Est-ce que Joséphine prononce le mot? _____

3. Est-ce qu'Henri aime le saucisson? _____

4. Est-ce que Georges lit la lettre? _____

5. Est-ce que Georgette apporte les gâteaux? _____

IV. Answer the following questions in complete sentences in the affirmative, substituting a direct object pronoun for the noun object.

        Model: **Apprenez-vous le français**   **You answer:** **Oui, je l'apprends**
                 maintenant?   **maintenant.**
                 (Are you learning French now?)   (Yes, I am learning
                                                 it now.)

1. Comprenez-vous la leçon aujourd'hui? _____

2. Dites-vous toujours la vérité? _____

3. Faites-vous les devoirs maintenant? _____

4. Lisez-vous le journal tous les jours? _____

5. Ecrivez-vous la phrase en ce moment? _____

V. Answer the following questions in the affirmative in complete sentences, substituting a direct object pronoun for the noun object. Also, substitute a pronoun for the noun subject.

> **Model:** **Est-ce que Pierre connaît Madeleine?**
> (Does Pierre know Madeleine?)
>
> You answer: **Oui, il la connaît.**
> (Yes, he knows her.)

1. Est-ce que Janine connaît Monique? _____

2. Est-ce que Monique connaît Robert? _____

3. Est-ce que Robert connaît Pierre et Hélène? _____

4. Est-ce que Marie connaît Monsieur et Madame Paquet? _____

5. Est-ce qu'Henri connaît Anne et Françoise? _____

VI. Answer the following questions in the affirmative.

> **Model:** **Est-ce qu'elle vous voit?**
> (Does she see you?)
>
> You answer: **Oui, elle me voit.**
> (Yes, she sees me.)

1. Est-ce qu'elle vous connaît? _____

2. Est-ce qu'il te voit? _____

3. Est-ce qu'elle nous aime? _____

4. Est-ce qu'ils les attendent? _____

5. Est-ce qu'il l'adore? _____

VII. Answer the following questions in the affirmative.

> **Model:** **Est-ce que vous m'aimez bien?**
> (Do you like me?)
>
> You answer: **Oui, je vous aime bien.**
> (Yes, I like you.)

1. Est-ce que tu m'aimes bien? _____

2. Est-ce que vous l'aimez bien aussi? _____

3. Est-ce que tu l'aimes bien aussi? _____

4. Est-ce qu'il vous aime bien? _____

5. Est-ce qu'elle vous aime bien aussi? _____

VIII. Answer the following questions in the negative.

> **Model:** **Est-ce que vous m'aimez?**
> (Do you love me?)
>
> You answer: **Non, je ne vous aime pas.**
> (No, I do not love you.)

1. Est-ce que tu m'aimes? _____

2. Est-ce qu'il vous aime? _____

3. Est-ce que vous l'aimez? _____

4. Est-ce qu'il t'aime? _____

5. Est-ce qu'elle vous aime? _____

IX. For each statement write a response in the affirmative imperative. Use a pronoun object in place of the noun object. Review the imperative in Work Units 10 and 11.

Model: **Je veux apprendre le poème!**   **You answer:** **Bon! Alors, apprenez-le!**
(I want to learn the poem!)   (Good! Then learn it!)

1. Je veux écrire la lettre! _____

2. Je veux étudier les leçons! _____

3. Je veux lire le livre! _____

4. Je veux boire le lait! _____

5. Je veux faire les devoirs! _____

X. For each statement write a response in the negative imperative. Use a pronoun object in place of the noun object. Review the imperative in Work Units 10 and 11.

Model: **Je ne veux pas apprendre**   **You answer:** **Bon! Alors, ne l'apprenez**
le poème! (I don't want   **pas!** (Good! Then
to learn the poem!)   don't learn it!)

1. Je ne veux pas écrire la lettre! _____

2. Je ne veux pas étudier les leçons! _____

3. Je ne veux pas lire le livre! _____

4. Je ne veux pas boire le lait! _____

5. Je ne veux pas faire les devoirs! _____

XI. Change the following sentences by substituting a pronoun as object of the infinitive in place of the noun object. Rewrite the entire sentence.

Model: **Janine veut lire *la lettre*.**   **You write:** **Janine veut la lire.**
(Janine wants to read the letter.)   (Janine wants to read it.)

1. Pierre veut lire *le livre*. _____

2. Madeleine veut apprendre *le poème*. _____

3. Paul ne veut pas écrire *la lettre*. _____

4. Philippe ne veut pas manger *la saucisse.* _____

5. Gertrude ne veut pas apporter *les gâteaux.* _____

XII. Answer the following questions in the affirmative, substituting **en** as a pronoun object of the verb in place of the words indicated.

        Model: **Avez-vous du café?**   **You answer:** **Oui, j'en ai.**
                (Do you have any coffee?)   (Yes, I have some.)

1. Avez-vous *du lait?* _____

2. Buvez-vous *de l'eau?* _____

3. Mangez-vous *de la glace?* _____

4. Mangez-vous *des pommes?* _____

5. Avez-vous *des soeurs?* _____

XIII. Answer the following questions in the negative, substituting **en** as a pronoun object of the verb in place of the words indicated.

        Model: **Avez-vous *du vin*?**   **You answer:** **Non, je n'en ai pas.**
                (Do you have any wine?)   (No, I don't have any.)

1. Avez-vous *du café?* _____

2. Avez-vous *de l'eau?* _____

3. Avez-vous *de la glace?* _____

4. Avez-vous *des gâteaux?* _____

5. Avez-vous *des frères?* _____

XIV. For each statement write a response in the affirmative imperative, substituting **en** in place of the words indicated. Review the imperative in Work Units 10 and 11.

        Model: **Je veux boire *du café!***   **You answer:** **Bon! Alors, buvez-en!**
                (I want to drink some coffee!)   (Good! Then drink some!)

1. Je veux boire *du vin!* _____

2. Je veux manger *du gâteau!* _____

3. Je veux écrire *des lettres!* _____

4. Je veux boire *de l'eau!* _____

5. Je veux manger *de la salade!* _____

XV. For each statement write a response in the negative imperative, substituting **en** in place of the words indicated. Review the imperative in Work Units 10 and 11.

Model: **Je ne veux pas boire** **You answer:** **Bon! Alors, n'en buvez pas!**
de café!
(I don't want to drink   (Good! Then don't drink any!)
any coffee!)

1. Je ne veux pas boire *de vin!* _____

2. Je ne veux pas manger *de gâteau!* _____

3. Je ne veux pas écrire *de lettres!* _____

XVI. Change the following sentences in the passé composé by substituting a pronoun as object of the verb in place of the noun object. Rewrite the entire sentence. Watch for agreement of the past participle with a preceding direct object pronoun.

Model: **Pierre a préparé *la leçon.*** **You write:** **Pierre l'a préparée.**
(Pierre prepared the lesson.)   (Pierre prepared it.)

1. Madame Paquet a préparé *le dîner.* _____

2. Monsieur Richy a mangé *le ragoût.* _____

3. Pierre a servi *le dîner.* _____

4. Janine a préparé *les devoirs.* _____

5. Monsieur Paquet a préparé *les salades.* _____

XVII. Answer the following questions in the affirmative, substituting a pronoun as object of the verb in place of the noun object. Also, substitute a pronoun in place of the noun subject. Rewrite the entire sentence. Watch for agreement on the past participle!

Model: **Est-ce que Pierre a préparé** **You write:** **Oui, il l'a préparée.**
la salade?
(Did Pierre prepare the salad?)   (Yes, he prepared it.)

1. Est-ce que Pierre a servi *le dîner?* _____

2. Est-ce que Madame Paquet a préparé *le dîner?* _____

3. Est-ce que Monsieur Richy a mangé *le ragoût?* _____

4. Est-ce que Janine a écrit *la lettre?* _____

5. Est-ce que Christophe a fait *les devoirs?* _____

XVIII. Answer the following questions in the negative, substituting a pronoun as object of the verb in place of the noun object. Also, substitute a pronoun in place of the noun subject. Rewrite the entire sentence. Watch for agreement on the past participle!

> **Model:** **Est-ce que Pierre a préparé le dîner?**
> (Did Pierre prepare the dinner?)
>
> **You write:** **Non, il ne l'a pas préparé.**
> (No, he did not prepare it.)

1. Est-ce que Guy a préparé *la salade?* _____

2. Est-ce que Pierre a fait *le dîner?* _____

3. Est-ce que Janine a lu *le poème?* _____

4. Est-ce que Madame Richy a mangé *le ragoût?* _____

5. Est-ce que Robert a fait *les devoirs?* _____

XIX. Appreciating French Sculpture. Proficiency in Speaking and Writing.

Situation: You are at the Musée Rodin in Paris admiring a work of art by the French sculptor Auguste Rodin. The Rodin Museum in Philadelphia also has many sculptures by Rodin.

Look at the photograph below. Make three statements about it. Then write what you said. You may use your own ideas and words and/or the following: **Cette oeuvre de Rodin est superbe**/*This work by Rodin is superb.* **Les hommes sont tristes parce qu'ils souffrent beaucoup**/*The men are sad because they are suffering a great deal.* **Ils n'ont pas de liberté**/*They don't have any freedom.*

Les Bourgeois de Calais (The Burghers of Calais) by Auguste Rodin, French sculptor. Reprinted with permission of French Cultural Services, New York.

XX.   Talking to an Animal or Pet. Proficiency in Speaking and Writing.

Situation: The little girl in the picture below seems to be talking to the cow. She is holding a pail in her hand/**Elle tient un seau à la main.**

What do you suppose she is saying to the cow? You may use your own ideas and words and/or the following: **Salut, mon amie!**/*Hello, my friend!* **J'aime le lait**/*I like milk.* **As-tu du lait pour moi aujourd'hui?**/*Do you have any milk for me today?*

Make at least three statements in French that the little girl might say to the cow. Then write what you said on the lines below. Note that when we talk to an animal or pet in French, we use the familiar **tu** form. **La vache** is the word for cow.

1. _____

2. _____

3. _____

As-tu du lait pour moi? (Have you any milk for me?)

XXI. Dinner Talk. Proficiency in Speaking, Reading, and Writing.

Situation: Monsieur and Madame Dufy are dinner guests at your home. In this guided conversation, you are providing the needed French words on the blank lines. This gives you practice to say what someone else would say in the same situation. You may use your own ideas and words or follow the suggested words under the blank lines. Later, write what you said on the lines.

Mme Dufy: **La salade est délicieuse. Qui l'a préparée?**

Janine: _____

My brother Pierre prepared it.

M. Dufy: **Les pommes de terre sont vraiment excellentes. Qui les a préparées?**

Pierre: _____

Me/**Moi.** I prepared them.

M. Paquet: **Janine, veux-tu un peu de salade?**

Janine: _____

No, thank you, Dad. I don't want any [of it].

Mme Paquet: **Tu n'en veux pas, Janine? Pourquoi?**

Janine: _____

I already ate some [of it]./**J'en ai déjà mangé.**

Mme Dufy: _____

_____

I would like a cup of tea with the dessert, please/**J'aimerais une tasse de thé avec le dessert, s'il vous plaît.** I don't drink any coffee.

Mme Paquet: **Avec citron ou crème?**/_With lemon or cream?_

Mme Dufy: _____

Lemon, please, if there is any/**s'il y en a.**

Mme Paquet: _____

Pierre, go into the kitchen, please/**s'il te plaît.** The lemon is on the table.

Pierre: _____

Yes, Mom. Right away/**Tout de suite.**

**Après quelques minutes**/After a few minutes

Pierre: _____

Mom, there isn't any lemon on the table in the kitchen/**Maman, il n'y a pas de citron . . .**

Mme Dufy: **Ce n'est pas important. Merci tout de même, Pierre**/_Thank you anyway, Pierre._

XXII. Snack Time. Proficiency in Speaking, Reading, and Writing.

Situation: You and some friends are having afternoon snacks at your kitchen table.

In this guided conversation, you are providing the needed French words on the blank lines. This gives you practice saying what someone else would say. The familiar form **tu** is used in this conversation because the participants are all friends. You may use your own ideas and words or follow the suggested words under the blank lines. Later, write what you said. Then, switch roles with your friends.

Pierre: **Raymond, passe-moi la pizza, s'il te plaît.**

Raymond: _____

Okay. Here it is/**La voici.**

Pierre: **Robert, tu n'en manges pas. Tu ne l'aimes pas?**

Robert: _____

No, I don't like it.

Pierre: _____

Why not?/**Pourquoi pas?**

Robert: **C'est brûlé. Et le fromage est trop élastique**/And the cheese is too elastic. **C'est gommeux**/It's gummy.

Janine: _____

_____

That makes me laugh!/**Ça me fait rire!** He thinks the cheese is too elastic and gummy! He doesn't like to eat rubber bands!/**(les élastiques).**

Robert: _____

Tell me, Pierre, did you do the biology assignments **(les devoirs de biologie)** for tomorrow?

Janine: _____

He didn't do them.

Monique: **Pierre, passe-moi les hamburgers, s'il te plaît.**

Pierre: **Les voici. Robert, tu n'aimes pas les hamburgers?**

Robert: _____

No. I don't like them. I don't eat them.

Monique: **Qui a apporté les pâtisseries?**

Pierre: _____

Robert brought them.

Robert: _____

I like pastries. I'm going to eat them all/**toutes.**

XXIII. Appreciating French Art of Québec. Proficiency in Reading and Writing.

Situation: You are at the **Musée du Québec** in Québec City, Canada. You are admiring the paintings by **les artistes québécois.**

Look at the picture below and answer the questions in complete sentences.

1. Quel est le nom de l'artiste québécois de ce tableau? _____
   _____

2. Quel est le titre/*the title* de ce tableau? _____
   _____

3. Qui est malade? _____

4. Où est-il? _____

5. Qui est sur la chaise? Le docteur? _____

6. Que voyez-vous dans la chambre? Mentionnez trois choses/*Mention three things.*
   _____

L'Enfant malade (reproduction partielle), de Marc-Aurèle de Foy Suzor-Coté (1869–1937), artiste québécois. Reprinted with permission of Musée du Québec, Parc des Champs-de-Bataille, Québec, Québec, Canada.

XXIV. Appreciating French Art. Proficiency in Speaking and Writing.

Situation: You are at The Metropolitan Museum of Art in New York City admiring the painting **(le tableau)** *La Mort de Socrate (The Death of Socrates)* by the great French artist Louis David. He was the head of the neoclassical school of painting **(le chef de l'école néo-classique).**

The scene shows Socrates, a famous philosopher of Ancient Greece, on a bed. He is being handed a cup of hemlock to drink. His philosophical and political ideas were contrary to those of the government. After his trial, he was condemned to die by drinking a goblet of hemlock **(une coupe de ciguë).**

Look at the picture below and tell us what is happening. Use your own words and ideas or the following in at least two short sentences. First, say them aloud, then write them on the lines. For example: **Socrate, grand philosophe grec, est condamné à mort à cause de ses idées philosophiques et politiques**/ Socrates, a great Greek philosopher, is condemned to die because of his philosophical and political ideas. **Il est sur un lit**/He is on a bed. **Un homme lui donne une coupe de ciguë à boire**/A man is giving him a goblet of hemlock to drink. **Le tableau est superbe.**

1. _____

2. _____

La Mort de Socrate by Louis David (1748–1825). The Metropolitan Museum of Art, New York, N.Y. Wolfe Fund, 1931. Catharine Lorillard Wolfe Collection (31.45).

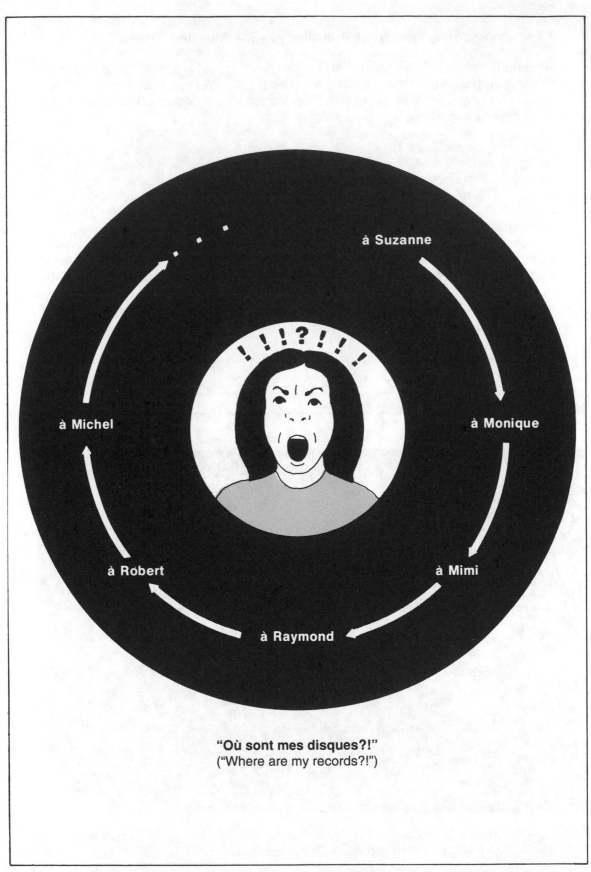

"Où sont mes disques?!"
("Where are my records?!")

Les disques? Je ne les ai pas, Janine. Je les ai donnés à Monique. Je lui ai donné tes disques. (Records? I don't have them, Janine. I gave them to Monique. I gave her your records.)

Indirect Object Pronouns, including y

Round and round the records go and
where do they end up? Who knows?

La ronde

Janine a prêté ses disques à son amie Suzanne au mois de septembre. C'est aujourd'hui le premier décembre. Janine veut reprendre ses disques pour les écouter pendant les fêtes de Noël. Elle va voir son amie Suzanne et elle lui dit:

Janine: Suzanne, je t'ai prêté mes disques au mois de septembre et aujourd'hui c'est le premier décembre. Je veux les jouer pendant les fêtes de Noël. Veux-tu me rendre mes disques, s'il te plaît?

Suzanne: Je ne les ai pas, Janine. Je les ai donnés à Monique. Va la voir. Je lui ai donné les disques.

(Janine va voir Monique.)

Janine: Monique, j'ai prêté mes disques à Suzanne et elle m'a dit que tu les as maintenant. Je lui ai donné mes disques au mois de septembre.

Monique: Je ne les ai pas, Janine. Je les ai prêtés à Mimi. Va la voir. Je lui ai donné les disques.

(Janine va voir Mimi.)

Janine: Mimi, as-tu mes disques? Tu les as, je sais. Je les ai prêtés à Suzanne, elle les a donnés à Monique et Monique m'a dit que tu les as maintenant.

Mimi: Oh! Les disques! Quels disques? Les disques de musique moderne?

Janine: Oui, C'est ça.

Mimi: Non. Je ne les ai pas. Je les ai donnés à Raymond. Va le voir. Je lui ai donné les disques.

(Janine va voir Raymond.)

Janine: Raymond, j'ai prêté mes disques à Suzanne au mois de septembre et aujourd'hui c'est le premier décembre. Suzanne m'a dit qu'elle les a donnés à Monique. Monique m'a dit qu'elle les a donnés à Mimi. Mimi m'a dit que tu les as.

Raymond: Oh! Les disques. Je les ai donnés à Robert, et Robert les a donnés à Michel, et Michel les a donnés à . . .

Vocabulaire

l'ami *m.*, **l'amie** *f.*, *n.*, the friend
le disque *n.*, the phonograph record
écouter *v.*, to listen (to)
les *direct obj. pron.*, them
lui *indirect obj. pron.*, to her, to him
me *indirect obj. pron.*, to me

mes *poss. adj. pl.*, my
le mois *n.*, the month; **au mois de** in the month of
le Noël *n.*, Christmas
prêté *past part. of* **prêter** (to lend)
rendre *v.*, to return (something), to give back
reprendre *v.*, to take back,

get back
la ronde *n.*, the round
ses *poss. adj. pl.*, his, her
s'il te plaît please *(fam. use)*; **s'il vous plaît** *(polite use)*
te *indirect obj. pron.*, to you *(fam.)*
va la (le) voir go see her (him)

Exercises

Review the story and vocabulary before starting these exercises.

I. Answer the following questions in complete sentences. They are all based on the dialogue in this unit, "La ronde."

1. Qui a prêté ses disques à Suzanne? _____

2. Pourquoi Janine veut-elle reprendre ses disques? _____

   _____

3. Est-ce que Janine reprend ses disques? _____

II. **Comment dit-on en français . . . ?** Refer to the dialogue in this unit if you have to.

1. She said to me that you have them now. _____

2. Today is December first. _____

3. I don't have them. I gave the records to her. Go see her. _____

   _____

4. I gave the records to Mimi. Mimi gave them to Raymond. _____

   _____

5. I gave the records to him. Go see him. _____

   _____

III. Unscramble the French words listed below and write them in the appropriate squares.

1. ELS
2. UA
3. RÊTPÉ
4. ÉNODN
5. ËLON
6. QUESID
7. SEM

Structures de la Langue

A. Indirect object pronouns

Singular		Plural	
me or **m'**	to me	**nous**	to us
te or **t'**	to you *(familiar)*	**vous**	to you *(sing. polite or plural)*
lui	to him, to her, to it	**leur**	to them

Rules and observations:

1. An indirect object pronoun takes the place of an indirect object noun.

2. You might say that an indirect object "receives" the direct object because it is usually a matter of something "going" to someone; for example, *to me, to you, to him, to her, to it, to us, to them.* Sometimes the *to* is not mentioned in English: *I am giving him the book;* what we really mean to say is, *I am giving the book to him.* Then, too, there are some verbs in French that take an indirect object pronoun because the verb takes the preposition **à** *(to);* for example, **Je lui réponds** can be translated into English as: *I am answering her (or him), or, I am responding to her (or to him).*

3. An indirect object pronoun is ordinarily placed *in front of* the verb.

4. Study the indirect object pronouns in the above box and the model sentences in the box below.

Pierre	**me**	donne le gâteau.			Peter is giving the cake *to me.*
	te				*to you.*
	lui				*to him.*
	lui				*to her.*
	lui				*to it.*
	nous				*to us.*
	vous				*to you.*
	leur				*to them.*

5. To make the verb negative, put **ne** *in front of the indirect object pronoun* and **pas** after the verb, as you did for the direct object pronouns:

> **Pierre ne me donne pas le gâteau.**
>
> *(Peter is not giving the cake to me.)*

6. In the affirmative imperative, do the same as you did for the direct object pronouns. The indirect object pronoun is put *right after* the verb and joined with a hyphen:

> **Donnez-lui le gâteau!**   (Give the cake to him/her.)

7. In the affirmative imperative, **me** changes to **moi** when it is tacked on to the verb and joined with a hyphen:

> **Donnez-moi le gâteau!**   (Give me the cake!)

WORK UNIT 14. INDIRECT OBJECT PRONOUNS, INCLUDING Y

8. In the negative imperative, do the same as you did for the direct object pronouns. Put the indirect object pronoun *in front of* the verb, where it ordinarily goes:

Ne me donnez pas le gâteau!   (Don't give me the cake!)

Ne lui donnez pas le gâteau!   (Don't give her/him the cake!)

---

9. If the indirect object pronoun is the object of an infinitive, do the same as you did for the direct object pronouns. Put the indirect object pronoun *in front of* the infinitive:

Janine veut leur parler.   (Janine wants to talk to them.)

---

10. Remember that there is *no agreement* between the past participle of a verb conjugated with **avoir** in the passé composé if there is an indirect object. However, there *must be an agreement* (both in gender and in number) *if there is a preceding direct object.* Compare:

Je lui ai donné les disques.   **Je les ai donnés à Mimi.**

(I *gave* the records *to her.*)   (I *gave them* to Mimi.)

B. **Y** is an indirect object form that is used to refer to places or to things. It ordinarily replaces a noun preceded by the preposition **à**, or **dans**, or **sur**:

(a) Allez-vous **à la bibliothèque**?   Oui, j'**y** vais.

     (Are you going *to the library?*)   (Yes, I'm going *there.*)

(b) Les gants sont-ils **dans le tiroir**?   Oui, ils **y** sont.

     (Are the gloves *in the drawer?*)   (Yes, they are *there.*)

(c) Est-ce que le chapeau est **sur la commode**?   Oui, il **y** est.

     (Is the hat *on the dresser?*)   (Yes, it is *there.*)

(d) Aimez-vous aller **au cinéma**?   Oui, j'aime **y** aller.

     (Do you like going *to the movies?*)   (Yes, I like going *there.*)

Exercises

Review the preceding material before starting these exercises.

I. Change the following sentences by substituting an indirect object pronoun in place of the nouns. Put the indirect object pronoun in its proper position. Rewrite the entire sentence.

Model: **Pierre donne le gâteau à *Janine*.**
(Pierre is giving the cake to Janine.)

You write: **Pierre lui donne le gâteau.**
(Pierre is giving the cake to her.)

1. Janine donne le journal *à Pierre*. _____

2. Madeleine donne le livre *à Mathilde*. _____

3. Gloria donne la fleur *à Hélène*. _____

4. Robert donne la balle *aux garçons*. _____

5. Monique donne les stylos *à Marie et à Henri*. _____

II. Answer the following questions in complete sentences, using an appropriate indirect object pronoun in place of the words in parentheses.

A. Model: **A qui parlez-vous? (à la jeune fille)**
(To whom are you talking?) (to the girl)

You write: **Je lui parle.**
(I am talking to her.)

1. A qui parlez-vous? (à la femme) _____

2. A qui parlez-vous? (au garçon) _____

3. A qui parlez-vous? (à Madeleine) _____

4. A qui parlez-vous? (à l'ami) _____

5. A qui parlez-vous? (à Robert) _____

B. Model: **A qui donnez-vous les fleurs? (aux femmes)**
(To whom are you giving the flowers?) (to the women)

You write: **Je leur donne les fleurs.**
(I am giving the flowers to them.)

1. A qui donnez-vous les gâteaux? (aux garçons) _____

2. A qui donnez-vous les livres? (à Marie et à Robert) _____

3. A qui donnez-vous le ragoût brûlé? (aux chiens) _____

A qui donnez-vous le ragoût brûlé? (To whom are you giving the burned stew?)

4.   A qui donnez-vous les lettres? (à la mère et au père) _____

5.   A qui donnez-vous le jus? (à Janine et à Pierre) _____

III.   Answer the following questions in the affirmative using an indirect object pronoun in each answer.

Model:	**Est-ce que vous me parlez?**	You answer:	**Oui, je vous parle.**
	(Are you talking to me?)		(Yes, I'm talking to you.)

1.   Est-ce que vous me parlez? _____

2.   Est-ce que vous lui parlez? _____

3.   Est-ce que vous nous parlez? _____

IV. For each statement write a response in the affirmative imperative. Use an indirect object pronoun in place of the words indicated.

> **Model:** **Je veux donner le ragoût à *Pierre*.**
> (I want to give the stew to Pierre.)
>
> You answer: **Bon! Alors, donnez-lui le ragoût!**
> (Good! Then give him the stew!)

1. Je veux donner le gâteau à *Marie*. _____

2. Je veux donner le parapluie à *la femme*. _____

3. Je veux donner le bonbon à *l'enfant*. _____

4. Je veux donner le jus de fruit à *Robert*. _____

5. Je veux donner le ragoût brûlé à *Monsieur Richy*. _____

V. For each statement write a response in the negative imperative. Use an indirect object pronoun in place of the words indicated.

> **Model:** **Je ne veux pas donner les bonbons *aux enfants*.**
> (I don't want to give the candies to the children.)
>
> You answer: **Bon! Alors, ne leur donnez pas les bonbons!**
> (Good! Then don't give them the candies!)

1. Je ne veux pas donner le chocolat *aux garçons*. _____

2. Je ne veux pas donner les devoirs à *la maîtresse*. _____

3. Je ne veux pas donner le billet à *Françoise*. _____

VI. For each statement write a response in the affirmative imperative. Use an indirect object pronoun in your response.

> **Model:** **Je veux vous parler.**
> (I want to talk to you.)
>
> You write: **Bon! Alors, parlez-moi!**
> (Good! Then talk to me!)

1. Je veux vous parler. _____

2. Je veux lui parler. _____

3. Je veux leur parler. _____

VII. For each statement write a response in the negative imperative. Use an indirect object pronoun in your response.

> **Model:** **Je ne veux pas vous parler.**
> (I don't want to talk to you.)
>
> You write: **Bon! Alors, ne me parlez pas!**
> (Good! Then don't talk to me!)

1. Je ne veux pas vous parler! _____

2. Je ne veux pas lui parler! _____

3. Je ne veux pas leur parler! _____

VIII. Match the following.

1. He is giving the assignments to them.

2. She is giving him the hat.

3. She is giving you the juice.

4. She is giving me the cake.

5. He is giving you the book.

6. He is giving us the chocolate.

_____ Elle me donne le gâteau.

_____ Il te donne le livre.

_____ Elle lui donne le chapeau.

_____ Il nous donne le chocolat.

_____ Elle vous donne le jus.

_____ Il leur donne les devoirs.

IX. Answer the following questions in the affirmative using **y** in your answer to take the place of the words indicated.

Model: **Allez-vous _à la bibliothèque?_**
(Are you going to the library?)

You write: **Oui, j'y vais.**
(Yes, I am _or_ I'm going there.)

1. Allez-vous _à la maison?_ _____

2. Allez-vous _au cinéma?_ _____

3. Allez-vous _à l'aéroport?_ _____

X. The words in the following boxes are scrambled. Unscramble them to find a meaningful sentence. Write the sentence on the line.

Model:

donne	me	ragoût
Pierre	le	

You write: _Pierre me donne le ragoût._

1.

lui	parlez	Bon!	Alors,

_____

2.

leur	parler
veut	Janine

_____

XI. Providing and Obtaining Information. Proficiency in Speaking and Writing.

Situation: You are talking to your friend Anne on the telephone. You are trying to obtain information about the whereabouts of the cassettes you let her borrow in September. She is providing you with some information. You are playing the role of **Vous.** You may use your own ideas and words or follow the suggested words under the blank lines. First, say your words aloud, then write them on the lines. Use the **tu** form with Anne because she is your friend.

Vous: _____

_____

Anne, I lent you my cassettes in the month of September and today is December first.

Anne: **Oui, je sais. Je ne les ai pas.**

Vous: _____

You don't have them? Where are they?

Anne: **Je ne sais pas. Je les ai données à Suzanne. Va la voir.**

Vous: _____

I can't go to see her. She is on vacation in France/**Elle est en vacances en France.**

Anne: **Oh! Je sais maintenant! Suzanne les a données à Jacqueline. Elle les a.**

Vous: _____

No. She does not have them. I talked to her yesterday.

Anne: **Qu'est-ce qu'elle t'a dit?**/*What did she say to you?*

Vous: _____

She told me that **(que)** you have them.

Anne: **Elle t'a dit que je les ai? Impossible! Je ne les ai pas, je te dis.**

Vous: _____

_____

_____

And I am telling you that I don't have them! She told me that you have them. Apparently my cassettes are lost!/**Apparemment mes cassettes sont perdues!** Good-bye! And have a nice day!/**Et passe une bonne journée!**

XII. Picture Interpretation. Proficiency in Speaking and Writing.

Respond orally in French to **A** and **B**. (Later, you may write your responses for intensive practice.)

A. Look at this picture of stuffed tomatoes. Read the sentence in French at the top of the picture. Do you find the unusual pronoun that you learned in this work unit? Do you notice that it is placed in front of the infinitive? What does the **y** refer to?

B. In at least ten words, describe to a friend what you see in the picture below.

When a tomato goes into the oven, it risks leaving its skin there.

Quand une tomate va au four, elle risque d'y laisser sa peau.

Avec les plats à four ordinaires, c'est toujours la même chose : quand le dessus est bien doré, le dessous attache.

Heureusement, avec le nouveau plat à four Tefal, tout change : tout dore, tout mitonne et gratine à point sans jamais attacher grâce à son revêtement intérieur anti-adhésif.

Et comme il est habillé d'émail orange, il se met à table gaiement et joliment !

Pour l'entretien ? Un peu d'eau chaude, un coup d'éponge. Et voilà votre plat à four Tefal de nouveau prêt à accueillir en toute gourmandise, hachis parmentier, gratin de macaroni, flan aux poireaux et autres délices...

Reprinted with permission of TEFAL, Rumilly, France.

XIII.   Picture Interpretation. Proficiency in Speaking.

Situations A, B, C:

A. Look at the picture at the beginning of this work unit. Describe it in at least ten words.

B. Look at the following advertisement. In at least eleven words, state in French the name of the shop, what is sold there, something about their prices, when the shop is open, the address, telephone number, and any ideas of your own.

═══OMEGA═══
un magasin moderne

disques	vidéo-cassettes
cassettes	jeux vidéo

Ouvert tous les jours de midi à minuit
prix bas

29, rue des Amants, Paris   **Tél. 42-34-84-56**

C. Look at the picture on page 249. Describe it in at least twelve words. Make sure you use direct and indirect object nouns and pronouns. They are in this lesson and in previous work units.

XIV.   Obtaining Information. Proficiency in Speaking and Writing.

First, say aloud the French words you plan to use, then write three sentences on the lines below.

Situation: In school, while walking to your next class, a friend stops you in the hall and says: **Où sont mes cassettes?** (Where are my cassettes?) **Je te les ai données la semaine passée** (I gave them to you last week). Respond to your friend by stating at least three things that happened to the cassettes. You may use any or all of the following: **avoir, prêter, donner, aller, voir, les, lui, demander, penser.**

_____

_____

_____

_____

XV. Appreciating French Art of Québec. Proficiency in Reading and Writing.

Situation: You are at the **Musée du Québec** in Québec City, Canada. You are admiring the paintings by **les artistes québécois.**

Look at the picture below and answer the questions in complete sentences.

1. Combien de personnes y a-t-il dans cette scène? _____

2. Qui joue du piano? La fille ou un des deux garçons? _____

3. Est-ce que la robe que porte la mère est courte ou longue? _____

4. Que fait le garçon qui est seul sur une chaise? Est-ce qu'il lit un livre? _____

_____

5. Le père et l'autre fils, que font-ils? Est-ce qu'ils lisent un livre? _____

_____

*La Leçon de piano (reproduction partielle), de Ludger Larose (1868–1915), artiste québécois.
Reprinted with permission of Musée du Québec, Parc des Champs-de-Bataille, Québec, Québec,
Canada.*

Qui suis-je?
Who am I?

Qui suis-je?
Who am I?

Qui suis-je?
Who am I?

Que suis-je?
What am I?

Qu'est-ce que je suis?
What am I?

Interrogative Pronouns

Have you ever guessed any riddles in English? In French? Here are fifteen riddles in French; some are easy, some are not so easy. The answers are upside down at the bottom of the page.

Quinze devinettes

1. Je porte toujours un chapeau mais je n'ai pas de tête. Que suis-je?

2. Je vole comme un oiseau. Qu'est-ce que je suis?

3. J'ai un cou très, très long et je peux voir les autres animaux de très haut. Qui suis-je?

4. Je suis toujours au milieu de Paris. Que suis-je?

5. J'habite dans l'eau. J'ai des yeux mais je n'ai pas de paupières. Qui suis-je?

6. J'ai des jambes et j'ai des bras mais je n'ai pas de mains. Qu'est-ce que je suis?

7. Je vais, je viens, je sors, je retourne, sans quitter ma maison. Qui suis-je?

8. Je n'ai pas de pieds et de jambes. J'ai seulement deux aiguilles. Que suis-je?

9. Je suis un animal qui porte mes petits enfants dans ma poche. Qui suis-je?

10. Je suis jaune dedans et blanc dessus. Qu'est-ce que je suis?

11. Quand je quitte la maison, je ne sors jamais par la porte et jamais par la fenêtre. Je sors par la cheminée. Que suis-je?

12. J'entre le premier dans la maison. Qu'est-ce que je suis?

13. Je peux traverser une vitre sans la casser. Que suis-je?

14. Je suis le plus sale de la maison. Qu'est-ce que je suis?

15. Je tourne sans tourner. Que suis-je?

1. un champignon	6. un fauteuil	11. la fumée
2. un avion	7. une tortue	12. une clef
3. une girafe	8. une horloge	13. la lumière
4. la lettre "r"	9. un kangourou	14. un balai
5. un poisson	10. un oeuf	15. le lait

Vocabulaire

l'aiguille *n. f.*, the needle, hand of a clock
l'animal *n. m.*, **les animaux** *pl.*, the animal, the animals
l'avion *n. m.*, the airplane
le balai *n.*, the broom
le bras *n.*, the arm
casser *v.*, to break; **sans la casser** without breaking it
le champignon *n.*, the mushroom
la cheminée *n.*, the chimney
la clef *n.*, the key
le cou *n.*, the neck
deviner *v.*, to guess; **une devinette** a riddle
le fauteuil *n.*, the armchair
la fenêtre *n.*, the window
la fumée *n.*, the smoke
la girafe *n.*, the giraffe
habite *v. form of* **habiter** (to live, reside, inhabit)

haut *adv.*, high
l'horloge *n.f.*, the clock
jamais *adv.*, ever; **ne . . . jamais** never
la jambe *n.*, the leg
le kangourou *n.*, the kangaroo
le lait *n.*, the milk
la lumière *n.*, the light
la main *n.*, the hand
le milieu *n.*, the middle; **au milieu de** in the middle of
l'oeuf *n. m.*, the egg
la paupière *n.*, the eyelid
peux *v. form of* **pouvoir** (to be able, may, can); **je peux** I can
le pied *n.*, the foot
la poche *n.*, the pocket
le poisson *n.*, the fish
porte *v. form of* **porter** (to wear, carry)
que *interrog. pron.*, what;

que suis-je? what am I?
qu'est-ce que je suis? what am I?
qui suis-je? who am I?
quitter *v.*, to leave; **sans quitter** without leaving
sale *adj.*, dirty, soiled; **le plus sale de la maison** the dirtiest in the house
sors *v. form of* **sortir** (to go out); **je sors** I go out; **je ne sors jamais** I never go out
suis *v. form of* **être** (to be); **je suis** I am
la tortue *n.*, the turtle
tourner *v.*, to turn, to turn sour
traverser *v.*, to cross, to go through
viens *v. form of* **venir** (to come); **je viens** I come
la vitre *n.*, the window-pane (glass)

Exercises

Review the preceding material before starting these exercises.

I. Fill in the blank lines after each picture by writing the French word for it. Use the indefinite article. They are based on the riddles in this unit.

Model:

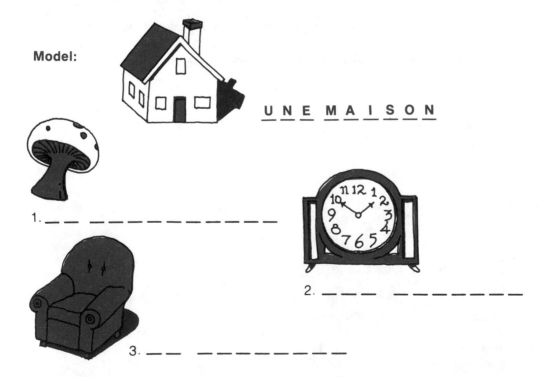

U N E M A I S O N

1. _ _   _ _ _ _ _ _ _ _

2. _ _ _   _ _ _ _ _ _ _

3. _ _   _ _ _ _ _ _ _ _

4. _ _ _   _ _ _ _ _ _

5. _ _   _ _ _ _ _ _ _ _ _

II. Complete the following statements by writing the appropriate words. They are based on the fifteen riddles in this unit.

1. Je suis un kangourou. Je _____ mes petits enfants dans ma poche.

2. Je suis un poisson. J'ai des _____, mais je _____ de paupières.

3. Je suis un balai et je _____ le plus sale de la maison.

4. Je suis un fauteuil. J'ai deux bras mais je _____ de mains.

5. Je suis une girafe. J'ai un cou très, très _____ et je _____ voir les autres animaux de très haut.

III. Fill in the squares by writing the French words across for the English words in the list.

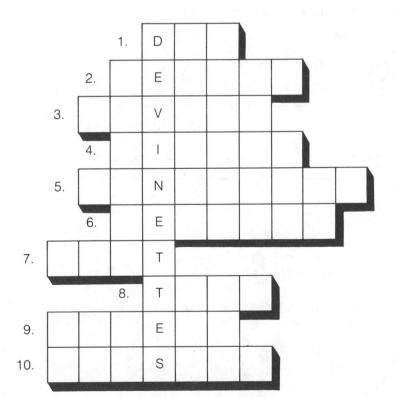

1. ten
2. I am
3. he sells
4. giraffe
5. kangaroo
6. window
7. milk
8. very
9. I can
10. fish

Structures de la Langue

A. Interrogative pronouns

1. Qui

1. **Qui** parle?	1. *Who* is talking?
2. **Qui** aimez-vous?	2. *Whom* do you love?
3. **A qui** parlez-vous?	3. *To whom* are you talking?
4. **De qui** parlez-vous?	4. *About whom* are you talking?

Rules and observations:

1. **Qui** is used as a subject. See example 1 in the above box.

2. **Qui** is used as a direct object and is translated into English as *whom*. See example 2 in the above box.

3. **Qui** is used as an object of a preposition. See example 3 in the above box (**qui** is object of the preposition *à*).

4. In example 4 in the above box, **qui** is used as object of the preposition *de*.

5. The *i* in **qui** never drops. Note that **qui** can mean *who* or *whom*.

2. Que and Qu'est-ce que

1. **Que** mangez-vous?	1. *What* are you eating?
2. **Qu'est-ce que** vous mangez?	2. *What* are you eating?

Rules and observations:

1. **Que** is used as a direct object of a verb for things.

2. **Qu'est-ce que** can be used instead of **que** as direct object of a verb but when you use it, keep the normal word order of what follows, *i.e.,* subject plus verb. See example 2 in the above box.

3. The **e** in **que** drops if the word that follows begins with a vowel or silent *h* and an apostrophe replaces it.

Exercises

Review the preceding material before starting these exercises.

I.   Match the following.

1.   De qui parlez-vous?   _____ Who is talking?

2.   Que dites-vous?   _____ Whom do you love?

3.   Qui aimez-vous?   _____ Whom are you talking to?

4.   Qu'est-ce que vous mangez?   _____ About whom are you talking?

5.   A qui parlez-vous?   _____ What are you eating?

6.   Qui parle?   _____ What are you saying?

II.   Fill in the missing words with either qui, que, or qu'est-ce que, as required.

1.   _____ parle?   6.   _____ vous mangez?

2.   _____ est à la porte?   7.   _____ dites-vous?

3.   A _____ parlez-vous?   8.   _____ vous dites?

4.   De _____ parlez-vous?   9.   _____ arrive?

5.   _____ mangez-vous?   10.   _____ faites-vous?

III.   Riddles. Proficiency in Speaking.

Situations A and B:

A. Look at the five drawings in the picture at the beginning of this work unit. Answer the five questions.

B. Make up a riddle of your own in French and ask a friend to solve it. If your friend can't solve it, give a couple more hints. Or, select a riddle at the beginning of this work unit.

IV.   Vocabulary Building. Proficiency in Writing.

Write the names of four animals that you could describe in a riddle.

1. _____   2. _____   3. _____   4. _____

V. Giving Something to Someone. Proficiency in Speaking and Writing.

Situation: You bought six cookies **(un sablé)** in a pastry shop **(une pâtisserie)** and you plan to give them to six persons in your French class.

In the following guided conversation, first say aloud the words you have in mind. Then write your statements on the lines for practice, following the English words under them. You may change and extend this dialogue with your own ideas and words. Review the direct object pronouns in Work Unit 13 and the indirect object pronouns in Work Unit 14. Use the **tu** form with your friends and **vous** with your teacher.

Vous: _____

_____

I am giving a cookie to you, Claire, because you are a good person. Do you like cookies?

Claire: **Oh, tu me donnes un sablé! J'aime les sablés. Je les adore. Merci!**

Vous: _____

_____

Now I'm giving a cookie to Pierre. I am giving a cookie to him because he is my friend **(mon ami)**.

Pierre: **Pour moi? Merci beaucoup. J'aime les sablés. Je les aime beaucoup.**

Vous: _____

And now I'm offering **(j'offre)** a cookie to Catherine. I'm offering a cookie to her because she is pretty.

Catherine: **Merci! Tu es aimable.**

Vous: _____

Now I'm offering two cookies to them, to Gigi and Mimi, because they are very beautiful.

Gigi et Mimi: **Pour nous? Tu es vraiment aimable. Nous les acceptons avec plaisir. Merci mille fois.**

Vous: _____

I am giving a cookie to you *(polite, sing. **vous**)*, Madame Marin, because you are kind.

Mme Marin: **Je te remercie beaucoup. Tu es bien généreux/généreuse. Qu'est-ce que je peux te donner?**

Vous: _____

You can give me a good grade **(une bonne note)** because I'm talking in French!

Mme Marin: **D'accord! Je te donne une bonne note!**

VI. Dining Out. Proficiency in Speaking and Writing.

Situation: You are in a French restaurant having dinner. The waiter brought you a cup of tea instead of coffee. What would you say to him?

You may use your own words and ideas and/or the following: You brought me (**Vous m'avez apporté**) a cup of tea (**une tasse de thé**) instead of (**au lieu de**) coffee. Bring me a cup of coffee, please.

First, say your statements aloud, then write them on these lines:

_____

_____

VII. Look Who's Talking to Whom! Proficiency in Speaking and Writing.

Situation: You have been on the phone for about an hour. Your brother wants to call someone and he is pestering you by asking you one question after the next. You interrupt your telephone conversation every few seconds to answer his questions.

After you have finished answering his questions, you may practice writing on the lines what you said. You may add your own words and ideas to expand this conversation. Ask a classmate to play the role of your brother or, if you prefer, your sister. Use the **tu** form with your brother or sister.

Le frère: **Je veux téléphoner à un ami.**

Vous: _____
Don't you see that I'm talking to someone?

Le frère: **Oui, je vois que tu parles à quelqu'un. A qui parles-tu? Tu parles à Micheline?**

Vous: _____
No. I'm not talking to her.

Le frère: **Tu ne lui parles pas?**

Vous: _____
I'm not talking to her this minute/**en ce moment**. I talked to her yesterday.

Le frère: **Tu parles à Marie et à Monique?**

Vous: _____
I'm not talking to them now. I talked to them this morning/**ce matin**.

Le frère: **A qui parles-tu?**

Vous: _____
I'm talking to you, to you!/**Je te parle, à toi!** Go away!/**Va-t'en!***

*****Va-t'en** is the 2d pers., sing., familiar form, imperative of **s'en aller**/to go away.

Test 3

This test is based on Work Units 11 to 15. Review them before starting this test.

Part One   Speaking Proficiency

Directions: Read the twelve situations given below. Take a few minutes to organize your thoughts about the words you are going to speak. Select ten of them.

1. **Situation:** You are playing guessing games at a party. Describe an object and then ask what it is.

2. **Situation:** A new student was transferred to your French class today. Her name is Debbie. Greet her and introduce yourself. Then tell her about the French guessing games you are playing in class.

3. **Situation:** Select an advertisement in a French newspaper or magazine in your French class. In a few words tell us what it is about.

4. **Situation:** You are looking at a picture of two children playing together. In a few words tell us something about them and what they are doing.

5. **Situation:** You are home from college for the Christmas holidays. Your friend Anne, who lives next door, is visiting you. You are talking about how to spend the day together. Make at least three statements in French.

6. **Situation:** As you are getting off a bus in Paris, a gentleman asks you for directions to get to the Opera House and the Café de la Paix. What would you say to him? Make at least three statements.

7. **Situation:** You are at a concert. During intermission, a friend of yours sees you, comes to you, and asks you how you like the concert. In two or more sentences, tell your friend what you think of it.

8. **Situation:** You are going out for the evening with a friend. You want to see a French movie but your friend wants to go to the theater. In two or more sentences, persuade your friend to see a French film with you.

9. **Situation:** Last night you went to the Opera House in Paris. In two or more sentences, tell us about it.

10. **Situation:** You are on a school trip in Paris with your classmates and Mr. Durand, your French teacher. Last night you returned very late to the hotel. Mr. Durand and the others were worried about you. In two or three sentences, explain where you went and what you did.

11. **Situation:** You are checking out of your hotel in Versailles and you have been asked to answer a questionnaire of services provided. In two or more sentences, tell us about the hotel's services.

12. **Situation:** In three statements tell us how you spent yesterday evening.

Part Two   Listening Proficiency

Directions: Your teacher will read aloud four short paragraphs. Each one will contain only a few sentences. You will hear each paragraph twice. Then you will hear one question based on each. You will hear the question only once. It is printed below. Choose the best suggested answer and check the letter of your choice.

Selection Number 1

1. Qu'est-ce que c'est?

   A. une banane
   B. du lait
   C. de la glace
   D. un jus de fruit

Selection Number 2

2. À quelle heure sont-ils arrivés au théâtre?

   A. à sept heures et demie
   B. à huit heures
   C. à huit heures et quart
   D. à huit heures et demie

Selection Number 3

3. Qui a servi le dîner?

   A. Madame Paquet
   B. Pierre
   C. Monsieur Richy
   D. Monsieur Paquet

Selection Number 4

4. Pourquoi Janine veut-elle reprendre ses disques?

   A. au mois de septembre
   B. le premier décembre
   C. pour les écouter pendant les fêtes de Noël
   D. pour aller voir son amie Suzanne

Part Three   Reading Proficiency

Directions: In the following passage there are five blank spaces numbered 1 through 5. Each blank space represents a missing word. For each blank space, four possible completions are provided. Only one of them makes sense in the context of the passage.

First, read the passage in its entirety to determine its general meaning. Then read it a second time. For each blank space choose the completion that makes the best sense and is grammatically correct. Write its letter in the space provided.

Suzanne, je _____ ai prêté _____ disques au mois de septembre et

1. A. te
   B. t'
   C. le
   D. les

2. A. mon
   B. ma
   C. mes
   D. ses

aujourd'hui c'est le premier décembre. Je veux _____ jouer pendant les fêtes

3. A. les
   B. leur
   C. lui
   D. la

de Noël. Veux-tu _____ rendre mes disques, s'il te plaît?

4. A. le
   B. lui
   C. leur
   D. me

Je ne les ai pas, Janine. Je les ai _____ à Monique. Va la voir.

5. A. donné
   B. donnée
   C. donnés
   D. données

Part Four   Writing Proficiency

Directions: Of the twelve situations in Part One (Speaking Proficiency) in this test, select ten and write what you said on the lines below.

Situation No. __ _____

_____

_____

Situation No. __ _____

_____

_____

Situation No. __ _____

_____

_____

Situation No. __ _____

_____

_____

Situation No. __ _____

_____

_____

Situation No. __ _____

_____

_____

Situation No. __ _____

_____

_____

Situation No. __ _____

_____

_____

Situation No. __ _____

_____

_____

Situation No. __ _____

_____

_____

Il est trois heures. La leçon est finie! ("It is three o'clock. The lesson is over!")

Demonstrative Pronouns — *ceci, cela, ça*

Do you like answering true-false questions? Let's see how Mrs. Ravel's students make out.

Vrai ou faux?

Madame Ravel est professeur de géographie. Elle pose des questions à la classe.

Madame Ravel:	Paris est la capitale de la France. Marie, ceci est vrai ou faux?
Marie:	Cela est vrai, madame.
Madame Ravel:	Bravo, Marie! Maintenant, Suzanne. Marseille est un port sur la Méditerranée. Suzanne, ceci est vrai ou faux?
Suzanne:	Cela est faux, madame.
Madame Ravel:	Non! Non! Non! Ceci est vrai: Marseille est un port sur la Méditerranée . . . Maintenant, Georges. La Seine est un fleuve. Georges, ceci est vrai ou faux?
Georges:	Cela est vrai, madame. La Seine est un fleuve.
Madame Ravel:	Bravo, Georges! C'est ça!

(La Directrice de l'école entre dans la salle de classe.)

La Directrice:	Madame Ravel, on vous demande au téléphone dans mon bureau.
Madame Ravel:	Oh! Merci, madame. Je viens tout de suite.

(La Directrice quitte la salle de classe.)

Madame Ravel:	Marie, tu es chargée de continuer la leçon. Viens ici devant la classe.

(Madame Ravel quitte la salle et Marie va devant la classe.)

Tous les élèves:	Paris est la capitale de la France. Ceci est vrai ou faux, Madame Marie? Oh, cela est vrai! Oh, bravo, Madame Marie! Tu as du génie! Quelle intelligence!

(Tous les élèves rient.)

(Robert lance un avion en papier contre l'horloge.)

Robert:	J'ai lancé un avion en papier contre l'horloge. Ceci est vrai ou faux, Madame Marie? Oh, cela est vrai! Oh, bravo, Madame Marie! Quel génie! Quelle intelligence!

Marie:	Silence! Silence! Robert, tu es insolent!
Robert:	Cela est vrai? Je suis insolent?? Oh! pardonnez-moi, Madame Marie!

(Madame Ravel rentre dans la salle de classe.)

Madame Ravel:	Bon! Merci, Marie. Tu peux t'asseoir. Nous allons continuer la leçon . . . Hélène, pose une question à Raymond.
Hélène:	Raymond, où se trouve la Grande Bretagne?
Raymond:	Près de la petite Bretagne!

(Tous les élèves rient.)

Madame Ravel:	Raymond, ta réponse est ridicule! . . . Suzanne, pose une question à Georges.
Suzanne:	Georges, qui habite le pôle nord?
Georges:	Un bonhomme de neige!

(Tous les élèves rient.)

Madame Ravel:	Georges, ta réponse est absurde!
Georges:	Peut-être le Père Noël? Ho! Ho! Ho!

(Tous les élèves rient.)

Madame Ravel:	Ça suffit! . . . Soyons sérieux! Paulette, où est Nancy?
Paulette:	Elle est absente!
Madame Ravel:	Je ne parle pas de Nancy. Je parle de Nancy. Je parle de Nancy, la ville en France. Oh! Quelle classe!
Hélène:	Madame Ravel, j'ai une question à poser à Robert. Robert, où est Cadillac?
Robert:	Dans le garage de mon père!

(Tous les élèves rient.)

Madame Ravel:	Oh! Quelle classe! Je deviens folle!
Robert:	Madame, il est trois heures. La leçon est finie! C'est vrai ou faux, madame?
Madame Ravel:	C'est superbe!

Vocabulaire

le bonhomme de neige *n.*, the snowman
le bureau *n.*, the office
ça *dem. pron.*, that (**ça** is short for **cela**)
ceci *dem. pron.*, this
cela *dem. pron.*, that
c'est ça! that's right!
contre *prep.*, against
demander *v.*, to ask (for); **on vous demande au téléphone** you're wanted on the phone
deviens *v. form of* **devenir** (to become); **je deviens folle!** I'm going crazy!
le directeur, la directrice *n.*, the director, the principal
faux *m.*, **fausse** *f., adj.*, false
le fleuve *n.*, the river
le génie *n.*, genius
la Grande Bretagne *n.*, Great Britain
l'horloge *n.*, the clock
lancer *v.*, to throw, fling
la Méditerranée *n.*, the Mediterranean (Sea)
la neige *n.*, the snow; **un bonhomme de neige** a snowman
le nord *n.*, the north; **le pôle nord** the North Pole
le papier *n.*, paper
pardonner *v.*, to pardon, to forgive; **pardonnez-moi** forgive me
le Père Noël *n.*, Santa Claus
peut-être *adv.*, maybe, perhaps
poser une question *to ask a question*
près (de) *adv.*, near
quel génie! what genius!
quelle classe! what a class!
rentrer *v.*, to return
la réponse *n.*, the answer; **ta réponse est ridicule!** your answer is ridiculous!
rient *v. form of* **rire** (to laugh); **tous les élèves rient** all the students laugh
sérieux *m.*, **sérieuse** *f., adj.*, serious; **soyons sérieux!** let's be serious!
suffit *v. form of* **suffire** (to suffice, to be enough); **ça suffit** that's enough
trouver *v.*, to find; **se trouver** to be located
viens *v. form of* **venir** (to come); **je viens tout de suite** I'm coming right away; **viens ici!** come here!
vrai *m.*, **vraie** *f., adj.*, true

Exercises

Review the story and vocabulary before starting these exercises.

I.   Vrai ou faux?   On the blank line write **vrai** if the statement is *true* or **faux** if the statement is *false*.

1.   Paris est la capitale de la France.   _____

2.   Marseille est un port sur la Méditerranée.   _____

3.   La Seine est un fleuve.   _____

4.   Madame Ravel est professeur de mathématiques.   _____

5.   La directrice de l'école n'entre pas dans la classe.   _____

6.   Suzanne est chargée de continuer la leçon.   _____

7.   Robert a lancé un avion en papier contre la fenêtre.   _____

8.   Il est trois heures, la leçon est finie, et Madame Ravel est heureuse.   _____

II. Complete the following statements by writing the appropriate words on the blank lines. Refer to the story in this unit if you have to.

1. Madame Ravel est _____ de _____.

2. La capitale de la France est _____.

3. Marseille est un _____ sur la Méditerranée.

4. La Seine est un _____.

5. La directrice de l'école entre _____ la salle de _____.

6. Madame Ravel, on vous demande _____ téléphone dans mon _____.

7. Marie, tu es chargée de _____ la _____.

8. J'ai une question à _____ à Robert.

III. Answer the following questions in complete sentences.

1. Qui est Madame Ravel? _____

2. Qui entre dans la salle de classe? _____

3. Quand Madame Ravel quitte la salle, où va-t-elle? _____

   _____

4. Qui a lancé un avion en papier contre l'horloge? _____

   _____

5. A quelle heure est-ce que la leçon finit? _____

   _____

Structures de la Langue

A. Demonstrative pronouns: ceci, cela, ça

1. **Ceci** est vrai.	1. *This* is true.
2. **Cela** est faux.	2. *That* is false.
3. C'est **ça**!	3. *That's* right!
4. Je fais **cela**.	4. I do *that*.
5. Je fais **ceci**.	5. I do *this*.

Rules and observations:

1. Ça is a contraction of **cela**.

2. **Ceci** and **cela** are demonstrative pronouns in a neuter sense. They usually refer to a general or indefinite concept, to an idea or to a statement. As pronouns, they do not refer to any particular masculine or feminine noun.

3. **Ceci** or **cela** can be used as the subject of a sentence. See examples 1 and 2 in the above box. They can also be used as the direct object of a verb. See examples 4 and 5 in the above box. They can also be used as the object of a preposition: **Elle parle toujours de cela**. (She always talks about that.)

Cela est vrai ou faux? (Is that true or false?)

Exercises

Review the preceding material before doing these exercises.

I. Match the following.

1. Je fais ceci.   _____ This is true.

2. C'est ça.   _____ That is true.

3. Je fais cela.   _____ That's it!

4. Cela est vrai.   _____ I do this.

5. Ceci est vrai.   _____ I do that.

II. Answer the following questions in French, using **Oui** in your answer and a complete statement.

Model:	**Cela est vrai?**	**You write:**	**Oui, cela est vrai.**
	(Is that true?)		(Yes, that is true.)

1. Cela est faux? _____

2. Ceci est vrai? _____

3. C'est ça? _____

III. Find the following demonstrative pronouns in the squares and circle them.

E	C	E	L
C	E	I	C
E	C	A	E
I	I	Ç	L
L	C	A	A

1. ceci
2. cela
3. ça

IV. Sports. Proficiency in Reading.

Situation: Look at the picture below and read the statements. After each statement, write on the line **C'est vrai** if the statement is true or **C'est faux** if the statement is false.

1. Les deux garçons jouent au football. _____

2. Le ballon est près des pieds des deux joueurs. _____

3. Derrière les deux garçons il y a des arbres. _____

4. Les deux joueurs sont en shorts. _____

5. Les deux garçons jouent sous la pluie. _____

V. Appreciating French Art. Proficiency in Speaking and Writing.

Situation: You are at The Metropolitan Museum of Art in New York City. You are admiring the painting ***Répétition d'un ballet sur la scène**/Rehearsal of a ballet on the stage*, by Edgar Degas, a great French artist/**grand artiste français.** He studied painting in Paris at the **École des Beaux-Arts**/School of Fine Arts.

Look at the picture below and say aloud French words that come to mind. Then write them on the lines or use them in two or three sentences. You may use your own ideas and words and/or the following suggestions.

J'admire le tableau de Degas/*I am admiring the painting by Degas;* **C'est une répétition d'un ballet sur la scène**/*It's a rehearsal of a ballet on stage;* **Les danseuses sont jolies**/*The dancers are pretty;* **Leurs tutus sont beaux**/*Their ballet skirts are beautiful;* **Je vois le chorégraphe habillé en noir au milieu de la scène**/*I see the choreographer dressed in black in the middle of the stage;* **Ce tableau exprime l'art des formes et du mouvement**/*This painting expresses the art of forms and movement;* **C'est un tableau magnifique**/*It's a magnificent painting;* **Je l'aime beaucoup**/*I like it a lot;* **La peinture est signée en haut, à gauche**/*The painting is signed at the top, on the left;* **Quel beau tableau!**/*What a beautiful picture!*

_____

_____

_____

Répétition d'un ballet sur la scène by Edgar Degas. The Metropolitan Museum of Art, Gift of Horace Havemeyer, 1929. (29.160.26)

VI. Introducing Yourself. Proficiency in Speaking.

Situation: Your French teacher is absent today because of illness and you have a substitute in class. Greet the substitute teacher, introduce yourself, and tell her or him that you would like to play a game of **Vrai ou Faux** similar to the story at the beginning of this work unit. Say **J'aimerais jouer un jeu de . . .** for *I would like to play a game of . . . .*

VII. True or False? Proficiency in Speaking.

Situation: You are in French class. Each student has to make one statement in French followed by **Cela est vrai? Cela est faux?** It's your turn. Make at least three statements and then ask if that's true or false. You may use your own ideas and words and/or the following: **Paris, être, la capitale de la France, la Seine, un fleuve, Marseille, un port, la Méditerranée, une mer.** Use the map of France in Work Unit 9.

VIII. Obtaining and Providing Information. Proficiency in Speaking and Writing.

Situation: Your friend Richard did not go to school today because he is not feeling well. He has called you at home to find out what you did in French class.

You may vary and extend this telephone conversation with your own words and ideas. Use the **tu** form with him because he is your friend. In this exercise you are again practicing the **passé composé.** Later, switch roles for more practice.

Richard: **Qu'est-ce que tu as fait dans la classe de français aujourd'hui?**

Vous: _____
I talked a lot in French.

Richard: **Et les autres étudiants, aussi?**

Vous: _____
Some students talked in French. Some students said nothing/**Quelques étudiants n'ont rien dit.**

Richard: **Est-ce que tu as écrit en français au tableau?**

Vous: _____
Yes, I wrote in French on the chalkboard.

Richard: **Qui a gagné le grand prix aujourd'hui dans la classe?**

Vous: _____
Me!/**Moi!** I won the first prize today!

Richard: **Félicitations!**/Congratulations!

– Nous sommes très heureux de vous voir. ("We're very happy to see you.")

Disjunctive Pronouns

*Monsieur and Madame Paquet received
an invitation for dinner at the home of
some neighbors. Are they in for a
big surprise!*

R.S.V.P.

   Monsieur et Madame Paquet ont reçu une invitation à dîner chez leurs voisins, Monsieur et Madame Berger. Voici l'nvitation:

> Madame Berger
> vous invite à dîner
> vendredi, 15 avril,
> à 20h.
>
> 21, rue des Jardins
> R.S.V.P.   Paris

Madame Paquet: Eh bien, François, est-ce que nous y allons ou est-ce que nous n'y allons pas? Il faut répondre à l'invitation.

Monsieur Paquet: Claire, tu sais que je ne veux pas aller chez eux parce que je ne les aime pas. Lui et elle sont des snobs.

Madame Paquet: Tu as raison. Quand je l'ai vue au supermarché hier, elle m'a parlé, mais elle m'a regardée d'un air supérieur.

Monsieur Paquet: D'ailleurs, ils sont méchants.

Madame Paquet: Mais tu sais que si nous refusons l'invitation, tout est fini entre eux et nous.

Monsieur Paquet: Il faut accepter pour rester amis avec eux.

   Claire accepte l'invitation. Quand ils arrivent pour dîner chez les Berger, ils entrent dans le salon. Ils voient d'autres voisins chez eux. Tout le monde crie: Surprise! Surprise!

   — Nous sommes très heureux de vous voir. Ce dîner est en votre honneur, leur dit Madame Berger.

   — Pour nous?! En notre honneur?! s'exclament Claire et François.

   — Oui, répond Monsieur Berger.

— Mais pourquoi? Qu'est-ce que nous avons fait? leur demande Claire.

—- Parce que vous êtes bons! Et vous êtes aimables et gentils! répond Madame Berger.

— Merci, merci, disent les Paquet.

Tout le monde a mangé, bu, chanté, et dansé jusqu'à minuit. Claire et François Paquet sont rentrés contents chez eux.

Quand ils sont rentrés chez eux, Monsieur Paquet a dit à sa femme:

— Tu sais, Claire, j'ai toujours dit que les Berger étaient aimables et gentils. . Je les aime beaucoup.

—- Moi aussi, j'ai toujours dit cela, François.

Vocabulaire

d'ailleurs *adv.*, besides
aimable *adj.*, likeable
chez *prep.*, at (to) the home (place) of; **chez eux** at their house; **chez moi** at my house; **chez leurs voisins** at the home of their neighbors; **chez les Berger** at the Bergers
entre *prep.*, between; **entre eux et nous** between them and us

eux *disj. pron.*, them; **avec eux** with them
faut *v. form of* **falloir**; **il faut** it is necessary
gentil *m.*, **gentille** *f., adj.*, nice, kind
h. *abbrev. for* **heures**; **20 h.** is 8 o'clock in the evening
l'honneur *n. m.*, honor
leur dit Madame Berger Mrs. Berger says to them

méchant *adj.*, ill-natured
pour *prep.*, for, in order (to)
R.S.V.P., please reply (**R**épondez, **s**'il **v**ous **p**laît.)
reçu *past part. of* **recevoir** (to receive); **ils ont reçu** they received
refusons *v. form of* **refuser** (to refuse); **si nous refusons** if we refuse
rester *v.*, to remain, to stay

Note: **étaient** verb form of **être,** were

Exercises

Review the story and vocabulary before starting these exercises.

I. Complete the dialogue in French between Mr. and Mrs. Paquet. They are deciding whether or not to accept a dinner invitation. Refer to the story if you have to.

Madame Paquet: Eh bien, François, est-ce que nous acceptons l'invitation à dîner chez les Berger?

Monsieur Paquet: _____

Madame Paquet: Pourquoi?

Monsieur Paquet: _____

Madame Paquet: Oui. Tu as raison. Ils sont méchants.

Monsieur Paquet: _____

II.   Complete the following statements by writing the appropriate words from among these:

(a) à l'invitation   (b) chez eux   (c) je ne les aime pas   (d) entre eux et nous
(e) vous voir

1.   Si nous refusons l'invitation, tout est fini _____.

2.   Nous sommes très heureux de _____.

3.   Ils voient d'autres voisins _____.

4.   Je ne veux pas y aller parce que _____.

5.   Il faut répondre _____.

III.   Choose the correct answer based on the story in this unit.

1.   M. et Mme. Paquet ont reçu   (a) un balai.   (b) une voiture.   (c) un
ami.   (d) une invitation.   _____

2.   M. Paquet ne veut pas aller chez les Berger parce qu'   (a) il est malade.
(b) il est heureux.   (c) il est aimable.   (d) il ne les aime pas.   _____

3.   M. et Mme. Berger sont très heureux   (a) de recevoir les Paquet.
(b) d'aller dîner.   (c) d'accepter l'invitation.   (d) d'aller au supermarché.   _____

Structures de la Langue

A.   Disjunctive pronouns (also known as stressed pronouns or tonic pronouns)

Singular		Plural	
moi	me *or* I	**nous**	us *or* we
toi	you *(familiar)*	**vous**	you *(formal singular or plural)*
soi	oneself	**eux**	them, they *(masculine)*
lui	him *or* he	**elles**	them, they *(feminine)*
elle	her *or* she		

Rules and observations:

1. The disjunctive pronoun is used when it is the object of a preposition:
   Elle parle avec moi.   (She is talking with me.)
   Nous allons chez eux.   (We are going to their house.)

2. The disjunctive pronoun is used in a compound subject:
   Lui et elle sont intelligents.   (He and she are intelligent.)

3. The disjunctive pronoun is used in a compound object:
   Je vous connais — toi et lui.   (I know you — you and him.)

4. You may use **à** with a disjunctive pronoun to express possession only if the verb is **être** and if the subject is a noun, personal pronoun or a demonstrative pronoun:
   Ce livre est à moi.   (This book is mine.)
   Ces livres sont à elles.   (These books are theirs.)
   Ces livres sont à eux.   (These books are theirs.)

5. The disjunctive pronoun **moi** is used instead of **me** in the affirmative imperative when it is tacked on to the verb and joined with a hyphen; example:
   Excusez-moi.   (Excuse me.)

6. A disjunctive pronoun is also known as a *stressed* or a *tonic* pronoun.

Exercises

Review the preceding material before starting these exercises.

I. On the blank line write the disjunctive pronoun that expresses possession as needed, according to what is given in English in parentheses.

   Model: Les livres sont à _____ (mine).   **You write: moi.**
   (The books are _____.)   (The books are mine.)

1. Le parapluie est à _____ (mine).   4. La maison est à _____ (ours).

2. Les balles sont à _____ (his).   5. La voiture est à _____ (yours, *pl.*).

3. L'orange est à _____ (hers).   6. Les gâteaux sont à _____ (theirs, *m.*).

II. On the blank line write the proper disjunctive pronoun for the English given in parentheses.

   Model: (me)   Elle parle avec _____.   **You write: Elle parle avec moi.**
   (She is talking with _____.)   (She is talking with me.)

1. (him)   Je suis allée au cinéma avec _____.

2. (me)   Il va partir sans _____.

3. (he)   Madeleine et _____ sont intelligents.

4. (she)   Marie et _____ écrivent les leçons.

5. (us)   Le ragoût est pour _____.

6. (you, *formal singular*)   Elle va partir avec _____.

7. (you, *familiar singular*)   Nous allons sortir avec _____.

8. (them, *masculine*)   Ce gâteau est pour _____.

9. (them, *feminine*)   Ces petits fours sont pour _____.

10. (he and I)   _____ nous allons au cinéma.

III.   Fill in the missing pronouns. They are not all disjunctive!

Monsieur Paquet annonce: J'ai les billets pour le théâtre. Ces quatre billets sont pour

_____.   Ce   billet   est   pour   _____,   ce   billet   est   pour
　　　(us)　　　　　　　　　　　　　　　　　　　(me)

_____, Claire; et ces deux billets sont pour _____ deux, Janine et
　　(you)　　　　　　　　　　　　　　　　　　　　　　(you)

Pierre. Prenez- _____.
　　　　　　　　(them)

Madame Paquet dit: François, ne _____ donne pas les billets. Je préfère
　　　　　　　　　　　　　　(to them)

_____ mettre dans ma poche.
　　(them)

Monsieur Paquet répond: Non, Claire, ne _____ mets pas dans ta poche. Je
　　　　　　　　　　　　　　　　　(them)

veux _____ garder sur _____.
　　　(them)　　　　　　　　(me)

Janine demande: Papa, est-ce que nous allons au théâtre ce soir?

Monsieur Paquet répond: Oui, nous _____ allons ce soir.
　　　　　　　　　　　　　　　(there)

IV. Expressing Personal Feelings. Proficiency in Speaking and Writing.

Situation: You are at a dinner party at the home of some friends. Express your personal feelings by telling the hostess you like very much the dinner that she prepared, thank her for the invitation, and tell her that she is very nice and likeable. You may use these suggestions or your own ideas and words. Make at least three statements. After you say them aloud, write them on the lines for practice.

1. _____

2. _____

3. _____

V. An Invitation. Proficiency in Speaking and Writing.

Situation: A girl has called a friend to invite him to go to a dance this Saturday night. Complete the conversation in French according to the English words under the lines. You may vary and extend the conversation with your own ideas and words. First, say aloud the French words you plan to use. Then write them on the lines.

1. **Elle: Allô! Robert? C'est toi? C'est moi—Janine.**

2. **Lui:** _____
   (Respond with a greeting and ask how she is.)

3. **Elle: Très bien, merci. Ecoute. Je te téléphone pour te demander si tu veux aller à un bal ce samedi soir. Veux-tu y aller avec moi?**

4. **Lui:** _____
   (Say you can't because your father is sick and you have to stay home with him.)

5. **Elle: C'est dommage. Ta mère ne peut pas rester chez toi avec lui?**

6. **Lui:** _____
   (Tell her your mother went to visit her sister in France.)

7. **Elle: Est-ce que je peux venir chez toi pour regarder la télé avec toi?**

8. **Lui:** _____
   (Tell her yes, she can come to your place.)

9. **Elle: D'accord. Je vais venir chez toi à huit heures.**

10. **Lui:** _____
    (Tell her to bring a big chocolate cake with her.)

11. **Elle: Un grand gâteau au chocolat?! Avec moi? Okay. D'accord.**

12. **Lui:** _____
    (Tell her to bring the music and words of the song *Sur le Pont d'Avignon*.)*

13. **Elle: D'accord. Et nous allons chanter pour ton père qui est malade!**

*The words and music are on the next page.

SUR LE PONT D'AVIGNON

Sur le pont d'A _ vi _ gnon L'on y dan _ se, l'on y

dan _ se; Sur le pont d'A _ vi _ gnon L'on y dan _ se tout en rond Les

beaux messieurs font comm' ça Et puis en _ cor' comm' ça. Sur le

Sur le pont d'Avignon,
L'on y danse, l'on y danse;
Sur le pont d'Avignon,
L'on y danse tout en rond.
Les bell's dames font comm' ça,
Et puis encor' comm' ça.

Sur le pont d'Avignon,
L'on y danse, etc.
Les blanchisseuses font comm'ça,
Et puis encor' comm 'ça.

Sur le pont d'Avignon,
L'on y danse, etc.
Les cordonniers font comm'ça,
Et puis encor' comm'ça.

Non! Non! Es-tu fou? (No! No! Are you crazy?)

Adjectives

*Janine and her brother Pierre have
nothing to do. They get into mischief
when Pierre persuades her to look under
the hood of their father's car. In this scene
Pierre does something foolish despite his
sister's objections.*

Tour d'écrou

Quelle voiture! La famille Paquet a une belle voiture grise qui ne leur donne jamais de problèmes. Même les grosses voitures neuves ne sont pas meilleures que la voiture de la famille Paquet.

Aujourd'hui Pierre fait quelque chose de bête. Il regarde dans le moteur de la voiture de leur père.

Pierre: Janine, donne-moi le tournevis.

Janine: Pourquoi? Que vas-tu faire, Pierre?

Pierre: Je te dis, donne-moi le tournevis.

Janine: Quel tournevis? Il y en a beaucoup.

Pierre: Le plus petit.

Janine: Mais, que vas-tu faire, Pierre?

Pierre: Je vais engager le tournevis dans cette vis et je vais tourner.

Janine: Non! Non! Non!

Pierre: Maintenant je tourne le tournevis . . . là . . . là . . . là . . . J'enlève la vis et l'écrou. Ils ne sont pas utiles. Maintenant je les mets dans la poubelle.

Janine: Non! Es-tu fou?

Pierre: C'est fait.

Quand Monsieur Paquet veut aller faire des courses dans sa voiture, il va au garage, monte dans sa voiture, et tourne la clef pour mettre le moteur en marche. Il entend du bruit et le moteur ne marche pas.

Il appelle la station-service et le garagiste arrive; il emporte la voiture de Monsieur Paquet au garage de service.

Le lendemain, le garagiste téléphone à Monsieur Paquet et lui dit: Le montant à payer est de 200 francs, monsieur. Voilà le problème: Il manque une vis dans le moteur.

Vocabulaire

appeler *v.*, to call

beau *m.*, **belle** *f.*, *adj.*, beautiful

bête *adj. m. f.*, foolish, dumb

le bruit *n.*, the noise

c'est fait it's done

la couleur *n.*, the color; **de quelle couleur est . . .** what color is . . .

l'écrou *n. m.*, nut that fits on a screw or bolt

emporter *v.*, to take (carry) away

engager *v.*, to engage, to put (machinery) in gear

enlever *v.*, to remove, to take off

entendre *v.*, to hear

faire des courses to do (go) shopping

fou *m.*, **folle** *f.*, *adj.*, crazy

le garagiste *n.*, the garage mechanic

gris *m.*, **grise** *f.*, *adj.*, gray

il y a there is, there are; **il y en a beaucoup** there are many (of them)

là *adv.*, there

le lendemain *n.*, the following day

manquer *v.*, to miss, to be missing, to be lacking something; **il y a une vis dans le moteur qui manque!** there is a screw in the motor that is missing!

marcher *v.*, to walk, to run (a motor or apparatus); **mettre en marche** to put into operation

meilleur *m.*, **meilleure** *f.*, *adj.*, better

même *adv.*, even

le montant *n.*, total amount (of an account)

monter *v.*, to climb, to mount, to get into

le moteur *n.*, the motor, the

engine .

neuf *m.*, **neuve** *f.*, *adj.*, new

petit *m.*, **petite** *f. adj.*, small; **plus petit, plus petite** smaller; **le plus petit, la plus petite** the smallest

la poubelle *n.*, the garbage can

que *conj.*, than, that; *pron.*, what

quel *m.*, **quelle** *f.*, *interrog. adj.*, what, which; **quel tournevis?** which screwdriver? **quelle voiture!** what a car!

qui *pron.*, which, who

le tour *n.*, the turn; **tour d'écrou** turn of the nut

le tournevis *n.*, the screwdriver

utile *adj.*, useful

la vis *n.*, the screw

la voiture *n.*, the car, automobile

Exercises

Review the story and vocabulary before starting these exercises.

I. Answer the following questions in complete sentences. They are based on the story, "Tour d'écrou."

1. Qui a une belle voiture grise? _____

2. Est-ce que les grosses voitures neuves sont meilleures que la voiture de Monsieur Paquet?

    _____

3. Pourquoi Pierre veut-il le tournevis? _____

4. Où est-ce que Pierre met la vis et l'écrou? _____

II. Answer the following questions in complete sentences. They are personal questions and require answers of your own.

1. Est-ce que votre famille a une voiture? _____

2. Allez-vous faire des courses dans la voiture de votre famille? _____

_____

3. De quelle couleur est la voiture de votre famille? _____

III. Vocabulary Building. Proficiency in Writing.

A. A car salesperson is showing you a brand new car. Write five adjectives to describe it.

1. _____ 2. _____ 3. _____ 4. _____ 5. _____

B. Your next door neighbors have just renovated their garage. Write five adjectives to describe it.

1. _____ 2. _____ 3. _____ 4. _____ 5. _____

Structures de la Langue

A. Agreement and position of descriptive adjectives

Masculine	Feminine
un chapeau **gris**	une voiture **grise** (gray)
des chapeaux **gris**	des voitures **grises**
un passage **étroit**	une rue **étroite** (narrow)
des passages **étroits**	des rues **étroites**
un homme **libre**	une femme **libre** (free)
des hommes **libres**	des femmes **libres**

Rules and observations:

1. Most descriptive adjectives *follow* the noun in French.

2. Here are some common adjectives that normally *precede* the noun: **autre**, **beau**, **bon**, **chaque**, **gros**, **jeune**, **joli**, **long**, **mauvais**, **petit**, **plusieurs**, **vieux**, and **grand** (exception: **un homme grand**, a tall man; **un grand homme**, a great man).

3. Adjectives must agree in gender and number with the nouns they modify.

B. Formation of masculine descriptive adjectives in the plural

1. To form the plural of a masculine singular adjective, ordinarily add **s**.

2. If a masculine singular adjective ends in **s**, it remains the same in the plural: **gris**.

3. If a masculine singular adjective ends in **x**, it remains the same in the plural: **dangereux**.

4. If a masculine singular adjective ends in **al**, it ordinarily changes to **aux** in the plural: **loyal**, **loyaux**.

C. Formation of regular feminine descriptive adjectives

1. To form the feminine singular of an adjective, ordinarily add **e** to the masculine singular, *e.g.,* **gris, grise.** To form the plural, add **s**, *e.g.,* **grises**.

2. If the masculine singular adjective ends in **e**, the feminine singular is the same, *.e.g.,* **libre**.

D. Formation of irregular feminine descriptive adjectives

Masculine		Feminine	
Singular	Plural	Singular	Plural
neuf	**neufs**	**neuve**	**neuves**
furieux	**furieux**	**furieuse**	**furieuses**
dernier	**derniers**	**dernière**	**dernières**
ancien	**anciens**	**ancienne**	**anciennes**
bon	**bons**	**bonne**	**bonnes**
cruel	**cruels**	**cruelle**	**cruelles**
muet	**muets**	**muette**	**muettes**

Rules and observations:

1. A masculine singular adjective that ends in **-f** changes to **-ve** to form the feminine singular: **neuf**, **neuve**.

2. A masculine singular adjective that ends in **-eux** changes to **-euse** to form the feminine singular: **furieux**, **furieuse**.

3. A masculine singular adjective that ends in **-ier** changes to **-ière** to form the feminine singular: **dernier, dernière**.

4. Some adjectives double the final consonant in the masculine singular to form the feminine singular, then an **e** is added: **ancien, ancienne**.

E. Other irregular feminine forms of descriptive adjectives

Masculine		Feminine	
Singular	Plural	Singular	Plural
beau	**beaux**	**belle**	**belles**
frais	**frais**	**fraîche**	**fraîches**
sec	**secs**	**sèche**	**sèches**
gros	**gros**	**grosse**	**grosses**
long	**longs**	**longue**	**longues**
blanc	**blancs**	**blanche**	**blanches**
favori	**favoris**	**favorite**	**favorites**
public	**publics**	**publique**	**publiques**
doux	**doux**	**douce**	**douces**

Exercises

I. Answer the following questions in French, substituting the appropriate form of the descriptive adjective in parentheses for the one indicated. Use **non** in your answer, but write your sentence in the affirmative.

Model: **Avez-vous une voiture**   You write: **Non, j'ai une voiture**
        grise? **(blanc)**   **blanche.**
        (Do you have a gray car?) (white)   (No, I have a white car.)

1. Avez-vous une maison blanche? (gris) _____

2. Avez-vous un bon stylo?   (mauvais) _____

3. Avez-vous une grosse pomme?   (beau) _____

4. Avez-vous une pêche fraîche?   (doux) _____

5. Avez-vous un joli chapeau?   (vieux) _____

II. Answer the following questions in the affirmative in complete French sentences. In answer (a) use **oui**. In answer (b) use **aussi**. Write the appropriate form of the descriptive adjective in your answers. Use subject pronouns in your answers. Study the models.

Model: **(a) Est-ce que Monsieur Paquet est bon?**
(Is Mr. Paquet good?)
(b) Et Madame Paquet?
(and Mrs. Paquet?)

You answer: **(a) Oui, il est bon.**
(Yes, he is good.)

You answer: **(b) Elle est bonne aussi.**
(She is good too.)

1. (a) Est-ce que Janine est petite? _____

   (b) Et Pierre? _____

2. (a) Est-ce que Monsieur Paquet est furieux? _____

   (b) Et Madame Paquet? _____

3. (a) Est-ce que Monique est gentille? _____

   (b) Et Pierre? _____

4. (a) Est-ce que Janine et Monique sont belles? _____

   (b) Et Pierre et Robert? _____

5. (a) Est-ce que la maison est neuve? _____

   (b) Et les voitures? _____

III. Answer the following questions in the negative in complete French sentences. In answer (a) use **non**. In answer (b) use **non plus**. Write the appropriate form of the descriptive adjective in your answers. Use subject pronouns in your answers. Study the models.

Model: **(a) Est-ce que Madame Paquet est cruelle?**
(Is Mrs. Paquet cruel?)
(b) Et Monsieur Paquet?
(and Mr. Paquet?)

You answer: **(a) Non, elle n'est pas cruelle.**
(No, she is not cruel.)

You answer: **(b) Il n'est pas cruel non plus.**
(He is not cruel either.)

1. (a) Est-ce que Madame Paquet est petite? _____

   (b) Et Monsieur Paquet? _____

2. (a) Est-ce que le professeur de français est mauvais? _____

   (b) Et le professeur d'espagnol? _____

3. (a) Est-ce que le maître d'italien est gros? _____

   (b) Et la maîtresse d'allemand? _____

4. (a) Est-ce que le petit garçon est muet? _____

   (b) Et la petite fille? _____

IV. Choose the form of the adjective that does not belong in the group.

Model: (a) **beau**   (b) **sec**   (c) **gros**   (d) **longue**   _____d_____

1. (a) neuf   (b) ancien   (c) bon   (d) cruelle   _____

2. (a) muets   (b) cruels   (c) dernière   (d) beaux   _____

3. (a) neuve   (b) furieuse   (c) étroits   (d) bonne   _____

4. (a) belles   (b) grise   (c) fraîches   (d) blanches   _____

5. (a) beau   (b) longs   (c) sec   (d) blanc   _____

F.   Possessive adjectives

Masculine			
Singular		Plural	
mon livre	my book	**mes livres**	my books
ton stylo	your pen	**tes stylos**	your pens
son ballon	his (her, its) balloon	**ses ballons**	his (her, its) balloons
notre parapluie	our umbrella	**nos parapluies**	our umbrellas
votre sandwich	your sandwich	**vos sandwichs**	your sandwiches
leur gâteau	their cake	**leurs gâteaux**	their cakes

Feminine			
Singular		Plural	
ma robe	my dress	**mes robes**	my dresses
ta jaquette	your jacket	**tes jaquettes**	your jackets
sa balle	his (her, its) ball	**ses balles**	his (her, its) balls
notre maison	our house	**nos maisons**	our houses
votre voiture	your car	**vos voitures**	your cars
leur soeur	their sister	**leurs soeurs**	their sisters

Rules and observations:

1. A possessive adjective agrees in gender and number *with the noun* it modifies, *not with the possessor*.

2. Some possessive adjectives do not agree with the gender of the noun *in the singular*. They are all the same, whether in front of a masculine or feminine singular noun: **notre**, **votre**, **leur**.

3. Some possessive adjectives do not agree with the gender of the noun *in the plural*. They are all the same, whether in front of a masculine or feminine plural noun: **mes**, **tes**, **ses**, **nos**, **vos**, **leurs**.

4. What you have to be aware of are the following possessive adjectives: **mon** or **ma**, **ton** or **ta**, **son** or **sa**.

5. In front of a *feminine singular noun* beginning with a vowel or silent *h*, the masculine singular forms are used: **mon**, **ton**, **son** — instead of **ma**, **ta**, **sa**.

mon adresse	my address	**son** amie	his (or her) friend
ton opinion	your opinion	**mon** habitude	my habit (custom)

6. Since **son**, **sa** and **ses** can mean *his* or *her*, you may add **à lui** or **à elle** to make the meaning clear.

sa maison à lui	his house	**son livre à elle**	her book
sa maison à elle	her house	**ses livres à lui**	his books
son livre à lui	his book	**ses livres à elle**	her books

7. If there is more than one noun, a possessive adjective must be used in front of each noun: **ma mère et mon père** (my mother and father).

8. Use the definite article instead of the possessive adjective when referring to parts of the body if it is clear who the possessor is.

J'ai de l'argent **dans la main.**	(I have some money *in my hand.*)

Exercises

Review the preceding material before starting these exercises.

I. Answer the following questions in the affirmative, using the appropriate form of the possessive adjective. Use **oui** in your answer.

   Model: **Aimes-tu ta robe grise?**   **You answer:**   **Oui, j'aime ma robe grise.**
   (Do you like your gray dress?)   (Yes, I like my gray dress.)

   1.   Aimes-tu ta petite voiture neuve? _____

   2.   Aimez-vous mon parapluie rouge? _____

   3.   Aimez-vous notre maison blanche? _____

   4.   Aimes-tu mon amie Monique? _____

   5.   Aimez-vous ses grosses pommes? _____

II. Answer the following questions in the affirmative, using the appropriate form of the possessive adjective. Use **oui** in your answer.

   Model: **Est-ce votre maison?**   **You answer:**   **Oui, c'est ma maison.**
   (Is it your house?)   (Yes, it is my house.)

   1.   Est-ce votre voiture? _____

   2.   Est-ce ton chapeau? _____

   3.   Est-ce son livre à lui? _____

   4.   Est-ce votre maîtresse de français? _____

   5.   Est-ce leur maison? _____

III. Answer the following questions in the affirmative, using the appropriate form of the possessive adjective. Use **oui** in your answer.

   Model: **Ce sont vos livres?**   **You answer:**   **Oui, ce sont mes livres.**
   (Are they your books?)   (Yes, they are my books.)

   1.   Ce sont vos stylos? _____

   2.   Ce sont leurs crayons? _____

   3.   Ce sont tes gâteaux? _____

   4.   Ce sont mes pommes? _____

   5.   Ce sont nos pêches? _____

IV. Fill in the missing words, using the appropriate form of a possessive adjective so that the rest of the sentence and dialogue will make sense.

Madame Paquet: Bonjour, Madame Richy! Oh! Vous avez un joli chapeau! J'aime beaucoup

_____ chapeau.

Madame Richy: Merci! J'ai aussi une nouvelle robe. Aimez-vous _____ nouvelle

robe rouge?

Madame Paquet: Oui, j'aime beaucoup _____ nouveau chapeau et _____

nouvelle robe rouge. J'adore _____ vêtements!

Madame Richy: Mon mari a une nouvelle jaquette. J'aime beaucoup _____ nouvelle

jaquette.

Madame Paquet: Et mon mari a un nouveau complet. J'aime beaucoup _____

nouveau complet.

Madame Richy: Alors, _____ maris ont de nouveaux vêtements. Nous aimons

beaucoup _____ nouveaux vêtements.

V. Answer in a complete sentence using the appropriate form of a possessive adjective. In your answer, use the noun given in parentheses.

Model: Que mangez-vous? (pomme)   You answer: Je mange ma pomme.

1. Que mangez-vous? (pêche) _____

2. Que mange-t-il? (sandwich) _____

3. Que mangent-ils? (chocolat) _____

4. Que mangent-elles? (soupe) _____

5. Que mangez-vous? (petits fours) _____

VI. Activities. Proficiency in Speaking.

A. Look at the picture at the beginning of this work unit. Using at least ten words in French, describe the scene to a friend. Make sure you use adjectives to describe the garage, the car, the girl, and the boy.

B. Describe the house you live in. You may want to use adjectives like the following: new or old, big or small, beautiful, pretty, the color. If you live in an apartment, describe it.

C. Talk about the people you live with. Describe them by using as many adjectives as you can that are found in this lesson.

VII. Obtaining and Providing Information. Proficiency in Speaking.

Situation: Your father's brand new car is parked in the driveway. You decided to lift the hood to inspect the motor and the parts. With a screwdriver, you try to remove a screw or bolt. Your father comes rushing out of the house and says to you: **Que fais-tu?** (What are you doing?) He is furious. Respond by telling him what you are doing and why. You may use any or all of the following words: **la vis, l'écrou, j'enlève, dans la poubelle.** Use some adjectives, for example: **petit, gros, utile, furieux, bon, neuf,** or any others you prefer.

VIII. Picture Interpretation. Proficiency in Speaking.

Situation: Describe what you see in the picture shown below. Use at least ten words in French. You may want to use some or all of the following: **un jeune homme, marcher, un bâtiment, vieux, ancien, des briques,** or any others you prefer.

IX. Sports. Proficiency in Speaking and Writing.

Situation: Two boys and a coach are practicing soccer **(le football).**

Look at the picture below. First, organize your thoughts and practice aloud the words you plan to say. Then write two sentences on the lines. You may use your own ideas and words and/or the following suggestions: **Les trois personnes jouent au football**/*The three people are playing soccer;* **Le jeune homme est l'entraîneur**/*The young man is the coach;* **C'est le gardien de but**/*He is the goalie;* **garder le but**/*to guard the goal;* **le filet**/*the net;* **envoyer le ballon au fond des filets**/*to send the ball into the back of the net;* **Les deux garçons jouent**/*The two boys are playing;* **Un garçon a envoyé le ballon au fond des filets**/*One boy sent the ball into the back of the net;* **L'autre garçon est surpris!**/ *The other boy is surprised!* **Ils se sont bien amusés**/*They had a lot of fun.*

1. _____

2. _____

X. Appreciating French Art. Proficiency in Speaking and Writing.

Situation: You and your friend Janine are at The Toledo Museum of Art in Toledo, Ohio, admiring the painting **Rue de Tahiti**/Street in Tahiti, by Paul Gauguin.

Look at the picture on the following page and complete the conversation. You may use your own ideas and words and/or the suggestions under the lines.

Janine: Quel beau tableau de Gauguin! L'aimes-tu?

Vous: _____
Yes, I like it very much.

Janine: Cette femme à droite, que fait-elle? Est-ce qu'elle dort?

Vous: _____
I think she is waiting for a friend.

Janine: Évidemment, cette rue de Tahiti est tranquille! Les montagnes au fond/in the background sont belles, n'est-ce pas?

Vous: _____
Yes, they are beautiful. I would like to go/**J'aimerais aller** to Tahiti.

Rue de Tahiti
by Paul Gauguin (1848–1903)
The Toledo Museum of Art,
Purchased with funds from
the Libbey Endowment, Gift
of Edward Drummond Libbey.

Les Signes du Zodiaque. (Signs of the Zodiac)

Adjectives (Continued)

*Let's see what Pierre's horoscope reveals
for today. What does yours say?*

Zodiaque

Pierre lit le journal dans la cuisine. Il a la page de l'horoscope devant lui.

 I **Le Bélier**   (Aries)

(21 mars – 20 avril)

Vous êtes le meilleur juge de vos actions.

 II **Le Taureau**   (Taurus)

(21 avril – 21 mai)

Votre plus grande qualité, c'est votre patience. Attendez des nouvelles.

 III **Les Gémeaux**   (Gemini)

(22 mai – 21 juin)

La personne qui vous aime le plus attend une lettre de vous. Ecrivez-lui.

 IV **Le Cancer**   (Cancer)

(22 juin – 23 juillet)

Méfiez-vous des obstacles dangereux.

 V **Le Lion**   (Leo)

(24 juillet – 23 août)

Demain va être un jour parfait pour finir vos projets.

 VI **La Vierge**   (Virgo)

(24 août – 23 septembre)

Méfiez-vous des petites automobiles vertes.

 VII **La Balance**   (Libra)

(24 septembre – 23 octobre)

Quelle chance! Vous allez voir un grand changement.

VIII **Le Scorpion** (Scorpio)

(24 octobre – 22 novembre)

Vous avez un esprit inventif. Soyez prudent!

IX **Le Sagittaire** (Sagittarius)

(23 novembre – 21 décembre)

Votre plus grande qualité, c'est votre imagination.

X **Le Capricorne** (Capricorn)

(22 décembre – 20 janvier)

Ne sortez pas aujourd'hui. Restez dans votre maison. Il y a du danger dans les rues.

XI **Le Verseau** (Aquarius)

(21 janvier – 19 février)

Il faut profiter du moment. Quelle semaine! Bonnes nouvelles!

XII **Les Poissons** (Pisces)

(20 février – 20 mars)

N'allez pas à la plage aujourd'hui. Il y a un requin affamé dans l'eau.

Le téléphone sonne. Voici la conversation entre Pierre et Monique:

Monique: C'est toi, Pierre? Ici Monique.

Pierre: Oui, c'est moi. Comment vas-tu?

Monique: Ça va. Écoute, Pierre. Il y a une grande soirée chez moi ce soir. Nous allons danser et chanter. Ma mère a préparé un gâteau délicieux. Nous allons beaucoup nous amuser. Henri va venir, ainsi que Paul, Robert, Raymond, Suzanne, Hélène, ta soeur Janine, et d'autres amis. Veux-tu venir?

Pierre: Attends, Monique. Je vais regarder dans le journal. Je n'ai pas lu mon horoscope pour aujourd'hui.

Pierre regarde l'horoscope dans le journal. Il lit sous son signe du Zodiaque, Le Capricorne. Il retourne au téléphone.

Pierre: Monique, mon horoscope dit qu'il faut rester à la maison aujourd'hui parce qu'il y a du danger dans les rues.

Monique: Es-tu superstitieux? Tu es fou!

Pierre: Écoute. Je vais venir tout de même.

Plus tard, Pierre quitte la maison pour aller à la soirée chez Monique. Quand il traverse la rue, il voit un grand camion venant à toute vitesse. Pierre _____

_____

_____ .

(Note to the student: Write your own ending to this story in one or two sentences, in French, of course!)

Vocabulaire

affamé *adj.,* starved, famished

ainsi que *conj.,* as well as

amuser *v.,* to amuse; **s'amuser** *refl. v.,* to have a good time, to amuse oneself; **nous allons beaucoup nous amuser** we are going to have a very good time; **amusez-vous bien!** have a good time!

ça va *interj.,* I'm fine, it's fine, it's okay

le changement *n.,* the change, alteration

comment vas-tu? how are you?

écrivez *v. form of* **écrire**; **écrivez-lui** write to him/to her

fort *m.,* **forte** *f., adj.,* strong; **votre qualité la plus forte** your strongest quality

ici *adv.,* here; **ici Monique** this is Monique here

intelligent *m.,* **intelligente** *f.,* *adj.;* **l'élève le plus intelligent de la classe** the most intelligent student in the class

inventif *m.,* **inventive** *f., adj.,* inventive; **un esprit inventif** an inventive spirit

lit *v. form of* **lire**; **il lit** he is reading (he reads); **lu** *past part.;* **je n'ai pas lu** I haven't read

lui *disj. pron.,* him; **devant lui** in front of him; *as an indir. obj. pron.,* to him/to her

méfiez-vous *v. form (imperative) of* **se méfier** (to beware); **méfiez-vous des obstacles dangereux** beware of dangerous obstacles

meilleur *m.,* **meilleure** *f., adj.,* better; **le meilleur, la meilleure** the best

même *adj.,* same; **tout de même** all the same, just the same

la nouvelle *n.,* (piece of)

news; **bonnes nouvelles** good news

la plage *n.,* the beach

plus *adv.,* more; **le plus** the most

profiter *v.,* to profit, to take advantage (of); **il faut profiter du moment** you must take advantage of the moment

la qualité *n.,* the quality; **la qualité la plus forte** the strongest quality

le requin *n.,* the shark

le signe *n.,* the sign; **les signes du Zodiaque** the signs of the Zodiac

le soir *n.,* the evening; **ce soir** this evening, tonight; **une soirée** an evening party

sortez *v. form (imperative) of* **sortir**; **ne sortez pas** don't go out

soyez *v. form (imperative) of* **être**; **soyez prudent!** be prudent!

Exercises

Review the story and vocabulary before starting these exercises.

I.   Complete the following statements by writing the appropriate words. They are all in the story. Refer to it if you have to.

1.   Pierre _____ le journal dans la cuisine. Il a la page _____ devant

_____ .

2. Vous êtes _____ juge de vos actions.

3. Votre qualité la _____ est la patience.

4. La personne qui vous aime _____ attend une lettre de vous.

5. Il faut profiter _____. Quelle _____! Bonnes _____!

II. Letters or Notes. Proficiency in Writing.

Situation: Your best friend has invited you to a **soirée** at her house. Write a note to her expressing your thanks, but say that you cannot come and explain why. Write at least twelve words in French, using your own ideas and words. You may refer to the story at the beginning of this work unit.

III. Unscramble the words to find a meaningful sentence. Write it on the blank line. Refer to the story in this unit if you have to.

1. Pierre / horoscope / son / lit. _____

2. Demain / parfait / jour / être / va / un. _____

   _____

3. Une / personne / aime / vous / beaucoup. _____

4. Il / a / y / requin / un / l'eau / dans. _____

5. Téléphone / sonne / le. _____

Structures de la Langue

A. Forms of the interrogative adjective **Quel**

Masculine		Feminine	
Singular	Plural	Singular	Plural
quel (what, which)	**quels**	**quelle** (what, which)	**quelles**

Rules and observations:

1. The interrogative adjective **quel** agrees in gender and number with the noun it modifies.

2. Here are four examples to illustrate each form:

    1. **Quel livre** lisez-vous?   *Which (what) book* are you reading?
    2. **Quels fruits** aimez-vous?   *Which (what) fruits* do you like?
    3. **Quelle leçon** étudiez-vous?   *Which (what) lesson* are you studying?
    4. **Quelles phrases** écrivez-vous?   *Which (what) sentences* are you writing?

3. In exclamations, **quel** and **quelle** mean *what a . . .!*

Quel homme! (What a man!)

> **Quel** homme!   *What a* man!
> **Quelle** femme!   *What a* woman!
> **Quelle** semaine!   *What a* week!

4. When the verb **être** is used, the form of **quel** is not ordinarily in front of the noun it modifies:

> **Quel** est votre nom?   *What* is your name?
> **Quelle** est votre adresse?   *What* is your address?

Exercises

Review the preceding material before starting these exercises.

I. Write in French the questions that must have been asked.

    Model: Il est dix heures et quart.   You write the question: Quelle heure est-il?
            (It is 10:15.)   (What time is it?)

1. Mon nom est Pierre Paquet. _____

2. Mon adresse est 17, rue de Rivoli. _____

3. J'ai vingt ans. _____

II. Answer the following questions in complete sentences. They are personal questions and require answers of your own.

1. Quel est votre nom? _____

2. Quelle est votre adresse? _____

3. Quel âge avez-vous? _____

III. Write the appropriate form of **quel** on the blank line.

1. Vous lisez un livre! _____ livre lisez-vous?

2. Vous écrivez des phrases! _____ phrases écrivez-vous?

3. Vous aimez les fruits! _____ fruits aimez-vous?

4. Vous étudiez une leçon! _____ leçon étudiez-vous?

IV. Match the following.

1. Quel homme! _____ What a car!

2. Quelle femme! _____ What a stew!

3. Quel ragoût! _____ What a man!

4. Quel livre! _____ What a book!

5. Quelle voiture! _____ What a woman!

V. Vocabulary Building. Proficiency in Writing.

A. Write five adjectives in French that the three girls have in mind to describe the young man (see page 305).

1. _____ 2. _____ 3. _____ 4. _____ 5. _____

B. Write five adjectives in French that the young man has in mind to describe the three girls.

1. _____ 2. _____ 3. _____ 4. _____ 5. _____

B. Demonstrative adjectives

1. **ce** garçon		1. this (that) boy	
2. **cet** arbre		2. this (that) tree	
3. **cet** homme		3. this (that) man	
4. **cette** femme		4. this (that) woman	
5. **cette** église		5. this (that) church	
6. **ces** femmes		6. these (those) women	
7. **ces** hommes		7. these (those) men	

Rules and observations:

1. **Ce** is used before a masculine singular noun that begins with a consonant. See example 1 in the above box.

2. **Cet** is used before a masculine singular noun that begins with a vowel or silent *h*. See examples 2 and 3 in the above box.

3. **Cette** is used before *all* feminine singular nouns.

4. **Ces** is used in front of *all* nouns in the plural.

5. These demonstrative adjectives can means *this* or *that* in the singular, depending on the meaning intended. **Ces** can mean *these* or *those*.

6. If there is any doubt as to the meaning (*this, that, these, those*), just add **-ci** to the noun to give it the meaning of *this* or *these*. Actually, **-ci** is a shortening of **ici**, which means *here*. Add **-là** (which means *there*) to the noun to give it the meaning of *that* or *those*. Examples:

ce livre-ci	*this book*	**cette page-ci**	*this page*
ce livre-là	*that book*	**cette page-là**	*that page*
ces livres-ci	*these books*	**ces pages-ci**	*these pages*
ces livres-là	*those books*	**ces pages-là**	*those pages*

7. If there is more than one noun, a demonstrative adjective must be used in front of each noun: **cette dame et ce monsieur** *(this lady and gentleman)*.

Exercises

Review the preceding material before starting these exercises.

I. Substitute the noun in parentheses for the noun in italics. Rewrite the sentence, using the appropriate form of the demonstrative adjective given.

Model: **Je mange ce *fruit*.   (pomme)**   You write: **Je mange cette pomme.**
      (I am eating this fruit.) (apple)   (I am eating this apple.)

  A. Je mange cette *soupe*.

1. (pêche) _____

2. (gâteau) _____

3. (petits fours) _____

4. (ananas) _____

5. (tomate) _____

  B. Etudiez-vous ce *vocabulaire*?

1. (leçon) _____

2. (livre) _____

3. (pages) _____

4. (phrases) _____

5. (poème) _____

C. Nous allons au cinéma avec ces *garçons*.

1. (jeunes filles) _____

2. (ami) _____

3. (amie) _____

4. (jeune homme) _____

5. (étudiants) _____

II. For each imperative that is given, write a response indicating that you are doing what you are told to do.

   Model: **Donnez-moi ce livre!**   **You write:**   **Bien! Je vous donne ce livre!**
   (Give me this book!)   (Fine! I give you this book!)

1. Donnez-moi ce journal! _____

2. Donnez-lui cette pomme! _____

3. Donnez-leur ces pommes frites! _____

III. Change the demonstrative adjective and the noun, which are in italics, to the singular or plural, depending on what is given. Rewrite the sentence.

   Model: **Je vais lire *ces livres* et**   **You write:**   **Je vais lire ce livre et**
   cette lettre.   **ces lettres.**
   (I'm going to read these books   (I'm going to read this book
   and this letter.)   and these letters.)

1. Je vais manger *ces ananas* et *cette tomate*. _____

_____

2. Je vais écrire *ces leçons* et *cette phrase*. _____

_____

3. Je vais boire *ce vin* et *cette bière*. _____

4. Je vais envoyer *ces lettres*. _____

5. Je vais acheter *ces livres*. _____

C. Regular comparative and superlative adjectives

Adjective *masc. and fem.*	Comparative	Superlative
grand tall	**plus grand (que)** taller (than)	**le plus grand (de)** (the) tallest (in)
grande tall	**plus grande (que)** taller (than)	**la plus grande (de)** (the) tallest (in)
grand tall	**moins grand (que)** less tall (than)	**le moins grand (de)** (the) least tall (in)
grande tall	**moins grande (que)** less tall (than)	**la moins grande (de)** (the) least tall (in)
grand tall	**aussi grand (que)** as tall (as)	
grande tall	**aussi grande (que)** as tall (as)	
intelligent intelligent	**plus intelligent (que)** more intelligent (than)	**le plus intelligent (de)** (the) most intelligent (in)
intelligente intelligent	**plus intelligente (que)** more intelligent (than)	**la plus intelligente (de)** (the) most intelligent (in)
intelligent intelligent	**moins intelligent (que)** less intelligent (than)	**le moins intelligent (de)** (the) least intelligent (in)
intelligente intelligent	**moins intelligente (que)** less intelligent (than)	**la moins intelligente (de)** (the) least intelligent (in)
intelligent intelligent	**aussi intelligent (que)** as intelligent (as)	
intelligente intelligent	**aussi intelligente (que)** as intelligent (as)	

Rules and observations:

1. In making a comparison in English, we ordinarily add **-er** to the adjective (*tall, taller*) or we place *more* or *less* in front of the adjective (*more intelligent, less intelligent*). In French, we use **plus** or **moins** in front of the adjective. See the examples in the above box.

2. In order to express *as . . . as* in French, we use **aussi . . . que**.

3. The adjective must agree in gender and number with the noun it modifies. Example: Marie est plus **intelligente** que son frère. (Mary is more intelligent than her brother.)

4. In making a comparison, we use **que** in French to express *than;* we also use **que** in French to express *as*.

5. If the adjective is one that ordinarily is placed in front of the noun, then it remains in front of the noun when making a comparison. If the adjective is one that ordinarily is placed after the noun, then it remains after the noun when making a comparison. Examples:

    > **une jolie robe, une plus jolie robe, la plus jolie robe**
    > a pretty dress, a prettier dress, the prettiest dress

    > **une personne intelligente, une personne plus intelligente, la personne la plus intelligente**
    > an intelligent person, a more intelligent person, the most intelligent person

D. Irregular comparative and superlative adjectives

Adjective (masc.)	Comparative	Superlative
bon, *good*	**meilleur,** *better*	**le meilleur,** *(the) best*
mauvais, *bad*	**plus mauvais,** *worse* **pire,** *worse*	**le plus mauvais,** *(the) worst* **le pire,** *(the) worst*
petit, *small*	**plus petit,** *smaller (in size)* **moindre,** *less (in importance)*	**le plus petit,** *(the) smallest* **le moindre,** *(the) least*

Rules and observations:

1. Actually, there are no rules that apply to these irregular adjectives of comparison. Just study them and make observations of your own.

2. Observe that **mauvais** and **petit** have regular and irregular comparisons.

3. Note that **de** is used (and not **dans**) to express *in* when using the superlative.

Exercises

Review the preceding material before starting these exercises.

I. Answer the following questions in French, substituting the appropriate forms of the words in parentheses for the ones indicated. Use **non** in your answer, but write your sentence in the affirmative. Also, use a pronoun subject in place of the noun subject.

Model: **Est-ce que Paul est *plus* intelligent que son frère? (moins)**
(Is Paul more intelligent than his brother?) (less)

You answer: **Non, il est moins intelligent que son frère.**
(No, he is less intelligent than his brother.)

1. Est-ce que Pierre est *plus* grand que sa mère? (moins) _____

_____

2. Est-ce que Janine est *plus* grande que son père? (moins) _____

_____

3. Est-ce que Monique est *plus* intelligente que Janine? (moins) _____

_____

II. Answer the following questions in complete sentences. Use the noun in parentheses in your answer. Make all required changes in the forms of the adjectives.

Model: **Qui est plus grand que Robert? (Janine)**
(Who is taller than Robert?) (Janine)

You answer: **Janine est plus grande que Robert.**
(Janine is taller than Robert.)

1. Qui est plus grand que Janine? (Madame Paquet) _____

_____

2. Qui est moins grand que Pierre? (Janine) _____

_____

3. Qui est plus petit que Monique? (Mathilde) _____

_____

4. Qui est moins petit que Joseph? (Suzanne) _____

_____

5. Qui est aussi grand que Monsieur Paquet? (Monsieur Richy) _____

_____

6. Qui est aussi petit que Madame Banluc? (Madame Paquet) _____

_____

III. For each statement that is given, write in French a response contradicting the statement. Begin your response with **Non, ce n'est pas vrai.** Then use the name in parentheses in your answer in place of the noun subject in the statement, which is in italics. Make all required changes in agreement.

Model: *Monique* **est la plus intelligente du cours d'anglais. (Joseph)**

(Monique is the most intelligent in the English course.) (Joseph)

You write: **Non, ce n'est pas vrai. Joseph est le plus intelligent du cours d'anglais.**

(No, it's not true. Joseph is the most intelligent in the English course.)

1. *Raymond* est le plus intelligent du cours de mathématiques. (Janine) _____

_____

2. *Bob* est le plus grand du cours de français. (Suzanne) _____

_____

Michel est le moins grand de la famille. (Michel is the least tall in the family.)

3. *Michel* est le moins grand de la famille. (Simone) _____

_____

4. *Béatrice* est la plus belle du groupe. (Charles) _____

_____

5. *Henri* est le plus petit. (Hélène) _____

_____

IV. Answer the following questions in the affirmative in complete French sentences. In answer (a) use **oui** and write a complete sentence. In answer (b) write a complete answer and add **aussi**. Make the required changes in the adjectives.

Models: (a) **Ce livre est-il plus long que les autres?**
(Is this book longer than the others?)

You write: (a) **Oui, ce livre est plus long que les autres.**
(Yes, this book is longer than the others.)

(b) **Et cette lettre?**
(And this letter?)

You write: (b) **Cette lettre est plus longue que les autres aussi.**
(This letter is longer than the others also.)

1. (a) Cette phrase est-elle moins facile que les autres? _____

_____

(b) Et ces questions? _____

2. (a) Ce poème est-il plus difficile que les autres? _____

_____

(b) Et cette leçon? _____

3. (a) Cette voiture est-elle plus belle que les autres? _____

_____

(b) Et ces maisons? _____

4. (a) Ce garçon est-il plus beau que les autres? _____

_____

(b) Et ces jeunes filles? _____

5. (a) Cette banane est-elle plus délicieuse que les autres? _____

_____

(b) Et ces gâteaux? _____

V. On the blank line write the French equivalent for the English words in parentheses.

1. (more)   Simone est _____ intelligente que sa soeur.

2. (tall)   Alain est aussi _____ que sa mère.

3. (as)   Monique est _____ petite que son père.

4. (prettier)   Anne est _____ que Suzanne.

5. (the least)   Michel est _____ grand.

VI. Le Mot Mystère. (Mystery Word). In order to find the mystery word, you must first find and circle in the puzzle the French words given on the left. The letters that remain in the puzzle are scrambled. Unscramble them to find **le mot mystère.**

à	même
amie	non
au	payer
beaucoup	plus
bruit	poubelle
dans	quel
en	qui
et	se
faire	son
grise	tournevis
il	tu
marche	y

E	M	A	R	C	H	E	E	T	R
N	V	Q	U	I	O	T	T	O	F
A	M	I	E	I	L	U	A	U	A
G	E	B	R	U	I	T	Y	R	I
R	M	Ê	M	E	I	P	N	N	R
I	D	A	N	S	À	L	O	E	E
S	P	A	Y	E	R	U	N	V	T
E	U	Q	U	E	L	S	E	I	S
P	O	U	B	E	L	L	E	S	O
	B	E	A	U	C	O	U	P	N

VII. Earning a Living. Proficiency in Speaking and Writing.

Situation: You are a salesclerk **(le vendeur, la vendeuse)** in a UNISEX shop. A customer **(le client, la cliente)** comes in to buy a few articles of clothing.

Greet the customer by saying: **Bonjour! Vous désirez?** The customer wants to buy a T-shirt, a big black hat, a long coat, and other items. After your opening statement, show the customer a few things and ask questions. You may use your own ideas and words and/or all of the following: **ce, cet, cette, ces, quel, quelle, quels, quelles; regarder, joli, meilleur, aimer, préférer, plus joli(e) que, plus beau (belle) que, plus grand(e) que.** Use as many comparative and superlative adjectives as you can. They are in this work unit.

Ask a friend to act out the role of the customer in this conversation. Later, switch roles for more practice. When you are satisfied with what you both said, write the conversation for practice. For starters, consider the following:

Vous: **Bonjour! Vous désirez?**

Le client: **Je désire acheter un grand chapeau noir.**

Vous: **Ce grand chapeau noir est beau. Ce chapeau-là est plus grand et plus beau. L'aimez-vous?**

Now, continue the conversation.

VIII.   Helping Others. Proficiency in Speaking and Writing.

Situation: You are the best student in your French class. Robert, a classmate, is having problems with adjectives and needs your help. You are together at your kitchen table with your French books and some paper on which to practice.

You may use your own ideas and words and/or the suggestions under the lines. First, respond in spoken French, then write your words on the lines. Later, switch roles for more practice. Use the **tu** form with each other because you are friends.

Robert: **Je ne comprends pas les adjectifs, les comparatifs, les superlatifs, et leur position. J'ai besoin de pratique**/I need practice.

Vous: _____

There's no problem/**Il n'y a pas de problème.** Tell me, is Anne prettier than Monique?/**Dis-moi, est-ce qu'Anne est plus jolie que Monique?**

Robert: **Non. Anne n'est pas plus jolie que Monique. Monique est la plus jolie de la classe.**

Vous: _____

Tell me, is my father taller than your father?/**Dis-moi, mon père est-il plus grand que ton père?**

Robert: **Non. Ton père n'est pas plus grand que mon père. Mais ta mère est plus grande que ma mère.**

Vous: _____

Tell me, who is the best student in our French class?

Robert: **C'est toi! Tu es le meilleur (la meilleure) étudiant(e) de notre classe de français.**

Vous: _____

Me?!/**Moi?!** You think that I am the best student in our French class?/**Tu penses que je suis . . .**

Robert: **Oui, oui. Je t'assure!**

Vous: _____

Thank you! Now, let's eat some chocolate mousse/**Maintenant, mangeons de la mousse au chocolat.** It's the best in the world!/**C'est la meilleure du monde.**

IX. Expressing Love on Mother's Day. Proficiency in Speaking and Writing.

Situation: Next Sunday is Mother's Day. Below, write your own card and give it to your mother or to some friend or relative who has been like a mother to you. Before you start, take a few minutes to gather your thoughts, jot down a few words in French that you will use, then say them aloud.

You may also use the following: **à la plus sympa de toutes les mamans**/to the nicest of all Moms; **de tout coeur**/with all my heart; **Je te souhaite une joyeuse Fête des Mères**/I wish you a Happy Mother's Day; **Je t'aime**/I love you; **Chez nous, j'ai appris la valeur de l'amour depuis mon enfance**/In our home, I learned the value of love since childhood.

Donne-moi la boîte de chocolats! (Give me the box of chocolates!)

Adverbs and Tag Questions – *n'est-ce pas?*

Janine receives a phone call from a neighbor, Madame Bédier. She wants her to babysit with Renée, her five-year-old daughter, while she and her husband are at the movies. What do you suppose happens to the box of chocolates while they are out?

La boîte de chocolats

C'est samedi. Janine n'a rien à faire. Elle est à la fenêtre dans sa chambre. Elle regarde les oiseaux sur les branches du pommier dans le jardin.

Le téléphone sonne.

— Janine! C'est pour toi, dit sa mère.

Janine quitte sa chambre et descend l'escalier.

— C'est Madame Bédier, dit sa mère. Elle va au cinéma ce soir avec son mari et elle a besoin de toi.

— Allô! J'écoute. Ici Janine . . . . Comment allez-vous, madame? . . . . Très bien, merci . . . . Je ne fais rien ce soir . . . . Vous allez au cinéma . . . Ah! Bon! . . . . D'accord . . . . Oui, je peux venir chez vous ce soir et rester avec Renée . . . . Oui, je sais . . . . Oh, elle a déjà cinq ans! . . . . Oui, elle est grande pour son âge . . . . Oui, je sais qu'elle est capricieuse . . . . Oui, je sais qu'elle parle plus vite que les autres enfants . . . . Oui, je sais qu'elle marche moins vite que les autres enfants . . . . Bon! . . . . D'accord! A six heures et demie . . . . A ce soir, madame.

A six heures vingt, Janine quitte la maison pour aller chez les Bédier qui habitent à côté de la maison des Paquet.

— Ah! Janine! s'exclame Madame Bédier. Philippe! C'est Janine! La meilleure gardienne d'enfants du voisinage! N'est-ce pas, Philippe?

Monsieur et Madame Bédier ont mis leurs chapeaux, manteaux, et gants. Avant de sortir, Madame Bédier dit:

— Renée, sois sage! A huit heures et demie tu vas te coucher, n'est-ce pas? Janine, tu sais où est la chambre de Renée, n'est-ce pas? La boîte de chocolats est là-bas sur la petite table ronde. Seulement une pièce pour Renée. Elle en a mangé trois aujourd'hui. Janine, tu peux en avoir deux pièces si tu veux parce que tu es plus grande que Renée. Il y a une comédie à la télévision ce soir. Nous allons voir le film *La Lettre* au Bijou. A tout à l'heure!

Ils partent.

— Janine, je veux ma pièce de chocolat maintenant, dit Renée. J'aime mieux la cerise à la crème. Quelle pièce est la cerise à la crème, Janine? demande Renée.

— Je ne sais pas! J'aime beaucoup les chocolats et mon favori est le nougat. Quelle pièce est le nougat, Renée? demande Janine.

— Je ne sais pas! . . . . Ah! . . . . je sais comment savoir!

— Comment? demande Janine.

— Je vais écraser chaque pièce avec le doigt, répond Renée.

— Non! Renée! Non! Tu vas les abîmer! s'exclame Janine.

— Ça ne fait rien. Laisse-moi! crie Renée.

Renée arrache vigoureusement la boîte de chocolats des mains de Janine et elle commence à piquer chaque pièce avec son doigt.

— Voilà, Janine! Voilà la cerise à la crème pour moi et le nougat pour toi!

— Oh! Toutes les pièces de chocolats sont écrasées! Tout est abîmé! Qu'est-ce que je vais dire à tes parents? s'exclame Janine.

Renée quitte le salon avec la boîte de chocolats. Après quelques minutes, elle revient dans le salon et elle dit:

— Janine, ne t'inquiète pas. J'ai jeté la boîte de chocolats dans la poubelle avec les ordures! Maintenant, tu n'as pas besoin d'expliquer à mes parents.

— Ta mère a raison, lui dit Janine. Tu es vraiment capricieuse. Méchante! Va te coucher! Vite!

Trois heures plus tard, Monsieur et Madame Bédier rentrent à la maison. Madame entre dans le salon et dit:

— Janine, tu peux avoir toute la boîte de chocolats. Emporte la boîte avec toi. Bonsoir, et merci!

Vocabulaire

à tout à l'heure! see you in a little while!

abîmer v., to spoil, to ruin

l'accord n. m., the agreement; **d'accord** okay, agreed

allô interj., hello (used when answering the telephone)

arracher v., to pull away, to pull out

avant prep., before; **avant de sortir** before going out

le besoin n., the need; **avoir besoin de** to have need of, to need

la boîte n., the box

bonsoir salutation, good evening

ça ne fait rien! that doesn't matter!

capricieux m., **capricieuse** f., adj., capricious, whimsical

la cerise n., the cherry

chaque adj., each

le côté n., the side; **à côté de** next to

déjà adv., already; **elle a déjà cinq ans!** she is already five years old!

descendre *v.,* to descend, to come (go) down
écraser *v.,* to crush
en *pron., partitive,* of them; **elle en a mangé trois!** she ate three (of them)
l'escalier *n. m.,* the staircase
le gant *n.,* the glove
le gardien, la gardienne *n.,* the guardian; **gardien (gardienne) d'enfants** babysitter

s'inquiéter *refl. v.,* to worry, to be upset; **ne t'inquiète pas!** don't worry!
jeter *v.,* to throw
laisse-moi! let me!
le manteau *n.,* the coat
méchant *m.,* **méchante** *f., adj.,* mean, nasty, naughty
mieux *adv.,* better; **j'aime mieux** I prefer, I like better
mignon *m.,* **mignonne** *f., adj.,* darling, cute

l'oiseau *n. m.,* the bird
l'ordure *n. f.,* garbage, rubbish
la pièce *n.,* the piece
piquer *v.,* to poke, to puncture
le pommier *n.,* the apple tree
sois *v. form of* **être**; **sois sage!** be good!
va te coucher! go to bed! (*v. form of* **aller se coucher**)
le voisinage *n.,* the neighborhood

Exercises

Review the story and vocabulary before starting these exercises.

I. Resolving a Quarrel. Proficiency in Speaking and Writing.

Situation: You are babysitting in your neighbor's house next door. They have two children—Robert, who is five years old, and Debbie, who is seven. They are quarreling with each other about what to watch on TV. You do your best to settle the argument. In five sentences resolve the quarrel and restore order. You may use your own ideas or ideas suggested by the following: **avoir, être, sois (soyez) sage(s), avoir besoin de, capricieux, capricieuse, abîmer, laisse-moi! jeter, méchant(e), va te coucher! vite** (quickly).

First, say aloud the French words you plan to use. Then write five short sentences using them.

II. Choose the correct answer.

1. Janine est à la fenêtre dans   (a) le salon.   (b) la cuisine.   (c) la salle de bains.   (d) sa chambre.   _____

2. Madame et Monsieur Bédier vont   (a) au cinéma.   (b) à l'église. (c) au théâtre.   (d) à l'opéra.   _____

3. Renée a jeté la boîte de chocolats   (a) par la fenêtre.   (b) dans la rue.   (c) dans la poubelle.   (d) contre le mur.   _____

4. La boîte de chocolats est   (a) dans le tiroir.   (b) sur la petitie table ronde.   (c) dans la cuisine.   (d) sous le lit.   _____

5. Renée est   (a) très mignonne.   (b) très gentille.   (c) capricieuse. (d) fatiguée.   _____

III. Vocabulary Building. Proficiency in Writing.

A. Describe how your neighbor talks, using three adverbs that end in **-ment.**

1. _____ 2. _____ 3. _____

B. Describe how a friend of yours eats, using four adverbs that do not end in **-ment.**

1. _____ 2. _____ 3. _____

Structures de la Langue

A. Position of an adverb

---

1. Janine aime **beaucoup** les chocolats.   (Janine likes chocolates *very much*.)

2. Madame Bédier a parlé **distinctement.**   (Mrs. Bédier spoke *distinctly*.)

3. Madame Bédier a **bien** parlé.   (Mrs. Bédier spoke *well*.)

Rules and observations:

1. An adverb is a word that describes a verb, an adjective, or another adverb.

2. In French, an adverb ordinarily *follows* the simple verb it modifies, as in the first model sentence in the above box.

3. If a verb is compound, as in the passé composé (model sentence 2), the adverb generally *follows* the past participle only if it is a long adverb. The adverb **distinctement** is long.

4. If a verb is compound, as in the passé composé (model sentence 3), *short common adverbs* (like **beaucoup**, **bien**, **déjà**, **encore**, **mal**, **mieux**, **souvent**, **toujours**) *must precede* the past participle.

B. Formation of some adverbs

1. Many adverbs are formed in French by adding the ending **-ment** to the *feminine singular* form of an adjective. This is similar to adding *-ly* to an adjective in English to form an adverb: *quick/quickly.*

seule/seulement	**furieuse/furieusement**
(alone/only)	(furious/furiously)

2. Ordinarily, adjectives that end in **-ant** are transformed into adverbs by dropping **-ant** and adding **-amment**.

constant/constamment	(constant/constantly)

3. Ordinarily, adjectives that end in **-ent** are transformed into adverbs by dropping **-ent** and adding **-emment**.

patient/patiemment	(patient/patiently)

C. Regular comparison of adverbs

Adverb	Comparative	Superlative
vite (quickly)	**plus vite (que)** *more quickly (than)* *faster (than)*	**le plus vite** *(the) most quickly* *(the) fastest*
	moins vite (que) *less quickly (than)*	**le moins vite** *(the) least quickly*
	aussi vite (que) *as quickly (as)* *as fast (as)*	

D. Tag question: n'est-ce pas?

The phrase *n'est-ce pas?* is tagged to a statement when the speaker expects the listener to agree. It can be translated into English in any number of ways: *isn't that right? isn't that so? etc.* The appropriate translation into English depends on the meaning of the statement in French.

> Renée a cinq ans, **n'est-ce pas**?   (Renée is five years old, *isn't she*?)

Exercises

Review the preceding material before starting these exercises.

I. Change the following adjectives to adverbs.

   Model: furieuse   furieusement
   (furious)   (furiously)

1. distincte _____   4. constant _____

2. seule _____   5. patient _____

3. courageuse _____   6. fière _____

II. Rewrite each sentence in French, adding the adverb in parentheses in its proper position.

   **Model: Madame Coty aime le   You write: Madame Coty aime beaucoup
   café. (beaucoup)   le café.**
   (Mrs. Coty likes   (Mrs. Coty likes coffee
   coffee.) (very much)   very much.)

1. Monsieur Richy aime le ragoût brûlé. (beaucoup) _____

   _____

2. Le professeur a parlé. (bien) _____

3. Janine a parlé. (constamment) _____

4. Elle est partie. (déjà) _____

5. Pierre a mangé. (beaucoup) _____

III. Write the French adverb for the English in italics.

   Model: Pierre marche aussi *quickly* que son père.   **You write: vite**
   (Pierre walks as quickly as his father.)   (quickly)

1. Janine parle aussi *well* que sa mère.   _____

2. Joseph mange *more* vite que son frère. _____

3. Bob marche *as* lentement *as* son cousin. _____ _____

4. Raymond étudie *more* souvent *than* Michel. _____ _____

5. Mathilde parle *less* vite que sa soeur. _____

IV. Le Mot Mystère (Mystery Word). In order to find the *mystery word*, you must first find and circle in this puzzle the French words given on the left. The letters that remain in the puzzle are scrambled. Unscramble them to find *le mot mystère*.

A	E	M	V	P	Y	G	R	I	S
U	N	O	O	L	A	L	L	E	R
T	F	I	I	U	À	L	A	C	A
O	J	N	T	S	A	U	S	S	I
M	O	S	U	G	A	R	Ç	O	N
O	L	P	R	R	F	E	M	M	E
B	I	E	E	A	N	E	P	A	S
I	R	T	B	N	N	L	U	I	E
L	I	I	O	D	L	U	N	D	I
E	L	T	N	O	P	É	R	A	S

à
aller
aussi
automobile
bon
en
femme
garçon
gris
il
joli

la
lui
lundi
moins petit
ne
opéras
pas
plus grand
voiture
y

V. Human Behavior. Proficiency in Speaking and Writing.

Situation: Your parents would like to know something about the behavior of two children in your neighborhood, a girl and a boy, before they give you permission to babysit. Tell your parents something about the way the children talk, eat, play. You may want to use your own ideas and adverbs or those suggested here: **bien, mal, beaucoup, constamment, furieusement, distinctement, souvent, toujours, vite.** You may also want to compare their behavior; for example, one of the two talks more or less distinctly than the other, plays better than the other, and so on. Of course, mention the names of the children.

First, say aloud the French words you plan to use. Then write at least three sentences using them.

Test 4

This test is based on Work Units 16 to 20. Review them before starting this test.

Part One   Speaking Proficiency

Directions: Read the twelve situations given below. Take a few minutes to organize your thoughts about the words you are going to speak. Select ten of them.

1. **Situation:** You saw a soccer game. Tell us about it in at least three sentences.

2. **Situation:** You are at The Metropolitan Museum of Art in New York City admiring the painting *Répétition d'un ballet sur la scène* by Edgar Degas, a great French artist. Tell us about it in at least three sentences.

3. **Situation:** Your French teacher is absent today because of illness and you have a substitute in class. Greet the substitute teacher, introduce yourself, and tell her or him that you would like to play a game of true or false in class today because you like to practice speaking French.

4. **Situation:** The substitute teacher has agreed to playing true or false games in French. You have the pleasure of starting. Make at least three statements. After each statement, ask if it's true or false.

5. **Situation:** Your friend Richard did not go to school today because he is not feeling well. He has called you at home to find out what you did in French class. Make at least three statements in French using the **passé composé.**

6. **Situation:** A friend has telephoned inviting you to go to a dance this Saturday night. Make at least three statements that you would say in this conversation.

7. **Situation:** You are at a dinner party at the home of some friends. Express your personal feelings by telling the hostess you like very much the dinner that she prepared, thank her for the invitation, and tell her that she is very nice and likeable.

8. **Situation:** A car salesperson is showing you a brand new car. Use five adjectives to describe it.

9. **Situation:** In at least three short sentences, describe the house or apartment you live in.

10. **Situation:** You and a friend are at The Toledo Museum of Art in Toledo, Ohio, admiring the painting *Rue de Tahiti* by the great French artist, Paul Gauguin. Make three statements about what you see in the painting.

11. **Situation:** Your best friend has invited you to an evening party **(une soirée)** at her house. Thank her for the invitation but say you cannot come and explain why.

12. **Situation:** Next Sunday is Mother's Day. Make three statements that you plan to write on a card.

Part Two   Listening Proficiency

Directions: Your teacher will read aloud four short paragraphs. Each one will contain only a few sentences. You will hear each paragraph twice. Then you will hear one question based on each. You will hear the question only once. It is printed below. Choose the best suggested answer and check the letter of your choice.

Selection Number 1

1. Qui est entré dans la salle de classe?

   A. Madame Ravel
   B. La directrice
   C. Les deux dames
   D. Les étudiants

Selection Number 2

2. Qui a crié "Surprise! Surprise!"?

   A. Claire
   B. François
   C. Monsieur Berger
   D. Toutes les personnes dans la maison

Selection Number 3

3. Pourquoi Monsieur Paquet appelle-t-il la station-service?

   A. parce qu'il monte dans sa voiture
   B. parce qu'il veut aller faire des courses
   C. parce que le garagiste n'est pas arrivé
   D. parce que la voiture ne marche pas

Selection Number 4

4. Pourquoi Monique a-t-elle téléphoné à Pierre?

   A. pour danser et chanter chez lui
   B. parce que sa mère a préparé un gâteau délicieux
   C. parce que ses amis vont s'amuser
   D. pour l'inviter à une soirée chez elle

Part Three   Reading Proficiency

Directions: In the following passage there are five blank spaces numbered 1 through 5. Each blank space represents a missing word. For each blank space, four possible completions are provided. Only one of them makes sense in the context of the passage.

First, read the passage in its entirety to determine its general meaning. Then read it a second time. For each blank space choose the completion that makes the best sense and is grammatically correct. Write its letter in the space provided.

Monsieur et Madame Durand ont _____ une invitation à dîner chez leurs

    1. A. recevoir
        B. reçu
        C. reçoivent
        D. reçoit

voisins, Monsieur et Madame Dufy. Monsieur et Madame Durand ont _____

    2. A. accepte
        B. acceptent
        C. accepté
        D. accepter

l'invitation. Quand ils _____ arrivés chez leurs amis, ils sont _____

    3. A. ont   4. A. entré
        B. sont   B. entrée
        C. a   C. entrées
        D. est   D. entrés

dans le foyer. Ils ont _____ d'autres voisins chez eux.

    5. A. voir
        B. voient
        C. voit
        D. vu

Part Four   Writing Proficiency

Directions: Of the twelve situations in Part One (Speaking Proficiency) in this test, select ten and write what you said on the lines below.

Situation No. __ _____

_____

_____

Situation No. __ _____

_____

_____

Situation No. __ _____

_____

_____

Situation No. __ _____

_____

_____

Situation No. __ _____

_____

_____

Situation No. __ _____

_____

_____

Situation No. __ _____

_____

_____

Situation No. __ _____

_____

_____

Situation No. __ _____

_____

_____

Situation No. __ _____

_____

_____

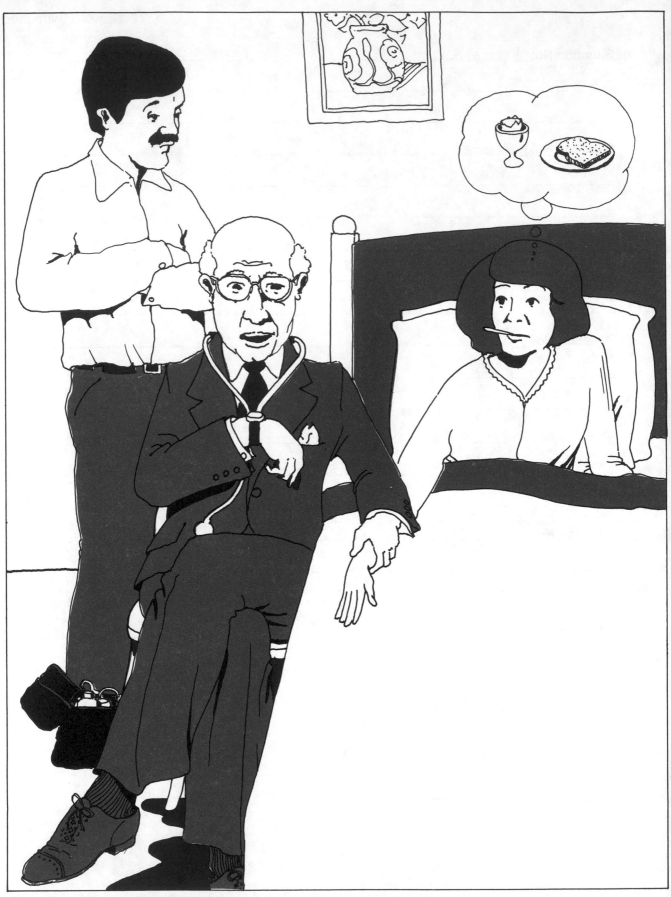

Le Docteur: Il est ridicule de croire qu'il faut manger pour vivre. (The Doctor: It is ridiculous to believe that one must eat in order to live.)

Negations and Other Structures of the Language

Mrs. Paquet has been sick since yesterday. She has indigestion. What do you think of the doctor's advice? Would you do what he says or what she does?

Manger pour vivre ou vivre pour manger?

Madame Paquet est malade depuis hier. Elle a mangé quelque chose qui lui a donné mal à l'estomac. Elle est souffrante dans son lit. Son mari a appelé le docteur pour lui donner un médicament. Le docteur va venir dans quelques minutes. Madame Paquet l'attend patiemment depuis vingt minutes.

Le docteur est arrivé. Il est dans la chambre de Madame Paquet depuis quinze minutes. Il l'examine. Monsieur Paquet est avec eux.

Monsieur Paquet:	Dites-moi, docteur, faut-il appeler une ambulance pour transporter ma femme à l'hôpital?
Le Docteur:	Non, monsieur. Il n'est pas nécessaire de la transporter à l'hôpital. Elle peut rester ici dans son lit. Elle n'est pas gravement malade. Les ambulances rendent grand service, mais dans ce cas votre femme peut rester où elle est.
	J'insiste, chère madame. Prenez ce médicament et ne mangez rien.
Madame Paquet:	Rien manger?!
Le Docteur:	Absolument rien!
Madame Paquet:	Pas même un oeuf à la coque?
Le Docteur:	Pas même un oeuf à la coque!
Monsieur Paquet:	Mais, docteur, soyez raisonnable.
Madame Paquet:	Oui, docteur, soyez raisonnable! Rien à manger?
Le Docteur:	Pendant au moins deux jours.
Madame Paquet:	Je vais mourir de faim! Soyez raisonnable, docteur.
Le Docteur:	Je suis raisonnable, madame.
Madame Paquet:	Pas même un petit morceau de pain grillé?

Le Docteur:	Pas même un petit morceau de pain grillé!
Madame Paquet:	. . . sans beurre . . . sans confiture . . .?
Le Docteur:	Pas de pain grillé, pas de beurre, pas de confiture. Rien. Il est ridicule de croire qu'il faut manger pour vivre. Rappelez-vous, madame, qu'une personne ne se nourrit pas seulement par le pain. Manger est mauvais pour la santé. Tout le monde mange mal. La chimie du corps ne peut pas tolérer les aliments modernes . . . Excusez-moi maintenant. Je dois partir parce que je vais dîner au Coq d'or: du poisson . . .
Madame Paquet:	Du poisson! Ah!
Le Docteur:	Un beau filet mignon . . .
Madame Paquet:	Ah!
Le Docteur:	Une belle salade . . .
Madame Paquet:	Ah!
Le Docteur:	Rappelez-vous, aussi, que quand j'ai pris le serment d'Hippocrate, j'ai promis de remplir mes devoirs.

Le docteur va à la porte.

Madame Paquet:	Hippocrate ou hypocrite?! Docteur, n'oubliez pas le proverbe: "Dis-moi ce que tu manges et je te dirai ce que tu es!"

Le docteur sort.

Madame Paquet:	François, y a-t-il quelque chose à manger dans le réfrigérateur? Et donne-moi mon médicament.

Vocabulaire

absolument *adv.*, absolutely
l'aliment *n. m.*, the food
la chimie *n.*, chemistry
le Coq d'or Golden Cock (name of a restaurant)
la coque *n.*, the shell (of an egg); **un oeuf à la coque** soft-boiled egg
depuis *adv., prep.*, since; **depuis quand** since when; **depuis combien de temps** since how long (a time); **Madame Paquet est malade depuis hier** Mrs. Paquet has been sick since yesterday

dîner *v.*, to dine, to have dinner
dis-moi ce que tu manges et je te dirai ce que tu es! tell me what you eat and I'll tell you what you are!
dois *v. form of* **devoir** (ought to, have to, must); **je dois** I have (to)
l'estomac *n. m.*, the stomach
griller *v.*, to grill, to toast; **grillé** toasted
Hippocrate *n. m.*, Hippocrates (Ancient Greek physician)
le mal *n.*, pain, ache; **mal à l'estomac** stomach ache

malade *adj.*, sick, ill
manger *v.*, to eat
le médicament *n.*, medicine
moins *adv.*, less; **au moins** at least
le morceau *n.*, morsel, piece
mourir *v.*, to die
nourrir *v.*, to nourish; **se nourrir** *refl. v.*, to nourish oneself
l'oeuf *n. m.*, the egg
le pain *n.*, the bread; **pain grillé** toast
pas de pain no bread; **pas de beurre** no butter; **pas même** not even

patiemment *adv.*, patiently
pour *prep.*, for, in order (to)
prenez *v. form (imperative) of* **prendre; prenez** take
pris *past part. of* **prendre** (to take)
promis *past part. of* **promettre** (to promise)
quelque *adj.*, some; **quelques** a few; **quelque**

chose something
rappelez-vous *v. form (imperative) of* **se rappeler** (to remember)
rendre service to perform a service
le serment *n.*, oath; **le serment d'Hippocrate** Hippocratic Oath (a code of medical ethics imposed

by Hippocrates upon his students of medicine)
souffrir *v.*, to suffer; **souffrant** *m.*, **souffrante** *f., adj.*, sick
soyez *v. form (imperative) of* **être**; **soyez raisonnable!** be reasonable!
vivre *v.*, to live

Exercises

Review the story and vocabulary before starting these exercises.

I. **Answer the following questions in complete sentences. They are based on the story in this unit.**

1. Qui est malade? _____

2. Pourquoi est-elle malade? _____

3. Depuis quand est-elle malade? _____

4. Qui lui donne un médicament? _____

5. Pourquoi le docteur doit-il partir? _____

II. **Comment dit-on en français . . .?** Write the French equivalent for the English given. Refer to the story in this unit if you have to.

1. Mrs. Paquet has been sick since yesterday. _____

2. Absolutely nothing! _____

3. Not even a soft-boiled egg! _____

4. Tell me what you eat and I'll tell you what you are! _____

   _____

5. Take this medicine and don't eat anything! _____

III. The words in the following boxes are scrambled. Unscramble them to find a meaningful sentence. Write the sentence in French on the line provided.

Model:

le	est
arrivé	docteur

You write: **Le docteur est arrivé.**   (The doctor has arrived.)

1.

le	est	n'
arrivé	docteur	pas

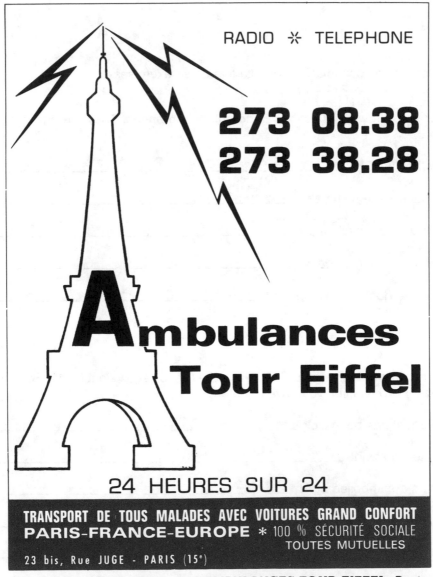

RADIO ✳ TELEPHONE

273 08.38
273 38.28

Ambulances
Tour Eiffel

24 HEURES SUR 24

TRANSPORT DE TOUS MALADES AVEC VOITURES GRAND CONFORT
PARIS-FRANCE-EUROPE ✳ 100 % SÉCURITÉ SOCIALE
TOUTES MUTUELLES

23 bis, Rue JUGE - PARIS (15ᵉ)

Reprinted with permission of AMBULANCES TOUR EIFFEL, Paris

2.

est	Madame Paquet	hier
depuis	malade	n'est-ce pas?

_____

3.

est	la	dans	quinze
chambre	il	depuis	minutes

_____

IV. Mots-croisés. (Crossword Puzzle). Give the French words for the English.

Horizontalement

3. _____ à l'estomac

4. past part. of **pouvoir**

6. to wait

9. by

10. yesterday

11. past part. of **lire**

12. reflexive pronoun

Verticalement

1. 3d pers. sing., pres. indicative of **devoir**

2. to call

5. butter

6. year

7. since

8. bed

Structures de la Langue

A. Negations: **ne . . . pas / ne . . . jamais / ne . . . rien**

Present Indicative	Passé Composé
1. Je **ne** fume **pas**. (I do not smoke.)	4. Je **n'**ai **pas** fumé. (I did not smoke.)
2. Je **ne** fume **jamais**. (I never smoke.)	5. Je **n'**ai **jamais** fumé. (I have never smoked.)
3. Elle **ne** mange **rien**. (She's eating nothing. or: She's not eating anything.)	6. Elle **n'**a **rien** mangé. (She has eaten nothing. or: She hasn't eaten anything.)

Rules and observations:

1. To make a sentence negative in the present indicative (as you already know from experience in previous work units), merely put **ne** in front of the verb and **pas** after it.

2. If you want to negate the verb by saying **never** in the present indicative, merely put **ne** in front of the verb and **jamais** after it.

3. If you want to negate a verb by saying **nothing** in the present indicative, merely put **ne** in front of the verb and **rien** after it.

4. In the passé composé, put **ne** in front of the auxiliary (or helping) verb and either **pas** or **jamais** or **rien** after it.

5. If the first letter of the verb is a vowel, drop **e** in **ne** and add an apostrophe: **Je n'ai . . .**

B. Subordination with **quand, parce que**, and **que**

1. **Quand** j'ai faim, je mange.
   (*When* I'm hungry, I eat.)

2. Madame Paquet est dans son lit **parce qu'**elle est malade.
   (Mrs. Paquet is in her bed *because* she is sick.)

3. Je sais **que** vous êtes intelligent.
   (I know *that* you are intelligent.)

Rules and observations:

1. Each sentence in the above box contains two clauses: a main clause and a subordinate clause. In model sentence 1, the main clause is **je mange** and the subordinate clause is **quand j'ai faim**. As a main clause, **je mange** can stand alone. However, **quand j'ai faim** cannot stand alone; it is incomplete and subordinate to the main clause.

2. In model sentence 2, the main clause is **Madame Paquet est dans son lit** and the subordinate clause is **parce qu'elle est malade**. As a main clause, **Madame Paquet est dans son lit** can stand alone and make sense. However, **parce qu'elle est malade** cannot stand alone; it is incomplete and subordinate to the main clause. Of course, subordinate clauses are used frequently as fragmentary replies to questions or statements in conversation and informal writing. Nevertheless, a subordinate clause is not a complete sentence.

3. In model sentence 3, the main clause is **Je sais** and the subordinate clause is **que vous êtes intelligent**.

C.   **Dans** and a duration of time

Le docteur va venir **dans quelques minutes**.

(The doctor is going to come *in a few minutes.*)

Rules and observations:

1. **Dans** and a duration of time indicates a definite time in the future when something will happen.

2. In the model sentence above, **dans quelques minutes** means *at the end of a few minutes.* If that is what you mean, use **dans** for *in.*

3. **Dans** and a duration of time can be at the beginning or the end of a sentence, but future time must be implied.

D.   **En** and a duration of time

En une heure, le docteur est venu.

(*In one hour,* the doctor came.)

Rules and observations:

1. **En** and a duration of time indicates the completion of an action at any time *within* that period of time.

2. In the model sentence above, **en une heure** means *in* or *within* one hour; in other words, any time before the one hour is up. If that is what you mean, use **en** for *in*.

3. **En** and a duration of time must be at the beginning of a sentence if the action has already been completed (as a general rule).

E. **Depuis** and a duration of time

---

1. **Depuis quand** Madame Paquet **est**-elle malade?

    (*Since when has* Mme. Paquet been sick?)

2. Madame Paquet est malade **depuis hier**.

    (Mme. Paquet has been sick *since yesterday*.)

3. **Depuis combien de temps** Mme. Paquet **attend**-elle le docteur?

    (*How long has* Mme. Paquet *been waiting* for the doctor?)

4. Madame Paquet **attend** le docteur **depuis vingt minutes**.

    (Mme. Paquet *has been waiting* for the doctor *for twenty minutes*.)

Rules and observations:

1. In model sentence 1 in the above box, **depuis quand** is used in the question to express *since when;* in other words, at what point in the past. When you use this structure, you must use the present indicative tense of the verb.

2. In model sentence 2, which is the answer to 1, **depuis hier** is used to express *since yesterday* and the verb is still in the present indicative tense. (Note the verb tense in English in the question and in the answer in both model sentences: *has been*.) In French, however, we use the simple present tense because the thought expressed in the verb still holds right *now* in the present.

3. In model sentences 3 and 4, **depuis combien de temps** has a slightly different meaning. It asks: for how long. The answer to the question asked in this type of sentence structure usually requires a certain length of time to be stated, *e.g.,* twenty minutes, three hours, a month, and so forth. Note here, too, that in French we use the verb in the present tense because the action of the verb (in this case, waiting) is carried on right up to the present.

Exercises

I. Answer the following questions in French in the negative using **ne . . . pas**.

Model: **Fumes-tu?**   You answer: **Non, je ne fume pas.**
(Do you smoke?)   (No, I do not smoke.)

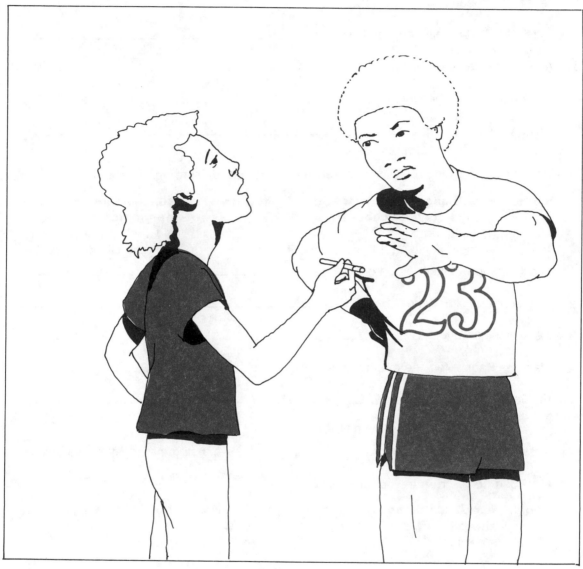

Non, je ne fume pas. (No, I do not smoke.)

1. Dansez-vous bien? _____

2. Votre père chante-t-il souvent? _____

3. Votre mère lit-elle beaucoup? _____

4. Vos amis écrivent-ils bien? _____

5. Fumes-tu? _____

II. Answer the following questions in the negative using **ne...jamais**.

> **Model:** **Mangez-vous beaucoup?**   **You answer:**   **Non, je ne mange jamais**
> (Do you eat a lot?)   **beaucoup.** (No, I never
>   eat a lot.)

1. Parlez-vous beaucoup? _____

2. Votre père boit-il beaucoup de lait? _____

3. Votre soeur travaille-t-elle beaucoup? _____

4. Ton ami étudie-t-il beaucoup? _____

5. Buvez-vous beaucoup d'eau? _____

III. Answer the following questions in French in the negative using **ne . . . rien**.

> **Model:** **Est-ce que Madame Paquet**   **You answer:**   **Non, Madame Paquet ne**
> **mange quelque chose?**   **mange rien.**
> (Is Mrs. Paquet   (No, Mrs. Paquet isn't
> eating something?)   eating anything.)

1. Lucille mange-t-elle quelque chose? _____

2. Guy écrit-il quelque chose? _____

3. Lis-tu quelque chose? _____

4. Madame Paquet fait-elle quelque chose? _____

5. Étudiez-vous quelque chose? _____

IV. Answer the following questions in French in the negative, using the negation requested.

> **(A)** Use **ne . . . rien** in your answers.

> **Model:** **Avez-vous mangé quelque**   **You answer:**   **Non, je n'ai rien mangé.**
> **chose?** (Have you eaten   (No, I haven't eaten
> something?)   anything.)

1. Avez-vous dit quelque chose? _____

2. Janine a-t-elle bu quelque chose? _____

3. Vos amis ont-ils étudié quelque chose? _____

4. Avez-vous lu quelque chose? _____

5. Avez-vous écrit quelque chose? _____

6. As-tu bu quelque chose? _____

7. Julie et Lucille ont-elles mangé quelque chose? _____

(B)   Use **ne . . . jamais** in your answers.

Model:	**Avez-vous jamais voyagé en France?**	You answer:	**Non, je n'ai jamais voyagé en France.**
	(Have you ever traveled to France?)		(No, I have never traveled to France.)

> NOTE THAT SOME OF THESE VERBS IN THE PASSÉ
> COMPOSÉ ARE CONJUGATED WITH **AVOIR**, SOME
> WITH **ÊTRE**. BE CAREFUL!

1. Avez-vous jamais voyagé en Angleterre? _____

    _____

2. Êtes-vous jamais allé au Canada? _____

    _____

3. Avez-vous jamais vu un film français? _____

    _____

4. Juliette est-elle jamais allée à l'opéra? _____

    _____

5. Robert a-t-il jamais lu un journal français? _____

    _____

6. Monsieur et Madame Paquet sont-ils jamais allés en Espagne? _____

    _____

7. Lucille et Marie-Louise ont-elles jamais mangé un éclair? _____

    _____

V.   The words in the following boxes are scrambled. Unscramble them to find a meaningful sentence. Write the sentence in French on the line provided.

Model:

sais	vous	que
êtes	intelligent	je

You write: **Je sais que vous êtes intelligent.** (I know that you are intelligent.)

1.

êtes	malade	je
sais	vous	que

_____

2.

dans	est	lit	elle	est
son	Madame Paquet	parce qu'	malade	n'est-ce pas?

_____

3.

j'ai	je	faim
mange	quand	

_____

4.

venir	va	quelques
le docteur	minutes	dans

_____

5.

heure	le docteur	est
une	venu	en

_____

VI. Identify the following verb forms by giving the infinitive for each. They are all in the story in this unit.

Model: dis   **You write: dire**

1. est _____   4. attend _____

2. a _____   5. dites _____

3. va _____   6. prenez _____

VII. Answer the following questions in complete sentences. Use the French words in parentheses in your answers. Use a pronoun in place of the noun as subject.

> **Model:** **Depuis quand Madame Paquet**   **You answer:**   **Elle est malade depuis**
>   **est-elle malade?   (hier)**   **hier.**
>   (Since when has Mrs. Paquet   (She has been sick
>   been sick?) (yesterday)   since yesterday.)

1. Depuis quand Pierre est-il absent? (lundi) _____

2. Depuis combien de temps Madame Paquet attend-elle le docteur? (vingt minutes) ____

  _____

3. Depuis combien de temps attendez-vous l'autobus? (dix minutes) _____

  _____

4. Depuis quand travaillez-vous ici? (le premier avril) _____

  _____

5. Depuis combien de temps lisez-vous ce livre? (une heure) _____

  _____

6. Depuis quand lisez-vous ce livre? (ce matin) _____

  _____

VIII. Answer the following questions in the affirmative in complete sentences in French.

> **Model:** **Faut-il manger pour vivre?**   **You answer:**   **Oui, il faut manger pour**
>   (Is it necessary to eat   **vivre.** (Yes, it is necessary
>   in order to live?)   to eat in order to live.)

1. Faut-il boire pour vivre? _____

2. Faut-il étudier pour apprendre? _____

3. Faut-il parler français dans la classe de français? _____

  _____

4. Faut-il parler espagnol dans la classe d'espagnol? _____

  _____

5. Faut-il faire les devoirs pour apprendre? _____

  _____

IX. Educational Tour. Proficiency in Speaking and Writing.

Situation: You have just arrived in Paris on an educational tour with a group of students. Your guide is Madame Simard, an assistant at the Université de Paris. You have been asking her questions about Paris. Now she has a few questions to ask you because she is impressed with your ability to speak some French.

You may vary and extend this conversation with your own ideas and words.

Mme Simard: **Vous parlez français extraordinairement bien.**

Vous: _____

Thank her.

Mme Simard: **Depuis combien de temps étudiez-vous le français?**

Vous: _____

Tell her you have been studying French for one year.

Mme Simard: **Vous étudiez le français depuis un an? C'est tout? C'est extraordinaire! Où avez-vous appris à parler si bien le français?**

Vous: _____

Tell her you learned to speak French in school.

Mme Simard: **Où habitez-vous? Avec qui? Dans quel pays?**

Vous: _____

Tell her you live with your parents in the United States/**aux États-Unis.**

Mme Simard: **Quelles matières étudiez-vous?**

Vous: _____

Tell her what subjects you are studying. (Include computer science/ **l'informatique,** _n.f._; computers/**les ordinateurs,** _n.m._)

Mme Simard: **Aimez-vous mon pays?**

Vous: _____

Tell her you like her country, the French people, the culture, music, and art/**les Français, la culture, la musique, et l'art.**

Mme Simard: **Merci bien. Maintenant, nous allons au marché aux puces.**

Vous: _____

_____

Say, "Oh, the flea market!" Tell her you want to buy a pillow/**un oreiller** because you don't like the pillow on the bed in your room at the hotel.

Mme Simard: **Attention aux puces!***

*Watch out for the fleas!

X. Expressing Personal Feelings. Proficiency in Speaking, Reading, and Writing.

Situation: You are in a florist shop **(chez un fleuriste)** because you want to buy a plant for a friend. You are talking with the florist. Use your own ideas and words. To know what to say and write on the lines, you must read what the florist says before and after your lines.

Le fleuriste: **Bonjour! Vous désirez?**

Vous: _____

Le fleuriste: **Une plante? C'est pour vous? Ou c'est pour offrir comme cadeau?**

Vous: _____

Le fleuriste: **Ah, bon! C'est pour offrir! C'est pour une occasion spéciale?**

Vous: _____

Le fleuriste: **Aimez-vous cette plante rouge? Elle est très jolie.**

Vous: _____

Le fleuriste: **C'est cent trente francs. La prenez-vous?**

Vous: _____

XI. Storytelling. Proficiency in Speaking and Writing.

Situation: Alice, one of your classmates, was absent when this lesson was done in class. She wants you to tell her what is going on in the picture at the beginning of this work unit where Madame Paquet is sick in bed. It was summarized in class.

You may use your own words and key words in the story opposite the picture. When you tell her, make at least five statements. Then practice writing them on the lines below.

1. _____

2. _____

3. _____

4. _____

5. _____

XII. Expressing Love on Father's Day. Proficiency in Speaking and Writing.

Situation: Next Sunday is Father's Day. Below, write your own card and give it to your father or to some friend or relative who has been like a father to you. Before you start, take a few minutes to gather your thoughts, jot down a few words in French that you will use, then say them aloud.

You may also use the following: **au plus sympa de tous les papas**/to the nicest of all Dads; **de tout coeur**/with all my heart; **Je te souhaite une joyeuse Fête des Pères**/ I wish you a Happy Father's Day; **Je t'aime**/I love you; **Chez nous, j'ai appris la valeur de l'amour depuis mon enfance**/In our home, I learned the value of love since childhood.

XIII. Entertainment. Proficiency in Speaking and Reading.

Situation: The members of your French Club are planning a party to entertain some students who are thinking of joining the club. As president of the French Club, you have proposed to help the members practice to sing a song. You have asked a member to play the piano.

Say aloud the words to the song **_Frère Jacques._** The words and music are on the following page.

FRÈRE JACQUES

Frè _ re   Jac _ ques   Frè _ re   Jac _ ques   dor _ mez _

vous   dor _ mez _ vous   Son _ nez les ma _ ti _ nes

Sonnez les ma _ ti _ nes   Ding, din,   don!   Ding,   din,   don!

Frère Jacques, Frère Jacques, dormez-vous?
Dormez-vous?
Sonnez les matines, Sonnez les matines,
Ding, din don! Ding din, don!

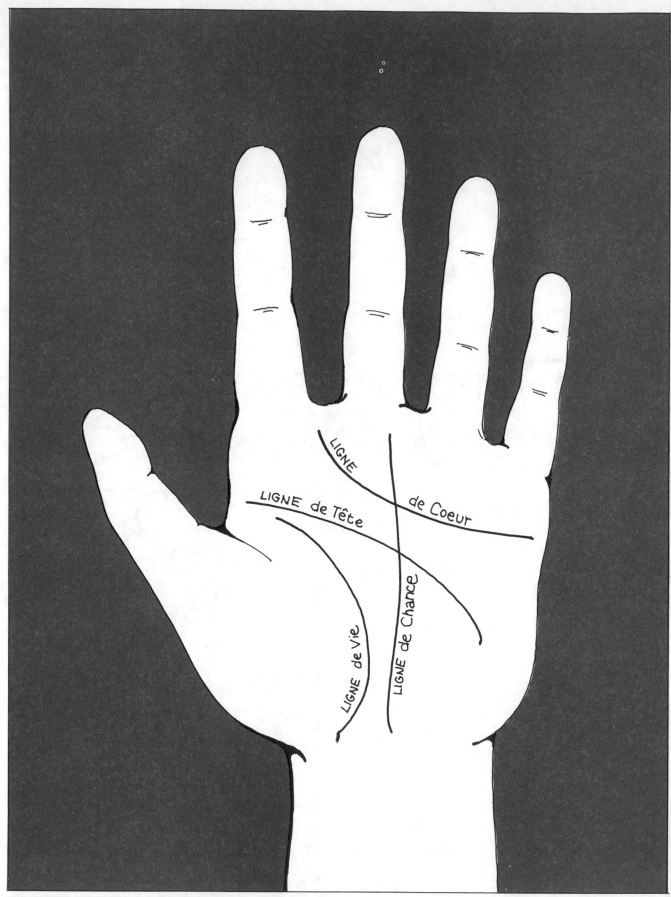

Les secrets de votre main (The secrets of your hand)

Orthographical Changing Verbs in the Present Indicative and Other Structures of the Language

Some people like to have their palms read. It can be fun—believe it or not.

Les secrets de votre main

Claire et François Paquet sont allés à la foire samedi. Là, ils se sont bien amusés. Ils ont vu des expositions, ils ont acheté des souvenirs, et ils sont entrés chez une chiromancienne pour se faire lire les lignes de la main.

— Tiens! François! Une chiromancienne! s'exclame Claire.

— Où? lui a demandé François.

— Là, devant nous. Ne vois-tu pas?

> Madame Sétou,
> chiromancienne,
>
> révèle les secrets de votre main.

— François, je veux me faire lire les lignes de la main. Toi aussi? lui a demandé Claire.

— Oui, je veux bien. Mais, tu sais que je n'y crois pas, dit François.

Ils entrent chez la chiromancienne.

— Est-ce que nous vous dérangeons, madame?

— Mais non, pas du tout! Entrez! Entrez! répond Madame Sétou.

— Je veux me faire lire les lignes de la main. Et mon mari aussi, dit Claire.

— Bon! répond la chiromancienne. Asseyez-vous et donnez-moi votre main.

Madame Sétou regarde fixement la main de Claire et elle commence à lire les lignes:

— Ah! Je vois dans votre ligne de chance que vous allez faire un voyage aux États-Unis avec un homme, s'exclame Madame Sétou.

— C'est curieux! dit Claire. Mon mari et moi, nous commençons à faire des préparations pour un autre voyage aux États-Unis.

— Maintenant, dit Madame Sétou, je regarde votre ligne de coeur. Je vois que vous êtes amoureuse d'un homme.

— C'est curieux! dit Claire. Vous avez raison. Je suis amoureuse de mon mari!

— Maintenant, monsieur, asseyez-vous et donnez-moi votre main, dit Madame Sétou.

François Paquet lui donne sa main.

— Ah! Je vois dans votre ligne de chance que vous allez faire un voyage aux États-Unis avec une femme, s'exclame Madame Sétou.

— C'est curieux! dit François. Ma femme et moi, nous commençons à faire des préparations pour un autre voyage aux États-Unis.

— Maintenant, dit Madame Sétou, je regarde votre ligne de coeur. Je vois que vous êtes amoureux d'une femme.

— C'est curieux! dit François. Vous avez raison. Je suis amoureux de ma femme! La main révèle tout, n'est-ce pas?

— Oui, monsieur, la main révèle les secrets de votre vie. Ça fait dix francs pour les révélations.

François lui paye les dix francs.

Dehors, Claire dit à François:

— Madame Sétou sait tout, n'est-ce pas?

— Oui, Madame Sétou sait tout, mais je n'ai rien appris de nouveau. Et toi?

— Moi non plus. Nous savons déjà que nous voyageons aux États-Unis et que nous sommes amoureux!

Vocabulaire

l'amour n. m., love; **amoureux** m., **amoureuse** f., adj., in love; **nous sommes amoureux** we are in love

s'amuser refl. v., to have a good time; **ils se sont bien amusés** they had a good time

appris past part. of **apprendre; je n'ai rien appris de nouveau** I didn't learn anything new

asseyez-vous imperative of s'asseoir (to sit down)

la chance n., luck, fortune, chance

le chiromancien, la

chiromancienne, n., the palm reader

le coeur n., the heart

crois v. form of **croire** (to believe); **je n'y crois pas** I don't believe in it

curieux m., **curieuse** f., adj., curious, odd

déranger v., to disturb

donnez-moi la main give me your hand

fixement adv., intently, fixedly

la foire n., the fair

la ligne n., the line; **se faire lire les lignes de la main** to have one's palm read (to have the lines of one's hand read)

pas du tout not at all

plus adv., more; **non plus** neither; **moi non plus** me neither

révéler v., to reveal

sais v. form of **savoir; tu sais** you know

veux v. form of **vouloir; veux-tu?** do you want to?; **je veux bien** I'd like to; **je veux me faire lire les lignes de la main** I want to have my palm read

vois v. form of **voir; ne vois-tu pas?** don't you see?

voyager v., to travel

y advl. pron., **je n'y crois pas** I don't believe in it

Exercises

Review the story and vocabulary before starting these exercises.

I. Vocabulary Building. Proficiency in Writing.

Situation: You are planning to go to a county fair with some friends. Write six things you would like to do there; for example, **regarder les animaux**.

1. _____   2. _____   3. _____

4. _____   5. _____   6. _____

II. Write appropriate responses in French on the blank lines. The following is a conversation between Claire and François Paquet who are about to have their palms read.

Claire: Tiens! François! Une chiromancienne!

François: _____

Claire: Là, devant nous. Je veux me faire lire les lignes de la main. Veux-tu?

François: _____

Claire: Madame Sétou sait tout, n'est-ce pas?

François: _____

Claire: Je n'ai rien appris de nouveau. Et toi?

François: _____

III. Write complete sentences using the cue words given below. Change the infinitives where necessary to either the present tense or the passé composé, whichever you prefer. Supply other words as needed.
  Model: Claire et François / aller / la foire.

  You write: Claire et François sont allés à la foire.
               (Claire and François went to the fair.)

         or: Claire et François vont à la foire.
               (Claire and François are going to the fair.)

1.   Joseph et Joséphine / aller / cinéma / samedi.

    _____

2. Ils / entrer / chez / chiromancienne.

   _____

3. Ils / ne / apprendre / rien / chez / chiromancienne.

   _____

4. François Paquet / lui / payer / francs / pour / révélations.

   _____

Structures de la Langue

A. Orthographical changing verbs in the present indicative

appeler (to call)	
Singular	_Plural_
j'appelle	nous appelons
tu appelles	vous appelez
il, elle, on appelle	ils, elles appellent

Rules and observations:

1. An orthographical changing verb is a verb that changes in spelling.

2. In the box above, **appeler** doubles the **l** in the three persons of the singular and in the third person plural. This is done because the stress falls on the syllable that contains the **l** when pronounced. The letter **l** does not double in the first and second persons of the plural because the stress is on the final syllable (**-ons** and **-ez**).

3. There are other verbs that double the consonant in the same persons as above. For example: **jeter** (to throw) and **rappeler** (to recall, to call (someone) back).

employer (to use, employ)	
Singular	_Plural_
j'emploie	nous employons
tu emploies	vous employez
il, elle, on emploie	ils, elles emploient

4. For verbs ending in **-oyer** or **-uyer** you must change the **y** to **i** before a silent **e**, as noted in the above box.

5. Other verbs that end in **-oyer** or **-uyer** are: **nettoyer** (to clean), **envoyer** (to send), **ennuyer** (to bore, to bother), **essuyer** (to wipe).

6. Verbs ending in **-ayer** may change the **y** to **i** or may keep the **y** before silent **e**. One verb that keeps the **y** is **essayer** (to try, to try on), and one that changes the **y** to **i** is **payer** (to pay, to pay for).

---

manger   (to eat)

Singular	Plural
je mange	nous mang**e**ons
tu manges	vous mangez
il, elle, on mange	ils, elles mangent

---

7. For verbs ending in **-ger**, add a silent **e** after the **g** if the vowels **a** or **o** follow **g**. This is done in order to preserve the soft sound of **g** as it is pronounced in the infinitive. If a silent **e** were not inserted between **g** and **a** or **g** and **o**, the **g** would then have to be pronounced hard, as in the English word *go*.

8. Other verbs ending in **-ger** that are treated in the same way are:

> **arranger** (to arrange); **changer** (to change); **corriger** (to correct); **déranger** (to disturb); **nager** (to swim); **obliger** (to oblige); **songer** (to think, to dream); **voyager** (to travel).

---

prononcer   (to pronounce)

Singular	Plural
je prononce	nous prononçons
tu prononces	vous prononcez
il, elle, on prononce	ils, elles prononcent

---

9. For verbs ending in **-cer**, change **c** to **ç** before the vowels **a**, **o**, **u**. This is done in order to preserve the soft sound of **c** (like *s*) as it is pronounced in the infinitive. The little mark under the **c** (**ç**) is called *une cédille*. Actually, it is the lower half of consonant *s* and indicates that **ç** should be pronounced as *s*.

10. Other verbs ending in **-cer** that are treated in the same way are:

> **annoncer** (to announce); **avancer** (to advance); **commencer** (to begin); **effacer** (to efface, to erase); **lancer** (to hurl, to lance, to launch); **menacer** (to threaten, to menace); **placer** (to place, to put, to set); **remplacer** (to replace).

---

acheter   (to buy)

Singular	*Plural*
j'ach**è**te	nous achetons
tu ach**è**tes	vous achetez
il, elle, on ach**è**te	ils, elles ach**è**tent

---

11. If there is a silent **e** in the syllable just before the infinitve ending (as in ach**e**ter above), it changes to **è** in a verb form — provided that the syllable right after it contains another silent **e**. Study the changes in spelling in the above box.

12. Other verbs that change in the same way are: **lever** (to lift, to raise), **se lever** (to get up), and **enlever** (to remove, to take off).

Exercises

Review the preceding material before starting these exercises.

I. Answer the following questions in complete sentences (in French) in the affirmative. Substitute *nous* as the subject pronoun in place of "Et vous et votre soeur?" Also, substitute an object pronoun for the noun direct object, as shown in these two models:

Model:	**Bob arrange les fleurs.**	**You answer:**	**Nous les arrangeons aussi.**
	Et vous et votre soeur?		
	(Bob arranges the flowers. And you and your sister?)		(We are arranging them too.)

Model:	**Simone efface le tableau.**	**You answer:**	**Nous l'effaçons aussi.**
	Et vous et votre soeur?		
	(Simone is erasing the board. And you and your sister?)		(We are erasing it too.)

1. Hélène change la phrase. Et vous et votre soeur? _____

   _____

2. Yves corrige le devoir. Et vous et votre soeur? _____

   _____

3. Monique appelle les garçons. Et vous et votre soeur? _____

   _____

4. Guy emploie le dictionnaire. Et vous et votre soeur? _____

   _____

5. Lucille achète les roses. Et vous et votre soeur? _____

   _____

II. Shopping. Proficiency in Speaking and Writing.

Situation: You received a picture postcard from a pen pal in Guadeloupe where French is spoken. Guadeloupe is located in the West Indies. The picture is shown below. The people are buying fruits and vegetables on a Saturday afternoon.

In three sentences, using your own words and ideas, tell us what is happening in the picture. You may also use the following words: **les hommes et les femmes**/the men and women; **regarder**/to look at; **acheter**/to buy; **des fruits et des légumes**/fruits and vegetables; **Plus tard, ils vont rentrer chez eux pour les laver, les cuire (les faire cuire), et les manger**/Later, they are going to return home to wash them, cook them, and eat them. First, say your sentences aloud, then write them for practice on these lines.

1. _____
2. _____
3. _____

A fruit and vegetable market in Guadeloupe. Reprinted with permission of the French Government Tourist Office, New York.

III. Change to the passé composé.

Model: **Claire et François Paquet vont à la foire.**	**You write:** **Claire et François Paquet sont allés à la foire.**
(Claire and François Paquet are going to the fair.)	(Claire and François Paquet went to the fair.)

1. Janine et Monique vont au cinéma. _____

2. Nous voyageons aux États-Unis. _____

3. Madame Sétou regarde fixement la main de Madame Paquet. _____

   _____

4. Madame Sétou révèle les secrets de votre main. _____

   _____

5. Claire et François Paquet achètent des souvenirs. _____

   _____

IV. Change to the present indicative.

Model: **Nous avons mangé les pommes.**	**You write:** **Nous mangeons les pommes.**
(We ate the apples.)	(We are eating the apples.)

1. Nous avons arrangé les fleurs. _____

2. Il a acheté une cravate. _____

3. Ils ont appelé la police. _____

4. Tu as employé le dictionnaire. _____

5. Nous avons prononcé le mot. _____

B. **Aller** in the present indicative with an infinitive

Je vais faire mes devoirs.	**Il va voir** ses amis.
(*I'm going to do* my homework.)	(*He's going to see* his friends.)

Rule: It is customary to use **aller** in the present indicative with an infinitive form of a verb, as we do in English.

C. **Vouloir** in the present indicative with an infinitive

Elle **veut acheter** une nouvelle robe.	Monsieur Paquet **veut vendre** son auto.
(She *wants to buy* a new dress.)	(Mr. Paquet *wants to sell* his car.)

Rule: It is customary to use **vouloir** in the present indicative with an infinitive form of a verb, as we do in English.

D. The use of **il y a, y a-t-il . . .?, voici,** and **voilà**

(a) **Il y a** un bon restaurant près d'ici.   (*There is* a good restaurant near here.)

(b) **Il y a** dix étudiants dans cette classe.   (*There are* ten students in this class.)

(c) J'ai vu Janine **il y a deux heures**.   (I saw Janine *two hours ago*.)

(d) **Y a-t-il** un arrêt d'autobus près d'ici?   (*Is there* a bus stop near here?)

(e) **Est-ce qu'il y a** des fruits sur la table?   (*Are there* fruits on the table?)

(f) **N'y a-t-il pas** de sel dans la soupe?   (*Isn't there* any salt in the soup?)

(g) Non, **il n'y a pas** de sel dans la soupe.   (No, *there isn't* any salt in the soup.)

(h) Je l'ai vue **il y a un an**.   (I saw her *a year ago*.)

(i) **Voici** ma mère et **voilà** mon père!   (*Here's* my mother and *there's* my father!)

(j) **Voici** un taxi et **voilà** un taxi!   (*Here is* a taxi and *there is* a taxi!)

(k) **Me voici!**   **Le voici!**   **Vous voilà!**   **Les voilà!**   **La voici!**

(*Here I am!*)   (*Here he is!*   (*There you are!*)   (*There they are!*)   (*Here she is!*
                  Here it is!)   *Here it is!*)

Rules and observations:

1. **Il y a** is used simply to mention the existence of something which may or may not be known to the listener. It may be about people, things, or facts. Its equivalent in English is *there is* or *there are*.

2. **Il y a** also means *ago* when a length of time is stated right after it. See models (c) and (h) in the above box

3. The interrogative form of **il y a** is given in models (d) and (e) above.

4. The negative form of **il y a** is given in model sentence (g) above.

5. The negative-interrogative form of **il y a** is given in model sentence (f) above. **Est-ce qu'il n'y a pas** is also a correct form.

6. **Voici** and **voilà** have a demonstrative characteristic. They are used to point out, to call attention to someone or something. They are based on **vois + ici (+ là)**. If you analyze the word, it actually means: *See (look) here! See (look) there!* See models (i) and (j) above.

7. If you regard **voici** or **voilà** as a "verb form," you will understand why the object pronoun is placed in front of it, as in the model sentences in (k) above.

Exercises

Review the preceding material before starting these exercises.

I. Answer the following questions in the affirmative in complete sentences.

> **Model:** **Allez-vous faire vos devoirs?** (Are you going to do your homework?)
>
> **You answer:** **Oui, je vais faire mes devoirs.** (Yes, I am going to do my homework.)

1. Allez-vous faire un voyage au Canada? _____

2. Va-t-elle écrire une lettre? _____

3. Est-ce qu'il va jouer dans le parc? _____

4. Vont-ils voyager en Angleterre? _____

5. Allons-nous répondre à la question? _____

II. Answer the following questions in the negative in complete sentences.

> **Model:** **Voulez-vous acheter un nouveau chapeau?** (Do you want to buy a new hat?)
>
> **You answer:** **Non, je ne veux pas acheter un nouveau chapeau.** (No, I do not want to buy a new hat.)

1. Voulez-vous acheter une nouvelle voiture? _____

_____

2. Le professeur de français veut-il corriger les devoirs? _____

_____

3. L'étudiant veut-il prononcer le mot? _____

4. Janine veut-elle employer le dictionnaire? _____

5. Monsieur Paquet veut-il fumer une cigarette? _____

III. Match the following.

1. There you are!   ____ Me voici!

2. Here she is!   ____ Vous voilà!

3. Here they are!   ____ Les voici!

4. Here I am!   ____ Le voilà!

5. There it is!   ____ La voici!

IV. Change to the negative.

Model: Il y a un bon restaurant près d'ici. (There is a good restaurant near here.)   **You write: Il n'y a pas un bon restaurant près d'ici.** (There is not a good restaurant near here.)

1. Il y a un grand parc dans cette ville. _____

2. Y a-t-il un arrêt d'autobus ici? _____

3. Est-ce qu'il y a dix garçons dans la classe? _____

_____

V. Answer the following questions in the affirmative in complete sentences, using French for the English in parentheses.

Model: Avez-vous vu Janine? (two hours ago) (Have you seen Janine?)   **You answer: Oui, j'ai vu Janine il y a deux heures.** (Yes, I saw Janine two hours ago.)

1. Avez-vous lu *Le livre de mon ami* d'Anatole France? (three months ago) _____

_____

2. A-t-il vu Pierre? (ten minutes ago) _____

3. Êtes-vous allé en Californie? (a year ago) _____

4. Sont-elles arrivées? (a half hour ago) _____

5. Est-elle partie? (an hour ago) _____

VI. Physical Activities. Proficiency in Speaking and Writing.

Situation: In your French Club students are looking at pictures in an album that one of the students brought to stimulate speaking in French.

Look at the photo below. Say aloud the French words you plan to write. Then answer the questions in complete sentences. Verbs you may want to use: **jouer**/to play; **s'amuser**/to have fun; **être debout**/to be standing; **être prêt à sauter**/to be ready to jump; **grimper sur un arbre abattu**/to climb onto a felled (cut down, knocked down) tree.

1. Combien d'enfants y a-t-il dans cette photo? _____

2. Où sont-ils? Dans un parc? _____

3. Qu'est-ce qu'ils font? _____

4. Que fait le petit garçon à gauche? _____

5. Que fait le garçon au milieu/*in the middle*? _____

6. Que fait le troisième garçon à droite? _____

VII. Leisure. Proficiency in Speaking and Writing.

Situation: You are riding on a bicycle on a country road in France. In front of you there is another cyclist with a young boy sitting behind him. The boy has turned his head and is looking at you. What is he saying to you? What are you saying to him?

Write two statements on the following lines.

Le petit garçon: _____

Vous: _____

Reprinted with permission of French Government Tourist Office, New York, N.Y.

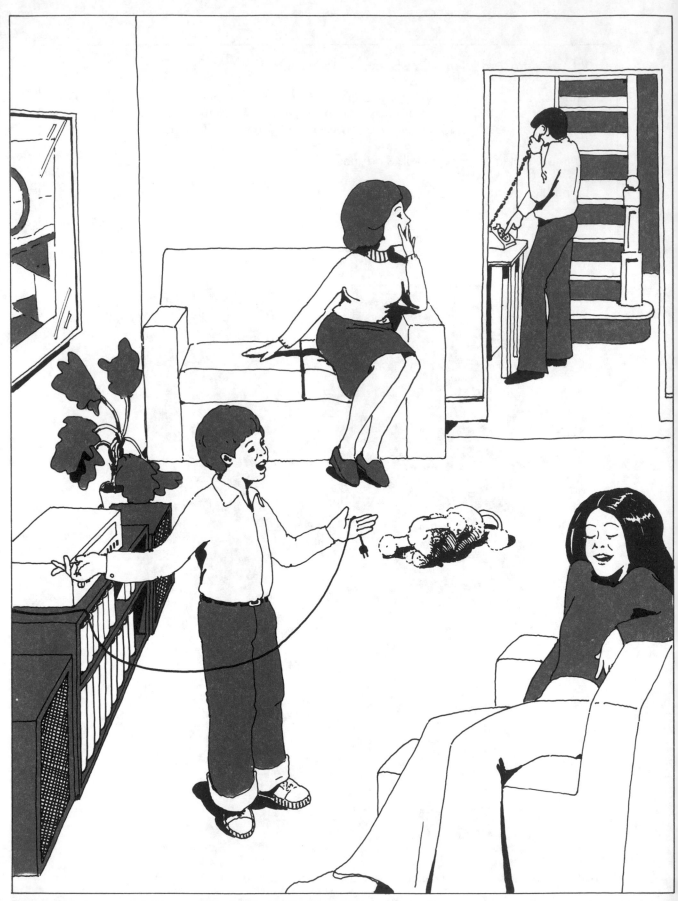

Papa! Papa! Attends! Attends! (Papa! Papa! Wait! Wait!)

Prepositions and Infinitives and Other Structures of the Language

In this story, the Paquet family is celebrating the wedding anniversary of Mr. and Mrs. Paquet. After a festive lunch, they attempt to play some music on their brand new stereophonic radio that Mr. Paquet had bought as a present for his wife.

Le beau cadeau

C'est aujourd'hui samedi.

Monsieur Paquet est allé acheter une radio stéréophonique. C'est un cadeau pour sa femme à l'occasion de leur vingtième anniversaire de mariage. Madame Paquet est allée chez le coiffeur pour une nouvelle coiffure. Janine a préparé un grand déjeuner toute la matinée dans la cuisine, et Pierre est allé aux grands magasins acheter un petit cadeau pour sa mère de la part de lui et de sa soeur. Il est allé, aussi, chez un confiseur pour acheter une boîte de chocolats et chez un fleuriste pour acheter des fleurs.

Après un déjeuner délicieux, Monsieur Paquet dit:

— Et maintenant nous allons écouter un peu de musique. Elle est belle, cette radio stéréo, n'est-ce pas?

Monsieur Paquet essaye d'allumer la radio, mais il n'y a pas de musique! Il n'y a pas de son! Il n'y a rien!

— Zut, alors! J'ai horreur de réparer des radios! dit-il.

— D'abord, le téléviseur il y a un an! Et maintenant, une nouvelle radio stéréo qui ne marche pas! Incroyable! Ces appareils gouvernent notre vie! s'exclame Madame Paquet.

Monsieur Paquet va téléphoner au magasin où il a acheté la radio stéréo.

— Il faut appeler le magasin, dit-il.

A ce moment-là, Pierre s'exclame:

— Papa! Papa! Attends! Attends! Tu n'as pas branché la radio sur la prise de courant!

Vocabulaire

agréable *adj.*, pleasant

l'anniversaire *n. m.*, anniversary, birthday

brancher *v.*, to plug in, to connect (an electrical apparatus)

le cadeau *n.*, the gift, present

le coiffeur, la coiffeuse *n.*, the hairdresser; **une coiffure** *n.*, a hair style

le confiseur, la confiseuse *n.*, the confectioner, candy maker; **une confiserie** a candy store

d'abord *advl. phrase*, at first, first

essayer *v.*, to try

la fleur *n.*, the flower

le fleuriste, la fleuriste *n.*, the florist

gouverner *v.*, to govern, to rule, to direct

l'horreur *n. f.*, horror; **J'ai horreur de** + *inf.* I hate + *pres. part.*

le magasin *n.*, the store; **le grand magasin** the department store

le mariage *n.*, the marriage

le matin *n.*, the morning; **la matinée** the morning (long); **toute la matinée** all morning long

l'occasion *n. f.*, the occasion

la part *n.*, part, behalf; **de la part de lui** on his behalf

peu *adv.*, little

la prise *n.*, hold, grip; **une prise de courant** electric outlet (in the wall)

le son *n.*, the sound

Exercises

Review the story and vocabulary before starting these exercises.

I. Answer the following questions in complete sentences. They are all based on the story in this unit.

1. Où Monsieur Paquet est-il allé? _____

2. Qui a préparé un grand déjeuner? _____

3. Qui est allé chez le coiffeur? _____

4. Qui a acheté une boîte de chocolats? _____

5. Pourquoi la radio stéréo ne marche-t-elle pas d'abord? _____

_____

II. Picture Interpretation. Proficiency in Speaking.

Situations:

A. Take a good look at the picture at the beginning of this work unit. Describe the scene to a friend, telling what's going on, in at least ten words.

B. Notice that Coco, **le petit chien,** is on the floor. Give the French for at least five other animals. Refer to previous lessons in this book. Then say which is your favorite pet, for example, **Mon animal favori est le chat.**

III. Write short sentences using the cue words in each group. They are all based on the story in this work unit. Use the present indicative or the passé composé, whichever you prefer. Supply other words as needed.

1. Monsieur Paquet / acheter / radio stéréo.

_____

2. Janine / préparer / déjeuner.

_____

3. Pierre / aller / confiseur / chocolats.

_____

4. Madame Paquet / aller / coiffeuse / nouvelle coiffure.

_____

5. Pierre / aller / fleuriste / fleurs.

_____

Structures de la Langue

A. The use of **de** with an infinitive after certain idiomatic expressions

---

1. **avoir besoin de + inf.** (to need + inf.)	4. **avoir peur de + inf.** (to be afraid + inf.)
2. **avoir envie de + inf.** (to feel like + pres. part.)	5. **avoir raison de + inf.** (to be right + inf.)
3. **avoir horreur de + inf.** (to hate, to detest + pres. part. or inf.)	6. **avoir tort de + inf.** (to be wrong + inf.)

Models:

1. **J'ai besoin d'aller** chez le dentiste. *(I need to go to the dentist.)*

2. **Tu as envie de dormir.** *(You feel like sleeping.)*

3. **Il a horreur de réparer** des radios. *(He hates repairing (to repair) radios.)*

4. **Nous avons peur de traverser** la mer. *(We are afraid to cross the sea.)*

5. **Vous avez raison d'avoir** peur. *(You are right to be afraid.)*

6. **Vous avez tort d'avoir** peur. *(You are wrong to be afraid.)*

Rule: The above idiomatic expressions take **de + infinitive form**. Note that in English we sometimes use a present participle (or gerund) instead of an infinitive, as in model sentences 2 and 3 in the above box.

B. The use of **Il est** + adjective + **de** + infinitive

1. **Il est agréable d'aller** à un bal.   (*It is pleasant to go (going) to a dance.*)

2. **Il est amusant d'aller** à un cirque.   (*It is fun to go (going) to a circus.*)

3. **Il est désagréable d'aller** chez le dentiste.   (*It is unpleasant to go (going) to the dentist.*)

4. **Il est impossible de lire** ce gros livre en une heure.   (*It is impossible to read this thick book within an hour.*)

5. **Il est intéressant d'aller** à un musée.   (*It is interesting to go (going) to a museum.*)

Rule: Use **Il est** (not **C'est**) + adjective + de + infinitive.

J'ai besoin d'aller chez le dentiste. (I have to go to the dentist.)

C. The use of **à** after certain verbs + infinitive

---

1. **J'apprends à lire** en français. *(I am learning to read in French.)*

2. **Je commence à écrire** en français. *(I am beginning to write in French.)*

3. **J'hésite à sortir** parce qu'il pleut.   *(I hesitate going (to go) out* because it's raining.)

Rule: In French, some verbs take **à** between the verb form and the infinitive. Study the above models.

D.   The use of **pour, sans, avant de, au lieu de**, and **afin de** + infinitive

---

1. Il est parti **pour aller** voir ses amis.   (He left *to go* see his friends.)

2. Elle est sortie **sans dire** un mot.   (She went out *without saying* a word.)

3. Nous mangeons et buvons **pour vivre.**   (We eat and drink *(in order) to live.*)

4. Ils sont allés au cinéma **avant de finir** leurs devoirs.   (They went to the movies *before finishing* their homework.)

5. Elles sont sorties **au lieu de rester** à la maison.   (They went out *instead of staying* home.)

6. Il est revenu **afin de voir** ses amis.   (He came back *in order to see* his friends.)

Rule: The infinitive form of the verb is used *after* prepositions and prepositional phrases, except after **en**.

E. The use of no preposition after certain verbs + infinitive

1. **J'aime aller** au cinéma.   (*I like to go (going)* to the movies.)

2. **Tu aimes mieux aller** au théâtre.   (*You prefer to go (going)* to the theater.)

3. **Il déteste aller** chez le dentiste.   (*He hates to go (going)* to the dentist.)

4. **Elle veut aller** au Canada.   (*She wants to go* to Canada.)

5. **Nous pensons aller** en Angleterre.   (*We intend to go (going)* to England.)

6. **Vous pouvez aller** à l'opéra ce soir.   (*You can go* to the opera tonight.)

7. **Ils veulent aller** en Australie.   (*They want to go* to Australia.)

8. **Elles doivent aller** à la bibliothèque.   (*They have to go* to the library.)

ALSO MAKE A NOTE OF THE IMPERSONAL EXPRESSION **Il faut**, as in:

Il faut étudier pour apprendre.   (*It is necessary to study* in order to learn.)

Rule: No preposition is needed between the verb form and the infinitive when you use the above verbs.

F. The use of **de** after certain verbs + infinitive

1. **J'ai oublié de fermer** la fenêtre.   (*I forgot to close* the window.)

2. **Je promets de venir** chez vous.   (*I promise to come* to your house.)

3. **Elle a refusé de sortir** hier soir.   (*She refused to go out* last night.)

4. **Je tâche de faire** mes devoirs.   (*I try to do* my homework.)

Rule: The above verbs require **de** + infinitive.

Exercises

Review the preceding material before starting these exercises.

I. Write the appropriate preposition in French, either **à** or **de**, on the blank line. If no preposition is needed, write a dash (—).

Model: Elle a oublié ___de___ fermer la porte. (She forgot to close the door.)

1. Tu as envie _____ jouer, n'est-ce pas?

2. Elle apprend _____ lire en espagnol.

3. J'aime _____ aller au cinéma.

4. Il a besoin _____ travailler.

5. Nous commençons _____ écrire en français.

6. Veux-tu _____ aller au Canada?

7. J'aime mieux _____ prendre du thé.

8. Elle hésite _____ sortir.

9. Vous avez raison _____ partir.

10. Nous avons tort _____ rester.

II. Answer the following questions in the affirmative in complete French sentences. In answer (a) use **oui.** In answer (b) use **aussi.** Study the models.

Models: (a) Avez-vous envie de sortir? (Do you feel like going out?)
(b) Et Robert? (And Robert?)

You answer: (a) Oui, j'ai envie de sortir. (Yes, I feel like going out.)
(b) Il a envie de sortir aussi. (He feels like going out too.)

> USE SUBJECT PRONOUNS IN YOUR ANSWERS.

1. (a) As-tu envie d'aller au cinéma? _____

   (b) Et tes amis? _____

2. (a) Madame Paquet a-t-elle besoin d'aller au supermarché? _____

   _____

   (b) Et Louise et Antoinette? _____

3. (a) Êtes-vous sorti sans dire un mot? _____

   (b) Et Joséphine? _____

4. (a) Apprenez-vous à lire en français? _____

   (b) Et Robert? _____

5. (a) Avez-vous horreur de manger dans un restaurant sale? _____

   _____

   (b) Et Michel et Marie? _____

9 ETAGES 9 FLOORS

à votre service.   at your service.

Super-terrasse   Roof-garden.
en plein ciel. Bar.   Bar.

Tissus d'ameublement.   Furnishing materials.
Tapis.   Carpets.
Meubles de cuisine.   Kitchen furniture.

Jouets.   Toys.
Camping.   Camping.
Bagages.   Luggage.

Restaurant. Salon de thé.   Restaurant. Tea-room.
Cadeaux :   Gifts:
"La Maîtrise".   "La Maîtrise".

Confection féminine.   Women's ready-to-wear.
Pull-overs. Chemisiers.   Pullovers.
Sportswear.   Sportswear.

Salon de Beauté.   Beauty-salon.
Salon de Coiffure.   Hairdressers.
Lingerie féminine.   Lingerie.
Tout pour l'enfant.   Everything for children.

Bureau de voyages.   Travel agency.
Locations théâtre.   Theatre agency.
Chaussures pour femmes.   Women's shoes.
Tissus. Linge de maison.   Materials, household linen.

Interprètes.   Interpreters.
Taxiphones. Journaux.   Taxiphones. Newspapers.
Parfums. Bijoux.   Perfumes. Jewelry.
Souvenirs de Paris.   Souvenirs of Paris.
Radio. Télévision.   Radio. Television.

Bar rapide.   Snack-bar.
Verrerie. Porcelaine.   Glass-ware. China-ware.
Orfèvrerie.   Silver.

EVERSMART   EVERSMART.
Vêtements et accessoires   Men's clothes
pour Hommes.   and accessories.

BUREAU INFORMATION

Reprinted with permission of AUX GALERIES LAFAYETTE, Paris.

III.   Choose the correct answer after studying the picture on the preceding page.

1.   Un jouet est généralement pour   (a) une dame.   (b) un monsieur.
     (c) un enfant.   (d) un agent de police.   _____

2.   Si vous avez faim, vous allez au   (a) salon de coiffure.   (b) bureau
     de voyages.   (c) salon de beauté.   (d) restaurant.   _____

3.   Si vous voulez prendre de la pâtisserie et du thé, vous allez   (a) au salon
     de beauté.   (b) aux tapis.   (c) aux interprètes.   (d) au salon de thé.   _____

IV.   Match the following after studying the picture on the preceding page.

1.   everything for children   _____ chaussures pour femmes

2.   carpets   _____ bar rapide

3.   women's shoes   _____ tout pour l'enfant

4.   toys   _____ tapis

5.   snack-bar   _____ jouets

V.   After studying the picture on the preceding page, choose the word that does not belong in
     the group.

1.   (a) pull-over   (b) chemisiers   (c) vêtements   (d) parfums   _____

2.   (a) verrerie   (b) porcelaine   (c) lingerie   (d) orfèvrerie   _____

3.   (a) linge de maison   (b) tapis   (c) super-terrasse   (d) meubles
     de cuisine   _____

VI. Activities. Proficiency in Speaking.

A. Situation: Your friend John has a toothache. Talk to him about it. Ask him a few questions. Use your own ideas and words and/or the following: **As-tu mal aux dents, Jean?**/Do you have a toothache, John? **As-tu besoin d'aller chez le dentiste?**/Do you have to go to the dentist? **Vas-tu chez le dentiste?**/Are you going to the dentist? **Tu ne veux pas y aller?**/You don't want to go there? **Pourquoi? As-tu peur des dentistes?**/Why? Are you afraid of dentists? **Je sais qu'il est désagréable d'aller chez le dentiste**/I know that it's unpleasant going to the dentist.

B. Situation: Persuade John to go to the dentist. If he refuses, give him one good reason why he has to go there. Use your own ideas and words and/or the following: **Jean, mon ami, il faut aller chez le dentiste**/John, my friend, you must go to the dentist; **Tu as tort d'avoir peur**/You are wrong to be afraid; **Le dentiste va t'aider**/The dentist is going to help you; **La douleur va disparaître**/The pain is going to disappear.

VII. Vocabulary Building. Proficiency in Writing.

A. You need to buy a wedding present and you are wondering what the bride would like. Write three things that you are considering.

1. _____ 2. _____ 3. _____

B. You need to furnish your new apartment. Write three things you plan to buy.

1. _____ 2. _____ 3. _____

VIII. Appreciating French Art. Proficiency in Speaking and Writing.

Situation: You and your friend Anne are at the National Gallery of Art in Washington, D.C., admiring the painting **La Liseuse**/A Young Girl Reading by Jean-Honoré Fragonard. Look at the picture on the next page.

Anne: **Ce tableau de Fragonard est très beau, n'est-ce pas?**

Vous: _____

Yes, it's superb. The young girl is reading a book. She's a reader. What book is she reading?

Anne: **Oui, elle tient un livre à la main droite. Je ne sais pas quel livre elle lit. C'est peut-être la Bible ou un livre de poèmes.**

Vous: _____

She's beautiful, isn't she? My French teacher has the same hairdo/**la même coiffure.** I suppose/**je suppose que** she has seen this painting.

Anne: **J'aime beaucoup le noeud de ruban dans sa coiffure. Et toi?**

Vous: _____

Yes, I like the bow of ribbon in her hairdo. It's simple and pretty.

Anne: **J'ai envie d'aller chez un coiffeur pour une nouvelle coiffure.**

Vous: _____

Don't forget to bring a little book with you and a bow of ribbon!

La Liseuse/A Young Girl Reading by Jean-Honoré Fragonard (1732–1806). *Gift of Mrs. Mellon Bruce in memory of her father, Andrew W. Mellon, © 1996 Board of Trustees, National Gallery of Art, Washington, D.C.*

Le chat parti, les souris dansent. (When the cat is away, the mice will play [dance]).

L'appétit vient en mangeant.

L'appétit vient en mangeant. (The more you have, the more you want. [Appetite comes while eating.])

Summaries of Word Order in a French Declarative Sentence in the Present Tense and in the Passé Composé

*Do you know any proverbs in French?
In English? Here are twenty common
proverbs in French with their English
equivalents.*

Vingt proverbes

1. **Le chat parti, les souris dansent.**   (When the cat is away, the mice will play.)

2. **L'appétit vient en mangeant.**   (The more you have, the more you want.) (*i.e.,* Appetite comes while eating.)

3. **A bon chat, bon rat.**   (Tit for tat). (*i.e.,* A good cat is entitled to a good rat.)

4. **Loin des yeux, loin du coeur.**   (Out of sight, out of mind.)

5. **Bien faire et laisser dire.**   (Do your work well and never mind the critics.)

6. **Tel père, tel fils.**   (Like father, like son.)

7. **Telle mère, telle fille.**   (Like mother, like daughter.)

8. **Il n'y a pas de fumée sans feu.**   (Where there's smoke, there's fire.)

9. **Mains froides, coeur chaud.**   (Cold hands, warm heart.)

10. **Mieux vaut tard que jamais.**   (Better late than never.)

11. **Les murs ont des oreilles.**   (Walls have ears.)

12. **A chacun son goût.**   (To each his own.) (*i.e.,* Each person has his/her own tastes.)

13. **Tout est bien qui finit bien.**   (All's well that ends well.)

14. **Qui se ressemble s'assemble.**   (Birds of a feather flock together.)

15. **Qui ne risque rien n'a rien.**   (Nothing ventured, nothing gained.)

16. **Vouloir, c'est pouvoir.**   (Where there's a will, there's a way.)

17. **Beaucoup de bruit pour rien.**   (Much ado about nothing.)

18. **Qui vivra verra.**   (Time will tell.)

19. **L'habit ne fait pas le moine.**   (Clothes don't make the person.)

20. **Rira bien qui rira le dernier.**   (She/He who laughs last laughs best.)

Vocabulaire

l'appétit *n.,* the appetite
assembler *v.,* to assemble;
  s'assembler *refl. v.,* to gather, to meet
le bruit *n.,* the noise
le feu *n.,* the fire
la fumée *n.,* the smoke
l'habit *n. m.,* attire, costume, dress
loin *adv.,* far

mangeant *pres. part. of*
  manger; **en mangeant** while eating
le moine *n.,* the monk
le mur *n.,* the wall
l'oeil *n. m.,* the eye; **les yeux** the eyes
l'oreille *n. f.,* the ear
pouvoir *v.,* to be able
qui *pron.,* who (sometimes: he/she who)

se ressembler *refl. v.,* to resemble each other
rira *v. form of* **rire** (to laugh)
risquer *v.,* to risk
la souris *n.,* the mouse
tel *m.,* **telle** *f., adj.,* such
vaut *v. form of* **valoir** (to be worth)
verra *v. form of* **voir** (to see)
vivra *v. form of* **vivre** (to live)
vouloir *v.,* to want

Exercises

Review the proverbs and vocabulary before starting these exercises.

I. Write the French proverb for the English one.

1. When the cat is away, the mice will play. _____

2. Tit for tat. _____

3. Better late than never. _____

4. Where there's a will, there's a way. _____

5. To each his own. _____

II. Fill in the missing words in French. Refer to the proverbs in this unit.

1. Le _____ parti, les souris _____.

2. Loin des _____, loin _____ coeur.

3. Tel _____, tel _____.

4. Telle _____, telle _____.

III. Match the following.

1. Better late than never.   _____ A bon chat, bon rat.

2. To each his own.   _____ Mieux vaut tard que jamais.

3. Where there's a will, there's a way.   _____ Tout est bien qui finit bien.

4. All's well that ends well.   _____ Chacun son goût.

5. Tit for tat.   _____ Vouloir, c'est pouvoir.

IV. Picture Interpretation. Proficiency in Speaking.

Situation: Look at the two pictures at the beginning of this work unit. Choose either the three mice and the cat or the heavy man eating an enormous amount of food. Describe the picture to a friend in at least ten words. If you choose the mice, tell how many mice there are in the picture, what they are doing and why, and something about the cat. If you choose the heavy man, tell something about his appearance, what he is doing, and why.

V. Vocabulary Building. Proficiency in Writing.

A. Look again at the picture of the mice and cat. Write two verbs you would use if you described this picture.

1. _____   2. _____

B. Look again at the picture of the heavy man eating. Write the names of four foods on the table.

1. _____   2. _____   3. _____   4. _____

Structures de la Langue

A. Summary of word order of elements in a French declarative sentence in the present tense

SUBJECT	ne	me	le	lui	y	en	VERB	pas
	n'	m'	la	leur				
		te	l'					
		t'	les					
		se						
		s'						
		nous						
		vous						

Models:

Affirmative	Negative
1. Janine lit le poème. Janine le lit.	1. Janine ne lit pas le poème. Janine ne le lit pas.
2. Pierre écrit la lettre. Pierre l'écrit.	2. Pierre n'écrit pas la lettre. Pierre ne l'écrit pas.
3. M. Richy me donne le ragoût.	3. M. Richy ne me donne pas le ragoût.

B. Summary of word order of elements in a French declarative sentence in the passé composé

SUBJECT	ne	me	le	lui	y	en	VERB	pas	past participle
	n'	m'	la	leur			(Auxiliary		
		te	l'				verb		
		t'	les				**avoir** or		
		se					**être** in the		
		s'					present		
		nous					tense)		
		vous							

Models:

Affirmative

1. Louis a préparé le dîner.
   Louis l'a préparé.

2. Pierre a préparé la salade.
   Pierre l'a préparée.

3. Louise a préparé les dîners.
   Louise les a préparés.

4. Rita a préparé les salades.
   Rita les a préparées.

Negative

1. Louis n'a pas préparé le dîner.
   Louis ne l'a pas préparé.

2. Pierre n'a pas préparé la salade.
   Pierre ne l'a pas préparée.

3. Louise n'a pas préparé les dîners.
   Louise ne les a pas préparés.

4. Rita n'a pas préparé les salades.
   Rita ne les a pas préparées.

Exercises

Review the preceding material before starting these exercises.

I. The following sentences are scrambled. Each sentence is in the present tense and contains a subject, a verb, a direct object pronoun, a direct object noun, or an indirect object pronoun. Some contain **y** and some contain **en**; some contain both. Some are in the negative, some are in the affirmative. Rewrite them in correct word order. (Refer to Summary A above if you have to.)

1. Janine / la lettre / écrit. _____

2. Janine / écrit / l'. _____

3. Monique / la lettre / n' / pas / écrit. _____

4. Madame Richy / donne / me / un cadeau. _____

5. Le professeur / ne / donne / lui / pas / le stylo. _____

_____

6. Il / pas / n' / y / a / bon / un / restaurant / près d'ici. _____

_____

7. Il / a / une mouche / y / la soupe / dans. _____

8. Il / en / a / y / beaucoup / la soupe / dans. _____

_____

9. Je / donne / leur / de l'argent. _____

10. Je / vous / ne / pas / donne / l'éclair. _____

II. **Do the same in this exercise as you did in the above one. (Refer to Summary B above if you have to.)**

1. Louis / le dîner / préparé / a. _____

2. Marie / préparé / a / l'. _____

3. Il / pas / n' / préparé / a / le dîner. _____

4. Janine / la salade / préparé / a / pas / n'. _____

_____

5. Robert / préparé / a / les salades. _____

6. Jacques / a / préparées / les / ne / pas. _____

_____

7. Monique / lui / ne / pas / a / donné / les chocolats. _____

_____

8. Raymond / donné / a / vous / les disques. _____

_____

9. Madame Paquet / leur / ne / pas / donné / a / l'argent. _____

_____

10. Je / leur / ne / ai / donné / en / pas. _____

_____

III. Eating, Drinking, and Socializing. Proficiency in Speaking.

Situation: Below is a photo of a famous sidewalk café in Paris, the **Café de Flore,** located in the **Quartier Latin** near the **Université de Paris (La Sorbonne).** Describe the scene to a friend; for example, there are many people eating, drinking, and talking. You may also want to select one particular person and describe his or her appearance. You may use your own ideas and words or any of the following: **boire, manger, parler, lui, leur, il y a, étudiants.**

A sidewalk café in Paris.
Reprinted with permission of French Government Tourist Office, New York

ADMINISTRATIVE MAP OF FRANCE

Reprinted with permission of French Embassy Press and Information Division, New York.

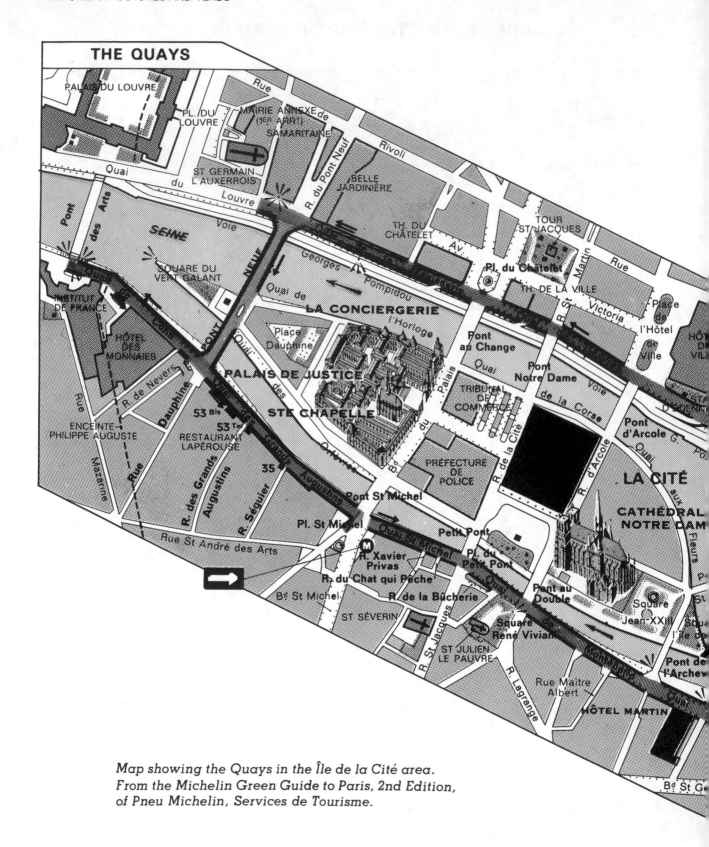

Map showing the Quays in the Île de la Cité area.
From the Michelin Green Guide to Paris, 2nd Edition,
of Pneu Michelin, Services de Tourisme.

La carte que vous voyez sur ces deux pages montre l'Île de la Cité. Cette île (island) est la partie la plus ancienne et la plus centrale de la ville de Paris.

Autrefois (formerly), Paris s'appelait (used to be called) Lutèce. Lutèce était (was) le village des Parisii, le nom d'une tribu gauloise (Gallic tribe). La ville de Paris a reçu son nom des Parisii.

L'Île de la Cité, le berceau (the cradle) de Paris, est une île de la Seine, le fleuve qui passe par Paris. Dans la Cité vous pouvez voir, par exemple (for example), la cathédrale Notre-Dame de Paris, la Sainte-Chapelle, le Palais de Justice, et la Préfecture de Police. Ici, il y a beaucoup de quais (quays) et beaucoup de ponts (bridges) magnifiques. Le Pont-Neuf, construit (built) de 1578 à 1607, est un des ponts les plus anciens de Paris.

Pouvez-vous trouver le Pont-Neuf sur cette carte? Et la cathédrale Notre-Dame de Paris?

Pour une belle vue (view) de cette île, tournez à la page 459 dans ce livre.

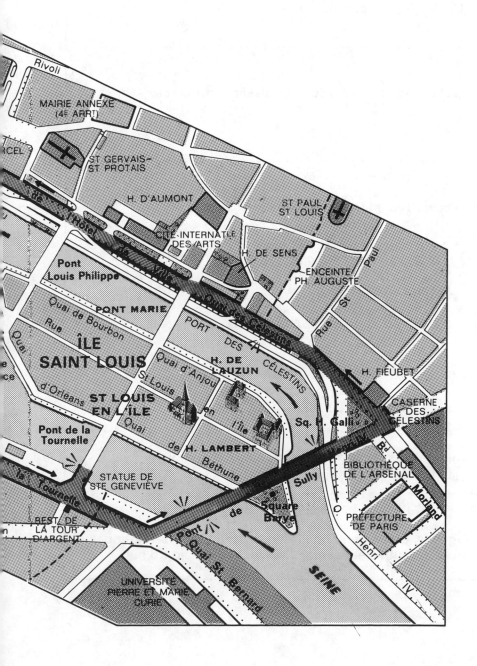

IV. Culture. French Proverbs. Proficiency in Speaking and Writing.

Situation: The fun activity today in Madame Marin's class is to see who can finish a French proverb that a student begins. The one who finishes the most proverbs wins a prize **(gagner un prix).** In this exercise, provide the French for all the players. First, say the words aloud. After the game is completed, write the French words on the lines. Later, switch roles with the other players.

Mme Marin: **Bon. Alors, qui veut commencer un proverbe français? Qui veut le finir?**

Robert: _____

Me! Me! I want to begin a French proverb. Tonya can finish it.

Mme Marin: **D'accord. Vous pouvez commencer, Robert.**

Robert: _____

Better late . . .

Mme Marin: **Excellent! Mieux vaut tard . . . Tonya, finissez le proverbe.**

Tonya: **Je ne sais pas.**

Yvette: _____

I know! It's . . . than never. Better late than never!

Mme Marin: **C'est ça. Bravo, Yvette! Mieux vaut tard que jamais!**

André: _____

Me! Me! I want to begin a French proverb.

Mme Marin: **D'accord. Allez-y!**/Go to it!

André: _____

All's well . . .

Mme Marin: **Éric, finissez ce proverbe, s'il vous plaît.**

Éric: _____

. . . that ends well.

Mme Marin: **C'est épatant!**/That's wonderful! **Tout est bien qui finit bien!**

Robert: _____

Who has won the prize, Madame Marin?

Mme Marin: **Qui a gagné le prix? Personne**/Nobody. **Nous allons continuer demain avec les autres étudiants. C'est tout pour aujourd'hui.**

V. Culture. French Proverbs. Proficiency in Speaking and Writing.

Say a proverb in French that would make a point in the following situations. Then write it on the line. Review the proverbs at the beginning of this work unit.

A. Situation: You just arrived twenty minutes late to French class for a test. What might the teacher say to you?

_____

B. Situation: Your French teacher has to leave the room for about ten minutes to make an urgent phone call in the main office. What might one of the students say when the teacher is out of the room?

_____

C. Situation: Annie tells her mother that she doesn't feel like having dinner because she doesn't have an appetite. What might her mother say to her?

_____

D. Situation: Yvette is gossiping with Mimi about Julie. Mimi whispers to her that somebody might be listening. What proverb might she use?

_____

E. Situation: Robert is telling his friend Louis that he would like to have a summer job in the fast-food restaurant near his house but he doesn't know how to get the job he wants. What might Louis say to him?

_____

VI. Culture. French Proverbs. Proficiency in Writing.

Situation: Write two situations in English and the French proverbs that would apply to them.

1. Situation: _____

_____

2. Situation: _____

_____

VII. Appreciating French Art. Proficiency in Speaking and Writing.

Situation: You are on a field trip at The Metropolitan Museum of Art in New York City with your French teacher, Monsieur Martin, and other students. You are in awe as you admire the masterpiece of French art, ***Terrasse à Sainte-Adresse***/*Garden at Sainte-Adresse* by Claude Monet, **grand artiste français.** Sainte-Adresse is located near Le Havre, a port in northern France on the English Channel/**La Manche.**

In this exercise, for maximum practice, provide the French for all the students. First, say the words aloud, then write them on the lines. You may vary and expand the conversation with your own ideas and words. Refer to the vocabulary under the picture on the next page.

M. Martin: **Alors, aimez-vous ce tableau de Claude Monet?**

Simone: _____
I think it's beautiful! What a painting! I want to be an artist.

Éric: _____
I think it's great! What an artist! I want to be an artist, too.

M. Martin: **Regardez la structure géométrique marquée par les deux mâts.**

Robert: _____
It's marvelous! Look at the railing that separates the terrace garden from the sea.

Anne: _____
If only I could paint like that!

Monique: _____
Where there's a will, there's a way!

Nathalie: _____
Look at all the boats on the horizon! And look at the sailboat near the woman with the white parasol.

Jacques: _____
The garden is beautiful. I have never seen a garden so beautiful!

M. Martin: **Je vois trois plans dans ce tableau—la terrasse, la mer, et le ciel. Au premier plan, les fleurs, les feuilles, et les ombres sont impressionnistes.**

Georges: _____
The pennant on the left is splendid. The French flag on the right is impressive.

M. Martin: **Bon. Alors, maintenant que vous avez apprécié un tableau impressionniste, allons sur la terrasse pour un rafraîchissement!**

Terrasse à Sainte-Adresse/Garden at Sainte-Adresse by Claude Monet (1840–1926). The Metropolitan Museum of Art, Purchased with special contributions and purchase funds given or bequeathed by friends of the Museum, 1967. (67.241)

all the boats **tous les bateaux**
alors *adv.* well, then, so
au premier plan on the first level
French flag **le drapeau français**
I have never seen a garden so beautiful!
   Je n'ai jamais vu un jardin si beau!
I think it's great! **Je pense que**
   c'est épatant!
I want to be an artist **Je veux**
   être artiste.
If only I could paint like that!
   Si je pouvais peindre comme ça!
impressionniste *adj.* impressionist
impressive *adj.* **impressionnant**
Je vois trois plans I see three levels.
Look at . . . **Regardez . . .**
marquée *adj.* marked
marvelous *adj.* **merveilleux**

mât *n.m.* mast
mer *n.f.* sea
near *adv.* **près de**
ombre *n.f.* shadow
on the horizon **à l'horizon**
par *prep.* by
pennant *n.* **le fanion**
rafraîchissement *n.m.* refreshment
railing *n.* **la balustrade**
sailboat *n.* **le bateau à voiles; le voilier**
separate *v.* **séparer**
terrasse *n.f.* terrace
that separates **qui sépare**
too, also *adv.* **aussi**
What a painting! **Quel tableau!**
What an artist! **Quel artiste!**
with the white parasol **au parasol blanc**

La fourmi répond à la cigale: "Ah! Vous avez chanté! Dansez maintenant!"
The ant answers the cicada, "Ah, you have sung! Dance now!"

Summaries of Word Order of Elements in a French Imperative Sentence in the Affirmative and Negative

*Do you plan ahead like the cicada
or the ant?*

Une fable

La cigale et la fourmi

— adapté de la fable de Jean de La Fontaine

La cigale a chanté tout l'été.
Elle n'a pas travaillé.

L'hiver arrive et
Elle n'a rien à manger.

Elle n'a pas un seul petit morceau
De mouche ou de vermisseau.

Elle va chez la fourmi, sa voisine,
Et elle lui dit:

— Ma chère amie, je n'ai rien à
manger et j'ai faim. Pouvez-vous
me prêter un grain de quelque chose
jusqu'au printemps?

Mais la fourmi ne donne jamais
Rien à ses voisins.

Elle a travaillé pendant l'été
Pour avoir quelque chose à manger
Pendant l'hiver.

La fourmi demande à la cigale:

— Qu'est-ce que vous avez fait
pendant l'été? Avez-vous travaillé?

La cigale répond à la fourmi:

— Je n'ai pas travaillé.
J'ai chanté.

Et la fourmi lui dit:

— Ah! Vous avez chanté! Dansez maintenant!

Vocabulaire

la cigale n., the cicada (an insect; the male cicada makes a prolonged shrill, droning sound on hot days in the summer)

l'été n. m., the summer
la fourmi n., the ant
l'hiver n. m., the winter
jusque prep., as far as, up to;
   jusqu'au printemps until

spring
le printemps n., the spring
travailler v., to work
le vermisseau n., the small worm

Exercises

Review the fable and vocabulary before starting these exercises.

I. Vrai ou Faux?

1. La cigale a chanté tout l'été.   _____

2. La cigale n'a pas travaillé pendant l'été.   _____

3. La fourmi n'a pas travaillé.   _____

4. La cigale n'a rien à manger.   _____

5. La fourmi a beaucoup à manger.   _____

6. Quand l'hiver arrive, la cigale a besoin de nourriture.   _____

7. La fourmi refuse de donner à manger à la cigale.   _____

8. La fourmi a chanté tout l'été.   _____

9. La cigale a faim.   _____

10. La fourmi dit à la cigale de danser.   _____

II. Fill in the squares by writing the French words across for the English words in the list.

1. to her or to him
2. dance!
3. hunger
4. fly (insect)
5. or
6. grain
7. to eat
8. the cicada

III. Fill in the missing words. (Refer to the fable if you have to.)

1. La cigale _____ _____ tout l'été.

2. Elle n'a _____ à manger.

3. Elle n'a _____ travaillé.

4. Elle n'a pas un seul petit morceau de _____ ou de vermisseau.

5. Elle _____ chez la fourmi, sa voisine.

6. La fourmi _____ donne _____ rien à ses voisins.

7. Qu'est-ce que vous _____ fait pendant l'été?

8. J'_____ chanté.

9. La fourmi demande _____ la cigale.

10. Ah! Vous _____ chanté! _____ maintenant!

IV. Answer the following questions in complete simple sentences.

1. Qui a chanté tout l'été? _____

2. Est-ce que la cigale a travaillé? _____

3. Quand l'hiver arrive, est-ce que la cigale a quelque chose à manger? _____

_____

4. Qui a travaillé tout l'été? _____

5. Est-ce que la fourmi donne quelque chose à manger à la cigale? _____

_____

Structures de la Langue

A. Summary of word order of elements in a French affirmative imperative sentence

VERB	le	moi	lui	y	en
	la	m'	leur		
	l'	toi			
		t'			
	les	nous			
		vous			

Models: (Compare these affirmative imperatives with those in the negative below.)

1. **Répondez à la lettre!**
   Répondez-y!

2. **Écrivez la lettre!**
   Écrivez-la!

3. **Achetez les chocolats!**
   Achetez-les!

4. **Donnez-moi le livre!**

5. **Donnez-nous l'argent!**

6. **Donnez-le à Marie!**
   Donnez-lui le gâteau!

7. **Lève-toi!**

1. Answer the letter!
   Answer it!

2. Write the letter!
   Write it!

3. Buy the chocolates!
   Buy them!

4. Give me the book!

5. Give us the money!

6. Give it to Marie!
   Give (to) her the cake!

7. Get up!

8. **Écrivez-lui!**	8. Write to him (to her)!
9. **Parlez-leur!**	9. Speak to them!
10. **Allez à la plage!**	10. Go to the beach!
Allez-y!	Go there (to it)!
11. **Mangez du gâteau!**	11. Eat some cake!
Mangez-en!	Eat some!
12. **Donnez-m'en!**	12. Give me some!

B.   Summary of word order of elements in a French negative imperative sentence

Ne	me, m'	le	lui	y	en	VERB	pas
N'		la	leur				
	te, t'	l'					
		les					
	nous						
	vous						

Models: (Compare these negative imperatives with those in the affirmative above.)

1. **Ne répondez pas à la lettre!**	1. Don't answer the letter!
N'y répondez pas!	Don't answer it!
2. **N'écrivez pas la lettre!**	2. Don't write the letter!
Ne l'écrivez pas!	Don't write it!
3. **N'achetez pas les chocolats!**	3. Don't buy the chocolates!
Ne les achetez pas!	Don't buy them!
4. **Ne me donnez pas le livre!**	4. Don't give me the book!
5. **Ne nous donnez pas l'argent!**	5. Don't give us the money!
6. **Ne le donnez pas à Marie!**	6. Don't give it to Marie!
Ne lui donnez pas le gâteau!	Don't give (to) her the cake!
7. **Ne te lève pas!**	7. Don't get up!
8. **Ne lui écrivez pas!**	8. Don't write to him (to her)!
9. **Ne leur parlez pas!**	9. Don't speak to them!
10. **N'allez pas à la plage!**	10. Don't go to the beach!
N'y allez pas!	Don't go there (to it)!

11.	**Ne mangez pas de gâteau!** **N'en mangez pas!**	11.	Don't eat any cake! Don't eat any of it!
12.	**Ne m'en donnez pas!**	12.	Don't give me any (of it)!

Exercises

Review the preceding material before starting these exercises.

I. The following sentences are scrambled. Rewrite them in correct word order. (Refer to Summary A above if you have to.)

1. Moi / donnez / le livre / ! _____

2. Lui / écrivez / la lettre / ! _____

3. Le gâteau / lui / donnez / ! _____

4. Y / répondez / ! _____

5. Vous / asseyez / et / donnez / la main / moi / ! _____

_____

II. The following sentences are scrambled. Rewrite them in correct word order. (Refer to Summary B above if you have to.)

1. Apprenez / l' / ne / pas / ! _____

2. Ne / pas / les / étudiez / ! _____

3. Donnez / m' / ne / en / pas / ! _____

4. N' / en / pas / mangez / ! _____

5. Leur / ne / pas / parlez / ! _____

III. Giving Commands. Proficiency in Speaking.

Situation: You and a girlfriend are at a party. You see a young man who is coming toward both of you. You know that he recently broke off with your friend, and you think he has a lot of nerve to come over to talk. Tell your friend not to get up, not to talk to him, not to answer him. When he approaches, tell him to go away. You may use your own ideas and words or any in this work unit.

Test 5

This test is based on Work Units 21 to 25. Review them before starting this test.

Part One Speaking Proficiency

Directions: Read the eighteen situations below. Take a few minutes to organize your thoughts about the words you are going to speak. Select fifteen of them.

1. **Situation:** You have just arrived in Paris on an educational tour with a group of students. Your guide is Madame Simard, an assistant at the Université de Paris. You have been asking her questions about Paris. Now she has a few questions to ask you because she is impressed with your ability to speak some French. Make three statements that you would say to her.

2. **Situation:** You are in a florist shop because you want to buy a plant for a friend. You are talking with the florist. Make three statements.

3. **Situation:** Alice, one of your classmates, was absent when Work Unit 21 was done in class. She wants you to tell her what is going on in the picture at the beginning of that work unit where Madame Paquet is sick in bed. Make three statements.

4. **Situation:** You are preparing to make your own Father's Day card to give to your father or to some friend or relative who has been like a father to you. Make three statements.

5. **Situation:** The members of your French Club are planning a party to entertain some students who are thinking of joining the club. As president of the French Club, you have proposed to help the members practice to sing a song. You have asked a member to play the piano. Say aloud the words to the song **Frère Jacques.** The words and music are in Work Unit 21.

6. **Situation:** You are planning to go to a county fair with some friends. Tell us six things you would like to do there; for example, **regarder les animaux.**

7. **Situation:** You received a picture postcard from a pen pal in Guadeloupe where French is spoken. Guadeloupe is located in the West Indies. The picture is in Work Unit 22. Make three statements about what the persons are doing in the picture.

8. **Situation:** Three children are in a park playing on a tree that has been felled. Look at the picture in Work Unit 22 and, in three statements, tell us what they are doing.

9. **Situation:** You are riding on a bicycle on a country road in France. In front of you there is another cyclist with a young boy sitting behind him. The boy has turned his head and is looking at you. What is he saying to you? What are you saying to him?

10. **Situation:** Take another good look at the picture at the beginning of Work Unit 23. Describe the scene to a friend, telling what's going on, in three statements.

11. **Situation:** Your friend John has a toothache but he does not want to go to the dentist. Ask him three questions or make three statements.

12. **Situation:** You and your friend Anne are at the National Gallery of Art in Washington, D.C., admiring the painting **La Liseuse**/A Young Girl Reading by Jean-Honoré Fragonard. Look at the picture again in Work Unit 23. Make three statements about it.

13. **Situation:** You are looking at the two pictures at the beginning of Work Unit 24. Choose either the three mice and the cat or the heavy man eating. Describe the scene to a friend in at least three statements.

14. **Situation:** If you are looking at the picture of the three mice and the cat in Work Unit 24, state two verbs you would use to describe what is going on. If you are looking at the picture of the heavy man eating, say aloud the names of four foods on the table.

15. **Situation:** Look again at the picture of the **Café de Flore** in Work Unit 24. In three statements, tell us what the people are doing.

16. **Situation:** State three French proverbs.

17. **Situation:** You are on a field trip at The Metropolitan Museum of Art in New York City with your French teacher, Monsieur Martin, and other students. You are in awe as you admire the masterpiece **(le chef-d'oeuvre)** of French art, **Terrasse à Sainte-Adresse**/Garden at Sainte-Adresse by Claude Monet, a French impressionist painter. Make three statements about the painting. It is in Work Unit 24.

18. **Situation:** Imagine a situation. State it in English, then make three statements about it in French.

Part Two Listening Proficiency

Directions: Your teacher will read aloud four short paragraphs. Each one will contain only a few sentences. You will hear each paragraph twice. Then you will hear one question based on each. You will hear the question only once. It is printed below. Choose the best suggested answer and check the letter of your choice.

Selection Number 1

1. Depuis quand Madame Paquet est-elle malade?

   A. depuis ce matin
   B. depuis la semaine passée
   C. depuis quelques heures
   D. depuis hier

Selection Number 2

2. Où sont-ils allés samedi?

    A. au théâtre
    B. au cinéma
    C. à la foire
    D. à l'hôpital

Selection Number 3

3. Où Pierre est-il allé?

    A. aux grands magasins
    B. chez un confiseur
    C. chez le coiffeur
    D. aux grands magasins et chez un confiseur

Selection Number 4

4. Pourquoi la cigale est-elle allée chez la fourmi?

    A. pour chanter au plaisir de la fourmi
    B. pour donner quelque chose à la fourmi
    C. pour lui donner à manger
    D. pour lui demander de la nourriture

Part Three   Reading Proficiency

Directions: In the following passage there are five blank spaces numbered 1 through 5. Each blank space represents a missing word. For each blank space, four possible completions are provided. Only one of them makes sense in the context of the passage.

First, read the passage in its entirety to determine its general meaning. Then read it a second time. For each blank space choose the completion that makes the best sense and is grammatically correct. Write its letter in the space provided.

        Madame Paquet est malade _____ hier. Elle _____ mangé quelque chose

1.	A. de	2.	A. est
	B. d'		B. a
	C. pour		C. va
	D. depuis		D. ont

qui _____ a donné mal à l'estomac. Elle est _____ dans son lit. Son

3.	A. la	4.	A. souffrant
	B. le		B. souffrante
	C. lui		C. souffrants
	D. leur		D. souffrantes

mari a _____ le docteur pour lui donner un médicament.
    5. A. appeler
          B. appelé
          C. appelée
          D. appelés

Part Four   Writing Proficiency

Directions: Of the eighteen situations in Part One (Speaking Proficiency) in this test, select fifteen and write what you said on the lines below. If you need more space for writing, use a sheet of paper.

Situation No. __ _____   **Situation No.** __ _____

_____   _____

Situation No. __ _____   **Situation No.** __ _____

_____   _____

Situation No. __ _____   **Situation No.** __ _____

_____   _____

Situation No. __ _____   **Situation No.** __ _____

_____   _____

Situation No. __ _____   **Situation No.** __ _____

_____   _____

Situation No. __ _____   **Situation No.** __ _____

_____   _____

Situation No. __ _____   **Situation No.** __ _____

_____   _____

Situation No. __ _____

_____

PART TWO

VOCABULARY

School children in Paris, 18th district.
Reprinted with permission of Eric Kroll/Taurus Photos.

Unit 1
L'école

le **banc** *n.*, the seat, the bench

la **bibliothèque** *n.*, the library

le **bureau** *n.*, the desk, the office

le **cahier** *n.*, the notebook

le **calendrier** *n.*, the calendar

le **carnet** *n.*, the small notebook

la **carte** *n.*, the map

la **classe** *n.*, the class; **la classe de français** French class

le **congé** *n.*, leave, permission; **jour de congé** day off (from school or work)

la **cour** *n.*, the playground, the courtyard

la **craie** *n.*, the chalk

le **crayon** *n.*, the pencil; le **crayon-feutre** felt-tip pen ▪

les **devoirs** *n. m.*, homework assignments

la **dictée** *n.*, the dictation

le **drapeau** *n.*, the flag

l'**école** *n. f.*, the school

écrire *v.*, to write

l'**élève** *n. m. f.*, the pupil

l'**encre** *n. f.*, the ink

étudier *v.*, to study; **les études** *n. f. pl.*, the studies

l'**étudiant** *m.*, l'**étudiante** *f.*, *n.*, the student

l'**examen** *n. m.*, the examination

l'**exercice** *n. m.*, the exercise

expliquer *v.*, to explain

la **faute** *n.*, the mistake

la **leçon** *n.*, the lesson; **leçon de français** French lesson

le **livre** *n.*, the book

le **livret d'exercices** *n.*, the workbook

le **lycée** *n.*, the high school

le **maître** *m.*, la **maîtresse** *f.*, *n.*, the teacher

le **papier** *n.*, the paper; **une feuille de papier** a sheet of paper

passer *v.*, to pass; **passer un examen** to take an exam

poser *v.*, to pose; **poser une question** to ask a question

le **professeur** *m.*, **la professeur-dame, une femme professeur** *f.*, *n.*, the professor

le **pupitre** *n.*, the desk (student's)

la **règle** *n.*, the rule, the ruler

répondre *v.*, to respond, to answer, to reply

la **réponse** *n.*, the answer

réussir *v.*, to succeed; **réussir à un examen** to pass an exam

la **salle** *n.*, the room; **la salle de classe** the classroom

le **stylo** *n.*, the pen

le **tableau noir** *n.*, the blackboard, the chalkboard

l'**université** *n. f.*, the university

le **vocabulaire** *n.*, the vocabulary

Exercises

Review the above material before doing these exercises.

I. Choose the word that does not belong in the group.

1. (a) élève   (b) étudiant   (c) maître   (d) stylo   _____

2. (a) écrire   (b) répondre   (c) université   (d) expliquer   _____

3. (a) crayon   (b) drapeau   (c) stylo   (d) craie   _____

4. (a) vocabulaire   (b) école   (c) lycée   (d) université   _____

5. (a) cahier   (b) cour   (c) carnet   (d) livre   _____

II. All the words in each group are either masculine or feminine, except one. Choose the word whose gender is not like the others.

1. (a) examen   (b) drapeau   (c) bureau   (d) dictée   _____

2. (a) règle   (b) stylo   (c) crayon   (d) cahier   _____

3. (a) exercice   (b) école   (c) cour   (d) faute   _____

4. (a) classe   (b) leçon   (c) bibliothèque   (d) bureau   _____

5. (a) banc   (b) pupitre   (c) carte   (d) stylo   _____

III. Choose the word that can be substituted for the italicized word and still give meaning to the sentence.

1. Janine veut lire *le livre*.

   (a) la leçon   (b) le tableau noir   (c) l'encre   (d) la cour   _____

2. Tu peux écrire dans *le cahier*.

   (a) la faute   (b) le stylo   (c) le carnet   (d) l'encre   _____

3. L'étudiant doit faire ses *études*.
   (a) pupitres   (b) devoirs   (c) craies   (d) lycées   _____

4. La maîtresse commence *la dictée*.
   (a) les bureaux   (b) le crayon   (c) la craie   (d) la leçon   _____

5. L'élève ne veut pas *répondre*.
   (a) poser une question   (b) réponse   (c) bibliothèque   (d) cahier   _____

IV. Match the following.

1. le stylo   _____ map

2. le cahier   _____ rule, ruler

3. la carte   _____ notebook

4. la cour   _____ pen

5. la règle   _____ playground

V. Under each drawing, write the French word for the object shown. Include the definite article; e.g., **le bureau**, **le cahier**, etc.

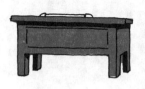

_____

_____

_____

_____

_____

VI. Vocabulary Building. Proficiency in Writing.

A. Write five things that are usually found in a classroom.

1. _____ 2. _____ 3. _____ 4. _____ 5. _____

B. Write four things you can use to write.

1. _____ 2. _____ 3. _____ 4. _____

Unit 2

Les jours de la semaine, les mois de l'année, les saisons, et les jours de fête

Les jours de la semaine:

le dimanche, Sunday
le lundi, Monday
le mardi, Tuesday
le mercredi, Wednesday
le jeudi, Thursday
le vendredi, Friday
le samedi, Saturday

Les saisons:

le printemps, spring
l'été *(m.),* summer
l'automne *(m.),* autumn, fall
l'hiver *(m.),* winter

Les mois de l'année:

janvier, January
février, February
mars, March
avril, April
mai, May
juin, June
juillet, July
août, August
septembre, September
octobre, October
novembre, November
décembre, December

Les jours de fête:

fêter *v.,* to celebrate a holiday; **bonne fête!** happy holiday!
l'anniversaire *m.,* anniversary, birthday; **bon anniversaire!** happy anniversary! *or* happy birthday!
le Jour de l'An, New Year's Day
Bonne année! Happy New Year!
les Pâques, Easter; **Joyeuses Pâques,** Happy Easter
la Pâque, Passover
le quatorze juillet (Bastille Day), July 14, French Independence Day
les grandes vacances, summer vacation
la Toussaint, All Saints' Day (le premier novembre)
le Noël, Christmas; **Joyeux Noël!** Merry Christmas!
à vous de même! the same to you!

Exercises

Review the above material before doing these exercises.

I. Choose the answer that is the best rejoinder.

1. C'est Noël!

   (a) Bonne année!   (b) Joyeux Noël!   (c) À vous de même!
   (d) Pâques!   _____

2. C'est le Jour de l'An!

    (a) À vous de même!   (b) Bonne année!   (c) Joyeuses Pâques!
    (d) Fête!

3. Janine a seize ans aujourd'hui!

    (a) Bon anniversaire, Janine!   (b) Venez demain, Janine!
    (c) Ce n'est pas aujourd'hui, Janine!   (d) Au revoir, Janine!

II. **Choose the word or group of words that does not belong in the group.**

1. (a) samedi   (b) vendredi   (c) jeudi   (d) août   _____

2. (a) mai   (b) mardi   (c) juin   (d) février   _____

3. (a) printemps   (b) Noël   (c) été   (d) hiver   _____

4. (a) le Jour de l'An   (b) le Jour de la Bastille   (c) la Toussaint
    (d) anniversaire   _____

5. (a) le premier novembre   (b) le 14 juillet   (c) le premier janvier
    (d) les grandes vacances   _____

III. **Choose the word that can be substituted for the italicized word and still give meaning to the sentence.**

1. *Le printemps* est une saison.

    (a) L'anniversaire   (b) La fête   (c) L'hiver   (d) Le jour   _____

2. *Mardi* est un jour de la semaine.

    (a) Noël   (b) Pâques   (c) Mai   (d) Samedi   _____

3. *Décembre* est un mois de l'année.

    (a) Janvier   (b) Noël   (c) L'été   (d) Dimanche   _____

4. *Noël* est un jour de fête.

    (a) Décembre   (b) Le Jour de l'An   (c) Janvier   (d) L'automne   _____

5. Il y a des fleurs dans le jardin en *juin*.

    (a) juillet   (b) décembre   (c) janvier   (d) hiver   _____

IV. Write in French the season of the year that is suggested by the picture.

———————————————

———————————————

V. Activities. Proficiency in Speaking and Writing.

A. Choose one of the holidays under the heading **Les jours de fête** in this unit, and say what you do to celebrate it. Use at least ten words in French.

B. Choose one of the months under the heading **Les mois de l'année** in this unit, and give two reasons why it is your favorite month of the year.

C. Choose one of the days of the week under the heading **Les jours de la semaine** in this unit, and state two things you do on that special day of the week.

Unit 3

Les légumes, les poissons, les viandes, les produits laitiers, les desserts, les fromages, et les boissons

Les légumes:

l'aubergine *f.,* the eggplant
la carotte, the carrot
le champignon, the mushroom
les épinards *m.,* the spinach
les haricots verts *m.,* the string beans
le maïs, the corn
l'oignon *m.,* the onion
les petits pois *m.,* the peas
la pomme de terre, the potato

Les viandes:

l'agneau *m.,* the lamb; **la côte d'agneau,** the lamb chop
le bifteck, the steak
le jambon, the ham
le porc, the pork
le poulet, the chicken
le rosbif, the roast beef
le veau, the veal; **la côte de veau,** the veal chop

Les poissons:

le maquereau, the mackerel
la morue, the cod
le saumon, the salmon
la sole, the sole
la truite, the trout

Les produits laitiers:

le beurre, the butter
la crème, the cream
le fromage, the cheese
le lait, the milk
l'oeuf *m.,* the egg

Les desserts:

le fruit, the fruit
le gâteau, the cake; **le gâteau sec,** the cookie
la glace, the ice cream
la pâtisserie, the pastry

Les fromages:

le brie
le camembert
le gruyère
le petit suisse
le port-salut
le roquefort

Les boissons:

la bière, the beer
le cacao, the cocoa
le café, the coffee
le chocolat chaud, the hot chocolate
le cidre, the cider
l'eau minérale *f.,* the mineral water
le jus, the juice; **le jus de tomate,** the tomato juice
le thé, the tea
le vin, the wine

Exercises

Review the above material before doing these exercises.

I. **Choose the word that belongs in the same class as the italicized word.**

1. Donnez-moi un *jus*, s'il vous plaît.

    (a) oignon   (b) oeuf   (c) gâteau   (d) café   _____

2. J'aime beaucoup la *truite*.

    (a) morue   (b) crème   (c) glace   (d) pâtisserie   _____

3. Je n'aime pas le *roquefort*.

    (a) beurre   (b) lait   (c) porc   (d) camembert   _____

4. Le *jambon* est délicieux!

    (a) vin   (b) thé   (c) port-salut   (d) rosbif   _____

5. Je préfère des *pommes de terre*.

    (a) petits pois   (b) fruits   (c) fromages   (d) oeufs   _____

II. **Choose the word that does not belong in the group.**

1. (a) veau   (b) pâtisserie   (c) rosbif   (d) jambon   _____

2. (a) bière   (b) thé   (c) roquefort   (d) vin   _____

3. (a) morue   (b) sole   (c) beurre   (d) saumon   _____

4. (a) haricot vert   (b) carotte   (c) aubergine   (d) crème   _____

5. (a) brie   (b) camembert   (c) porc   (d) gruyère   _____

III. **In this puzzle, find the French words for the English words listed. Circle them.**

1. eggs

2. milk

3. wine

4. eggplant

5. ham

V	O	C	A	F	E	L	V	S
I	E	V	E	A	U	A	I	O
A	U	B	E	R	G	I	N	E
L	F	J	A	M	H	T	U	I
I	S	J	A	M	B	O	N	L

IV. Choose the best answer that completes the sentence.

1. Monsieur Paquet aime boire

    (a) des fruits.   (b) du vin.   (c) de la glace.   (d) du veau.   _____

2. Madame Paquet aime manger

    (a) du jambon.   (b) du café.   (c) de la bière.   (d) du lait.   _____

3. Le poisson que j'aime mieux est

    (a) le porc.   (b) la pomme de terre.   (c) le port-salut.   (d) le saumon.   _____

4. Pour le petit déjeuner je prends du lait dans

    (a) mon café.   (b) mes oeufs.   (c) mes petits pois.   (d) ma glace.   _____

5. La pomme de terre est

    (a) un produit laitier.   (b) un légume.   (c) un fruit.   (d) une viande.   _____

V. Vocabulary Building. Proficiency in Writing.

A. It is your turn to bring three different desserts to the next meeting of the French Club. Write your three choices.

1. _____   2. _____   3. _____

B. You are in a restaurant. Write four things you would like to eat.

1. _____   2. _____   3. _____   4. _____

VI. On the line write in French the name of the food shown in the drawing. Use the definite article; e.g., **le beurre**, **les petits pois**, etc.

Unit 4

Les animaux, les fleurs, les couleurs, les arbres, et les fruits

Les animaux:

l'âne m., the donkey
le chat m., **la chatte** f., the cat
le cheval, the horse
le chien m., **la chienne** f., the dog
le cochon, the pig
le coq, the rooster
l'éléphant m., the elephant
le lapin, the rabbit
le lion, the lion
l'oiseau m., the bird
la poule, the hen
le poulet, the chicken
le renard, the fox
la souris, the mouse
le tigre, the tiger
la vache, the cow

Les fleurs:

l'iris m., the iris
le lilas, the lilac
le lis, the lily
la marguerite, the daisy
l'oeillet m., the carnation
la rose, the rose
la tulipe, the tulip
la violette, the violet

Les couleurs:

blanc, white
bleu, blue
brun, brown
gris, gray
jaune, yellow
noir, black
rouge, red
vert, green

Les arbres:

le bananier, the banana tree
le cerisier, the cherry tree
le citronnier, the lemon tree
l'oranger m., the orange tree
le palmier, the palm tree
le pêcher, the peach tree
le poirier, the pear tree
le pommier, the apple tree

Les fruits:

la banane, the banana
la cerise, the cherry
le citron, the lemon; **citron vert,** lime
la fraise, the strawberry
la framboise, the raspberry
l'orange f., the orange
le pamplemousse, the grapefruit
la pêche, the peach
la poire, the pear
la pomme, the apple
le raisin, the grape
la tomate, the tomato

Exercises

Review the above material before doing these exercises.

I. Choose the word that does not belong in the group.

1. (a) vache   (b) éléphant   (c) poire   (d) cochon   _____

2. (a) fraise   (b) banane   (c) poire   (d) gris   _____

3. (a) poirier   (b) pêcher   (c) cerisier   (d) pomme   _____

4. (a) tulipe   (b) oiseau   (c) marguerite   (d) rose   _____

5. (a) jaune   (b) bleu   (c) rouge   (d) oeillet   _____

II. Un acrostiche. Complete the French words in the squares across in this puzzle.

1. green
2. carnation
3. horse
4. eggplant
5. banana
6. university
7. lilac
8. year
9. iris
10. grape
11. ink

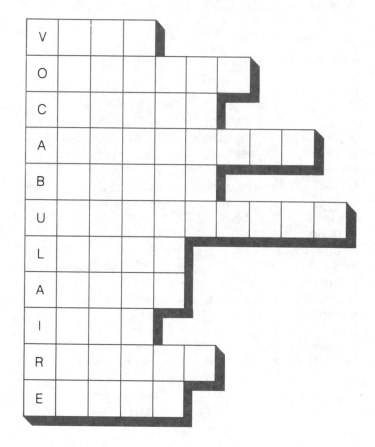

III. Choose the word that is defined or described in the sentence.

1. C'est un animal domestique.

    (a) tigre   (b) lion   (c) chat   (d) renard   _____

2. Cet animal donne du lait.

    (a) cochon   (b) vache   (c) oiseau   (d) chien   _____

3. Cet animal est plus grand que les autres.

    (a) âne   (b) éléphant   (c) chat   (d) cheval   _____

IV. Choose the word that belongs in the same class as the italicized word.

1. *Un poirier* est un arbre.

    (a) haricot vert   (b) banc   (c) renard   (d) cerisier   _____

2. Janine aime la jupe *verte* de Monique.

    (a) rouge   (b) poire   (c) morue   (d) oignon   _____

3. Pierre a donné un bouquet de *marguerites* à sa mère.

    (a) citrons   (b) fraises   (c) cerisiers   (d) roses   _____

4. *Une pomme* est un fruit.

    (a) un citron   (b) un oiseau   (c) un pêcher   (d) une tulipe   _____

5. *Un chat* est un animal.

    (a) un lilas   (b) un poirier   (c) une vache   (d) une fraise   _____

V. Speaking Proficiency.

Describe this scene to a friend. Refer to the list of flowers under the heading **Les fleurs** at the beginning of this unit.

You may wish to use your own words or any of the following: **il y a, trois jeunes filles, heureuses, vendre, un marché aux fleurs** (flower market).

A flower market in Abidjan. Reprinted with permission of Ambassade de Côte d'Ivoire, Washington, D.C.

VI. Write the French words for what is shown in the drawings. Use the indefinite article; e.g. **un âne**, **une poule**, etc.

_____   _____   _____

_____   _____   _____

_____   _____   _____

Unit 5

Le corps humain, les vêtements, la toilette

Le corps humain:

la bouche, mouth
le bras, arm
les cheveux *m.,* hair
le cou, neck
les dents *f.,* teeth
le doigt, finger; **doigt de pied, l'orteil** *m.* toe
l'épaule *f.,* shoulder
l'estomac *m.,* stomach
le genou, knee
la jambe, leg
la langue, tongue
les lèvres *f.,* lips
la main, hand
le menton, chin
le nez, nose
l'oeil *m.,* eye; **les yeux,** eyes
l'oreille *f.,* ear
la peau, skin
le pied, foot
la poitrine, chest
la tête, head
le visage, face

La toilette:

se baigner *v.,* to bathe oneself
la baignoire *n.,* the bathtub
le bain *n.,* the bath
la brosse *n.,* the brush; **brosse à dents,** toothbrush

brosser *v.,* to brush; **se brosser les dents,** to brush one's teeth
la cuvette *n.,* the toilet bowl
le dentifrice *n.,* the toothpaste
le déodorant *n.,* deodorant
déshabiller *v.,* to undress; **se déshabiller,** to undress oneself
la douche *n.,* the shower; **prendre une douche,** to take a shower
enlever *v.,* to remove, to take off
le gant de toilette *n.,* the washcloth
la glace *n.,* the hand mirror
s'habiller *v.,* to dress oneself
le lavabo *n.,* the washroom, washstand
laver *v.,* to wash; **se laver,** to wash oneself
mettre *v.,* to put on
le miroir *n.,* the mirror
ôter *v.,* to take off, to remove
le peigne *n.,* the comb; **se peigner les cheveux,** to comb one's hair
porter *v.,* to wear
la salle de bains *n.,* the bathroom
le savon *n.,* the soap
la serviette *n.,* the towel
le shampooing *n.,* the shampoo

Les vêtements:

le bas, stocking
le béret, beret
la blouse, blouse, smock
le blouson, jacket (often with zipper)
le chandail, sweater
le chapeau, hat
la chaussette, sock
la chaussure, shoe
la chemise, shirt
le complet, suit
le costume, suit
la cravate, necktie
l'écharpe *f.,* scarf
le gant, glove
la jupe, skirt
le maillot de bain, swim suit
le manteau, coat
le pantalon, trousers, pants
la pantoufle, slipper
le pardessus, overcoat
la poche, pocket
le pullover, pullover or long-sleeved sweater
la robe, dress
le soulier, shoe
le veston, (suit) coat

Exercises

Review the above material before doing these exercises.

I. Choose the word that belongs in the same class as the italicized word.

1. Lucille a *les cheveux* noirs.

    (a) les poches   (b) les yeux   (c) les gants   (d) les bains   _____

2. *Les oreilles* sont une partie de la tête.

    (a) les pantoufles   (b) les souliers   (c) les lèvres   (d) les bas   _____

3. Yolande a des *souliers* rouges.

    (a) jupes   (b) brosses   (c) savons   (d) serviettes   _____

4. Marthe aime les chemises *jaunes*.

    (a) gants   (b) blanches   (c) pantoufles   (d) robes   _____

5. *Le menton* se trouve sur le visage.

    (a) la poche   (b) le manteau   (c) l'écharpe   (d) le nez   _____

II. Choose the word whose meaning completes the sentence.

1. Je veux me brosser les dents mais il n'y a pas de

    (a) savon.   (b) déodorant.   (c) dentifrice.   (d) shampooing.   _____

2. Il y a un lavabo dans

    (a) le salon.   (b) la voiture.   (c) la salle de bains.   (d) la rue.   _____

3. Pour me laver les cheveux j'ai besoin d'un

    (a) peigne.   (b) nez.   (c) shampooing.   (d) oeil.   _____

4. Après une douche, j'emploie une

    (a) cuvette.   (b) glace.   (c) chaussette.   (d) serviette.   _____

5. Une personne porte des pantoufles

    (a) aux pieds.   (b) sur la tête.   (c) aux cheveux.   (d) aux mains.   _____

III. Choose the word that does not belong in the group.

1. (a) bouche   (b) jambe   (c) oeil   (d) complet   _____

2. (a) doigt   (b) bas   (c) bras   (d) menton   _____

3. (a) se peigner   (b) se baigner   (c) se laver   (d) mettre   _____

4. (a) dent   (b) dentifrice   (c) lèvres   (d) jambe   _____

5. (a) chaussette   (b) chaussure   (c) soulier   (d) chapeau   _____

IV. **Complete the following sentences by choosing the best answer.**

1. Nous entendons avec les

   (a) pieds.   (b) visages.   (c) mains.   (d) oreilles.   _____

2. Nous courons avec les

   (a) bras.   (b) jambes.   (c) doigts.   (d) lèvres.   _____

3. La main contient cinq

   (a) doigts.   (b) visages.   (c) yeux.   (d) langues.   _____

4. Je porte un pardessus

   (a) en été.   (b) au printemps.   (c) en hiver.   (d) en juillet.   _____

5. La langue est une partie de

   (a) l'estomac.   (b) la bouche.   (c) la jambe.   (d) l'oeil.   _____

6. Pour me peigner, je regarde dans

   (a) un savon.   (b) un peigne.   (c) un miroir.   (d) une serviette.   _____

7. Quand je nage, je porte

   (a) un gant.   (b) une écharpe.   (c) une cravate.   (d) un maillot.   _____

8. Nous portons des souliers aux

   (a) cheveux.   (b) pieds.   (c) jambes.   (d) nez.   _____

9. Je mets de l'argent dans

   (a) les dents.   (b) la poche.   (c) le pullover.   (d) la douche.   _____

10. J'emploie du savon pour

    (a) me brosser les dents.   (b) me laver.   (c) m'habiller.   (d) me peigner.   _____

V. **Match the following.**

1. bas   _____ tête

2. gant   _____ pied

3. soulier   _____ jambe

4. chapeau   _____ main

VI . Write in French the parts of the body where the arrows are pointing. Include the definite article, e.g., **la tête**, **le pied**, etc.

VII . Under each drawing, write in French the word for the article of clothing. Include the indefinite article; e.g., **un chapeau**, **une robe**, etc.

Unit 6

La famille, la maison, les meubles

La famille:

le cousin, la cousine,
  cousin
l'enfant *m. f.,* child
l'époux *m.,* **l'épouse** *f.,*
  spouse (husband/wife)
la femme, wife
la fille, daughter
le fils, son
le frère, brother; **le**
  beau-frère, brother-in-law
la grand-mère, grandmother
le grand-père, grandfather
les grands-parents,
  grandparents
le mari, husband
la mère, la maman, mother;
  la belle-mère,
  mother-in-law
le neveu, nephew
la nièce, niece
l'oncle *m.,* uncle
le père, le papa, father; **le**
  beau-père, father-in-law
le petit-fils, grandson
la petite-fille,
  granddaughter
les petits-enfants,
  grandchildren
la soeur, sister; **la**
  belle-soeur, sister-in-law
la tante, aunt

La maison:

la cave, the cellar
la chambre, the room;
  chambre à coucher,
  bedroom
la cheminée, the fireplace,
  chimney
la cuisine, the kitchen
l'escalier *m.,* the stairs,
  staircase
la fenêtre, the window
le mur, the wall
la pièce, the room
le plafond, the ceiling
le plancher, the floor
la porte, the door
la salle, the room; **la salle à**
  manger, the dining room;
  la salle de bains,
  bathroom
le salon, the living room
le toit, the roof

Les meubles:

l'armoire *f.,* the wardrobe
  closet (movable)
le bureau, the desk
le canapé, the sofa, couch
la chaise, the chair
la commode, the dresser,
  chest of drawers
la couchette, the bunk
l'évier *m.,* the kitchen sink
le fauteuil, the armchair
le four, the oven
la fournaise, the furnace
le fourneau, the kitchen
  stove, range
la lampe, the lamp
le lit, the bed
le phonographe, the
  phonograph
le piano, the piano
la radio stéréophonique,
  the stereophonic radio
la table, the table
le tapis, the carpet
le téléphone, the telephone
le téléviseur, the television
  (set)

Exercises

Review the preceding material before doing these exercises.

I. Choose the word whose meaning completes the statement.

1. La soeur de mon père est ma

   (a) cousine.   (b) tante.   (c) mère.   (d) fille.   _____

2. On s'assied sur une

   (a) pièce.   (b) fenêtre.   (c) cave.   (d) chaise.   _____

3. Le fils de mon oncle est mon

   (a) neveu.   (b) frère.   (c) cousin.   (d) père.   _____

4. On met les petits fours dans

   (a) un four.   (b) un tapis.   (c) une couchette.   (d) une armoire.   _____

5. La fille de ma tante est ma

   (a) mère   (b) grand-mère.   (c) soeur.   (d) cousine.   _____

6. Le frère de ma cousine est

   (a) mon cousin.   (b) mon frère.   (c) ma soeur.   (d) mon père.   _____

7. Je fais ma toilette dans

   (a) le salon.   (b) la cuisine.   (c) la cave.   (d) la salle de bains.   _____

8. On prépare les repas dans

   (a) la salle à manger.   (b) le salon.   (c) la cuisine.   (d) la cave.   _____

9. On prend les repas dans

   (a) l'évier.   (b) la fournaise.   (c) la salle à manger.
   (d) l'armoire.   _____

10. J'allume la lampe pour

    (a) courir.   (b) dormir.   (c) lire.   (d) entendre.   _____

II. Choose the word that does not belong in the group.

1. (a) lit   (b) tapis   (c) fauteuil   (d) salade   _____

2. (a) grand-père   (b) père   (c) fils   (d) fille   _____

3. (a) mère   (b) soeur   (c) tante   (d) neveu   _____

4. (a) table   (b) oeil   (c) buffet   (d) radio   _____

5. (a) canapé   (b) téléphone   (c) couchette   (d) lit   _____

6. (a) phonographe   (b) table   (c) piano   (d) radio   _____

7. (a) salon   (b) cuisine   (c) toit   (d) chambre   _____

8. (a) épouse   (b) époux   (c) mari   (d) escalier   _____

9. (a) mur   (b) vin   (c) plafond   (d) plancher   _____

10. (a) mari   (b) soeur   (c) tante   (d) nièce   _____

III. Choose the word that belongs in the same class as the italicized word.

1. Il y a quatre *chaises* dans cette pièce.

(a) tapis   (b) lampes   (c) fauteuils   (d) lits   _____

2. Madame Paquet a un bon *mari*.

(a) chapeau   (b) soulier   (c) époux   (d) bureau   _____

3. Monsieur Paquet a une bonne *femme*.

(a) épouse   (b) chambre   (c) radio   (d) cravate   _____

4. Il y a une *porte* dans cette chambre.

(a) cuisine   (b) fenêtre   (c) salle   (d) cave   _____

5. Il y a une *douche* dans la salle de bains.

(a) baignoire   (b) pièce   (c) cheminée   (d) couchette   _____

IV. Match the following.

1. le lit   _____ la salle de bains

2. le fourneau   _____ la salle à manger

3. le canapé   _____ la cuisine

4. la table   _____ le salon

5. la cuvette   _____ la chambre à coucher

V. Write the French word for what is shown in the drawings. Use the definite article; e.g., **la grand-mère**, etc.

_____   _____   _____

_____   _____   _____

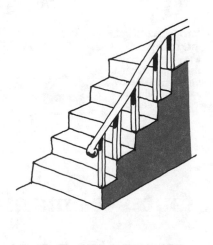

_____   _____

A chaque maman son cadeau

Le coffret casseroles 4 étoiles...
et un bien joli cadeau :
4 livres de recettes
« la bonne cuisine
des 4 saisons »

A vous de choisir
la couleur : Grenade ou Orange,
ou le décor : Pois ou Lotus.

Le plat à four :
Grenade ou Orange, à offrir sans hésiter
aux championnes du poulet rôti
et aux reines du gratin
dauphinois.

Le service à fondue Bourguignonne :
pour celles qui aiment recevoir
sans souci leurs amis autour
d'une sympathique fondue.

Le croque gaufre :
recommandé à celles
qui apprécieront de faire
avec un seul et même appareil
des croque-monsieur
sympathiques et
des gaufres
savoureuses.

Le gril :
il sera apprécié
particulièrement
par toutes celles
qui aiment
les belles,
les bonnes,
les vraies grillades.

L'allume gaz électronique :
toujours à la portée de la main
grâce à son support mural,
il assure sans défaillance
des millions d'allumages
avec une parfaite fidélité.

TEFAL®

des cadeaux pour toutes les mamans

Reprinted with permission of TEFAL, Rumilly, France.

Unit 7

La ville, les bâtiments, les magasins, les divers modes de transport

La ville:

l'avenue f., the avenue
la boîte aux lettres, the mailbox
la bouche de métro, the subway entrance
le boulevard, the boulevard
le bruit, the noise
la chaussée, the road
défense d'afficher, post no bills
les feux m., the traffic lights
le parc, the park
la pollution, the pollution
la rue, the street
le trottoir, the sidewalk
la voiture de police, the police car

Les bâtiments:

la banque, the bank
la bibliothèque, the library
le bureau de poste, the post office
la cathédrale, the cathedral
la chapelle, the chapel
le château, the castle
le cinéma, the movie theatre
l'école f., the school
l'église f., the church
la gare, the railroad station
la grange, the barn
le gratte-ciel, the skyscraper
l'hôpital m., the hospital
l'hôtel m., the hotel
l'hôtel de ville, the city hall
la hutte f., the hut, cabin
l'immeuble d'habitation, the apartment building
le musée, the museum
le palais, the palace
la synagogue, the synagogue
le temple, the temple
le théâtre, the theatre
l'usine f., the factory

Les divers modes de transport:

l'autobus m., the city bus
l'autocar m., the interurban bus
l'automobile f., the car
l'avion m., the plane
le bateau, the boat
la bicyclette, the bicycle
le camion, the truck
le chemin de fer, the railroad
le métro, the subway
la moto, the motorcycle
le train, the train
le transatlantique, the ocean liner
le vélo, the bike
la voiture, the car

Les magasins:

la bijouterie, the jewelry shop
la blanchisserie, the laundry
la boucherie, the butcher shop
la boulangerie, the bakery (mostly for bread)
la boutique, the (small) shop
le bureau de tabac, the tobacco shop
le café, the café
la charcuterie, the pork store, delicatessen
la crémerie, the dairy store
l'épicerie f., the grocery store
le grand magasin, the department store
la librairie, the bookstore
le magasin, the store
la pâtisserie, the pastry shop
la pharmacie, the drugstore
le supermarché, the supermarket

Exercises

Review the above material before doing these exercises.

I. Choose the word that does not belong in the group.

1. (a) train   (b) vélo   (c) camion   (d) musée   _____

2. (a) trottoir   (b) bateau   (c) rue   (d) chaussée   _____

3. (a) palais   (b) épicerie   (c) charcuterie   (d) boulangerie   _____

4 (a) église   (b) temple   (c) synagogue   (d) gratte-ciel   _____

5. (a) boucherie   (b) charcuterie   (c) bijouterie   (d) pâtisserie   _____

6. (a) avion   (b) bateau   (c) boutique   (d) autobus   _____

7. (a) voiture   (b) bicyclette   (c) moto   (d) vélo   _____

8. (a) avenue   (b) rue   (c) boulevard   (d) grange   _____

9. (a) cathédrale   (b) bureau de tabac   (c) chapelle   (d) église   _____

10. (a) immeuble d'habitation   (b) autobus   (c) autocar
    (d) automobile   _____

II. Complete the following sentences by writing the appropriate word from the list below.

boulangerie	bruit	gratte-ciel	librairie	boucherie
musée	voitures	charcuterie	banque	transatlantique

1. On vend du pain dans une _____

2. Pour voir des objets d'art, je vais au _____

3. On achète du porc dans une _____

4. En général, on entend beaucoup de _____ dans une grande ville.

5. Pour acheter des livres j'entre dans une _____

6. Le trottoir est pour les personnes et la chaussée est pour les _____

7. Il y a de l'argent dans une _____

8. Pour acheter de la viande j'entre dans une _____

9. On peut aller de New York à Cherbourg dans un _____

10. On appelle un bâtiment à très grand nombre d'étages un _____

III. Choose the word that belongs in the same class as the italicized word.

1. J'entre dans *l'église* pour prier.

   (a) le théâtre   (b) la synagogue   (c) le cinéma   (d) l'hôtel   _____

2. Janine attend l'autobus pour aller *à la bibliothèque*.

   (a) au parc   (b) voir ses amies   (c) faire du shopping
   (d) à l'école   _____

3. Je préfère voyager de Cherbourg à New York dans un *bateau*.

   (a) avion   (b) transatlantique   (c) train   (d) métro   _____

4. Pour voir une représentation, je vais *à l'opéra*.

   (a) à une banque   (b) à un bureau de poste   (c) au théâtre
   (d) à la gare   _____

5. Pour acheter quelque chose à manger, j'entre dans une *boulangerie*.

   (a) librairie   (b) épicerie   (c) bijouterie   (d) blanchisserie   _____

IV. Choose the word that is defined or described in the sentence.

1. On trouve ce mode de transport dans une ville.

   (a) une grange   (b) un autobus   (c) les feux   (d) le bruit   _____

2. Dans ce magasin on vend des éclairs.

   (a) une charcuterie   (b) une bijouterie   (c) une blanchisserie
   (d) une pâtisserie   _____

3. Dans ce magasin on vend des médicaments.
   (a) un café   (b) une pharmacie   (c) une boucherie
   (d) une crémerie   _____

4. C'est un bâtiment à très grand nombre d'étages.

   (a) un temple   (b) une église   (c) un gratte-ciel   (d) une hutte   _____

5. C'est un mode de transport de marchandises.

   (a) une boîte   (b) un camion   (c) un magasin   (d) une usine   _____

V. Write the French word for what is shown in the drawing. Use the indefinite article; e.g., **un train**, **un parc**, etc.

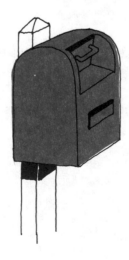

VI. On the line write the French word for what is suggested. Choose from the following:

une gare	une boucherie	une voiture	un avion	un hôtel

un théâtre   un cinéma   une boulangerie   une pharmacie

_____

_____

_____

_____

_____

_____

_____

_____

_____

Unit 8

Les métiers et les professions, les langues et les pays

Les métiers et les professions:

l'acteur *m.*, **l'actrice** *f.*, actor, actress
l'agent de police *m.*, police officer
l'auteur, author (of a book) *or* composer (of a song) *or* painter (of a picture)
l'avocat *m.*, **la femme-avocat** *f.*, lawyer
le bijoutier, la bijoutière, jeweler
le blanchisseur, la blanchisseuse, launderer
le boucher, la bouchère, butcher
le boulanger, la boulangère, baker
le charcutier, la charcutière, pork butcher
le chauffeur, driver, chauffeur
le coiffeur, la coiffeuse, hairdresser, barber
le, la dentiste, dentist
l'épicier, l'épicière, grocer
le facteur, letter carrier
le fermier, la fermière, farmer
le, la libraire, bookseller
le maître, la maîtresse, teacher
le marchand, la marchande, merchant
le médecin, la femme-médecin, doctor

le pâtissier, la pâtissière, pastry chef
le pharmacien, la pharmacienne, pharmacist
le professeur, la femme-professeur, professor
le sénateur, senator
le serveur, la serveuse, waiter, waitress
le tailleur, la tailleuse, tailor
le vendeur, la vendeuse, salesperson

Les langues (all are masculine):

allemand, German
anglais, English
chinois, Chinese
danois, Danish
espagnol, Spanish; **castillan,** Castilian (Spanish)
français, French
grec ancien, Ancient Greek
grec moderne, Modern Greek
hébreu, Hebrew
italien, Italian
japonais, Japanese
latin, Latin
norvégien, Norwegian
portugais, Portuguese
russe, Russian
suédois, Swedish

Les pays:

l'Allemagne *f.*, Germany
l'Angleterre *f.*, England
la Belgique, Belgium
le Canada, Canada
la Chine, China
le Danemark, Denmark
l'Espagne *f.*, Spain
les États-Unis *m.*, United States
la France, France
la Grande-Bretagne, Great Britain
la Grèce, Greece
l'Israël *m.*, Israel
l'Italie *f.*, Italy
le Japon, Japan
le Mexique, Mexico
la Norvège, Norway
le Portugal, Portugal
la Russie, Russia
la Suède. Sweden
la Suisse, Switzerland

1. Organisation des Nations Unies (ONU), Nations Unies — United Nations (UN)

2. Organisation des Nations Unies pour l'Éducation, la Science et la Culture (ONUESCO) — United Nations Educational, Scientific, and Cultural Organization (UNESCO)

3. Organisation Mondiale de la Santé (OMS) — World Health Organization (WHO)

Exercises

Review the above material before doing these exercises.

I. Choose the word that does not belong in the group.

1. (a) boucher (b) charcutier (c) boulanger (d) dentiste _____

2. (a) pharmacien (b) dentiste (c) médecin (d) chauffeur _____

3. (a) français (b) Italie (c) espagnol (d) hébreu _____

4. (a) Allemagne (b) Angleterre (c) portugais (d) Belgique _____

5. (a) bijoutier (b) danois (c) serveur (d) serveuse _____

II. Write in French the name of the language spoken in each of these countries.

Model: États-Unis   **Answer: l'anglais**

1. l'Allemagne _____   5. l'Italie _____

2. l'Angleterre _____   6. le Porto Rico _____

3. la France _____   7. le Japon _____

4. l'Espagne _____   8. la Chine _____

III. Answer the following questions in French in complete sentences in the affirmative.

Model: Est-ce qu'on parle hébreu en Israël?   **Answer: Oui, on parle hébreu en Israël.**
(Do they speak Hebrew in Israel?)   (Yes, they speak Hebrew in Israel.)

1. Est-ce qu'on parle italien en Italie? _____

2. Est-ce qu'on parle anglais aux États-Unis? _____

3. Est-ce qu'on parle français et anglais au Canada? _____

4. Est-ce qu'on parle français en Belgique? _____

5. Est-ce qu'on parle français en France? _____

6. Est-ce qu'on parle espagnol en Espagne? _____

7. Est-ce qu'on parle français en Suisse? _____

8. Est-ce qu'on parle portugais au Portugal? _____

9. Est-ce qu'on parle espagnol au Mexique? _____

10. Est-ce qu'on parle grec en Grèce? _____

IV. Write the feminine form in French for each of the following occupations.

    Model: un boulanger (a baker, *m.*)   **Answer: une boulangère** (a baker, *fem.*)

1. un boulanger _____   6. un pharmacien _____

2. un bijoutier _____   7. un maître _____

3. un serveur _____   8. un épicier _____

4. un fermier _____   9. un coiffeur _____

5. un acteur _____   10. un blanchisseur _____

V. Write in French the name of the store where the following persons work. Review the vocabulary on page 425.

    Model: un pâtissier (a pastry chef)   **Answer: une pâtisserie** (a pastry shop)

1. un pâtissier _____   4. un charcutier _____

2. une pharmacienne _____   5. un bijoutier _____

3. une libraire _____   6. une blanchisseuse _____

VI. Write in French the name of the store where you can buy the item given. Review the vocabulary on page 425.

    Model: un livre (a book)   **Answer: une librairie** (a bookstore)

1. un livre _____   4. une tasse de café _____

2. du médicament _____   5. un gâteau _____

3. de la crème _____   6. du pain _____

VII .   On the line write the French word for what is illustrated. Choose from the following:

**un dentiste   un tailleur   une boulangère   une vendeuse   un facteur
une fermière   une maîtresse   un fermier   un coiffeur**

Unit 9

Poids, mesures, valeurs
(Weights, Measures, Values*)

un gramme = 0.035274 ounce (1 gram)

28.3 grammes = 1 ounce

100 grammes = 3.52 ounces

453.6 grammes = 1 pound

500 grammes = 17.63 ounces
(about 1.1 pounds)

1000 grammes = 1 kilogram

un kilogramme = 2.2 pounds
(1 kilogram)

une livre = 17.63 ounces
(about 1.1 pounds)

un litre = 1.0567 quarts
(0.26417 gallon)

un franc = 20 cents
(There are **100 centimes** in one franc.)

5 francs = $1.00

25 francs = $5.00

50 francs = $10.00

un kilomètre = 0.62137 mile
(about ⅝ mile or 1000 meters)

1.61 kilomètres = 1 mile

10 kilomètres = 6.21 miles

un centimètre = 0.39 inch
(1 centimeter)

2.54 centimètres = 1 inch

30.5 centimètres = 1 foot

91.4 centimètres = 1 yard

un mètre = 39.37 inches
(100 centimeters)

0.9144 mètre = 1 yard

1. To convert Fahrenheit degrees into Celsius (Centigrade): subtract 32, multiply by 5, and divide by 9.

2. To convert Celsius (Centigrade) into Fahrenheit: multiply by 9, divide by 5, and add 32.

3. A Fahrenheit degree is smaller than a Celsius degree. One F degree is $5/9$ of a C degree.

4. France uses the Celsius scale.

*All the equivalents given are approximate. For the current rate of exchange (French Francs for U.S. dollars), inquire at the international exchange office of a commercial bank.

Exercise

Review the preceding material before doing this exercise.

I. Match the following. The equivalent figures are all approximate.

1. 20 cents   _____ un gramme

2. 39.37 inches   _____ un kilogramme

3. 1.1 pounds   _____ une livre

4. 1 yard   _____ un litre

5. 2.2 pounds   _____ 28.3 grammes

6. 1.0567 quarts   _____ 1 French franc

7. 1 ounce   _____ un mètre

8. 0.62137 mile   _____ 0.9144 mètre

9. $1.00   _____ un kilomètre

10. 0.035274 ounce   _____ 5 French francs

An aerial view of Charles de Gaulle Airport, in Roissy-en-France, about 12 miles north of central Paris
Reprinted with permission of Ambassade de France, Service de Presse et d'Information, New York.

Unit 10

Antonymes et synonymes

Antonymes

absent, absente adj., absent   **présent, présente** adj., present

acheter v., to buy   **vendre** v., to sell

agréable adj., pleasant, agreeable   **désagréable** adj., unpleasant, disagreeable

aimable adj., kind   **méchant, méchante** adj., mean, nasty

ami, amie n., friend   **ennemi, ennemie** n., enemy

beau, belle adj., beautiful, handsome   **laid, laide** adj., ugly

beaucoup (de) adv., much, many   **peu (de)** adv., little, some

beauté n. f., beauty   **laideur** n. f., ugliness

bête adj., stupid   **intelligent, intelligente** adj., intelligent

blanc, blanche adj., white   **noir, noire** adj., black

bon, bonne adj., good   **mauvais, mauvaise** adj., bad

bonheur n. m., happiness   **malheur** n. m., unhappiness

chaud, chaude adj., hot, warm   **froid, froide** adj., cold

content, contente adj., glad, pleased   **mécontent, mécontente** adj., displeased

court, courte adj., short   **long, longue** adj., long

dedans adv., inside   **dehors** adv., outside

dernier, dernière adj., last   **premier, première** adj., first

derrière adv., prep., behind   **devant** adv., prep., in front of

dessous adv., prep., below, underneath   **dessus** adv., prep., above, over

différent, différente adj., different   **même** adj., same

difficile adj., difficult   **facile** adj., easy

domestique adj., domestic   **sauvage** adj., wild

donner v., to give   **recevoir** v., to receive

étroit, étroite adj., narrow   **large** adj., wide

faible adj., weak   **fort, forte** adj., strong

fin n. f., end   **commencement** n. m., beginning

finir v., to finish   **commencer** v., to begin

gai, gaie adj., gay, happy   **triste** adj., sad

grand, grande adj., large, tall, big   **petit, petite** adj., small, little

gros, grosse adj., fat   **maigre** adj., thin

heureux, heureuse adj., happy   **malheureux, malheureuse** adj., unhappy

homme n. m., man   **femme** n. f., woman

inutile adj., useless   **utile** adj., useful

jamais adv., never   **toujours** adv., always

jeune *adj.*, young   **vieux, vieille** *adj.*, old
jeune fille *n. f.*, girl   **garçon** *n. m.*, boy
joli, jolie *adj.*, pretty   **laid, laide** *adj.*, ugly
jour *n. m.*, day   **nuit** *n. f.*, night
lentement *adv.*, slowly   **vite** *adv.*, quickly
mal *adv.*, badly   **bien** *adv.*, well
moins *adv.*, less   **plus** *adv.*, more
oui *adv.*, yes   **non** *adv.*, no
paix *n. f.*, peace   **guerre** *n. f.*, war
partir *v.*, to leave   **arriver** *v.*, to arrive
pauvre *adj.*, poor   **riche** *adj.*, rich
plein, pleine *adj.*, full   **vide** *adj.*, empty
question *n. f.*, question   **réponse** *n. f.*, answer, reply, response
refuser *v.*, to refuse   **accepter** *v.*, to accept
rire *v.*, to laugh   **pleurer** *v.*, to cry, to weep
sans *prep.*, without   **avec** *prep.*, with
silence *n. m.*, silence   **bruit** *n. m.*, noise
sûr, sûre *adj.*, sure, certain   **incertain, incertaine** *adj.*, unsure
tôt *adv.*, early   **tard** *adv.*, late
travailler *v.*, to work   **jouer** *v.*, to play

Synonymes

aimer mieux *v.*, **préférer**	to prefer
auteur *n. m.*, **écrivain**	author, writer
bâtiment *n. m.*, **édifice**	building, edifice
certain, certaine *adj.*, **sûr, sûre**	certain, sure
content, contente *adj.*, **heureux, heureuse**	content, happy
docteur *n. m.*, **médecin**	doctor, physician
erreur *n. f.*, **faute**	error, mistake
façon *n. f.*, **manière**	manner, way
fameux, fameuse *adj.*, **célèbre**	famous
favori, favorite *adj.*, **préféré, préférée**	favorite, preferred
femme *n. f.*, **épouse**	wife, spouse
finir *v.*, **terminer**	to finish, end, terminate
glace *n. f.*, **le miroir**	mirror
habiter *v.*, **demeurer**	to live (in), dwell, inhabit
image *n. f.*, **le tableau**	picture
lieu *n. m.*, **endroit**	place
maîtresse *n. f.*, **institutrice**	teacher (woman)
mari *n. m.*, **époux**	husband, spouse
pays *n. m.*, **la nation**	country, nation
rester *v.*, **demeurer**	to stay, to remain
sérieux, sérieuse *adj.*, **grave**	serious, grave
tout de suite *adv.*, **immédiatement**	right away, immediately
triste *adj.*, **malheureux, malheureuse**	sad, unhappy
vêtements *n. m.*, **habits**	clothes, clothing
vite *adv.*, **rapidement**	quickly, fast, rapidly

Exercises

Review the preceding material before doing these exercises.

I. Choose the word that completes the sentence.

1. La leçon pour aujourd'hui est

   (a) dedans   (b) étroite   (c) facile   (d) contente   _____

2. Cet arbre est

   (a) petit   (b) difficile   (c) bête   (d) triste   _____

3. Ce problème est bien

   (a) difficile   (b) dehors   (c) même   (d) présent   _____

4. Cette rue est longue et

   (a) certaine   (b) large   (c) dessous   (d) dessus   _____

5. J'aime ce manteau parce qu'il est

   (a) sauvage   (b) mécontent   (c) heureux   (d) joli   _____

II. Choose the word that can replace the italicized word and still give meaning to the sentence.

1. Pierre a *plus* d'argent que moi.

   (a) moins   (b) jamais   (c) toujours   (d) aussi   _____

2. Monsieur Paquet marche *vite*.

   (a) fort   (b) faible   (c) lentement   (d) inutile   _____

3. Je pense que *oui*.

   (a) tard   (b) mal   (c) devant   (d) non   _____

4. Michel va arriver *tôt*.

   (a) longtemps   (b) tard   (c) seulement   (d) étroit   _____

5. La voiture marche *mal*.

   (a) jamais   (b) faible   (c) fort   (d) bien   _____

III. Choose the word that is defined or described in the sentence.

1. Une chose qui plaît.

   (a) bête   (b) agréable   (c) désagréable   (d) malheureux   _____

2. Le contraire de froid.

   (a) chaud   (b) beau   (c) court   (d) grand   _____

3. Ce qui n'est pas difficile.

   (a) faible   (b) fort   (c) facile   (d) dessus   _____

4. Donner une réponse.

   (a) finir   (b) commencer   (c) répondre   (d) recevoir   _____

5. Le contraire de jamais.

   (a) toujours   (b) joli   (c) beau   (d) laid   _____

IV. **Choose the response that is the best rejoinder.**

   Model: **Paul a perdu son petit chien.**
   (a) Il est heureux.
   (b) Il est malheureux.
   (c) Il est riche.
   (d) Il est pauvre.   *b*

1. Lucille a perdu son argent.

   (a) Elle pleure.
   (b) Elle refuse.
   (c) Elle accepte.
   (d) Elle arrive.   _____

2. Veux-tu aller au parc avec moi?

   (a) Je n'ai pas le temps maintenant.
   (b) Il est utile.
   (c) Je veux monter.
   (d) Je n'aime pas la guerre.   _____

3. La femme ouvre le tiroir.

   (a) Il est vide.
   (b) Elle est jolie.
   (c) Elle travaille mal.
   (d) Elle veut descendre.   _____

4. Vous ne mangez pas beaucoup.

   (a) Vous aimez la paix.
   (b) Vous aimez les pommes de terre.
   (c) Vous êtes maigre.
   (d) C'est rare.   _____

5. Pourquoi veux-tu travailler?

   (a) Pour jouer.
   (b) Pour recevoir de l'argent.
   (c) Pour faire du bruit.
   (d) Pour être sûr.   _____

V. Fill in the blank lines by writing the French word for each picture given below. Use the indefinite article with the word.

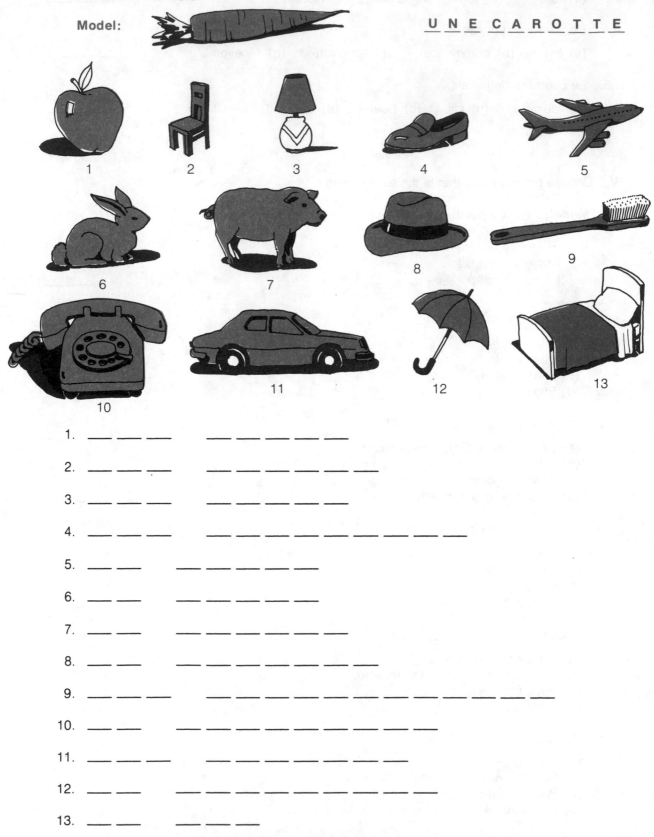

Model: U N E C A R O T T E

1. __ __ __ __   __ __ __ __ __
2. __ __ __ __   __ __ __ __ __ __
3. __ __ __ __   __ __ __ __ __
4. __ __ __ __   __ __ __ __ __ __ __ __ __
5. __ __   __ __ __ __ __
6. __ __ __   __ __ __ __ __
7. __ __ __   __ __ __ __ __
8. __ __ __   __ __ __ __ __ __ __
9. __ __ __ __   __ __ __ __ __ __ __ __ __ __ __
10. __ __ __   __ __ __ __ __ __ __ __ __ __ __
11. __ __ __ __   __ __ __ __ __ __ __
12. __ __ __   __ __ __ __ __ __ __
13. __ __ __   __ __ __ __

PART THREE

IDIOMS, VERBAL EXPRESSIONS, AND DIALOGUES

Toulouse-Lautrec's Poster for the Moulin Rouge, 1891.
Courtesy of Gakken Co., Ltd., Tokyo, Japan.

Unit 1
With à, with au

with à	with au
à bientôt so long, see you soon	**au bout de** at the end of, at the tip of
à cause de on account of, because of	**au contraire** on the contrary
à cette heure at the present moment	**au début** in the beginning
à côté de beside, next to	**au-dessous de** below, underneath
à demain see you tomorrow	**au-dessus de** above, over
à droite at (on, to) the right	**au lieu de** instead of
à gauche at (on, to) the left	**au milieu de** in the middle of
à haute voix aloud, in a loud voice	**au moins** at least
à la campagne at (in, to) the country(side)	**au printemps** in the spring
à la maison at home	**au revoir** good-bye
à la page . . . on page . . .	
à l'heure on time	
à mon avis in my opinion	
à propos by the way	
à temps in time	
à voix basse in a low voice, softly	
aller à pied to walk (go on foot)	
c'est-à-dire that is, that is to say	
jouer à to play (a game)	
peu à peu little by little	

Dialogue

This is a telephone conversation between Madame Paquet and Madame Banluc.

Madame Banluc: A propos, Claire, dis-moi, où est Madame Richy? Elle n'est pas à la maison.

Madame Paquet: Tu parles à voix basse, Joséphine. Je n'entends rien. Parle à haute voix!

Madame Banluc: J'ai dit: où est Madame Richy? Elle n'est pas à la maison.

Madame Paquet: Lucille Richy? Elle est à la campagne.

Madame Banluc: A mon avis, elle peut nous dire quand elle va à la campagne, au moins!

Madame Paquet: Au contraire, Joséphine, elle n'est pas obligée de nous dire où elle va.

Madame Banluc: Mais elle va toujours à la campagne au printemps. Pourquoi est-elle allée à la campagne maintenant?

Madame Paquet: A cause de la pluie. Il pleut beaucoup ici, mais il ne pleut pas à la campagne.

Madame Banluc: Où est-elle exactement?

Madame Paquet: Elle est à Denfert-Rochereau. C'est un village à côté du village de Val.

Madame Banluc: Est-ce que c'est à droite ou à gauche de Val en arrivant à Denfert-Rochereau?

Madame Paquet: Je pense que c'est à gauche. Pourquoi?

Madame Banluc: Parce que je voudrais aller la voir.

Madame Paquet: Ah, bon! Et moi, aussi, je veux aller la voir. Veux-tu y aller avec moi demain?

Madame Banluc: Oui. Nous pouvons aller la voir demain.

Madame Paquet: Au revoir, Joséphine.

Madame Banluc: Au revoir, Claire. A demain.

Exercises

Review the preceding material before starting these exercises.

I.   Comment dit-on en français?   Find these idioms and verbal expressions in the dialogue and write them in French.

1.   by the way _____

2.   at home _____

3.   in a low voice _____

4.   in my opinion _____

5.   at least _____

6.   good-bye _____

II.   Fill in the blank line with either à or au, depending on which is required.

1. _____ contraire

2. _____ la campagne

3. _____ cause de

4. _____ côté de

5. _____ droite

6. _____ gauche

7. _____ revoir

8. _____ demain

9. _____ bientôt

10. _____ haute voix

11. _____ bout de

12. _____ lieu de

13. _____ l'heure

14. aller _____ pied

15. peu _____ peu

III.   Complete the following dialogue by writing an appropriate response on the blank line. Use as many idioms and verbal expressions in this unit as you can. Refer to the dialogue in this unit if you have to.

Madame Banluc: A propos, où est Lucille?

Madame Paquet: _____

Madame Banluc: Pourquoi est-elle à la campagne?

Madame Paquet: _____

Madame Banluc: Où est-elle exactement?

Madame Paquet: _____

Madame Banluc: Je veux aller la voir.

Madame Paquet: _____

Madame Banluc: Oui. A demain. Au revoir.

Madame Paquet: _____

IV.   **Match the following.**

   1. at the present moment   _____ au lieu de

   2. instead of   _____ à mon avis

   3. below, underneath   _____ au-dessous de

   4. to walk   _____ à cette heure

   5. in my opinion   _____ aller à pied

   6. little by little   _____ jouer à

   7. in the spring   _____ peu à peu

   8. good-bye   _____ au printemps

   9. on the left   _____ au revoir

  10. to play (a game)   _____ à gauche

Unit 2

With **comment**, with **en**

with **comment**	with **en**
Comment allez-vous? How are you?	**en français, en anglais,** *etc.* in French, in English
Comment vas-tu? How are you? *(familiar)*	**en automne, en hiver, en été** in the fall, in winter, in summer
Comment vous portez-vous? How do you feel?	**en bas** downstairs, below, at the bottom
Comment te portes-tu? How do you feel? *(familiar)*	**en face de** opposite
Comment ça va? How goes it?	**en même temps** at the same time
Comment vous appelez-vous? What's your name?	**en retard** late (*i.e.*, not on time)
Comment t'appelles-tu? What's your name? *(familiar)*	**en ville** downtown
Comment dit-on . . . ? How do you say . . . ?	**Je vous en prie!** I beg you! You're welcome!

Dialogue

Pierre meets a new friend in school. He is talking to him at lunch.

Pierre: Comment t'appelles-tu?

Jacques: Je m'appelle Jacques. Comment t'appelles-tu?

Pierre: Je m'appelle Pierre. Où demeures-tu, Jacques?

Jacques: 15, rue de Clichy. C'est en face du bureau de poste.

Pierre: C'est bien en ville, n'est-ce pas? C'est loin de l'école!

Jacques: Oui, je demeure loin de l'école. Aujourd'hui je suis arrivé en retard et le maître m'a envoyé en bas, au bureau du directeur.

Pierre: J'étais là, aussi. Nous sommes arrivés en même temps!

Jacques: Ah, oui, je t'ai vu là!

Pierre: Il faut aller en classe maintenant. A bientôt, Jacques!

Jacques: A bientôt, Pierre!

Exercises

Review the above material before doing these exercises.

I. Vocabulary Building. Proficiency in Writing.

A. Write three idiomatic expressions that begin with **Comment . . . ?**

1. _____ 2. _____ 3. _____

B. Write three idiomatic expressions that begin with **en.**

1. _____ 2. _____ 3. _____

II. Comment dit-on en français? Find the following expressions either in the dialogue or preceding list and write them in French.

1. In French, in English, in Spanish _____

2. In the fall, in winter, in summer _____

3. It's far from school! _____

4. You're welcome! _____

5. What's your name? My name is Jacques. _____

Unit 3

With **avoir,** with **être**

with **avoir**	with **être**

avoir . . . an(s)   to be . . . year(s) old
  Quel âge a-t-il?   How old is he?
  Il a un an.   He is a year old.
  Il a dix-neuf ans.   He is 19 years old.
	être à l'heure
	  to be on time

avoir besoin de
  to need, have need (of)
	être en retard
	  to be late

avoir chaud
  to feel (be) warm
	Cela est égal.
	  It's all the same.
	  It doesn't matter.
	  It makes no difference.

avoir faim
  to feel (be) hungry
	Cela m'est égal.
	  It doesn't matter to me.
	  It's all the same to me.

avoir froid to feel (be) cold	

avoir l'habitude de
  to be in the habit of
	C'est dommage.
	  It's a pity.
	  It's too bad.

avoir l'intention de
  to intend (to)
	C'est entendu.
	  It's understood.
	  It's agreed.

avoir lieu
  to take place
	Quel jour est-ce aujourd'hui?
	  What day is it today?

avoir mal
  to feel sick
	C'est aujourd'hui lundi.
	  Today is Monday.

avoir mal à . . .
  to have a pain (ache) in . . .
	Quelle heure est-il?
	  What time is it?

avoir peur (de)
  to be afraid (of)
	Il est trois heures et quart.
	  It is 3:15.

avoir raison, avoir tort
  to be right, to be wrong
	Qu'est-ce que c'est?
	  What is it?

avoir soif to be thirsty	
avoir sommeil to be sleepy	

Dialogue

Janine forgot to study for a test in school. She wants to stay home in bed all day so she plays sick.

Janine: J'ai mal, maman. J'ai chaud, puis j'ai froid. J'ai mal au cou, je suis faible, et j'ai sommeil.

Madame Paquet: Tout cela? C'est dommage. Mais si tu veux être à l'heure, il faut te lever. Lève-toi, Janine!

Janine: Tu sais, maman, je n'ai pas l'habitude de dire des histoires. Je ne peux pas sortir aujourd'hui.

Madame Paquet: Alors, c'est entendu. Tu vas rester au lit toute la journée . . . À propos, tu ne peux pas aller chez Monique pour déjeuner avec elle aujourd'hui. Il faut lui téléphoner pour dire que tu es malade.

Janine: Quoi?! Quel jour est-ce aujourd'hui?

Madame Paquet: C'est aujourd'hui samedi.

Janine: Samedi?! Ce n'est pas vendredi?! Je vais me lever.

Madame Paquet: Ah non! Non, non, non! Tu as raison. Aujourd'hui tu es malade et tu restes au lit.

Janine: Oh, je suis bête!

Exercises

Review the above material before doing these exercises.

I. Answer the following questions in French in complete sentences.

1. Quel jour est-ce aujourd'hui? _____

2. Quelle heure est-il? _____

3. Avez-vous peur des serpents? _____

4. Comment vous appelez-vous? _____

5. Où demeurez-vous? _____

II. Answer the following questions in the affirmative in complete French sentences. In answer (a) use **Oui**. In answer (b) use **aussi**. Study the models. Use subject pronouns in your answers.

Models: (a) **Avez-vous l'intention d'aller au cinéma?** (Do you intend to go to the movies?)

(b) **Et Pierre?** (And Pierre?)

Answer: (a) **Oui, j'ai l'intention d'aller au cinéma.** (Yes, I intend to go to the movies?)

(b) **Il a l'intention d'aller au cinéma aussi.** (He intends to go to the movies also.)

1. (a) Avez-vous l'intention d'aller au cinéma? _____

   (b) Et Pierre? _____

2. (a) Avez-vous l'habitude d'étudier dans la bibliothèque? _____

   _____

   (b) Et vos amis? _____

3. (a) Avez-vous chaud dans cette classe? _____

   (b) Et les autres étudiants? _____

4. (a) Avez-vous faim en ce moment? _____

   (b) Et votre amie Monique? _____

5. (a) Avez-vous soif en ce moment? _____

   (b) Et Pierre et Jacques? _____

III. Complete the following dialogue by writing an appropriate response on the blank line. Use as many idioms and verbal expressions in this unit as you can. Refer to the dialogue in this unit if you have to.

Pierre doesn't want to go to school today, so he plays sick.

Pierre: _____

Sa mère: C'est dommage. Tu es vraiment malade?

Pierre: _____

Sa mère: Il est difficile de trouver un docteur parce que c'est dimanche.

Pierre: _____

Sa mère: Oui, oui. C'est bien dimanche aujourd'hui!

Pierre: _____

Sa mère: Es-tu malade ou non?!

Pierre: _____

Unit 4

With **de, du, d'**

with **de**	
de bon appétit with good appetite	**jouer de** to play (a musical instrument) **Ma soeur joue du piano.** My sister plays the piano.
de bonne heure early	**près de** near
de cette façon in this way	**de quelle couleur . . .** what color . . . **De quelle couleur est ta nouvelle chemise?** What color is your new shirt?
de façon à + inf. so as to	
de jour en jour from day to day	
de l'autre côté (de) on the other side (of)	**quelque chose de + adj.** something + adj. **J'ai mangé quelque chose de bon!** I ate something good!
de nouveau again	**quoi de neuf?** what's new?
de plus en plus more and more	
de rien you're welcome	**rien de neuf!** nothing new!
de temps en temps from time to time	**venir de + inf.** to have just + past part. **Elle vient de partir.** She has just left.
pas de mal! no harm!	**Il n'y a pas de quoi!** You're welcome!

with **du**	with **d'**

du matin au soir
   from morning until night
 	
pas du tout!
   not at all!
	d'abord
	   first, at first
	
	d'accord
	   agreed, O.K.
	
	d'aujourd'hui en huit
	   a week from today
	
	d'habitude *or* **d'ordinaire**
	   ordinarily, usually

Dialogue

In this conversation, Pierre is telling Paul about his new shirt. Then Janine arrives on the scene to tell Pierre what their father has just done.

Pierre: Quoi de neuf?

Paul: Rien de neuf! Et toi?

Pierre: J'ai une nouvelle chemise.

Paul: De quelle couleur est ta nouvelle chemise?

Pierre: D'habitude, j'aime les chemises blanches, mais cette chemise blanche a un peu de vert et un peu de bleu.

Paul: Et tu aimes ça?

Pierre: Oui. Je vais la porter du matin au soir!

(Janine arrive.)

Janine: Pierre! Papa a fait quelque chose de terrible! Il vient de peindre les murs de la cuisine en jaune et il a employé ta chemise pour nettoyer le pinceau!

Pierre: Encore? Il a fait la même chose hier quand il a peint les murs de la salle de bains en bleu et en vert!

(Pierre rit.)

Janine: Tu n'es pas fâché?

Pierre: Non, pas du tout. Maintenant ma nouvelle chemise blanche a les couleurs d'un arc-en-ciel!

Exercises

Review the preceding material before doing these exercises.

I. Answer the following questions in complete sentences. They are based on the dialogue in this unit.

1. Qui a une nouvelle chemise? _____

2. Qui vient de peindre les murs de la cuisine? _____

_____

3. Pourquoi y a-t-il un peu de vert, de bleu et de jaune sur la nouvelle chemise blanche de

Pierre? _____

II. Write three simple sentences in French using each of the following expressions. If you need to, review the idioms, verbal expressions, and dialogue in this unit.

1. venir de + inf. _____

2. de bonne heure _____

3. de quelle couleur _____

III. Find the following idiomatic expressions in French in this puzzle and circle them.

1. not at all
2. at first
3. ordinarily
4. O.K.
5. no harm
6. again
7. from time to time

P	D	D	P	A	S	P	D	E	N	E	M	A	L
A	U	A	U	D	H	A	B	I	T	U	D	E	U
D	E	T	E	M	P	S	E	N	T	E	M	P	S
A	M	A	P	A	S	D	U	T	O	U	T	D	E
B	D	U	D	O	D	E	N	O	U	V	E	A	U
O	T	E	M	P	S	M	T	U	T	E	M	P	S
R	C	C	O	R	D	A	C	C	O	R	D	D	U
D	E	N	O	U	V	L	P	A	S	M	L	A	E

Unit 5

With **par,** with **tout,** with **tous,** and miscellaneous

with **par**	with **tout**	with **tous**
par bonheur fortunately	**tout à coup** suddenly	**tous les deux** both
par ci par là here and there	**tout d'un coup** all of a sudden	**tous les jours** every day
par conséquent consequently	**tout à fait** completely, entirely	**tous les matins** every morning
par exemple for example	**tout à l'heure** in a little while, a little while ago	**tous les soirs** every evening
par ici this way	**tout d'abord** first of all	Miscellaneous
par jour per day, daily	**tout de suite** immediately, at once, right away	**s'il vous plaît** please (polite form)
par là that way	**tout le monde** everybody	**s'il te plaît** please (familiar form)
apprendre par coeur to memorize, learn by heart	**tout le temps** all the time	**vouloir bien** to be willing **Je veux bien sortir avec vous.** I'm willing to go out with you.
		vouloir dire to mean **Que veut dire ce mot?** What does this word mean?

Dialogue

Janine and Pierre are in a museum because they want to see the dinosaurs.

Pierre: Pour aller voir les dinosaures, c'est par ici, Janine.

Janine: Non, Pierre. Ils sont par là.

Pierre: Je te dis que c'est par ici. Je sais, moi!

Janine: Non, Pierre. Ils ont tout changé dans ce musée. Maintenant les dinosaures sont par là.

Pierre: Es-tu folle?! Ils ne changent jamais les expositions dans ce musée.

Janine: Je te dis que tous les jours ils changent tout.

Pierre: Je vais demander au gardien.

(Pierre s'approche du gardien.)

Pierre: Excusez-moi, monsieur, mais où sont les dinosaures aujourd'hui?

Gardien: Il n'y a pas de dinosaures ici. Ils sont dans le petit musée de l'autre côté de la rue. Il est ouvert maintenant. Vous pouvez y aller tout de suite parce qu'il ferme à cinq heures.

(Pierre et Janine se regardent l'un à l'autre.)

Pierre et Janine: Tu vois! Tu vois!

Exercises

Review the above material before doing these exercises.

I. Answer the following questions in complete sentences. They are based on the dialogue in this unit.

1. Où sont Janine et Pierre? _____

2. Pourquoi sont-ils dans le musée? _____

3. Est-ce qu'il y a des dinosaures dans ce musée? _____

_____

4. Est-ce que Pierre a raison? _____

5. Est-ce que Janine a tort? _____

6. Est-ce que tous les deux ont tort? _____

II. Find these idiomatic expressions in the dialogue and write them in French.

1. this way _____

2. that way _____

3. every day _____

4. across the street _____

III. Match the following.

1. vouloir bien

2. par exemple

3. vouloir dire

4. tout le monde

5. par jour

6. s'il vous plaît

_____ please

_____ everybody

_____ for example

_____ daily

_____ to mean

_____ to be willing

The Louvre stop on the Métro.
Reprinted with permission of Eric Kroll/Taurus Photos.

Unit 6
With **faire**

with **faire**	
faire attention to pay attention	**faire ses bagages** to pack one's baggage
faire de l'autostop to hitchhike	**faire un voyage** to take a trip
faire de son mieux to do one's best	**faire une malle** to pack a trunk
faire des emplettes **faire des courses** } to do (go) shopping **faire du shopping**	**faire une promenade** to take a walk
faire des progrès to make progress	**faire une promenade en voiture** to go for a drive
faire jour to be daylight	**Quel temps fait-il?** What's the weather like? **Il fait beau.** The weather is nice.
faire le ménage to do housework	**Il fait mauvais.** The weather is bad.
faire les valises to pack the suitcases	**Il fait chaud.** It's warm (hot).
faire nuit to be night(time)	**Il fait froid.** It's cold.
faire peur to frighten	**Il fait frais.** It's cool. **Il fait du soleil.** It's sunny. **Il fait du vent.** It's windy. **Cela ne fait rien.** It doesn't matter. It makes no difference.

Dialogue

Dad is home because he has the day off from work. Mom wants him to take her out.

Maman: Il fait beau aujourd'hui, n'est-ce pas?

Papa: Oui.

Maman: Il fait du soleil aujourd'hui, n'est-ce pas?

Papa: Oui.

Maman: Je veux faire une promenade.

Papa: Oui.

Maman: Je veux faire une promenade en voiture. Et toi? Et TOI??!

Papa: Que dis-tu?

Maman: Tu ne fais pas attention! Moi, je te parle, et tu ne fais pas attention.

Papa: Tu as tort, ma chérie. Je t'écoute. Que dis-tu?

Maman: Je dis que je veux faire une promenade en voiture. Enfin, je veux sortir!

Papa: Bon! Alors, tu vas faire les bagages. Moi, je vais faire la malle, et nous allons faire un voyage! D'accord?

Maman: Tu te moques de moi!

Papa: Où veux-tu aller?

Maman: Moi, je sais où je veux aller; et toi, tu sais où tu veux aller!

Papa: Terrible, terrible. Tu t'es fâchée. Tu me fais peur. Je travaille tous les jours, je fais de mon mieux, le samedi je fais des courses avec toi. Et aujourd'hui . . . et aujourd'hui, j'ai un jour de congé et je ne peux pas rester tranquillement à la maison.

Maman: Et moi? Et MOI?? Je travaille aussi; je fais le ménage dans cette maison tous les jours, je fais de mon mieux aussi. Je dors quand il fait nuit, je travaille quand il fait jour. Aujourd'hui tu as un jour de congé et tu ne veux pas sortir avec moi!

Papa: Veux-tu aller au cinéma?

Maman: Oui, si c'est un bon film, pourquoi pas?

Papa: Bon! Allons au cinéma. Allons voir le film *Un Homme et une femme.*

Exercises

Review the preceding material before doing these exercises.

I. Find these idiomatic expressions in the dialogue and write them in French.

1. The weather is nice today, isn't it? _____

2. It's sunny today, isn't it? _____

3. I want to take a walk. _____

4. I want to go for a drive. _____

5. You are going to pack the bags, I am going to pack the trunk, and we are going to take a trip.

    _____

An aerial view of l'Île de la Cité, Paris
Reprinted with permission of Ambassade de France, Service de Presse et d'Information,
New York.

II. Complete the following dialogue in French. The conversation is between a man and a woman. They can't decide on what to do or where to go.

Lui: Veux-tu sortir ce soir?

Elle: _____

Lui: Si tu ne veux pas sortir, que veux-tu faire?

Elle: _____

Lui: Pourquoi veux-tu rester à la maison?

Elle: _____

Lui: Veux-tu une aspirine?

Elle: _____

Lui: M'aimes-tu?

Elle: _____

III.   Le Mot Mystère (Mystery Word).   In order to find the mystery word, you must first find and circle in this puzzle the French words given next to it. The letters that remain in the puzzle are scrambled. Unscramble them to find **le mot mystère.**

à   me
attention   mieux
autostop   non
beau   nuit
chaud   oui
emplettes   peur
faire   se
jour   soleil
la   tu
mauvais   y

A	M	N	O	N	À	N	U	I	T
T	I	F	A	I	R	E	M	E	O
T	E	M	A	U	V	A	I	S	U
E	U	C	H	A	U	D	Y	P	I
N	X	S	O	L	E	I	L	E	J
T	S	M	A	U	O	R	A	U	O
I	E	B	E	A	U	T	U	R	U
O	A	U	T	O	S	T	O	P	R
N	E	M	P	L	E	T	T	E	S

PART FOUR

SKILL IN LISTENING COMPREHENSION

Champs Elysées, Paris.
Reprinted with permission of Eric Kroll/Taurus Photos.

Part Four:
Skill in Listening Comprehension

I. Auditory-pictorial stimuli. Listen to the questions that will be read to you based on the pictures shown. Then choose the correct answer and write the letter on the blank line. Each statement or question will be read twice only.

1. (a) deux   (b) trois   (c) quatre   (d) cinq   _____

2. (a) dans une salle   (b) dans un train   (c) dans un autobus
    (d) dans un autocar   _____

3. (a) un agent de police   (b) un facteur   (c) un contrôleur
    (d) un prêtre   _____

Ernest Amato, Photographer; Division Public Information, City of Rochester, N.Y.
Courtesy of New York State Education Journal.

4. (a) deux   (b) trois   (c) quatre   (d) cinq   _____

5. (a) Ils courent   (b) Ils marchent   (c) Ils sautent   (d) Il fait beau   _____

6. (a) de chez eux   (b) du cinéma   (c) du théâtre   (d) de l'école   _____

7. (a) sur les arbres   (b) dans l'école   (c) sur le toit
   (d) sur le trottoir   _____

There are four pictures on this page. Under each picture there is a letter identifying it. Your teacher will read a series of four statements, numbered 8 to 11. Match each statement that you hear with the appropriate picture by writing the letter of the picture on the blank line.

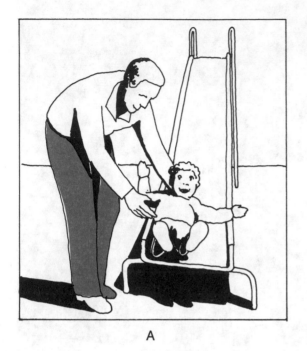

A

B

C

D

8. _____   9. _____   10. _____   11. _____

L'Arc de Triomphe à Paris. Courtesy of French Cultural Services, New York.

Instructions: Do the same here as on the previous pages. This is practice in listening comprehension. Study carefully the picture above.

12. (a) à la Place Charles de Gaulle   (b) à la Place de la Concorde
    (c) à l'Opéra   (d) aux Invalides   _____

13. (a) Napoléon Ier   (b) Louis XIV   (c) Louis XVI   (d) les Romains   _____

14. (a) Avenue des Champs-Elysées   (b) Boulevard St. Michel
    (c) Rue du Bac   (d) Avenue Foch   _____

15. (a) dix   (b) onze   (c) douze   (d) treize   _____

16. (a) de Jeanne d'Arc   (b) de Napoléon   (c) du Soldat Inconnu
    (d) de Louis XIV

"Lillies of the Field" Released through United Artists Corp.

Instructions: Do the same here as on the previous pages. This is practice in listening comprehension. Study carefully the picture above.

17. (a) un grand livre (b) un petit livre (c) des lunettes (d) un verre   _____

18. (a) une croix (b) des lunettes (c) un livre (d) une bague   _____

19. (a) un tout petit livre (b) un gros livre (c) une chaise (d) des fleurs   _____

There are four pictures on this page. Under each picture there is a letter identifying it. Your teacher will read a series of four statements, numbered 20 to 23. Match each statement that you hear with the appropriate picture by writing the letter of the picture on the blank line.

A

B

C

D

20. _____   21. _____   22. _____   23. _____

II. Differentiating sounds. Choose the word which is pronounced and write the letter on the blank line. Each will be read three times only.

1. (a) coeur
   (b) cour
   (c) car
   (d) cure _____

2. (a) pour
   (b) pur
   (c) par
   (d) peur _____

3. (a) de
   (b) du
   (c) des
   (d) doux _____

4. (a) vent
   (b) vigne
   (c) vin
   (d) viens _____

5. (a) deux
   (b) Dieu
   (c) de
   (d) dur _____

6. (a) ceci
   (b) ceux-ci
   (c) souci
   (d) sucer _____

7. (a) heure
   (b) heureux
   (c) heureuse
   (d) eurent _____

8. (a) grand
   (b) grain
   (c) grande
   (d) gris _____

9. (a) du
   (b) doux
   (c) deux
   (d) des _____

10. (a) était
    (b) été
    (c) thé
    (d) tu _____

III. Choosing the correct answer to a question. Listen carefully to each question. Then choose the correct answer and write the letter on the blank line. Each will be read three times only.

1. (a) sept
   (b) huit
   (c) neuf
   (d) dix _____

2. (a) onze
   (b) douze
   (c) treize
   (d) quatorze _____

3. (a) Fontainebleau
   (b) Arc de Triomphe
   (c) Paris
   (d) Versailles _____

4. (a) dix-sept
   (b) sept
   (c) treize
   (d) quarante _____

5. (a) Comment allez-vous?

    (b) Bonjour

    (c) Au revoir

    (d) De rien　　　_____

6. (a) une fourchette

    (b) un couteau

    (c) un plat

    (d) une cuillère　　　_____

7. (a) Paris

    (b) Bordeaux

    (c) Marseille

    (d) Domrémy　　　_____

8. (a) On boit

    (b) On dort

    (c) On court

    (d) On mange　　　_____

9. (a) septembre

    (b) mai

    (c) janvier

    (d) décembre　　　_____

10. (a) une valise

    (b) un parapluie

    (c) une canne

    (d) une leçon　　　_____

IV. **Pattern responses.**　Listen carefully to each statement or question that is read to you. Then choose the correct response and write the letter on the blank line. Each will be read three times only.

1. (a) Je vais à la porte aussi.

    (b) Je vois la porte aussi.

    (c) Je ferme la porte aussi.

    (d) J'ouvre la porte aussi.　_____

2. (a) Elles les lèvent aussi.

    (b) Elles les lavent aussi.

    (c) Elles les aiment aussi.

    (d) Elles ont lavé les chemises aussi.　_____

3. (a) Je le fais tous les matins aussi.

    (b) J'ai pris le petit déjeuner aussi.

    (c) Je le prends tous les matins aussi.

    (d) Je le prépare tous les matins aussi.　_____

4. (a) Il a eu peur des lions.

    (b) Il adore les lions.

    (c) Il a peur des lions.

    (d) Il déteste les lions.　_____

5. (a) Je vais l'étudier aussi.

    (b) J'ai étudié la leçon aussi.

    (c) Je veux bien l'étudier aussi.

    (d) J'aime étudier mes leçons aussi.　_____

6. (a) Je ne peux pas lire.

    (b) Je ne sais pas lire.

    (c) Je sais écrire.

    (d) Elle a lu un livre aussi.　_____

7. (a) Il n'a pas de devoir.

    (b) Il n'étudie jamais.

    (c) Il va étudier sa leçon
        dans le train.

    (d) Il étudie.   _____

8. (a) On met une voiture dans
        un garage.

    (b) Le garage est blanc
        aussi.

    (c) Si on n'a pas de voiture,
        on n'a pas de garage.

    (d) Le garage est vert
        aussi.   _____

V. Choosing rejoinders to statements or questions. Listen carefully to each statement or question. Then choose the correct response and write the letter on the blank line. Each will be read three times only.

1. (a) Oui, il pleut aujourd'hui.

    (b) Non, je ne crois pas.

    (c) Très bien, merci, et
        vous?

    (d) Je vais faire des
        emplettes.   _____

2. (a) Alors, dépêchez-vous.

    (b) Alors, couchez-vous.

    (c) Alors, téléphonez-moi.

    (d) Alors, allez-y.   _____

3. (a) Je vais mettre mon
        pardessus.

    (b) Il faut ouvrir les fenêtres.

    (c) J'aime beaucoup l'été.

    (d) J'adore le printemps
        quand il fait frais. _____

4. (a) Elles sont belles.

    (b) Elles coûtent cher.

    (c) Elles sont rouges.

    (d) Elles sont grandes.   _____

5. (a) Très bien, merci.

    (b) Au revoir, monsieur.

    (c) Bonjour, monsieur.

    (d) Oui, il fait beau jour. _____

6. (a) Suzanne dit "bonjour."

    (b) Je dis "bonjour."

    (c) Au revoir, Suzanne.

    (d) Bonjour, Suzanne.   _____

7. (a) Il est midi.

    (b) Il est tôt.

    (c) Il fait du bruit.

    (d) Il fait beau.   _____

8. (a) Demandez-moi quel
        temps il fait.

    (b) Je ne sais pas quel
        temps il fait.

    (c) Quel temps fait-il?

    (d) Il fait mauvais.   _____

VI. Choosing the word or words whose meaning completes each statement. Listen carefully to each incomplete statement. Then choose the correct answer and write the letter on the blank line. Each will be read three times only.

1. (a) joue bien au tennis
   (b) obéit à ses parents
   (c) se couche tard
   (d) désobéit à ses parents _____

2. (a) heureux
   (b) confus
   (c) bête
   (d) malade _____

3. (a) j'ai mangé
   (b) j'ai bu
   (c) je vais me lever
   (d) je vais me coucher _____

4. (a) la raison
   (b) la clef
   (c) la balle
   (d) l'adresse _____

5. (a) couchez-vous
   (b) peignez-vous
   (c) dépêchez-vous
   (d) lavez-vous _____

6. (a) une chaise
   (b) une table
   (c) un lit
   (d) un trottoir _____

7. (a) laver
   (b) lever
   (c) coucher
   (d) amuser _____

8. (a) s'amuser
   (b) défendre son pays
   (c) prendre le train
   (d) apprendre le français _____

VII. Choosing the word that belongs in the same class as the word that is read to you. Listen carefully to the word that your teacher pronounces. Then choose the word that belongs in the same class and write the letter on the blank line. Each word will be read three times only.

1. (a) chat
   (b) chien
   (c) lion
   (d) oiseau _____

2. (a) tablier
   (b) fleurs
   (c) pain
   (d) couteau _____

3. (a) panorama
   (b) vélo
   (c) crayon
   (d) marquis _____

4. (a) soleil
   (b) vent
   (c) lis
   (d) ferme _____

5. (a) pluie
   (b) pommes
   (c) orages
   (d) art _____

6. (a) complet
   (b) genou
   (c) conte
   (d) ruban _____

7. (a) main
   (b) tête
   (c) chapeau
   (d) pied _____

8. (a) panier
   (b) congé
   (c) salon
   (d) épingle _____

VIII. Choosing the word that is defined. Listen carefully to the definition that your teacher reads to you. Then choose the word which is defined and write the letter on the blank line. Each definition will be read three times only.

1. (a) la cuisine
   (b) la salle à manger
   (c) la chambre
   (d) la salle de bains _____

2. (a) un chanteur
   (b) un camionneur
   (c) un conducteur
   (d) un pâtissier _____

3. (a) mon neveu
   (b) mon cousin
   (c) ma tante
   (d) mon oncle _____

4. (a) un professeur
   (b) un agent de police
   (c) un avocat
   (d) un étudiant _____

5. (a) un stylo
   (b) une craie
   (c) un petit bâton
   (d) une lettre _____

6. (a) le lapin
   (b) le cheval
   (c) la vache
   (d) le chat _____

7. (a) une boulangerie
   (b) une épicerie
   (c) un musée
   (d) une pâtisserie _____

8. (a) de la soupe
   (b) de la glace
   (c) des petits pois
   (d) des pommes de terre _____

IX. Choosing the synonym of the word that is pronounced. Listen carefully to the word that your teacher pronounces. Then choose the synonym of it and write the letter on the blank line. Each word will be read three times only.

1. (a) la femme
   (b) le prêtre
   (c) l'instituteur
   (d) l'agent de police _____

2. (a) demeurer
   (b) me reposer
   (c) détester
   (d) travailler _____

3. (a) mot
   (b) réponse
   (c) phrase
   (d) erreur _____

4. (a) commencer
   (b) rompre
   (c) préparer
   (d) terminer _____

5. (a) guérir
   (b) demeurer
   (c) dîner
   (d) descendre _____

6. (a) nuire
   (b) interroger
   (c) désirer
   (d) voler _____

7. (a) fâché
   (b) heureux
   (c) fatigué
   (d) malheureux _____

8. (a) les pieds
   (b) les mains
   (c) le chapeau
   (d) la figure _____

X. Choosing the idiom or expression whose meaning completes each statement. Listen carefully to each incomplete statement. Then choose the answer that completes the thought and write the letter on the blank line. Your teacher will read each incomplete statement three times only.

1. (a) j'ai raison
   (b) j'ai tort
   (c) j'ai sommeil
   (d) je veux faire des emplettes _____

2. (a) a raison
   (b) a froid
   (c) est arrivé à l'heure
   (d) a tort _____

L A MARSEILLAISE

By Rouget de Lisle

I

Allons, enfants de la Patrie,
Le jour de gloire est arrivé!
Contre nous de la tyrannie
L'étendard sanglant est levé,
L'étendard sanglant est levé!
Entendez-vous dans les campagnes
Mugir ces féroces soldats?
Ils viennent jusque dans nos bras
Egorger nos fils, nos compagnes.

> Aux armes, citoyens!
> Formez vos bataillons!
> Marchons, marchons!
> Qu'un sang impur
> Abreuve nos sillons!

II

Amour Sacré de la Patrie,
Conduis, soutiens, nos bras vengeurs.
Liberté, liberté chérie
Combats avec tes défenseurs!
Combats avec tes défenseurs!
Sous nos drapeaux, que la victoire
Accours à tes mâles accents!
Que tes ennemis expirants
Voient ton triomphe et notre gloire.
> Aux armes, etc.

III

Nous entrerons dans la carrière
Quand nos aînés n'y seront plus.
Nous y trouverons leur poussière
Et la trace de leurs vertus,
Et la trace de leurs vertus,
Bien moins jaloux de leur survivre
Que de partager leur cercueil
Nous aurons le sublime orgueil
De les venger ou de les suivre.
> Aux armes, etc.

IV

Que veut cette horde d'esclaves
De traîtres, de rois conjurés?
Pour qui ces ignobles entraves
Ces fers dès longtemps préparés?
Ces fers dès longtemps préparés?
Français! pour vous, ah! quel outrage!
Quels transports il doit exciter!
C'est nous qu'on ose méditer
De rendre à l'antique esclavage!
> Aux armes, etc.

V

Quoi! ces cohortes étrangères
Feraient la loi dans nos foyers!
Quoi! les phalanges mercenaires
Terrasseraient nos fiers guerriers!
Terrasseraient nos fiers guerriers!
Grand Dieu! par des mains enchaînées
Nos fronts sous le joug se ploiraient
De vils despotes deviendraient
Les maîtres de nos destinées!
> Aux armes, etc.

VI

Tremblez, tyrans! et vous perfides,
L'opprobre de tous les partis,
Tremblez! vos projets parricides
Vont enfin recevoir leur prix!
Vont enfin recevoir leur prix!
Tout est soldat pour vous combattre,
S'ils tombent nos jeunes héros,
La France en produit de nouveau,
Contre vous tout prêts à se battre!
> Aux armes, etc.

VII

Français, en guerriers magnanimes,
Portez ou retenez vos coups!
Epargnez ces tristes victimes,
A regret s'armant contre nous.
A regret s'armant contre nous.
Mais ces despotes sanguinaires
Mais ces complices de Bouillé,
Tous ces tigres qui, sans pitié.
Déchirent le sein de leur mère!
> Aux armes, etc.

3. (a) fait froid ici
    (b) fait chaud ici
    (c) vient ici
    (d) fait du vent ici _____

4. (a) à voix basse
    (b) à haute voix
    (c) au moins
    (d) à mon avis _____

5. (a) corriger
    (b) envoyer
    (c) lire
    (d) écrire _____

6. (a) faire des emplettes
    (b) aller à pied
    (c) faire attention
    (d) aller en ville _____

7. (a) le soleil brille
    (b) je n'ai pas fait la leçon
    (c) je travaille trop
    (d) c'est un jour de congé _____

8. (a) j'ai chaud
    (b) j'ai faim
    (c) j'ai sommeil
    (d) j'ai peur _____

XI. Choosing the antonym of the word that is pronounced. Listen carefully to the word that your teacher pronounces. Then choose the antonym of it and write the letter on the blank line. Each word will be read three times only.

1. (a) vent
    (b) pluie
    (c) neige
    (d) chaud _____

2. (a) le bonheur
    (b) la laideur
    (c) la vente
    (d) la richesse _____

3. (a) vieux
    (b) difficile
    (c) faible
    (d) courte _____

4. (a) avant
    (b) debout
    (c) nouveau
    (d) avec _____

5. (a) la tristesse
    (b) le bonheur
    (c) la guerre
    (d) le bonbon _____

6. (a) vendre
    (b) emprunter
    (c) acheter
    (d) écrire _____

7. (a) mieux
    (b) meilleur
    (c) fort
    (d) cher _____

8. (a) le bonheur
    (b) la pluie
    (c) le silence
    (d) le vent _____

XII. **Choosing the word or words that are suggested by the situation described in a sentence.** Listen carefully to the statement that your teacher reads to you. Then choose the word or words that are suggested by the situation described and write the letter on the blank line. Each statement will be read three times only.

1. (a) la salle à manger
   (b) la rue
   (c) le toit
   (d) la cave _____

2. (a) un livre
   (b) une addition
   (c) un repas
   (d) un voyage _____

3. (a) rire
   (b) sourire
   (c) manger
   (d) étudier _____

4. (a) la danse
   (b) le bal
   (c) le parc
   (d) la maison _____

5. (a) la boucherie
   (b) la boulangerie
   (c) la pâtisserie
   (d) la bijouterie _____

6. (a) chez le coiffeur
   (b) chez le dentiste
   (c) chez l'avocat
   (d) chez le médecin _____

7. (a) la France et l'Angleterre
   (b) heureux
   (c) malheureux
   (d) triste _____

8. (a) le trottoir
   (b) le toit
   (c) la cave
   (d) le mur _____

XIII. **True-False statements.** Listen carefully to the statement that your teacher reads to you. Then on the blank line write **vrai** if the statement is true or **faux** if the statement is false. The teacher will read each statement only three times.

1. _____   3. _____   5. _____   7. _____   9. _____

2. _____   4. _____   6. _____   8. _____   10. _____

XIV. **Responding to statements on content.** Your teacher will read a statement to you. Listen carefully. Then choose the best response based on the content of the statement and write the letter on the blank line. Each statement will be read three times only.

1. L'enfant
   (a) veut quelque chose
   (b) refuse quelque chose
   (c) écrit quelque chose
   (d) mange quelque chose _____

2. L'enfant va le donner à
   (a) un animal
   (b) son frère
   (c) sa soeur
   (d) une personne _____

3. L'enfant
   (a) a maintenant de l'argent
   (b) ne fait rien
   (c) ne veut rien
   (d) ne demande rien _____

4. L'enfant
   (a) dit *merci*
   (b) ne dit rien
   (c) regarde l'heure
   (d) est fâché _____

5. L'enfant
   (a) dort
   (b) sort
   (c) parle
   (d) écoute _____

6. L'enfant est
   (a) courageux
   (b) généreux
   (c) diligent
   (d) scrupuleux _____

XV. **Determining who the two speakers are in a short dialogue.** Your teacher will read a short dialogue to you. It will be read three times. Listen carefully. Then choose the answer that indicates who the two speakers are and write the letter on the blank line.

1. (a) un docteur et une personne malade
   (b) un vendeur et un client
   (c) un maître et un élève
   (d) un père et son fils _____

2. (a) un dentiste et une femme
   (b) un chef et un client
   (c) un garçon et une fille
   (d) une mère et son enfant _____

3. (a) deux jeunes filles
   (b) une concierge et un professeur
   (c) un agent de police et une femme
   (d) un astronome et son élève _____

4. (a) un facteur et un homme
   (b) un médecin et un malade
   (c) un client et une vendeuse
   (d) deux acteurs _____

PART FIVE

SKILL IN READING COMPREHENSION

Massed dancers and chorus present Maurice Dejart's
interpretation of Beethoven's Ninth Symphony.
Courtesy of Photo News Services.

Part Five:
Skill in Reading Comprehension

I. **True-False statements.** Read the following statements and on the blank lines write **vrai** if the statement is true or **faux** if the statement is false.

1. Il y a sept jours dans une semaine. _____
2. Il y a treize mois dans une année. _____
3. Trois et quatre font sept. _____
4. Quand on dit *merci,* on répond *de rien.* _____
5. Quand on dit *bonjour,* on répond *c'est* ça. _____
6. Quand on dit *au revoir,* on répond *bonjour.* _____
7. Le jour de la semaine qui précède jeudi est vendredi. _____
8. Quand on a froid, on porte un maillot de bain. _____
9. La Loire est un fleuve. _____
10. Le jour de la semaine qui suit vendredi est samedi. _____
11. Quand on a faim on mange. _____
12. Janvier est le premier mois de l'année. _____
13. Le boulanger vend du lait. _____
14. Quand il pleut, on prend un parapluie. _____
15. Une vache donne du lait. _____
16. Les Pyrénées se trouvent entre la France et l'Italie. _____
17. On emploie un crayon pour écrire au tableau noir. _____
18. La cerise est un fruit. _____
19. Quand on a soif on boit. _____

20. Pour prendre le train on va à la gare. _____

21. Le printemps est une saison. _____

22. Il neige généralement en été. _____

23. Le chat est un animal domestique. _____

24. Le boucher vend de la viande. _____

25. Il y a soixante minutes dans une heure. _____

II. Pictorial stimuli. Choose the correct statement and write the letter on the blank line.

1. (a) Il est une heure.

   (b) Il est midi.

   (c) Il est douze heures.

   (d) Il est une heure cinq. _____

2. (a) Il est six heures.

   (b) Il est midi cinq.

   (c) Il est une heure et demie.

   (d) Il est midi. _____

3. (a) Il est neuf heures et demie.

   (b) Il est cinq heures.

   (c) Il est neuf heures vingt-cinq.

   (d) Il est cinq heures moins quinze. _____

Renoir – "La Fin du déjeuner"   French Cultural Services, New York

4. Dans ce tableau la femme au chapeau blanc tient à la main

    (a) un petit verre.

    (b) une cigarette.

    (c) une glace.

    (d) une lorgnette. _____

5. Dans ce tableau le monsieur

    (a) allume sa cigarette.

    (b) éteint sa cigarette.

    (c) cherche son argent.

    (d) parle à la femme de son côté. _____

6. Dans ce tableau

    (a) on prépare le déjeuner.

    (b) on finit le déjeuner.

    (c) on commence le déjeuner.

    (d) on chante. _____

7. Ce tableau est une oeuvre de

    (a) Degas.

    (b) Renoir.

    (c) Toulouse-Lautrec.

    (d) Dufy. _____

Degas – *"Danseuse au repos"*   *French Cultural Services, New York*

8. Dans ce tableau la danseuse

(a) se repose.

(b) mange.

(c) danse

(d) regarde le plafond. _____

9. Dans ce tableau la danseuse

(a) est debout.

(b) est assise.

(c) est couchée par terre.

(d) chante. _____

10. Cette danseuse a la main droite sur

(a) le pied gauche.

(b) le pied droit.

(c) le genou.

(d) la tête. _____

AS11-40-5902   Reprinted with permission of NASA.

Edwin Aldrin, astronaute américain, photographié par Neil Armstrong sur le sol lunarie, 1969.
(Edwin Aldrin, American astronaut, photographed by Neil Armstrong on the lunar surface, 1969.)
Official NASA Photograph.

11. Dans cette photo l'astronaute   (a) marche.   (b) danse.   (c) monte.
    (d) court.   _____

12. L'astronaute se trouve sur   (a) la terre.   (b) la plage.   (c) la lune.
    (d) un tapis.   _____

ROBE coton,
haut style "Tee-shirt",
jupe et manches
toile écrue imprimée
"fleurs".
Coloris écru/rose
ou écru/bleu.
Du 18 mois au 8 ans.
Le 4 ans.

Reprinted with permission of AUX TROIS QUARTIERS, Paris.

III.   Match the following. Study the French words in the picture on this page.

1. petites filles	6. manche	_____ to wear	_____ skirt
2. fleurs	7. jupe	_____ easy	_____ sleeve
3. porter	8. robe	_____ dress	_____ little girls
4. facile	9. chapeaux	_____ to smile	_____ summer
5. sourire	10. été	_____ flowers	_____ hats

IV. Oui ou Non? Study the picture on page 485, then answer.

1. Ces deux petites filles portent des robes d'été. _____

2. Leurs robes sont longues. _____

3. Ces jolies petites filles portent des chapeaux. _____

4. La plus petite regarde la main de son amie. _____

5. Les deux petites filles tiennent des fleurs à la main. _____

V. Choose the best answer. Study the picture on this page; then answer the questions.

1. L'homme dans cette image porte sur la tête   (a) un journal.   (b) deux yeux.   (c) une main.   (d) un chapeau. _____

2. Il tient   (a) un chapeau.   (b) une main.   (c) un détective.   (d) un journal. _____

3. Il est probablement dans   (a) sa maison.   (b) une église.   (c) un autobus.   (d) une grange. _____

4. L'homme est sans doute   (a) prêtre.   (b) conducteur.   (c) détective.   (d) religieux. _____

5. Sans doute, il observe   (a) le journal.   (b) une personne pas très loin de lui.   (c) le ciel.   (d) son chapeau. _____

Reprinted with permission of DUBLY DÉTECTIVE, Paris.

VI. There are two pictures on this page. Under each picture there is a letter identifying it. Match each statement that you read with the appropriate picture by writing the letter of the picture on the blank line opposite each statement.

A

B

Both photos reprinted with permission of AIR AFRIQUE.

1. Dans cette photo il y a des personnes qui dansent.   _____

2. Un homme lit un magazine.   _____

3. Une personne au milieu d'un groupe.   _____

4. Un homme qui sourit.   _____

5. Une femme dans l'eau jusqu'aux épaules.   _____

6. Un homme qui joue du tambour.   _____

VII. Pattern responses. Choose the correct response and write the letter on the blank line.

1. Albertine va à la porte. Et vous?

   (a) Je vais à la porte aussi.

   (b) Je vois la porte aussi.

   (c) Je ferme la porte aussi.

   (d) J'ouvre la porte aussi. _____

2. Cette femme lave les chemises. Et les autres femmes?

   (a) Elles les lèvent aussi.

   (b) Elles les lavent aussi.

   (c) Elles les aiment aussi.

   (d) Elles ont lavé les chemises aussi. _____

3. Je prends le petit déjeuner tous les matins. Et vous?

   (a) Je le fais tous les soirs aussi.

   (b) J'ai pris le petit déjeuner aussi.

   (c) Je le prends tous les matins aussi.

   (d) Je le prépare tous les matins aussi. _____

4. Paul a peur des lions. Et toi?

   (a) J'ai eu peur des lions aussi.

   (b) J'adore les lions aussi.

   (c) J'ai peur des lions aussi.

   (d) Il a peur des lions aussi. _____

5. J'ai étudié la leçon. Et toi?

   (a) Je vais l'étudier aussi.

   (b) J'ai étudié le livre aussi.

   (c) Je veux bien étudier aussi.

   (d) J'ai étudié la leçon aussi. _____

6. J'ai un livre. Et Antoine?

   (a) Nous avons un livre aussi.

   (b) Il a un livre aussi.

   (c) Je n'ai pas de livre.

   (d) Elle a un livre aussi. _____

7. Hélène est bien fatiguée. Et vous?

   (a) Je vais me reposer aussi.

   (b) Je suis fatigué aussi.

   (c) Je suis bien content aussi.

   (d) Je vais travailler aussi. _____

8. Louis sait jouer du piano. Et les autres garçons?

   (a) Ils aiment jouer du piano aussi.

   (b) Ils savent jouer du piano aussi.

   (c) Ils entendent la musique aussi.

   (d) Ils ont un piano aussi. _____

9. Cette maison est blanche. Et le garage?

   (a) Il y a une voiture dans le garage.

   (b) Il est blanc aussi.

   (c) Si on n'a pas de voiture, on n'a pas de garage.

   (d) Le garage est vert aussi. _____

10. Ils vont faire un voyage. Et vous?

   (a) Nous allons rester chez nous aussi.

   (b) Nous allons faire un voyage aussi.

   (c) Quand on voyage, on apprend.

   (d) Je vais faire la malle aussi. _____

VIII. Choosing rejoinders to statements or questions. Choose the best rejoinder that is logically related to the statement or question.

1. Bonjour, Janine. Comment allez-vous?

   (a) Oui, il pleut aujourd'hui.

   (b) Je vais à l'école.

   (c) Très bien, merci, et vous?

   (d) Je vais faire des emplettes. _____

2. Je suis bien fatigué.

   (a) Alors, dépêchez-vous.

   (b) Alors, couchez-vous.

   (c) Alors, téléphonez-moi.

   (d) Alors, allez-y. _____

3. Je dois sortir et il fait froid.

   (a) Je vais mettre mon pardessus.

   (b) Il faut ouvrir les fenêtres.

   (c) Il faut fermer les fenêtres.

   (d) Il fait beau en été. _____

4. La femme refuse d'acheter les pommes. Elle dit:

   (a) Elles sont belles.

   (b) Elles coûtent cher.

   (c) Elles sont rouges.

   (d) Elles sont grandes. _____

5. Le maître dit: Pierre, dis-moi "bonjour." — Pierre répond:

   (a) Très bien, merci.

   (b) Au revoir, monsieur.

   (c) Bonjour, monsieur.

   (d) Oui, il fait beau jour. _____

6. La maîtresse dit: André, dis "bonjour" à Suzanne. — André dit:

   (a) Suzanne dit "bonjour."

   (b) Je dis "bonjour."

   (c) Au revoir, Suzanne.

   (d) Bonjour, Suzanne. _____

7. Quel temps fait-il aujourd'hui?

   (a) Il est midi.

   (b) Il est tôt.

   (c) Il fait du bruit.

   (d) Il fait beau. _____

8. La maîtresse dit: Charles, demande-moi quel temps il fait. — Charles dit:

   (a) Demandez-moi quel temps il fait.

   (b) Je ne sais pas.

   (c) Quel temps fait-il?

   (d) Il fait mauvais. _____

9. Le maître dit: Denise, combien font dix et trois? — Denise répond correctement:

   (a) Ils font onze.

   (b) Dix et trois font douze.

   (c) Dix et trois font treize.

   (d) Dix et trois font quatorze. _____

10. Le professeur dit: Joseph, combien font dix moins un? — Joseph répond correctement:

    (a) Dix moins un font onze.

    (b) Dix moins un font sept.

    (c) Dix moins un font huit.

    (d) Dix moins un font neuf. _____

11. Madame Jodelle est dans la cuisine.

   (a) Elle fait le lit.

   (b) Elle vend des pommes.

   (c) Elle prépare le dîner.

   (d) Elle efface le tableau. _____

12. Un homme enseigne le français à un groupe d'élèves.

   (a) C'est un médecin.

   (b) C'est un avocat.

   (c) C'est un pâtissier.

   (d) C'est un professeur. _____

13. Dominique dit: Je sais qu'il va faire beau le jour du match. Vous dites:

   (a) Je sais qu'il va faire beau aussi.

   (b) Moi, aussi, je vais aller au match.

   (c) Oui, il fait beau aujourd'hui.

   (d) Il pleut. _____

14. Simone dit: Paul, qu'est-ce que tu fais avec ces valises? — Il répond:

   (a) Il vaut mieux être en retard.

   (b) Je suis rentré hier soir.

   (c) Je vais faire un voyage.

   (d) Vous avez des valises. _____

IX. Choosing the word or words whose meaning completes a sentence.

1. En été il fait généralement

   (a) froid.

   (b) chaud.

   (c) mauvais.

   (d) un temps terrible. _____

2. Hier soir je suis allé à un bal et j'ai

   (a) rappelé.

   (b) dansé.

   (c) coupé.

   (d) couché. _____

3. Le petit déjeuner est un repas qu'on prend

   (a) le soir.

   (b) le matin.

   (c) l'après-midi.

   (d) le midi. _____

4. Un bon enfant

   (a) joue bien au tennis.

   (b) se couche tard.

   (c) obéit à ses parents.

   (d) désobéit à ses parents. _____

5. Tu as les mains sales. Va te

   (a) laver.

   (b) lever.

   (c) coucher.

   (d) coiffer. _____

6. Généralement on se couche sur

   (a) une chaise.

   (b) une table.

   (c) un lit.

   (d) un trottoir. _____

7. Le train va partir et si vous voulez l'attraper,

   (a) couchez-vous.

   (b) coiffez-vous.

   (c) dépêchez-vous.

   (d) lavez-vous. _____

8. Pauline ne peut pas ouvrir la porte parce qu'elle a perdu

   (a) la raison.

   (b) la clef.

   (c) la balle.

   (d) l'adresse. _____

9. Le réveil a sonné et

    (a) j'ai mangé.

    (b) j'ai bu.

    (c) je vais me lever

    (d) je vais me coucher _____

10. Monsieur Bernard ne peut pas marcher parce qu'il est très

    (a) malade.

    (b) heureux.

    (c) confus.

    (d) bête. _____

X. Choosing the word that belongs in the same class as the italicized word.

1. La maîtresse écrit avec *un crayon*.

    (a) une cravate

    (b) une jupe

    (c) un stylo

    (d) une leçon _____

2. *Le tigre* est un animal sauvage.

    (a) le chat

    (b) le chien

    (c) l'oiseau

    (d) le lion _____

3. La mère met *une fourchette* sur la table.

    (a) un tablier

    (b) des fleurs

    (c) du pain

    (d) un couteau _____

4. Il a lu *un conte*.

    (a) un panorama

    (b) un vélo

    (c) un crayon

    (d) une histoire _____

5. Madame Boileau a de belles *roses* dans son jardin.

    (a) soleil

    (b) vent

    (c) tulipes

    (d) ferme _____

6. Madame Duval adore *les cerises*.

    (a) la pluie

    (b) les pommes

    (c) les orages

    (d) l'art _____

7. Monsieur Paquet a acheté un nouveau *costume*.

    (a) complet

    (b) genou

    (c) conte

    (d) chapeau _____

8. Le pauvre garçon a mal à *l'épaule*.

    (a) l'école

    (b) la tête

    (c) la veste

    (d) l'église _____

9. Cette maison a une grande *cuisine*.

    (a) salle de bains

    (b) porte

    (c) fenêtre

    (d) table _____

10. J'ai lu plusieurs livres de cet *auteur*.

    (a) éclair

    (b) écrivain

    (c) arbre

    (d) hôtel _____

XI. Choosing the word that is defined or described.

1. La pièce où on prend une douche.

   (a) la cuisine

   (b) la salle à manger

   (c) la chambre

   (d) la salle de bains _____

2. L'homme qui prépare des gâteaux.

   (a) chanteur

   (b) boucher

   (c) conducteur

   (d) pâtissier _____

3. Le frère de mon père.

   (a) mon neveu

   (b) mon cousin

   (c) ma tante

   (d) mon oncle _____

4. Une personne qui enseigne.

   (a) professeur

   (b) agent de police

   (c) détective

   (d) étudiant _____

5. On les met aux mains.

   (a) souliers

   (b) gants

   (c) chaussettes

   (d) manteau _____

6. On emploie cette chose pour écrire au tableau noir.

   (a) stylo

   (b) craie

   (c) bâton

   (d) lettre _____

7. On l'emploie pour parler.

   (a) jambes

   (b) yeux

   (c) langue

   (d) pieds _____

8. Animal qui donne du lait.

   (a) lapin

   (b) cheval

   (c) vache

   (d) chat _____

9. C'est un dessert.

   (a) soupe

   (b) glace

   (c) petits pois

   (d) pommes de terre _____

10. Où on voit des objets d'art

    (a) boulangerie

    (b) épicerie

    (c) musée

    (d) boucherie _____

XII. Choosing the synonym of the italicized word.

1. Je vois *le maître*.

   (a) la femme

   (b) le monsieur

   (c) la maîtresse

   (d) le boulanger _____

2. Je préfère *rester* chez moi aujourd'hui.

   (a) demeurer

   (b) me reposer

   (c) détester

   (d) travailler _____

3. Rose-Marie a fait *une faute* dans ses devoirs.

   (a) une réponse

   (b) un mot

   (c) une phrase

   (d) une erreur   _____

4. Jules va *finir* sa leçon ce soir.

   (a) commencer

   (b) terminer

   (c) lire

   (d) écrire   _____

5. Monsieur et Madame Girard *demeurent* près d'ici.

   (a) jouent

   (b) habitent

   (c) dînent

   (d) descendent   _____

6. Qu'est-ce que vous *voulez* faire?

   (a) refusez de

   (b) pouvez

   (c) désirez

   (d) oubliez de   _____

7. La pauvre petite fille est *triste*.

   (a) fâchée

   (b) heureuse

   (c) fatiguée

   (d) malheureuse   _____

8. Paul a *le visage* sale.

   (a) les mains

   (b) le chapeau

   (c) la figure

   (d) les pieds   _____

9. Elle se lève, *puis* elle se lave.

   (a) ensuite

   (b) avant

   (c) avec

   (d) naturellement   _____

10. Monsieur Roche marche *rapidement*.

    (a) lentement

    (b) facilement

    (c) vraiment

    (d) vite   _____

XIII. Choosing the idiom or expression whose meaning completes the sentence.

1. Je n'ai pas pris mon déjeuner ce matin et maintenant

   (a) j'ai chaud.

   (b) j'ai faim.

   (c) j'ai sommeil.

   (d) j'ai peur.   _____

2. Je vais me coucher parce que

   (a) j'ai raison.

   (b) j'ai sommeil.

   (c) j'ai tort.

   (d) j'ai du travail.   _____

3. J'ai rendez-vous chez le dentiste parce que

   (a) je veux m'amuser.

   (b) j'ai besoin d'argent.

   (c) je veux être à l'heure.

   (d) j'ai mal aux dents.   _____

4. Richard fait ses excuses parce qu'il

   (a) a raison.

   (b) a froid.

   (c) a tort.

   (d) est arrivé à l'heure.   _____

5. Je vais ouvrir la fenêtre parce qu'il

   (a) fait froid ici.

   (b) fait chaud ici.

   (c) vient ici.

   (d) fait du vent ici. _____

6. Je n'ai pas une voiture, alors je vais

   (a) faire des emplettes.

   (b) aller à pied.

   (c) faire attention.

   (d) aller en ville. _____

7. André a fait beaucoup de fautes dans ses devoirs et il va les

   (a) corriger.

   (b) lire.

   (c) écrire.

   (d) envoyer. _____

8. Il n'y a pas de classes aujourd'hui parce que

   (a) le soleil brille.

   (b) je n'ai pas fait la leçon.

   (c) je travaille beaucoup.

   (d) c'est un jour de _____
   congé.

9. Edmond ne comprend pas et il demande au professeur:

   (a) Comment vous appelez-vous, monsieur?

   (b) Comment allez-vous, monsieur?

   (c) Qu'est-ce que cela veut dire, monsieur?

   (d) Que faites-vous, monsieur? _____

10. Madame Paquet ne peut pas bien entendre parce qu'on lui parle

    (a) à voix basse.

    (b) à haute voix.

    (c) à mon avis.

    (d) au moins. _____

XIV. Choosing the antonym of the italicized word.

1. Janine a *ouvert* le livre à la page dix.

   (a) déchiré

   (b) commencé

   (c) fini

   (d) fermé _____

2. Monsieur et Madame Picot vont sortir *après* le dîner.

   (a) avant

   (b) en même temps

   (c) à droite

   (d) à gauche _____

3. Il y a du *bruit* dans la rue.

   (a) silence

   (b) vent

   (c) froid

   (d) large _____

4. Cet animal est *sauvage*.

   (a) beau

   (b) mauvais

   (c) bon

   (d) domestique _____

5. Cet étudiant est *mécontent*.

(a) content

(b) intelligent

(c) bête

(d) grand _____

6. Cette rue est *large*.

(a) longue

(b) étroite

(c) petite

(d) courte _____

7. C'est un *bon* garçon.

(a) mauvais

(b) grand

(c) petit

(d) beau _____

8. Hugo a *acheté* un vélo.

(a) envoyé

(b) vendu

(c) nettoyé

(d) reçu _____

XV. Choosing the missing word or words in each sentence that contains a particular structure or idiom.

1. Janine vient _____ partir.

(a) pour

(b) dans

(c) de

(d) à _____

2. Le sénateur parle _____ haute voix.

(a) de

(b) pour

(c) à

(d) avec _____

3. Gigi a peur _____ chien.

(a) du

(b) au

(c) à

(d) de _____

4. Monsieur le Président _____ toujours raison.

(a) affirme

(b) fait

(c) est

(d) a _____

5. Alfred a répondu: "Il n'y a pas de _____, monsieur."

(a) qui

(b) que

(c) quel

(d) quoi _____

6. L'élève a appris le poème _____ coeur.

(a) de

(b) par

(c) pour

(d) du _____

7. Ce livre est _____ moi.

(a) le

(b) au

(c) aux

(d) à _____

8. Je pense _____ un voyage.

(a) prendre

(b) venir

(c) aller

(d) faire _____

9. Hugo aime jouer _____ la balle.

    (a) de

    (b) du

    (c) à

    (d) des   _____

10. Louise aime jouer _____ piano.

    (a) du

    (b) de la

    (c) à

    (d) au   _____

XVI. Summarizing. Read the following paragraphs. Then choose the statement that best summarizes the main point of each and write the letter on the blank line.

1.   Mon père a un ami très intéressant. Il est vieux maintenant, mais quand il était *(was)* jeune, il voyageait *(used to travel)* dans tous les coins du monde. Quand il nous rend visite, je passe beaucoup de temps avec lui.

    (a) Les meilleurs amis de mon père sont vieux.

    (b) Mon père a fait beaucoup de voyages avec son ami intéressant.

    (c) J'aime les visites de l'ami de mon père parce qu'il est très intéressant.

    (d) L'ami de mon père ne peut plus voyager parce qu'il est vieux maintenant.   _____

2.   En hiver je me lève tard le samedi matin. Je descends à la cuisine où je prends le petit déjeuner avec mon frère et ma soeur. Je lis le journal, surtout la page comique. Puis je vais en ville acheter des choses pour ma mère. J'achète des légumes, des fruits, de la viande, du fromage et du pain.

    (a) Je prends toujours mon petit déjeuner dans la cuisine.

    (b) Ma mère achète des légumes et des fruits et je les mange.

    (c) Mon frère et ma soeur n'aiment pas aller en ville.

    (d) Après le petit déjeuner je lis un peu et puis je vais acheter des choses pour ma mère.   _____

XVII. Answering questions on content. Read each of the following passages. Then choose the best answer to each question and write the letter on the blank line.

I

    Jean est un garçon de quinze ans. Il a une amie, appelée Marie, avec qui il passe beaucoup de temps. Dans quelques jours, Marie va célébrer son anniversaire. Jean veut lui donner un très beau cadeau mais il n'a pas d'argent. Il en demande à son père, mais il lui répond:

    — Il faut travailler pour recevoir de l'argent.

    Maintenant Jean cherche des idées. Comment trouver du travail pour avoir de l'argent? A ce moment-là il regarde par la fenêtre. Que voit-il? Il neige. Il neige beaucoup. Maintenant il a du travail.

1. Pourquoi Jean veut-il donner un cadeau à la jeune fille?

    (a) C'est son anniversaire.

    (b) C'est une très jolie fille.

    (c) Elle a fait beaucoup pour Jean.

    (d) Il l'aime.   _____

2. Pourquoi est-ce que Jean n'a pas encore acheté un cadeau pour elle?

    (a) Il neige.

    (b) Il n'a pas d'argent.

    (c) Il ne l'aime pas.

    (d) Son père ne l'aime pas.   _____

3. Qu'est-ce que son père lui dit?

    (a) Maintenant Jean cherche des idées.

    (b) Jean, cherche des idées.

    (c) Il faut faire du travail.

    (d) Il neige beaucoup.   _____

II

Un diplomate de Chine représente son pays aux États-Unis. Ce monsieur est un homme très intelligent et il prend beaucoup de plaisir à parler américain comme un Américain. Un jour une dame lui écrit une lettre pour l'inviter à dîner chez elle. Sa lettre est très élégante.

Plusieurs jours après, la dame a une réponse dans un télégramme. Imaginez sa surprise! Au lieu d'écrire une longue lettre, le diplomate a répondu simplement "O.K."

1. De quel pays est le diplomate?

    (a) de Chine.   (c) de l'Amérique du Sud.

    (b) des États-Unis.   (d) Il est Américain.   _____

2. Qu'est-ce qu'il aime faire?

    (a) Il aime représenter son pays.

    (b) Il aime beaucoup les invitations.

    (c) Il aime écrire des télégrammes.

    (d) Il aime parler américain comme un Américain.   _____

3. Pourquoi est-ce que la dame lui écrit?

    (a) Pour avoir le plaisir de parler avec lui.

    (b) Pour l'inviter aux États-Unis.

    (c) Pour l'inviter à dîner chez elle.

    (d) Pour représenter son pays.   _____

4. Qu'est-ce qu'elle a reçu quelques jours après?

   (a) Une lettre.

   (b) Un télégramme.

   (c) Un cadeau.

   (d) Un dîner.   _____

III

Une jeune dame entre dans un petit magasin. Elle passe beaucoup de temps devant un miroir où elle essaye un chapeau après l'autre, mais elle n'achète pas de chapeau. La vendeuse n'est pas contente d'attendre si longtemps. Elle devient impatiente et enfin elle demande:
— Avez-vous choisi un chapeau, madame?
La jeune femme répond:
— Je ne suis pas venue pour acheter. Je suis venue pour m'amuser.

1. Où entre la jeune dame?

   (a) Dans une église.

   (b) Dans une maison.

   (c) Dans une boutique.

   (d) Dans une chapelle.   _____

2. Que fait-elle dans le magasin?

   (a) Elle passe longtemps devant le magasin.

   (b) Elle devient impatiente.

   (c) Elle est venue pour acheter.

   (d) Elle essaye beaucoup de chapeaux.   _____

3. Pourquoi la vendeuse est-elle impatiente?

   (a) La jeune dame passe beaucoup de temps devant le miroir.

   (b) Elle aime bien attendre.

   (c) La jeune dame ne veut pas payer.

   (d) La jeune dame achète trois chapeaux.   _____

4. Pourquoi la dame est-elle entrée dans ce magasin?

   (a) Pour acheter un chapeau.

   (b) Pour s'amuser.

   (c) Pour devenir impatiente.

   (d) Pour manger quelque chose.   _____

Le Sacré-Coeur, Paris. Reprinted with permission of French Cultural Services, New York City.

Part Six:
Skill in Writing

I. Copying sentences. First, read each sentence in French silently or aloud. Do not translate. After you have understood it, copy it accurately on the blank line. Then, compare your sentence with the one you copied. Make any necessary corrections yourself.

1. La cerise est un fruit. _____

2. Quand on a soif on boit. _____

3. Le boulanger vend du pain. _____

4. Janine est une belle jeune fille. _____

5. Hugo est un beau jeune homme. _____

6. Pierre est un bon garçon. _____

7. Le printemps est une saison. _____

8. Il y a sept jours dans une semaine. _____

9. Il neige généralement en hiver. _____

10. Trois et quatre font sept. _____

II. Dictées. Your teacher will read a few sentences to you in French. Each will be read three times only. During the first reading, just listen. Write during the second reading. Check what you have written during the third reading. Do not answer or translate. Just write what you hear.

1. _____

_____

_____

2. _____

_____

_____

3. _____

_____

_____

4. _____

_____

_____

5. _____

_____

_____

III. **Writing the word that your teacher reads to you; choosing the word that is the antonym of the word you write.** Your teacher will pronounce a word and will repeat it twice. Write it on the blank line. Then choose the antonym of that word from among the words given and write the letter on the short blank line.

Model: **(your teacher says the word *long*)**

You hear and write:

_____**long**_____ (a) large   (b) étroit   (c) court   (d) haut   **C**

1. _____ (a) mauvais   (b) bon   (c) frais   (d) chaud   _____

2. _____ (a) presque   (b) jamais   (c) tout   (d) rien   _____

3. _____ (a) tôt   (b) en retard   (c) toujours   (d) encore   _____

4. _____ (a) heureux   (b) joyeux   (c) malheur   (d) de bonne heure   _____

5. _____ (a) jeune   (b) vieille   (c) content   (d) mauvais   _____

6. _____ (a) paysage   (b) vérité   (c) visage   (d) figure ____

7. _____ (a) pleurer   (b) gagner   (c) jouer   (d) travailler ____

8. _____ (a) offrir   (b) venir   (c) partir   (d) naître ____

9. _____ (a) travailler   (b) commencer   (c) faire   (d) oublier ____

10. _____ (a) sortie   (b) entrée   (c) neige   (d) bruit ____

IV. Combining short sentences into one sentence. Rewrite the two sentences as a single sentence by adding one or two words. Make any required changes.

Model: **Je danse. Je chante.**   Answer: **Je danse et je chante.**

1. J'ai soif. J'ai faim. _____

2. Je suis dans la maison. Je suis malade. _____

   _____

3. La mère est dans la cuisine. L'enfant est dans la cuisine. _____

   _____

4. Monsieur Christian est beau. Monsieur Christian est grand. _____

   _____

5. Madame Bernard veut faire un voyage. Madame Bernard n'a pas d'argent. _____

   _____

V. Forming a sentence from word cues. Write a sentence using the following words.

Model: **acheter . . . pain . . . ma mère**

Je vais acheter du pain pour ma mère. _____

1. acheter . . . pain . . . ma mère

   _____

2. avoir . . . quinze ans

   _____

3. père . . . vendre . . . maison

   _____

4. poire . . . fruit

_____

5. boulanger . . . vendre . . . pain

_____

6. vache . . . donner . . . lait

_____

7. trois . . . quatre . . . sept

_____

8. printemps . . . saison

_____

9. neiger . . . généralement . . . hiver

_____

10. aller . . . plage . . . se baigner

_____

VI. **Writing the word that your teacher reads to you; choosing the word that is the synonym of the word you write.** Your teacher will pronounce a word and will repeat it twice. Write it on the blank line. Then choose the synonym of that word from among the words given and write the letter on the short blank line.

Model: (your teacher says the word *bâtiment*)

You hear and write:

_____**bâtiment**_____	(a) boulevard	(b) avenue	(c) édifice	(d) clef	**C**
1. _____	(a) désirer	(b) oublier	(c) voler	(d) avoir	_____
2. _____	(a) incertain	(b) sûr	(c) plusieurs	(d) beaucoup	_____
3. _____	(a) mécontent	(b) content	(c) malheureux (d) retard		_____
4. _____	(a) soulier	(b) chapeau	(c) chaussette	(d) pied	_____
5. _____	(a) oublier	(b) finir	(c) commencer	(d) entendre	_____
6. _____	(a) pharmacien	(b) boulanger	(c) pâtissier (d) docteur		_____

7. _____ (a) image   (b) fourchette   (c) plat   (d) lit   _____

8. _____ (a) complet   (b) repas   (c) chemise   (d) jupe   _____

9. _____ (a) cour   (b) centre   (c) sous   (d) sur   _____

10. _____ (a) habiter   (b) aimer mieux   (c) demeurer
                  (d) sortir   _____

VII. Converting sentences. Change the following sentences to the singular or plural, as indicated.

Model: **Change to the singular:**   Answer: **La leçon est difficile.**
        Les leçons sont difficiles.

(a) Change to the singular.

1. Ces livres sont faciles. _____

2. Elles sont descendues vite. _____

3. Les garçons ont bien mangé. _____

4. Ils ont écrit à leurs amis. _____

5. Elles ont acheté deux chapeaux. _____

(b) Change to the plural.

1. Cette femme est heureuse. _____

2. Cet homme est beau. _____

3. Cette jeune fille est jolie. _____

4. Le garçon a joué avant d'étudier. _____

5. La maîtresse a corrigé le devoir. _____

VIII. Parallel writing. Write a simple sentence in French of your own imitating the model sentence. If you are not ready to do this, then copy the model sentence.

Model: **Je m'appelle Robert.**   Answer: **Je m'appelle** (and add your name).

1. Je m'appelle Bob.

_____

2. J'ai quinze ans.

_____

3. Je me lève à sept heures.

_____

4. Je vais à l'école.avec Marilyn.

_____

5. Je m'assieds dans l'autobus avec elle.

_____

6. Nous arrivons à l'école à huit heures et quart.

_____

7. Ma première classe commence à neuf heures moins le quart.

_____

8. J'aime beaucoup ma classe de français.

_____

9. Je suis un bon élève.

_____

10. J'étudie le soir avant le dîner.

_____

IX. **Writing a substitute for a certain portion of a sentence.** Copy each sentence on the blank line, except for the words in italics. In place of them, write your own words.

   Model: J'ouvre *la porte.*   **Answer:** J'ouvre le livre.

1. J'ouvre *la porte.* _____

2. Je ferme *la fenêtre.* _____

3. Je vais *à la gare ce soir.* _____

4. Mon ami raconte *des histoires intéressantes.* _____

   _____

5. Il y a *du café* dans la tasse. _____

6. Je commence *mes devoirs* à six heures. _____

7. Ils écoutent *des disques.* _____

8. Mon père m'a donné *deux cents francs.* _____

9. Madame Molet vient *nous* voir *souvent.* _____

10. Guy lève *les bras.* _____

X. Building a sentence.   Expand the first sentence which is given to you in (a) by adding one or two words in each step (b), (c) and (d).

Model: (a) Monsieur Bernard parle.
           (b) Monsieur Bernard parle lentement.
           (c) Monsieur Bernard parle lentement aux élèves.
           (d) Monsieur Bernard parle lentement aux élèves dans la classe.

1. (a) Monsieur Marin parle.

    (b) _____

    (c) _____

    (d) _____

2. (a) Madame Duval chante.

    (b) _____

    (c) _____

    (d) _____

3. (a) Monique arrive.

    (b) _____

    (c) _____

    (d) _____

4. (a) Jacques joue.

    (b) _____

    (c) _____

    (d) _____

5. (a) Nicolette étudie.

(b) _____

(c) _____

(d) _____

XI. **Writing an appropriate response to one line of dialogue.** On the blank line write an appropriate response to the line of dialogue which is given.

Model: Dialogue: **Bonjour, Pierre.** Answer: **Très bien, merci, et toi?**
Comment vas-tu?

1. Bonjour, Anne. Comment vas-tu?

_____

2. Oh! J'ai perdu mes devoirs!

_____

3. Veux-tu aller au cinéma avec moi?

_____

4. Quel âge avez-vous?

_____

5. Où est le musée, s'il vous plaît?

_____

XII. **Writing a response which would logically fit in with two lines of dialogue.**

Model: Dialogue: **Bonjour, Mimi.**
Bonjour, Anne. Où vas-tu? Answer: **Je vais chez moi.**

1. Jean: Bonjour, Georges.
   Georges: Bonjour, Jean. Où vas-tu?

   Jean: _____

2. Marie: Que fais-tu, Anne?
   Anne: Mes devoirs. Et toi?

   Marie: _____

3. Jeanne: Aimez-vous votre classe de français?
    Paul: Oui, beaucoup. Et vous?

    Jeanne: _____

4. Pierre: Est-ce qu'il fait froid dehors?
    Albert: Non. Pourquoi veux-tu le savoir?

    Pierre: _____

5. Le Voyageur: A quelle heure arrive le train pour Paris?
    Le Porteur: A deux heures, monsieur.

    Le Voyageur: _____

XIII. Writing pattern responses. Write an automatic response in the affirmative for each of the following questions.

**Model: Question: Marguerite va à la Answer: Je vais à la porte aussi.
porte. Et vous?**

1. Marguerite va à la porte. Et vous?

    _____

2. Alfred s'assied près de la fenêtre. Et vous?

    _____

3. Robert prend le petit déjeuner tous les matins. Et vous?

    _____

4. Paul a peur des lions. Et vous?

    _____

5. Marie a étudié la leçon. Et vous?

    _____

6. Philippe lit un livre. Et vous?

    _____

7. Suzanne est bien fatiguée. Et vous?

    _____

8. Louis sait jouer du piano. Et vous?

   _____

9. Marc a lu un livre. Et vous?

   _____

10. Mimi a faim. Et vous?

   _____

XIV. Writing answers to written questions. Answer each question in a complete sentence in French.

1. Quel est votre nom?

   _____

2. Quel âge avez-vous?

   _____

3. Où demeurez-vous?

   _____

4. Avec qui allez-vous à l'école?

   _____

5. A quelle heure arrivez-vous à l'école?

   _____

XV. Writing answers to oral questions. Your teacher will ask you a question in French and will then repeat it. Write your answer in French after you hear the question for the second time. When the question is repeated the third time, check your answer.

1. _____

2. _____

3. _____

4. _____

5. _____

XVI. Answering questions on content. Read the following selections. Then, on the lines provided, answer in French the questions based on them.

I

Dans beaucoup de villages français il y a de la musique au parc le soir. Plusieurs fois par semaine, quand il fait beau, toute la famille va au parc après le dîner. On y trouve toujours beaucoup d'amis assis *(seated)* à un café pour prendre une glace en écoutant la musique. Papa parle avec ses amis des nouvelles du jour. Les femmes parlent de chapeaux et de robes. Les jeunes hommes et jeunes filles vont se promener dans le parc ensemble. Tout le monde s'amuse bien.

1.* Qu'est-ce qu'il y a au parc le soir dans beaucoup de villages français? _____

_____

2. Où va la famille après le dîner? _____

_____

3. Où sont assis beaucoup d'amis? _____

_____

4. De quoi Papa parle-t-il avec ses amis? _____

_____

5. De quoi les femmes parlent-elles? _____

_____

II

Tous les jours, pour aller en classe, Paul passe dans la même rue. C'est une petite rue charmante et il l'aime beaucoup. C'est une rue tranquille quand il est en classe, mais quand il sort de l'école, il y a beaucoup de bruit. Quelquefois il y a des autos qui passent. Il aime bien les voir, et souvent il va au grand garage près de sa maison pour les regarder. C'est pourquoi il arrive à l'école en retard!

1. Pourquoi Paul aime-t-il la petite rue? _____

_____

2. Comment est la rue quand Paul est en classe? _____

_____

3. Comment est la rue quand il sort de l'école? _____

_____

4. Qu'est-ce qu'il aime bien voir? _____

_____

5. Pourquoi arrive-t-il à l'école en retard? _____

_____

III

Le Ciel est, par-dessus le toit . . .

Le ciel est, par-dessus le toit,
   Si bleu, si calme!
Un arbre, par-dessus le toit,
   Berce sa palme.

La cloche, dans le ciel qu'on voit,
   Doucement tinte.
Un oiseau sur l'arbre qu'on voit
   Chante sa plainte.

Mon Dieu, mon Dieu, la vie est là,
   Simple et tranquille.
Cette paisible rumeur-là
   Vient de la ville.

— Qu'as-tu fait, ô toi que voilà
   Pleurant sans cesse,
Dis, qu'as-tu fait, toi que voilà
   De ta jeunesse?

(Paul Verlaine, *Sagesse*)

1. De quelle couleur est le ciel? _____

2. Que fait l'arbre? _____

3. Que fait la cloche? _____

4. Que fait l'oiseau? _____

5. D'où vient la paisible rumeur? _____

6. Le poète est-il heureux? _____

XVII. **Writing three simple sentences as directed.** Write three sentences about yourself in French. State your name, your age, and your nationality.

Model: Je m'appelle Bob Jones. J'ai quinze ans. Je suis Américain.

1. Write three sentences about yourself. State your name, your age, and your nationality.

_____

_____

2. Write three sentences about what you do in the mornings. State at what time you get up, that you wash your face and hands, and that you get dressed. _____

_____

_____

_____

3. Write three sentences about what you do in the evenings. State at what time you have dinner, that you do your homework, and that you go to bed early. _____

_____

_____

_____

_____

XVIII. **Writing a question, then answering it; both in French, of course.**

Model: Quel temps fait-il aujourd'hui? Il fait beau.

1. _____

2. _____

3. _____

XIX. **Writing two sentences based on an opening sentence.**   Read the opening sentence. Then write two sentences of your own continuing the thought expressed in the first sentence.

Model: Georges sait nager. Il nage bien. Il aime la natation.

1. Georges a étudié. _____

_____

2. Je vais en ville. _____

_____

3. J'aime beaucoup le français. _____

_____

4. Madame Bernard est malade. _____

_____

5. Nous allons faire un voyage.

_____

XX. Graphic stimuli. Answer the following questions in French on the lines provided.

Models:

Quelle heure est-il? **Il est neuf heures.**

1. Quelle heure est-il? _____

_____

2. Quelle heure est-il? _____

_____

3. Quelle heure est-il? _____

_____

XXI. Pictorial stimuli.

Guadeloupe: Caribbean dancers doing the "Merengue."
Reprinted with permission of French Government Tourist Office, New York.

1. Write at least three sentences in French describing the above scene.

_____

_____

_____

_____

_____

Official NASA Photograph

Edwin Aldrin, astronaute américain, photographié par Neil Armstrong sur le sol lunarie, 1969.
(Edwin Aldrin, American astronaut, photographed by Neil Armstrong on the lunar surface,
1969.) Reprinted with permission of NASA.

2.   Write at least three sentences in French describing the above scene.

_____

_____

_____

_____

_____

Definitions of basic grammatical terms with examples

Active voice

When we speak or write in the active voice, the subject of the verb performs the action. The action falls on the direct object.

Example:

Everyone loves Janine. / **Tout le monde aime Janine.**

The subject is *everyone*/**tout le monde.** The verb is *loves*/**aime.** The direct object is *Janine.*

Review **aimer** in the verb tables. See also *passive voice* in this list. Compare the above sentence with the example in the passive voice.

Adjective

An adjective is a word that modifies a noun or a pronoun. In grammar, to modify a word means to describe, limit, expand, or make the meaning particular. In French an adjective agrees in gender (masculine or feminine) and in number (singular or plural) with the noun or pronoun it modifies.

Examples:

This garden is beautiful/**Ce jardin est beau.**

She is beautiful/**Elle est belle.**

The adjective *beautiful*/**beau** modifies the noun *garden*/**jardin.** It is masculine singular because **le jardin** is masculine singular. The adjective *beautiful* modifies the pronoun *She*/**Elle.** It is feminine singular because *she* is feminine singular.

Review **être** in the verb tables. Review adjectives in Work Units 18 and 19. In French there are different kinds of adjectives. *See also* comparative adjective, demonstrative adjective, descriptive adjective, interrogative adjective, limiting adjective, possessive adjective, superlative adjective.

Adverb

An adverb is a word that modifies a verb, an adjective, or another adverb. An adverb says something about how, when, where, to what extent, or in what way.

Examples:

Jane runs swiftly/ **Jeanne court rapidement.** The adverb *swiftly*/***rapidement*** modifies the verb *runs*/***court.*** The adverb shows *how* she runs.

Jack is a very good friend/ **Jacques est un très bon ami.** The adverb *very*/***très*** modifies the adjective *good*/***bon.*** The adverb shows *how good* a friend he is.

The boy is eating too fast now/ **Le garçon mange trop vite maintenant.** The adverb *too/**trop*** modifies the adverb *fast/**vite.*** The adverb shows *to what extent* he is eating *fast.* The adverb *now/**maintenant*** tells us *when.*

The post office is there/ **Le bureau de poste est là.** The adverb *there/**là*** modifies the verb *is/**est.*** It tells us *where* the post office is.

Mary writes carefully/ **Marie écrit soigneusement.** The adverb *carefully/**soigneusement*** modifies the verb *writes/**écrit.*** It tells us *in what way* she writes.

Review adverbs in Work Unit 20. Review **courir, écrire, être, manger** in the verb tables.

Affirmative statement, negative statement

A statement in the affirmative is the opposite of a statement in the negative. To negate an affirmative statement is to make it negative.

Examples:

In the affirmative: I like chocolate ice cream/ **J'aime la glace au chocolat.**

In the negative: I do not like chocolate ice cream/ **Je n'aime pas la glace au chocolat.**

Review **aimer** in the verb tables.

Agreement of adjective with noun

Agreement is made on the adjective with the noun it modifies in gender (masculine or feminine) and number (singular or plural).

Examples:

a white house / **une maison blanche.** The adjective **blanche** is feminine singular because the noun **une maison** is feminine singular.

two white houses / **deux maisons blanches.** The adjective **blanches** is feminine plural because the noun **maisons** is feminine plural.

Review Work Unit 18.

Agreement of past participle of a reflexive verb with its reflexive pronoun

Agreement is made on the past participle of a reflexive verb with its reflexive pronoun in gender (masculine or feminine) and number (singular or plural) if that pronoun is the *direct object* of the verb. The agreement is determined by looking at the subject to see its gender and number, which is the same as its reflexive pronoun. If the reflexive pronoun is the *indirect object*, an agreement is *not* made.

Examples:

to wash oneself / **se laver**

She washed herself/ **Elle s'est lavée.** There is a feminine agreement on the past participle **lavée** (added **e**) with the reflexive pronoun **se** (here, **s'**) because it serves as a direct object pronoun. What or whom did she wash? Herself, which is expressed in **se (s').**

But:

She washed her hair/ **Elle s'est lavé les cheveux.** There is no feminine agreement on the past participle **lavé** here because the reflexive pronoun **(se,** here, **s')** serves as an *indirect object.* The direct object is **les cheveux** and it is stated *after* the verb. What did she wash? She washed her hair *on herself (s').*

Review reflexive verbs in Work Unit 7. Review **se laver** and other reflexive verbs, in the verb tables. *See also* reflexive pronoun and reflexive verb.

Agreement of past participle with its preceding direct object

Agreement is made on the past participle with its direct object in gender (masculine or feminine) and number (singular or plural) when the verb is conjugated with **avoir** in the compound tenses. Agreement is made when the direct object, if there is one, *precedes* the verb.

Examples:

Where are the little cakes? Paul ate them / **Où sont les petits gâteaux? Paul les a mangés.** The verb **a mangés** is in the *passé composé*; **manger** is conjugated with **avoir.** There is a plural agreement on the past participle **mangés** (added **s**) because the *preceding* direct object *them/***les** is masculine plural, referring to **les petits gâteaux,** which is masculine plural.

Who wrote the letters? Robert wrote them / **Qui a écrit les lettres? Robert les a écrites.** The verb **a écrites** is in the *passé composé*; **écrire** is conjugated with **avoir.** There is a feminine plural agreement on the past participle **écrites** (added **e** and **s**) because the *preceding* direct object *them/***les** is feminine plural, referring to **les lettres,** which is feminine plural. A past participle functions as an adjective. An agreement in gender and number is *not* made with *an indirect object. See* indirect object noun, indirect object pronoun.

Review the **passé composé** in Work Units 12 and 13. Review **écrire, être, manger** in the verb tables. *See also* direct object noun, direct object pronoun.

Agreement of past participle with the subject

Agreement is made on the past participle with the subject in gender (masculine or feminine) and number (singular or plural) when the verb is conjugated with **être** in the compound tenses.

Examples:

She went to Paris / **Elle est allée à Paris.** The verb **est allée** is in the *passé composé*; **aller** is conjugated with **être.** There is a feminine agreement on the past participle **allée** (added **e**) because the subject **elle** is feminine singular.

The boys have arrived / **Les garçons sont arrivés.** The verb **sont arrivés** is in the *passé composé*; **arriver** is conjugated with **être.** There is a plural agreement on the past participle **arrivés** (added **s**) because the subject **les garçons** is masculine plural. Review Work Unit 12 to find out about verbs conjugated with either **avoir** or **être** to form the **passé composé** tense. Review **aller** and **arriver** in the verb tables. *See also* past participle and subject.

Agreement of verb with its subject

A verb agrees in person (1st, 2d, or 3d) and in number (singular or plural) with its subject.

Examples:

Does he always tell the truth? / **Dit-il toujours la vérité?** The verb **dit** (of **dire**) is 3d person singular because the subject **il**/*he* is 3d person singular.

Where are they going? / **Où vont-ils?** The verb **vont** (of **aller**) is 3d person plural because the subject **ils**/*they* is 3d person plural. Review **aller** and **dire** in the verb tables. For subject pronouns in the singular and plural, review Work Unit 4.

Antecedent

An antecedent is a word to which a relative pronoun refers. It comes *before* the pronoun.

Examples:

The girl who is laughing over there is my sister / **La jeune fille qui rit là-bas est ma soeur.** The antecedent is *girl*/***la jeune fille.*** The relative pronoun *who*/***qui*** refers to the girl.

The car that I bought is expensive / **La voiture que j'ai achetée est chère.** The antecedent is *car*/**la voiture.** The relative pronoun *that*/***que*** refers to the car. Note also that the past participle ***achetée*** is fem. sing. because it refers to ***la voiture*** (fem. sing.), which precedes the verb. Review **acheter** and **rire** in the verb tables. *See also* relative pronoun.

Auxiliary verb

An auxiliary verb is a helping verb. In English grammar it is *to have.* In French grammar it is **avoir** (to have) or **être** (to be). An auxiliary verb is used to help form the **passé composé** tense.

Examples:

I have eaten/**J'*ai* mangé.**   She has left./**Elle *est* partie.**

Review Work Unit 12 to find out about verbs conjugated with either **avoir** or **être** as helping verbs to form the **passé composé.** Also, review **manger** and **partir** in the verb tables.

Cardinal number

A cardinal number is a number that expresses an amount, such as *one, two, three,* and so on. Review Work Unit 8. *See also* ordinal number.

Causative *faire*

In English grammar, a causative verb causes something to be done. In French grammar the idea is the same. The subject of the verb causes the action expressed in the verb to be carried out by someone else.

Examples:

Mrs. Roth makes her students work in French class/**Madame Roth fait travailler ses élèves dans la classe de français.**

Mr. Reis is having a house built / **Monsieur Reis fait construire une maison.**

Review **construire, faire,** and **travailler** in the verb tables.

Clause

A clause is a group of words that contains a subject and a predicate. A predicate may contain more than one word. A conjugated verb form is revealed in the predicate.

Example:

Mrs. Coty lives in a small apartment / **Madame Coty demeure dans un petit appartement.**

The subject is *Mrs. Coty/**Madame Coty.*** The predicate is *lives in a small apartment/**demeure dans un petit appartement.*** The verb is *lives/**demeure.***

See also dependent clause, independent clause, predicate.

Comparative adjective

When making a comparison between two persons or things, an adjective is used to express the degree of comparison in the following ways.

Examples:

Of the same degree of comparison:

Raymond is *as tall as* his father / **Raymond est *aussi grand que* son père.**

Of a lesser degree of comparison:

Monique is *less intelligent than* her sister / **Monique est *moins intelligente que* sa soeur.**

Of a higher degree of comparison:

This apple is *more delicious than* that apple / **Cette pomme-ci est *plus délicieuse que* cette pomme-là.**

Review comparative and superlative adjectives in Work Unit 19. *See also* superlative adjective.

Comparative adverb

An adverb is compared in the same way as an adjective is compared. *See* comparative adjective.

Examples:

Of the same degree of comparison:

Mr. Bernard speaks *as fast as* Mr. Claude / **Monsieur Bernard parle *aussi vite que* Monsieur Claude.**

Of a lesser degree of comparison:

Alice studies *less seriously than* her sister / **Alice étudie *moins sérieusement que* sa soeur.**

Of a higher degree of comparison:

Albert works *more slowly than* his brother / **Albert travaille *plus lentement que* son frère.**

Review comparative and superlative adverbs in Work Unit 20. Review **étudier, parler, travailler** in the verb tables. *See also* superlative adverb.

Complex sentence

A complex sentence contains one independent clause and one or more dependent clauses.

Examples:

One independent clause and one dependent clause:

Jack is handsome but his brother isn't / **Jacques est beau mais son frère ne l'est pas.** The independent clause is *Jack is handsome.* It makes sense when it stands alone because it expresses a complete thought. The dependent clause is *but his brother isn't.* The dependent clause, which is introduced by the conjunction *but*, does not make complete sense when it stands alone because it *depends* on the thought expressed in the independent clause.

One independent clause and two dependent clauses:

Mary gets good grades in school because she studies but her sister never studies / **Marie reçoit de bonnes notes à l'école parce qu'elle étudie mais sa soeur n'étudie jamais.** The independent clause is *Mary gets good grades in school.* It makes sense when it stands alone because it expresses a complete thought. The first dependent clause is *because she studies.* This dependent clause, which is introduced by the conjunction *because*, does not make complete sense when it stands alone because it *depends* on the thought expressed in the independent clause. The second dependent clause is *but her sister never studies.* That dependent clause, which is introduced by the conjunction *but*, does not make complete sense either when it stands alone because it *depends* on the thought expressed in the independent clause. Review **étudier** and **recevoir** in the verb tables. *See also* dependent clause, independent clause.

Compound sentence

A compound sentence contains two or more independent clauses.

Example:

Mrs. Dubois went to the supermarket, she bought some groceries, and then she returned home / **Madame Dubois est allée au supermarché, elle a acheté des provisions, et puis elle est rentrée chez elle.** This compound sentence contains three independent clauses. They are independent because they make sense when they stand alone. Review the **passé composé** in Work Unit 12. Review **acheter, aller, rentrer** in the verb tables. *See also* clause, independent clause.

Conjugation

The conjugation of a verb is the fixed order of all its forms showing their inflections (changes) in the three persons of the singular and the three persons of the plural in a particular tense.

In French there are three major types of regular verb conjugations:

> 1st conjugation type: regular verbs that end in **er,** for example, **donner.**
>
> 2d conjugation type: regular verbs that end in **ir,** for example, **finir.**
>
> 3d conjugation type: regular verbs that end in **re,** for example, **vendre.**

Review Work Units 4, 5, 6. Review also the verb tables for the conjugation of verbs used in this book.

Conjunction

A conjunction is a word that connects words or groups of words.

Examples:

and/**et,** or/**ou,** but/**mais**

You *and* I are going downtown / **Toi *et* moi, nous allons en ville.**

You can stay home *or* you can come with us / **Tu peux rester à la maison *ou* tu peux venir avec nous.**

Review **aller, pouvoir, rester, venir** in the verb tables.

Declarative sentence

A declarative sentence makes a statement.

Example:

I have finished the work / **J'ai fini le travail.**

Review the **passé composé** in Work Unit 12. Review **finir** in the verb tables.

Definite article

The definite article in French has four forms and they all mean *the.*

They are: **le, la, l', les,** as in:

le livre/the book, **la maison**/the house, **l'école**/the school, **les enfants**/the children

Review Work Units 1, 2, 3. The definite articles are also used as direct object pronouns. *See* direct object pronoun.

Demonstrative adjective

A demonstrative adjective is an adjective that points out. It is placed in front of a noun.

Examples:

this book/**ce livre;** this hotel/**cet hôtel;** this child/**cet enfant;** this house/**cette maison;** these flowers/**ces fleurs**

Review Work Unit 19.

Demonstrative pronoun

A demonstrative pronoun is a pronoun that points out. It takes the place of a noun. It agrees in gender and number with the noun it replaces.

Examples:

I have two apples; do you prefer *this one* or *that one?* / **J'ai deux pommes; préférez-vous celle-ci ou celle-là?**

Sorry, but I prefer *those* / **Je regrette, mais je préfère celles-là.**

Do you like the ones that are on the table? / **Aimez-vous celles qui sont sur la table?**

Review **aimer, avoir, être, préférer, regretter** in the verb tables. For demonstrative pronouns that are neuter, *see* neuter.

Dependent clause

A dependent clause is a group of words that contains a subject and a predicate. It does not express a complete thought when it stands alone. It is called *dependent* because it depends on the independent clause for a complete meaning. Subordinate clause is another term for dependent clause.

Example:

Mary is absent today because she is sick / **Marie est absente aujourd'hui parce qu'elle est malade.** The independent clause is *Mary is absent today.* The dependent clause is *because she is sick.* Review **être** in the verb tables. *See also* clause, independent clause.

Descriptive adjective

A descriptive adjective is an adjective that describes a person, place, or thing.

Examples:

a pretty girl/**une jolie jeune fille;** a handsome boy/**un beau garçon;** a small house/**une petite maison;** a big city/**une grande ville;** an expensive car/**une voiture chère.**

Review Work Unit 18. *See also* adjective.

Direct object noun

A direct object noun receives the action of the verb *directly.* That is why it is called a *direct* object, as opposed to an indirect object. A direct object noun is normally placed *after* the verb.

Examples:

I am writing a letter / **J'écris une lettre.** The subject is *I/J' (Je).* The verb is *am writing/écris.* The direct object is the noun *letter/***une lettre.**

I wrote a letter / **J'ai écrit une lettre.** The subject is *I/J' (Je).* The verb is *wrote/***ai écrit.** The direct object is the noun *letter/***une lettre.**

Review Work Unit 13. Review, also, **écrire** in the verb tables. *See also* direct object pronoun.

Direct object pronoun

A direct object pronoun receives the action of the verb *directly.* It takes the place of a direct object noun. In French a pronoun that is a direct object of a verb is ordinarily placed *in front of* the verb.

Example:

I am reading it [the letter] / **Je *la* lis.**

A direct object pronoun is placed *after* the verb and joined with a hyphen *in the affirmative imperative.*

Example:

Write it [the letter] now / **Écrivez-*la* maintenant.**

Review Work Unit 13. Also, review **écrire** and **lire** in the verb tables. The direct object pronouns are summed up below:

Person	Singular		Plural	
1st	**me (m')**	me	**nous**	us
2d	**te (t')**	you *(fam.)*	**vous**	you (sing. polite or pl.)
3d	**le (l')**	him, it (person or thing)	**les**	them (persons or things)
	la (l')	her, it (person or thing)		

See also imperative. Review the imperative (command) in Work Units 10 and 11. Review, also, word order in a sentence in Work Units 24 and 25.

Disjunctive pronoun

In French grammar a disjunctive pronoun is a pronoun that is stressed; in other words, emphasis is placed on it.

Examples:

I speak well; *he* does not speak well / ***Moi*, je parle bien; *lui*, il ne parle pas bien.**

Talk to me / **Parlez-*moi.***

A disjunctive pronoun is also object of a preposition.

Examples:

She is talking with me / **Elle parle *avec moi.***

I always think of you / **Je pense toujours *à toi.***

The disjunctive pronouns are summed up below:

Person	Singular		Plural	
1st	**moi**	me, I	**nous**	us, we
2d	**toi**	you *(fam.)*	**vous**	you (sing. polite or pl.)
3d	**soi**	oneself		
	lui	him, he	**eux**	them, they *(m.)*
	elle	her, she	**elles**	them, they *(f.)*

Review **parler** and **penser** in the verb tables. Review Work Unit 17. Review, also, word order in a sentence in Work Units 24 and 25.

Ending of a verb

In French grammar the ending of a verb form changes according to the person and number of the subject and the tense of the verb.

Example:

To form the present indicative tense of a regular **-er** type verb like **parler,** drop the **er** ending of the infinitive and add the following endings: **-e, -es, -e** for the 1st, 2d, and 3d persons of the singular; **-ons, -ez, -ent** for the 1st, 2d, and 3d persons of the plural.

You then get: **je parle, tu parles, il (elle, on) parle;
nous parlons, vous parlez, ils (elles) parlent**

Review Work Units 4, 5, 6. Review **parler** in the verb tables. *See also* stem of a verb.

Feminine

In French grammar the gender of a noun, pronoun, or adjective is feminine or masculine, not female or male.

Examples:

	Masculine			Feminine		
noun	**pronoun**	**adjective**		**noun**	**pronoun**	**adjective**
le garçon *the boy*	**il** *he*	**grand** *tall*		**la femme** *the woman*	**elle** *she*	**grande** *tall*
le livre *the book*	**il** *it*	**petit** *small*		**la voiture** *the car*	**elle** *it*	**petite** *small*

See also gender, below.

Gender

In French and English grammar gender means masculine or feminine.

Examples:

Masculine: the boy/**le garçon;** he, it/**il;** the rooster/**le coq;** the book/**le livre**

Feminine: the girl/**la jeune fille;** she, it/**elle;** the hen/**la poule;** the house/**la maison**

Gerund

In English grammar, a gerund is a word formed from a verb. It ends in *ing.* Actually, it is the present participle of a verb. But it is not used as a verb. It is used as a noun.

Example: Seeing is believing / **Voir c'est croire.**

However, in French grammar, the infinitive form of the verb is used, as in the above example, when the verb is used as a noun. In French, *seeing is believing* is expressed as *to see is to believe.*

The French gerund is also a word formed from a verb. It ends in **ant.** It is also the present participle of a verb. As a gerund, it is normally preceded by the preposition **en.**

Example:

En partant, il a fait ses excuses / While leaving, he made his excuses.

Review **faire** and **partir** in the verb tables. *See also* present participle.

Imperative

The imperative is a mood, not a tense. It is used to express a command. In French it is used in the 2d person of the singular **(tu),** the 2d person of the plural **(vous),** and in the 1st person of the plural **(nous).** Review the imperative (command) with examples in Work Units 10 and 11. *See also* person (1st, 2d, 3d).

Indefinite article

In English the indefinite articles are *a, an,* as in *a book, an apple.* They are indefinite because they do not refer to any definite or particular noun.

In French there are two indefinite articles in the singular: one in the masculine form **(un)** and one in the feminine form **(une).**

Examples:

Masculine singular: **un livre**/*a book*

Feminine singular: **une pomme**/*an apple*

In French they both change to **des** in the plural.

Examples:

I have a brother/**J'ai un frère;** I have brothers/**J'ai des frères.**

I have a sister/**J'ai une soeur;** I have sisters/**J'ai des soeurs.**

I have an apple/**J'ai une pomme;** I have apples/**J'ai des pommes.**

Review Work Units 1, 2, 3. Review **avoir** in the verb tables. *See also* definite article.

Indefinite pronoun

An indefinite pronoun is a pronoun that does not refer to any definite or particular noun.

Examples:

something/**quelque chose;** someone, somebody/**quelqu'un, quelqu'une;** one, "they"/**on** (3d pers., sing.), as in **On ne sait jamais**/One never knows; **On dit qu'il va neiger**/They say it's going to snow; each one/**chacun, chacune;** anything/**n'importe quoi.**

Independent clause

An independent clause is a group of words that contains a subject and a predicate. It expresses a complete thought when it stands alone.

Example:

The cat is sleeping under the bed / **Le chat dort sous le lit.**

Review **dormir** in the verb tables. *See also* clause, dependent clause, predicate.

Indicative mood

The indicative mood is used in sentences that make a statement or ask a question. The indicative mood is used most of the time when we speak or write in English or French.

Examples:

I am going home now/**Je vais chez moi maintenant.**

Where are you going?/**Où allez-vous?**

Review **aller** in the verb tables.

Indirect object noun

An indirect object noun receives the action of the verb *indirectly*.

Example:

I am writing a letter to Mary *or* I am writing Mary a letter / **J'écris une lettre à Marie.**

The subject is *I*/**Je.** The verb is *am writing*/**écris.** The direct object noun is *a letter*/**une lettre.** The indirect object noun is *to Mary*/**à Marie.** An agreement is not made with an indirect object noun. Review Work Unit 14. *See also* indirect object pronoun, direct object noun, direct object pronoun.

Indirect object pronoun

An indirect object pronoun takes the place of an indirect object noun. It receives the action of the verb *indirectly.* In French a pronoun that is the indirect object of a verb is ordinarily placed *in front of* the verb.

Example:

I am writing a letter to her *or* I am writing her a letter / **Je lui écris une lettre.** The indirect object pronoun is *(to) her*/**lui.**

An agreement is not made with an indirect object pronoun. An indirect object pronoun is placed *after* the verb and joined with a hyphen *in the affirmative imperative.*

Example:

Write to her now / **Écris-lui maintenant.**

The indirect object pronouns are summed up below:

Person	Singular		Plural	
1st	**me (m')**	to me	**nous**	to us
2d	**te (t')**	to you *(fam.)*	**vous**	to you (sing. polite or pl.)
3d	**lui**	to him, to her	**leur**	to them

Review Work Unit 14. Also review the imperative (command) in Work Units 10 and 11. *See also* indirect object noun.

Infinitive

An infinitive is a verb form. In English, it is normally stated with the preposition *to*, as in *to talk, to finish, to sell.* In French, the infinitive form of a verb consists of three major types: those of the 1st conjugation that end in **-er,** those of the 2d conjugation that end in **-ir,** and those of the 3d conjugation that end in **-re.**

Examples:

parler/*to talk, to speak*; **finir**/*to finish*; **vendre**/*to sell*

Review these verbs in the verb tables.

Interjection

An interjection is a word that expresses emotion, a feeling of joy, of sadness, an exclamation of surprise, and other exclamations consisting of one or two words.

Examples:

Ah!/**Ah!**   Oh!/**Oh!**   Darn it!/**Zut!**   Whew!/**Ouf!**   My God!/**Mon Dieu!**

Interrogative adjective

An interrogative adjective is an adjective that is used in a question. It agrees in gender and number with the noun it modifies.

Examples:

What book do you want? / *Quel* **livre désirez-vous?**

What time is it? / *Quelle* **heure est-il?**

Review Work Unit 19. Review, also, **désirer** and **être** in the verb tables.

Interrogative adverb

An interrogative adverb is an adverb that introduces a question. As an adverb, it modifies the verb.

Examples:

How are you? / *Comment* **allez-vous?**

How much does this book cost? / *Combien* **coûte ce livre?**

When are you leaving? / *Quand* **partez-vous?**

Review **aller, coûter, partir** in the verb tables.

Interrogative pronoun

An interrogative pronoun is a pronoun that asks a question. There are interrogative pronouns that refer to persons and those that refer to things.

Examples:

Who is on the phone? / *Qui* **est à l'appareil?**

What are you saying? / *Que* **dites-vous?** or *Qu'est-ce que* **vous dites?**

Review Work Unit 15. Review, also, **dire, être** in the verb tables.

Interrogative sentence

An interrogative sentence asks a question.

Example:

What are you doing? / **Que faites-vous?** or **Qu'est-ce que vous faites?**

Review Work Unit 15. Review, also, **faire** in the verb tables.

Intransitive verb

An intransitive verb is a verb that does not take a direct object.

Example:

The professor is talking too fast / **Le professeur parle trop rapidement.**

An intransitive verb takes an indirect object.

Example:

The professor is talking to us / **Le professeur nous parle.**

Review **parler** in the verb tables. *See also* indirect object pronoun, and transitive verb.

Irregular verb

An irregular verb is a verb that does not follow a fixed pattern in its conjugation in the various verb tenses.

Examples of basic irregular verbs in French:

aller/to go   **avoir**/to have   **être**/to be   **faire**/to do, to make

Review irregular verbs in the present indicative tense and the imperative (command) in Work Unit 11. Review the verb tables. *See also* conjugation, regular verb.

Limiting adjective

A limiting adjective is an adjective that limits a quantity.

Example:

three tickets/**trois billets**

Review numbers in Work Unit 8.

Main clause

Main clause is another term for independent clause. *See* independent clause.

Masculine

In French grammar the gender of a noun, pronoun, or adjective is masculine or feminine, not male or female. For examples, *see* gender.

Mood of verbs

Some grammarians use the term *the mode* instead of *the mood* of a verb. Either term means *the manner or way* a verb is expressed. In English and in French grammar a verb expresses an action or state of being in the following three moods (modes, *ways*): the indicative mood, the imperative mood, and the subjunctive mood. In French grammar, there is also the infinitive mood when the whole infinitive is used, *e.g.,* **voir, croire,** as in **Voir c'est croire**/*Seeing is believing (to see is to believe).* Most of the time, in English and French, we speak and write in the indicative mood.

Negative statement, affirmative statement

see Affirmative statement, negative statement

Neuter

A word that is neuter is neither masculine nor feminine. Common neuter demonstrative pronouns are **ce (c')**/*it*, **ceci**/*this*, **cela**/*that*, **ça**/that. They are invariable, which means they do not change in gender and number.

Examples:

It's not true/**Ce n'est pas vrai;** it is true/**c'est vrai;** this is true/**ceci est vrai;** that is true/**cela est vrai;** what is that?/**qu'est-ce que c'est que ça?**

For demonstrative pronouns that are not neuter, *see* demonstrative pronoun.

There is also the neuter pronoun **le,** as in: **Je le crois** / I believe it; **Je le pense** / I think so.

Review Work Unit 16.

Noun

A noun is a word that names a person, animal, place, thing, condition or state, or quality.

Examples:

the man/**l'homme,** the woman/**la femme,** the horse/**le cheval,** the house/**la maison,**

the book/**le livre,** happiness/**le bonheur,** excellence/**l'excellence** *(fem.)*

In French the noun **le nom** is the word for name and noun. Review Work Units 1, 2, 3.

Number

In English and French grammar, number means singular or plural.

Examples:

Masc. sing.:	the boy/**le garçon;** the arm/**le bras;** the eye/**l'oeil**
Masc. pl.:	the boys/**les garçons;** the arms/**les bras;** the eyes/**les yeux**
Fem. sing.:	the girl/**la jeune fille;** the house/**la maison;** the hen/**la poule**
Fem. pl.:	the girls/**les jeunes filles;** the houses/**les maisons;** the hens/**les poules**

Ordinal number

An ordinal number is a number that expresses position in a series, such as *first, second, third,* and so on. In English and French grammar we talk about 1st person, 2d person, 3d person singular or plural regarding subjects and verbs. Review the ordinal numbers in Work Unit 8. *See also* cardinal number, and person (1st, 2d, 3d).

Orthographical changes in verb forms

An orthographical change in a verb form is a change in spelling.

Examples:

The second letter **c** in the verb **commencer**/*to begin* changes to **ç** if the letter after it is **a, o,** or **u,** as in **nous commençons**/*we begin.* The reason for this spelling change is to preserve the sound of *s* as it is pronounced in the infinitive form **commencer.**

Ordinarily, when **a, o,** or **u** follow the letter **c,** the **c** is pronounced as in the sound of **k.** The mark under the letter **ç** is called **une cédille**/*cedilla.* Some linguists say it is the lower part of the letter **s** and it tells you to pronounce **ç** as an **s** sound. Other linguists say that the letter **ç** was borrowed from the Greek alphabet, which represents the sound of **s.**

The verb **s'appeler**/*to call oneself, to be named* contains a single **l.** When a verb form is stressed on the syllable containing one **l,** it doubles, as in **je m'appelle**.../*I call myself..., my name is...*

Review orthographical changing verbs in Work Unit 22.

Partitive

In French grammar the partitive denotes a *part* of a whole. In English we express the partitive by saying *some* or *any* in front of the noun. In French we use the following partitive forms in front of the noun:

Masculine singular: **du** or **de l'**   *Feminine singular:* **de la** or **de l'**

Masculine or feminine plural: **des**

Examples:

I have some coffee / **J'ai du café.**

Bring me some water, please / **Apportez-moi de l'eau, s'il vous plaît.**

Is there any meat? / **Y a-t-il de la viande?**

Do you have any candies? / **Avez-vous des bonbons?**

In the negative, these partitive forms change to **de** or **d':**

I don't have any coffee / **Je n'ai pas de café.**

I don't want any water / **Je ne veux pas d'eau.**

There isn't any meat / **Il n'y a pas de viande.**

No, I don't have any candies / **Non, je n'ai pas de bonbons.**

Review the partitive in Work Unit 3.

Passé composé

This is the name of a commonly used past tense. It is defined with examples in French and English in Work Units 12, 13, 14.

Passive voice

When we speak or write in the active voice and change to the passive voice, the direct object becomes the subject, the subject becomes the object of a preposition, and the verb becomes *to be* plus the past participle of the active verb. The past participle functions as an adjective.

Example:

Janine is loved by everyone / **Janine est aimée de tout le monde.** The subject is *Janine.* The verb is *is*/**est.** The object of the preposition *by*/**de** is *everyone*/**tout le monde.** *See also* active voice. Compare the above sentence with the example in the active voice.

Past indefinite tense

In French this tense is the **passé composé.** Review it in Work Units 12, 13, 14.

Past participle

A past participle is derived from a verb. It is used to form the compound tenses, for example, the **passé composé.** Its auxiliary verb in English is *to have.* In French, the auxiliary verb is **avoir**/*to have* or **être**/*to be.* It is part of the verb tense.

Examples:

with **avoir** as the auxiliary verb:

Elle a mangé / She has eaten. The subject is *elle*/*she.* The verb is **a mangé**/*has eaten.* The tense of the verb is the **passé composé.** The auxiliary verb is **a**/*has.* The past participle is *mangé*/*eaten.*

with **être** as the auxiliary verb:

Elle est arrivée / She has arrived. The verb is ***est arrivée**/has arrived.* The tense of the verb is the **passé composé.** The auxiliary verb is ***est.*** The past participle is ***arrivée**/arrived.*

Review Work Unit 12 for the regular formation of a past participle and a list of commonly used irregular past participles. In Work Unit 12 you can also find out about which verbs are conjugated with either **avoir** or **être** to form the **passé composé.**

Person (1st, 2d, 3d)

Verb forms in a particular tense are learned systematically according to person (1st, 2d, 3d) and number (singular, plural).

Example, showing the present indicative tense of the verb **aller**/to go:

Singular		Plural	
1st person:	**je vais**	1st person:	**nous allons**
2d person:	**tu vas**	2d person:	**vous allez**
3d person:	**il, elle va**	3d person:	**ils, elles vont**

Personal pronoun

A personal pronoun refers to a person. Review the personal subject pronouns in Work Unit 4. For examples of other types of pronouns, *see also* demonstrative pronoun, direct object pronoun, disjunctive pronoun, indefinite pronoun, indirect object pronoun, interrogative pronoun, reflexive pronoun, relative pronoun.

Plural

Plural means more than one. *See also* person (1st, 2d, 3d), and singular.

Possessive adjective

A possessive adjective is an adjective that is placed in front of a noun to show possession. In French their forms change in gender (masculine or feminine) and number (singular or plural) to agree with the noun they modify.

Examples:

my book/**mon livre**   my books/**mes livres**

my dress/**ma robe**   my dresses/**mes robes**

Review them all in Work Unit 18.

Predicate

The predicate is that part of the sentence that tells us something about the subject. The main word of the predicate is the verb.

Example:

The tourists are waiting for the tour bus / **Les touristes attendent l'autocar.**

The subject is *the tourists*/**les touristes.** The predicate is *are waiting for the tour bus*/**attendent l'autocar.** The verb is *are waiting*/**attendent.** The direct object is *the tour bus*/**l'autocar.** Review **attendre** in the verb tables.

Preposition

A preposition is a word that establishes a rapport between words.

Examples: with, in, on, at, between

with me/**avec moi**   *in* the drawer/**dans le tiroir**   *on* the table/**sur la table**

at six o'clock/**à six heures**   *between* him and her/**entre lui et elle**

Review prepositions in Work Unit 23.

Present indicative tense

This is a commonly used tense. It is defined with examples in French and English in Work Units 4, 5, 6.

Present participle

A present participle is derived from a verb form. In French it is regularly formed like this: take the **nous** form of the present indicative tense of the verb you have in mind, then drop the ending **ons** and add **ant.** In English a present participle ends in *ing.*

Examples:

Infinitive	Present Indicative **nous** form	Present participle
chanter to sing	**nous chantons** we sing	**chantant** singing
finir to finish	**nous finissons** we finish	**finissant** finishing
vendre to sell	**nous vendons** we sell	**vendant** selling

Review these three verbs in the verb tables. Regular and irregular present participles are given in the verb tables also.

Pronoun

A pronoun is a word that takes the place of a noun.

Examples:

l'homme/*il*	**la femme/***elle*	**l'arbre/***il*	**la voiture/***elle*
the man/*he*	the woman/*she*	the tree/*it*	the car/*it*

For examples of other kinds of pronouns, *see also* demonstrative pronoun, direct object pronoun, disjunctive pronoun, indefinite pronoun, indirect object pronoun, interrogative pronoun, reflexive pronoun, relative pronoun.

Reflexive pronoun and reflexive verb

In English a reflexive pronoun is a personal pronoun that contains *self* or *selves*. In French and English a reflexive pronoun is used with a verb that is called reflexive because the action of the verb falls on the reflexive pronoun.

In French, as in English, there is a required set of reflexive pronouns for a reflexive verb.

Examples:

se laver/to wash oneself **Je me lave**/I wash myself.

se blesser/to hurt oneself **Elle s'est blessée**/She hurt herself.

In French a reflexive verb is conjugated with **être** to form a compound tense. The French term for a reflexive verb is **un verbe pronominal** because a pronoun goes with the verb.

Review the reflexive verbs **s'appeler, se blesser, se laver,** and **se lever** in the verb tables. Review reflexive verbs in Work Units 7 and 10. *See also* agreement of past participle of a reflexive verb with its reflexive pronoun.

Regular verb

A regular verb is a verb that is conjugated in the various tenses according to a fixed pattern. For examples, review regular **er, ir,** and **re** verbs in the present indicative tense in Work Units 4, 5, 6. *See also* conjugation, irregular verb.

Relative pronoun

A relative pronoun is a pronoun that refers to its antecedent.

Example:

The girl who is laughing over there is my sister / **La jeune fille qui rit là-bas est ma soeur.** The antecedent is *girl*/**la jeune fille.** The relative pronoun *who*/**qui** refers to the girl.

Review **rire** in the verb tables. *See also* antecedent.

Sentence

A sentence is a group of words that contains a subject and a predicate. The verb is contained in the predicate. A sentence expresses a complete thought.

Example:

The train leaves from the North Station at two o'clock in the afternoon / **Le train part de la Gare du Nord à deux heures de l'après-midi.** The subject is *train/**le train.*** The predicate is *leaves from the North Station at two o'clock in the afternoon/**part de la Gare du Nord à deux heures de l'après-midi.*** The verb is *leaves/**part.***

Review **partir** in the verb tables. *See also* complex sentence, compound sentence, simple sentence.

Simple sentence

A simple sentence is a sentence that contains one subject and one predicate. The verb is the core of the predicate. The verb is the most important word in a sentence because it tells us what the subject is doing.

Example:

Mary is eating an apple from her garden / **Marie mange une pomme de son jardin.** The subject is *Mary/**Marie.*** The predicate is *is eating an apple from her garden/**mange une pomme de son jardin.*** The verb is *is eating/**mange.*** The direct object is *an apple/**une pomme.*** *From her garden/**de son jardin** is an adverbial phrase. It tells you from where the apple came.

Review **manger** in the verb tables. *See also* complex sentence, compound sentence.

Singular

Singular means one. *See also* person (1st, 2d, 3d), and plural.

Stem of a verb

The stem of a verb is what is left after we drop the ending of its infinitive form. It is needed to add to it the required endings of a regular verb in a particular verb tense.

Examples:

Infinitive	Ending of infinitive	Stem
donner/to give	**er**	**donn**
choisir/to choose	**ir**	**chois**
vendre/to sell	**re**	**vend**

Review Work Units 4, 5, 6. Review **choisir, donner, vendre** in the verb tables. *See also* ending of a verb.

Subject

A subject is that part of a sentence that is related to its verb. The verb says something about the subject.

Examples:

Mary and Catherine are beautiful / **Marie et Catherine sont belles.**

Peter and Paul are handsome / **Pierre et Paul sont beaux.**

Subjunctive mood

The subjunctive mood is the mood of a verb that is used in specific cases, *e.g.,* after certain verbs expressing a wish, doubt, emotion, fear, joy, uncertainty, an indefinite expression, an indefinite antecedent, certain conjunctions, and others, for example, in the imperative mood of **avoir** and **être.** Review the present subjunctive in the imperative mood of **avoir** and **être** in Work Unit 11. *See also* mood of verbs.

Subordinate clause

Subordinate clause is another term for dependent clause. *See* dependent clause.

Superlative adjective

A superlative adjective is an adjective that expresses the highest degree when making a comparison of more than two persons or things.

Examples:

	Adjective	Comparative	Superlative
(masc.)	**bon**/good	**meilleur**/better	**le meilleur**/(the) best
(fem.)	**bonne**/good	**meilleure**/better	**la meilleure**/(the) best
(masc.)	**mauvais**/bad	**plus mauvais**/worse	**le plus mauvais**/(the) worst
(fem.)	**mauvaise**/bad	**plus mauvaise**/worse	**la plus mauvaise**/(the) worst

Review Work Unit 19. *See also* comparative adjective.

Superlative adverb

A superlative adverb is an adverb that expresses the highest degree when making a comparison of more than two persons or things.

Example:

Adverb	Comparative	Superlative
vite/quickly	**plus vite**/more quickly	**le plus vite**/most quickly
	moins vite/less quickly	**le moins vite**/least quickly

Review Work Unit 20. *See also* comparative adverb.

Tense of verb

In English and French grammar, tense means time. The tense of the verb indicates the time of the action or state of being. The three major segments of time are past, present, and future. Review the verb tables.

Transitive verb

A transitive verb is a verb that takes a direct object.

Example:

I am closing the window / **Je ferme la fenêtre.** The subject is *Il***Je.** The verb is *am closing*/**ferme.** The direct object is *the window*/**la fenêtre.** Review **fermer** in the verb tables. *See also* intransitive verb.

Verb

A verb is a word that expresses action or a state of being.

Examples:

Action: **Nous sommes allés au cinéma hier soir** / We went to the movies last night. The verb is **sommes allés** / went.

State of being: **La jeune fille est heureuse** / The girl is happy. The verb is **est**/*is.*

Review **aller** and **être** in the verb tables.

French verb conjugation tables

Regular and irregular verbs in these tables are presented alphabetically in Part A. Reflexive verbs are in Part B. They are arranged separately by the reflexive pronoun **se** or **s'** plus the verb so you can see them all in one place, in alphabetical order. In this way, you can make your own observations about their repeated patterns. All verbs given here are used in this book.

For the various translations into English of the **présent de l'indicatif,** review Work Unit 4.

For the translation into English of the **impératif** (imperative, command), of reflexive and non-reflexive verbs in the affirmative and negative, review Work Units 10 and 11.

For the various translations into English of the **passé composé,** review Work Unit 12.

In the **passé composé,** the vowel **e** in parentheses denotes a feminine agreement if required; **s** in parentheses denotes a plural agreement if required.

For orthographical (spelling) changes in verb forms, review Work Unit 22.

The abbreviation *pr. part.* denotes *present participle*; *past part.* denotes *past participle*. See these two terms in the section on Definitions of Basic Grammatical Terms with Examples.

In the Imperative (Command), the first verb form is 2d pers., sing. **(tu);** the second verb form is 1st pers., pl. **(nous)**/let's...; the third verb form is 2d pers., pl. or sing. **(vous).**

Examples:

In the Affirmative Imperative

danser/to dance	**finir**/to finish	**vendre**/to sell
danse/dance!	**finis**/finish!	**vends**/sell!
dansons/let's dance!	**finissons**/let's finish!	**vendons**/let's sell!
dansez/dance!	**finissez**/finish!	**vendez**/sell!

In the Negative Imperative

ne danse pas!	**ne finis pas!**	**ne vends pas!**
ne dansons pas!	**ne finissons pas!**	**ne vendons pas!**
ne dansez pas!	**ne finissez pas!**	**ne vendez pas!**

Part A

acheter/to buy, to purchase   *pr. part.* **achetant**   *past part.* **acheté**

Singular   Plural

PRESENT INDICATIVE		IMPERATIVE (AFFIRMATIVE)
j'achète	nous achetons	achète
tu achètes	vous achetez	achetons
il/elle achète	ils/elles achètent	achetez

PASSÉ COMPOSÉ		IMPERATIVE (NEGATIVE)
j'ai acheté	nous avons acheté	n'achète pas
tu as acheté	vous avez acheté	n'achetons pas
il/elle a acheté	ils/elles ont acheté	n'achetez pas

---

aimer/to like, to love   *pr. part.* **aimant**   *past part.* **aimé**

Singular   Plural

PRESENT INDICATIVE		IMPERATIVE (AFFIRMATIVE)
j'aime	nous aimons	aime
tu aimes	vous aimez	aimons
il/elle aime	ils/elles aiment	aimez

PASSÉ COMPOSÉ		IMPERATIVE (NEGATIVE)
j'ai aimé	nous avons aimé	n'aime pas
tu as aimé	vous avez aimé	n'aimons pas
il/elle a aimé	ils/elles ont aimé	n'aimez pas

In this book the conditional of **aimer** is used at times to express courtesy when asking for something: **j'aimerais...**/I would like...

---

aller/to go   *pr. part.* **allant**   *past part.* **allé**

Singular   Plural

PRESENT INDICATIVE		IMPERATIVE (AFFIRMATIVE)
je vais	nous allons	va
tu vas	vous allez	allons
il/elle va	ils/elles vont	allez

PASSÉ COMPOSÉ		IMPERATIVE (NEGATIVE)
je suis allé(e)	nous sommes allé(e)s	ne va pas
tu es allé(e)	vous êtes allé(e)(s)	n'allons pas
il est allé	ils sont allés	n'allez pas
elle est allée	elles sont allées	

annoncer/to announce   *pr. part.* **annonçant**   *past part.* **annoncé**

Singular   Plural

PRESENT INDICATIVE

j'annonce   nous annonçons
tu annonces   vous annoncez
il/elle annonce ils/elles annoncent

IMPERATIVE (AFFIRMATIVE)

annonce
annonçons
annoncez

PASSÉ COMPOSÉ

j'ai annoncé   nous avons annoncé
tu as annoncé   vous avez annoncé
il/elle a annoncé ils/elles ont annoncé

IMPERATIVE (NEGATIVE)

n'annonce pas
n'annonçons pas
n'annoncez pas

---

appeler/to call   *pr. part.* **appelant**   *past part.* **appelé**

Singular   Plural

PRESENT INDICATIVE

j'appelle   nous appelons
tu appelles   vous appelez
il/elle appelle ils/elles appellent

IMPERATIVE (AFFIRMATIVE)

appelle
appelons
appelez

PASSÉ COMPOSÉ

j'ai appelé   nous avons appelé
tu as appelé   vous avez appelé
il/elle a appelé ils/elles ont appelé

IMPERATIVE (NEGATIVE)

n'appelle pas
n'appelons pas
n'appelez pas

---

apporter/to bring   *pr. part.* **apportant**   *past part.* **apporté**

Singular   Plural

PRESENT INDICATIVE

j'apporte   nous apportons
tu apportes   vous apportez
il/elle apporte ils/elles apportent

IMPERATIVE (AFFIRMATIVE)

apporte
apportons
apportez

PASSÉ COMPOSÉ

j'ai apporté   nous avons apporté
tu as apporté   vous avez apporté
il/elle a apporté ils/elles ont apporté

IMPERATIVE (NEGATIVE)

n'apporte pas
n'apportons pas
n'apportez pas

apprendre/to learn *pr. part.* **apprenant** *past part.* **appris**

Singular Plural

PRESENT INDICATIVE

		IMPERATIVE (AFFIRMATIVE)
j'apprends	nous apprenons	apprends
tu apprends	vous apprenez	apprenons
il/elle apprend	ils/elles apprennent	apprenez

PASSÉ COMPOSÉ

		IMPERATIVE (NEGATIVE)
j'ai appris	nous avons appris	n'apprends pas
tu as appris	vous avez appris	n'apprenons pas
il/elle a appris	ils/elles ont appris	n'apprenez pas

---

arriver/to arrive *pr. part.* **arrivant** *past part.* **arrivé**

Singular Plural

PRESENT INDICATIVE

		IMPERATIVE (AFFIRMATIVE)
j'arrive	nous arrivons	arrive
tu arrives	vous arrivez	arrivons
il/elle arrive	ils/elles arrivent	arrivez

PASSÉ COMPOSÉ

		IMPERATIVE (NEGATIVE)
je suis arrivé(e)	nous sommes arrivé(e)s	n'arrive pas
tu es arrivé(e)	vous êtes arrivé(e)(s)	n'arrivons pas
il est arrivé	ils sont arrivés	n'arrivez pas
elle est arrivée	elles sont arrivées	

---

attendre/to wait (for) *pr. part.* **attendant** *past part.* **attendu**

Singular Plural

PRESENT INDICATIVE

		IMPERATIVE (AFFIRMATIVE)
j'attends	nous attendons	attends
tu attends	vous attendez	attendons
il/elle attend	ils/elles attendent	attendez

PASSÉ COMPOSÉ

		IMPERATIVE (NEGATIVE)
j'ai attendu	nous avons attendu	n'attends pas
tu as attendu	vous avez attendu	n'attendons pas
il/elle a attendu	ils/elles ont attendu	n'attendez pas

---

avoir/to have   *pr. part.* **ayant**   *past part.* **eu**

Singular   Plural

PRESENT INDICATIVE

Singular	Plural	IMPERATIVE (AFFIRMATIVE)
j'ai	nous avons	aie
tu as	vous avez	ayons
il/elle a	ils/elles ont	ayez

PASSÉ COMPOSÉ

Singular	Plural	IMPERATIVE (NEGATIVE)
j'ai eu	nous avons eu	n'aie pas
tu as eu	vous avez eu	n'ayons pas
il/elle a eu	ils/elles ont eu	n'ayez pas

---

boire/to drink   *pr. part.* **buvant**   *past part.* **bu**

Singular   Plural

PRESENT INDICATIVE

Singular	Plural	IMPERATIVE (AFFIRMATIVE)
je bois	nous buvons	bois
tu bois	vous buvez	buvons
il/elle boit	ils/elles boivent	buvez

PASSÉ COMPOSÉ

Singular	Plural	IMPERATIVE (NEGATIVE)
j'ai bu	nous avons bu	ne bois pas
tu as bu	vous avez bu	ne buvons pas
il/elle a bu	ils/elles ont bu	ne buvez pas

---

chanter/to sing   *pr. part.* **chantant**   *past part.* **chanté**

Singular   Plural

PRESENT INDICATIVE

Singular	Plural	IMPERATIVE (AFFIRMATIVE)
je chante	nous chantons	chante
tu chantes	vous chantez	chantons
il/elle chante	ils/elles chantent	chantez

PASSÉ COMPOSÉ

Singular	Plural	IMPERATIVE (NEGATIVE)
j'ai chanté	nous avons chanté	ne chante pas
tu as chanté	vous avez chanté	ne chantons pas
il/elle a chanté	ils/elles ont chanté	ne chantez pas

---

chercher/to look for, search   *pr. part.* **cherchant**   *past part.* **cherché**

Singular   Plural

PRESENT INDICATIVE   IMPERATIVE (AFFIRMATIVE)

je cherche	nous cherchons	cherche
tu cherches	vous cherchez	cherchons
il/elle cherche	ils/elles cherchent	cherchez

PASSÉ COMPOSÉ   IMPERATIVE (NEGATIVE)

j'ai cherché	nous avons cherché	ne cherche pas
tu as cherché	vous avez cherché	ne cherchons pas
il/elle a cherché	ils/elles ont cherché	ne cherchez pas

---

choisir/to choose   *pr. part.* **choisissant**   *past part.* **choisi**

Singular   Plural

PRESENT INDICATIVE   IMPERATIVE (AFFIRMATIVE)

je choisis	nous choisissons	choisis
tu choisis	vous choisissez	choisissons
il/elle choisit	ils/elles choisissent	choisissez

PASSÉ COMPOSÉ   IMPERATIVE (NEGATIVE)

j'ai choisi	nous avons choisi	ne choisis pas
tu as choisi	vous avez choisi	ne choisissons pas
il/elle a choisi	ils/elles ont choisi	ne choisissez pas

---

commencer/to begin, commence   *pr. part.* **commençant**   *past part.* **commencé**

Singular   Plural

PRESENT INDICATIVE   IMPERATIVE (AFFIRMATIVE)

je commence	nous commençons	commence
tu commences	vous commencez	commençons
il/elle commence	ils/elles commencent	commencez

PASSÉ COMPOSÉ   IMPERATIVE (NEGATIVE)

j'ai commencé	nous avons commencé	ne commence pas
tu as commencé	vous avez commencé	ne commençons pas
il/elle a commencé	ils/elles ont commencé	ne commencez pas

---

comprendre/to understand   *pr. part.* **comprenant**   *past part.* **compris**

Singular   Plural

PRESENT INDICATIVE

		IMPERATIVE (AFFIRMATIVE)
je comprends	nous comprenons	comprends
tu comprends	vous comprenez	comprenons
il/elle comprend	ils/elles comprennent	comprenez

PASSÉ COMPOSÉ

		IMPERATIVE (NEGATIVE)
j'ai compris	nous avons compris	ne comprends pas
tu as compris	vous avez compris	ne comprenons pas
il/elle a compris	ils/elles ont compris	ne comprenez pas

---

connaître/to know, be acquainted with   *pr. part.* **connaissant**   *past part.* **connu**

Singular   Plural

PRESENT INDICATIVE

		IMPERATIVE (AFFIRMATIVE)
je connais	nous connaissons	connais
tu connais	vous connaissez	connaissons
il/elle connaît	ils/elles connaissent	connaissez

PASSÉ COMPOSÉ

		IMPERATIVE (NEGATIVE)
j'ai connu	nous avons connu	ne connais pas
tu as connu	vous avez connu	ne connaissons pas
il/elle a connu	ils/elles ont connu	ne connaissez pas

---

construire/to construct, build   *pr. part.* **construisant**   *past part.* **construit**

Singular   Plural

PRESENT INDICATIVE

		IMPERATIVE (AFFIRMATIVE)
je construis	nous construisons	construis
tu construis	vous construisez	construisons
il/elle construit	ils/elles construisent	construisez

PASSÉ COMPOSÉ

		IMPERATIVE (NEGATIVE)
j'ai construit	nous avons construit	ne construis pas
tu as construit	vous avez construit	ne construisons pas
il/elle a construit	ils/elles ont construit	ne construisez pas

---

corriger/to correct *pr. part.* **corrigeant** *past part.* **corrigé**

Singular Plural

PRESENT INDICATIVE IMPERATIVE (AFFIRMATIVE)

je corrige	nous corrigeons	corrige
tu corriges	vous corrigez	corrigeons
il/elle corrige	ils/elles corrigent	corrigez

PASSÉ COMPOSÉ IMPERATIVE (NEGATIVE)

j'ai corrigé	nous avons corrigé	ne corrige pas
tu as corrigé	vous avez corrigé	ne corrigeons pas
il/elle a corrigé	ils/elles ont corrigé	ne corrigez pas

---

courir/to run *pr. part.* **courant** *past part.* **couru**

Singular Plural

PRESENT INDICATIVE IMPERATIVE (AFFIRMATIVE)

je cours	nous courons	cours
tu cours	vous courez	courons
il/elle court	ils/elles courent	courez

PASSÉ COMPOSÉ IMPERATIVE (NEGATIVE)

j'ai couru	nous avons couru	ne cours pas
tu as couru	vous avez couru	ne courons pas
il/elle a couru	ils/elles ont couru	ne courez pas

---

coûter/to cost *pr. part.* **coûtant** *past part.* **coûté**

Singular Plural

PRESENT INDICATIVE IMPERATIVE (AFFIRMATIVE)

il/elle coûte	ils/elles coûtent	[not used]

PASSÉ COMPOSÉ IMPERATIVE (NEGATIVE)

il/elle a coûté	ils/elles ont coûté	[not used]

Note that this verb is generally regarded as impersonal. That is why it is not conjugated in all six persons here. It is used primarily in the 3d person singular (it) and plural (they).

---

couvrir/to cover   *pr. part.* **couvrant**   *past part.* **couvert**

Singular   Plural

PRESENT INDICATIVE

		IMPERATIVE (AFFIRMATIVE)
je couvre	nous couvrons	couvre
tu couvre	vous couvrez	couvrons
il/elle couvre	ils/elles couvrent	couvrez

PASSÉ COMPOSÉ

		IMPERATIVE (NEGATIVE)
j'ai couvert	nous avons couvert	ne couvre pas
tu as couvert	vous avez couvert	ne couvrons pas
il/elle a couvert	ils/elles ont couvert	ne couvrez pas

---

croire/to believe   *pr. part.* **croyant**   *past part.* **cru**

Singular   Plural

PRESENT INDICATIVE

		IMPERATIVE (AFFIRMATIVE)
je crois	nous croyons	crois
tu crois	vous croyez	croyons
il/elle croit	ils/elles croient	croyez

PASSÉ COMPOSÉ

		IMPERATIVE (NEGATIVE)
j'ai cru	nous avons cru	ne crois pas
tu as cru	vous avez cru	ne croyons pas
il/elle a cru	ils/elles ont cru	ne croyez pas

---

cuire/to cook   *pr. part.* **cuisant**   *past part.* **cuit**

Singular   Plural

PRESENT INDICATIVE

		IMPERATIVE (AFFIRMATIVE)
je cuis	nous cuisons	cuis
tu cuis	vous cuisez	cuisons
il/elle cuit	ils/elles cuisent	cuisez

PASSÉ COMPOSÉ

		IMPERATIVE (NEGATIVE)
j'ai cuit	nous avons cuit	ne cuis pas
tu as cuit	vous avez cuit	ne cuisons pas
il/elle a cuit	ils/elles ont cuit	ne cuisez pas

---

danser/to dance   *pr. part.* **dansant**   *past part.* **dansé**

Singular   Plural

PRESENT INDICATIVE   IMPERATIVE (AFFIRMATIVE)

je danse	nous dansons	danse
tu danses	vous dansez	dansons
il/elle danse	ils/elles dansent	dansez

PASSÉ COMPOSÉ   IMPERATIVE (NEGATIVE)

j'ai dansé	nous avons dansé	ne danse pas
tu as dansé	vous avez dansé	ne dansons pas
il/elle a dansé	ils/elles ont dansé	ne dansez pas

---

déjeuner/to lunch, have lunch, breakfast   *pr. part.* **déjeunant**   *past part.* **déjeuné**

Singular   Plural

PRESENT INDICATIVE   IMPERATIVE (AFFIRMATIVE)

je déjeune	nous déjeunons	déjeune
tu déjeunes	vous déjeunez	déjeunons
il/elle déjeune	ils/elles déjeunent	déjeunez

PASSÉ COMPOSÉ   IMPERATIVE (NEGATIVE)

j'ai déjeuné	nous avons déjeuné	ne déjeune pas
tu as déjeuné	vous avez déjeuné	ne déjeunons pas
il/elle a déjeuné	ils/elles ont déjeuné	ne déjeunez pas

---

demander/to ask (for), request   *pr. part.* **demandant**   *past part.* **demandé**

Singular   Plural

PRESENT INDICATIVE   IMPERATIVE (AFFIRMATIVE)

je demande	nous demandons	demande
tu demandes	vous demandez	demandons
il/elle demande	ils/elles demandent	demandez

PASSÉ COMPOSÉ   IMPERATIVE (NEGATIVE)

j'ai demandé	nous avons demandé	ne demande pas
tu as demandé	vous avez demandé	ne demandons pas
il/elle a demandé	ils/elles ont demandé	ne demandez pas

549

demeurer/to live (somewhere), reside   *pr. part.* **demeurant**   *past part.* **demeuré**

Singular   Plural

PRESENT INDICATIVE   IMPERATIVE (AFFIRMATIVE)

je demeure	nous demeurons	demeure
tu demeures	vous demeurez	demeurons
il/elle demeure	ils/elles demeurent	demeurez

PASSÉ COMPOSÉ   IMPERATIVE (NEGATIVE)

j'ai demeuré	nous avons demeuré	ne demeure pas
tu as demeuré	vous avez demeuré	ne demeurons pas
il/elle a demeuré	ils/elles ont demeuré	ne demeurez pas

---

descendre/to descend, go (bring) down   *pr. part.* **descendant**   *past part.* **descendu**

Singular   Plural

PRESENT INDICATIVE   IMPERATIVE (AFFIRMATIVE)

je descends	nous descendons	descends
tu descends	vous descendez	descendons
il/elle descend	ils/elles descendent	descendez

PASSÉ COMPOSÉ   IMPERATIVE (NEGATIVE)

je suis descendu(e)	nous sommes descendu(e)s	ne descends pas
tu es descendu(e)	vous êtes descendu(e)(s)	ne descendons pas
il est descendu	ils sont descendus	ne descendez pas
elle est descendue	elles sont descendues	

This verb is conjugated with **avoir** in the **passé composé** when it has a direct object. *Examples:* **J'ai descendu l'escalier**/*I went down the stairs;* **J'ai descendu les valises**/*I brought down the suitcases.* But: **Elle est descendue vite**/*She came down quickly.*

---

désirer/to desire   *pr. part.* **désirant**   *past part.* **désiré**

Singular   Plural

PRESENT INDICATIVE   IMPERATIVE (AFFIRMATIVE)

je désire	nous désirons	désire
tu désires	vous désirez	désirons
il/elle désire	ils/elles désirent	désirez

PASSÉ COMPOSÉ   IMPERATIVE (NEGATIVE)

j'ai désiré	nous avons désiré	ne désire pas
tu as désiré	vous avez désiré	ne désirons pas
il/elle a désiré	ils/elles ont désiré	ne désirez pas

---

devenir/to become   *pr. part.* **devenant**   *past part.* **devenu**

Singular   Plural

PRESENT INDICATIVE   IMPERATIVE (AFFIRMATIVE)

je deviens	nous devenons	deviens
tu deviens	vous devenez	devenons
il/elle devient	ils/elles deviennent	devenez

PASSÉ COMPOSÉ   IMPERATIVE (NEGATIVE)

je suis devenu(e)	nous sommes devenu(e)s	ne deviens pas
tu es devenu(e)	vous êtes devenu(e)(s)	ne devenons pas
il est devenu	ils sont devenus	ne devenez pas
elle est devenue	elles sont devenues	

---

devoir/to have to, must, ought, owe, should   *pr. part.* **devant**   *past part.* **dû**

Singular   Plural

PRESENT INDICATIVE   IMPERATIVE (AFFIRMATIVE)

je dois	nous devons	dois
tu dois	vous devez	devons
il/elle doit	ils/elles doivent	devez

PASSÉ COMPOSÉ   IMPERATIVE (NEGATIVE)

j'ai dû	nous avons dû	ne dois pas
tu as dû	vous avez dû	ne devons pas
il/elle a dû	ils/elles ont dû	ne devez pas

---

dîner/to dine, have dinner   *pr. part.* **dînant**   *past part.* **dîné**

Singular   Plural

PRESENT INDICATIVE   IMPERATIVE (AFFIRMATIVE)

je dîne	nous dînons	dîne
tu dînes	vous dînez	dînons
il/elle dîne	ils/elles dînent	dînez

PASSÉ COMPOSÉ   IMPERATIVE (NEGATIVE)

j'ai dîné	nous avons dîné	ne dîne pas
tu as dîné	vous avez dîné	ne dînons pas
il/elle a dîné	ils/elles ont dîné	ne dînez pas

---

dire/to say, tell   *pr. part.* **disant**   *past part.* **dit**

Singular   Plural

PRESENT INDICATIVE   IMPERATIVE (AFFIRMATIVE)

je dis	nous disons	dis
tu dis	vous dites	disons
il/elle dit	ils/elles disent	dites

PASSÉ COMPOSÉ   IMPERATIVE (NEGATIVE)

j'ai dit	nous avons dit	ne dis pas
tu as dit	vous avez dit	ne disons pas
il/elle a dit	ils/elles ont dit	ne dites pas

---

donner/to give   *pr. part.* **donnant**   *past part.* **donné**

Singular   Plural

PRESENT INDICATIVE   IMPERATIVE (AFFIRMATIVE)

je donne	nous donnons	donne
tu donnes	vous donnez	donnons
il/elle donne	ils/elles donnent	donnez

PASSÉ COMPOSÉ   IMPERATIVE (NEGATIVE)

j'ai donné	nous avons donné	ne donne pas
tu as donné	vous avez donné	ne donnons pas
il/elle a donné	ils/elles ont donné	ne donnez pas

---

dormir/to sleep   *pr. part.* **dormant**   *past part.* **dormi**

Singular   Plural

PRESENT INDICATIVE   IMPERATIVE (AFFIRMATIVE)

je dors	nous dormons	dors
tu dors	vous dormez	dormons
il/elle dort	ils/elles dorment	dormez

PASSÉ COMPOSÉ   IMPERATIVE (NEGATIVE)

j'ai dormi	nous avons dormi	ne dors pas
tu as dormi	vous avez dormi	ne dormons pas
il/elle a dormi	ils/elles ont dormi	ne dormez pas

écouter/to listen (to)   *pr. part.* **écoutant**   *past part.* **écouté**

Singular   Plural

PRESENT INDICATIVE   IMPERATIVE (AFFIRMATIVE)

j'écoute	nous écoutons	écoute
tu écoutes	vous écoutez	écoutons
il/elle écoute	ils/elles écoutent	écoutez

PASSÉ COMPOSÉ   IMPERATIVE (NEGATIVE)

j'ai écouté	nous avons écouté	n'écoute pas
tu as écouté	vous avez écouté	n'écoutons pas
il/elle a écouté	ils/elles ont écouté	n'écoutez pas

écrire/to write   *pr. part.* **écrivant**   *past part.* **écrit**

Singular   Plural

PRESENT INDICATIVE   IMPERATIVE (AFFIRMATIVE)

j'écris	nous écrivons	écris
tu écris	vous écrivez	écrivons
il/elle écrit	ils/elles écrivent	écrivez

PASSÉ COMPOSÉ   IMPERATIVE (NEGATIVE)

j'ai écrit	nous avons écrit	n'écris pas
tu as écrit	vous avez écrit	n'écrivons pas
il/elle a écrit	ils/elles ont écrit	n'écrivez pas

---

effacer/to erase   *pr. part.* **effaçant**   *past part.* **effacé**

Singular   Plural

PRESENT INDICATIVE   IMPERATIVE (AFFIRMATIVE)

j'efface	nous effaçons	efface
tu effaces	vous effacez	effaçons
il/elle efface	ils/elles effacent	effacez

PASSÉ COMPOSÉ   IMPERATIVE (NEGATIVE)

j'ai effacé	nous avons effacé	n'efface pas
tu as effacé	vous avez effacé	n'effaçons pas
il/elle a effacé	ils/elles ont effacé	n'effacez pas

---

employer/to use, employ   *pr. part.* **employant**   *past part.* **employé**

Singular   Plural

PRESENT INDICATIVE

| | | IMPERATIVE (AFFIRMATIVE) |

j'emploie   nous employons
tu emploies   vous employez
il/elle emploie   ils/elles emploient

IMPERATIVE (AFFIRMATIVE)

emploie
employons
employez

PASSÉ COMPOSÉ

j'ai employé   nous avons employé
tu as employé   vous avez employé
il/elle a employé   ils/elles ont employé

IMPERATIVE (NEGATIVE)

n'emploie pas
n'employons pas
n'employez pas

Verbs ending in -*oyer* must change *y* to *i* before mute *e*.

---

ennuyer/to annoy, bore, weary   *pr. part.* **ennuyant**   *past part.* **ennuyé**

Singular   Plural

PRESENT INDICATIVE

j'ennuie   nous ennuyons
tu ennuies   vous ennuyez
il/elle ennuie   ils/elles ennuient

IMPERATIVE (AFFIRMATIVE)

ennuie
ennuyons
ennuyez

PASSÉ COMPOSÉ

j'ai ennuyé   nous avons ennuyé
tu as ennuyé   vous avez ennuyé
il/elle a ennuyé   ils/elles ont ennuyé

IMPERATIVE (NEGATIVE)

n'ennuie pas
n'ennuyons pas
n'ennuyez pas

Verbs ending in -*uyer* must change *y* to *i* before mute *e*.

---

entendre/to hear   *pr. part.* **entendant**   *past part.* **entendu**

Singular   Plural

PRESENT INDICATIVE

j'entends   nous entendons
tu entends   vous entendez
il/elle entend   ils/elles entendent

IMPERATIVE (AFFIRMATIVE)

entends
entendons
entendez

PASSÉ COMPOSÉ

j'ai entendu   nous avons entendu
tu as entendu   vous avez entendu
il/elle a entendu   ils/elles ont entendu

IMPERATIVE (NEGATIVE)

n'entends pas
n'entendons pas
n'entendez pas

---

entrer/to enter, come in, go in   *pr. part.* **entrant**   *past part.* **entré**

Singular   Plural

PRESENT INDICATIVE		IMPERATIVE (AFFIRMATIVE)
j'entre	nous entrons	entre
tu entres	vous entrez	entrons
il/elle entre	ils/elles entrent	entrez

PASSÉ COMPOSÉ		IMPERATIVE (NEGATIVE)
je suis entré(e)	nous sommes entré(e)s	n'entre pas
tu es entré(e)	vous êtes entré(e)(s)	n'entrons pas
il est entré	ils sont entrés	n'entrez pas
elle est entrée	elles sont entrées	

---

envoyer/to send   *pr. part.* **envoyant**   *past part.* **envoyé**

Singular   Plural

PRESENT INDICATIVE		IMPERATIVE (AFFIRMATIVE)
j'envoie	nous envoyons	envoie
tu envoies	vous envoyez	envoyons
il/elle envoie	ils/elles envoient	envoyez

PASSÉ COMPOSÉ		IMPERATIVE (NEGATIVE)
j'ai envoyé	nous avons envoyé	n'envoie pas
tu as envoyé	vous avez envoyé	n'envoyons pas
il/elle a envoyé	ils/elles ont envoyé	n'envoyez pas

Verbs ending in *-oyer* must change *y* to *i* before mute *e*.

---

espérer/to hope   *pr. part.* **espérant**   *past part.* **espéré**

Singular   Plural

PRESENT INDICATIVE		IMPERATIVE (AFFIRMATIVE)
j'espère	nous espérons	espère
tu espères	vous espérez	espérons
il/elle espère	ils/elles espèrent	espérez

PASSÉ COMPOSÉ		IMPERATIVE (NEGATIVE)
j'ai espéré	nous avons espéré	n'espère pas
tu as espéré	vous avez espéré	n'espérons pas
il/elle a espéré	ils/elles ont espéré	n'espérez pas

---

essayer/to try, try on   *pr. part.* **essayant**   *past part.* **essayé**

Singular   Plural

PRESENT INDICATIVE   IMPERATIVE (AFFIRMATIVE)

j'essaye   **nous essayons**   **essaye**
tu essayes   **vous essayez**   **essayons**
il/elle essaye   **ils/elles essayent**   **essayez**

PASSÉ COMPOSÉ   IMPERATIVE (NEGATIVE)

j'ai essayé   **nous avons essayé**   **n'essaye pas**
tu as essayé   **vous avez essayé**   **n'essayons pas**
il/elle a essayé   **ils/elles ont essayé**   **n'essayez pas**

Verbs ending in *-ayer* may change *y* to *i* before mute *e* or may keep *y*.

---

essuyer/to wipe   *pr. part.* **essuyant**   *past part.* **essuyé**

Singular   Plural

PRESENT INDICATIVE   IMPERATIVE (AFFIRMATIVE)

j'essuie   **nous essuyons**   **essuie**
tu essuies   **vous essuyez**   **essuyons**
il/elle essuie   **ils/elles essuient**   **essuyez**

PASSÉ COMPOSÉ   IMPERATIVE (NEGATIVE)

j'ai essuyé   **nous avons essuyé**   **n'essuie pas**
tu as essuyé   **vous avez essuyé**   **n'essuyons pas**
il/elle a essuyé   **ils/elles ont essuyé**   **n'essuyez pas**

Verbs ending in *-uyer* must change *y* to *i* before mute *e*.

être/to be   *pr. part.* **étant**   *past part.* **été**

Singular   Plural

PRESENT INDICATIVE   IMPERATIVE (AFFIRMATIVE)

je suis   **nous sommes**   **sois**
tu es   **vous êtes**   **soyons**
il/elle est   **ils/elles sont**   **soyez**

PASSÉ COMPOSÉ   IMPERATIVE (NEGATIVE)

j'ai été   **nous avons été**   **ne sois pas**
tu as été   **vous avez été**   **ne soyons pas**
il/elle a été   **ils/elles ont été**   **ne soyez pas**

étudier/to study   *pr. part.* **étudiant**   *past part.* **étudié**

Singular   Plural

PRESENT INDICATIVE		IMPERATIVE (AFFIRMATIVE)
j'étudie	nous étudions	étudie
tu étudies	vous étudiez	étudions
il/elle étudie	ils/elles étudient	étudiez

PASSÉ COMPOSÉ		IMPERATIVE (NEGATIVE)
j'ai étudié	nous avons étudié	n'étudie pas
tu as étudié	vous avez étudié	n'étudions pas
il/elle a étudié	ils/elles ont étudié	n'étudiez pas

---

faire/to do, make   *pr. part.* **faisant**   *past part.* **fait**

Singular   Plural

PRESENT INDICATIVE		IMPERATIVE (AFFIRMATIVE)
je fais	nous faisons	fais
tu fais	vous faites	faisons
il/elle fait	ils/elles font	faites

PASSÉ COMPOSÉ		IMPERATIVE (NEGATIVE)
j'ai fait	nous avons fait	ne fais pas
tu as fait	vous avez fait	ne faisons pas
il/elle a fait	ils/elles ont fait	ne faites pas

---

falloir/to be necessary, need to, must   *pr. part.* [not in use]   *past part.* **fallu**

Singular

PRESENT INDICATIVE	IMPERATIVE (AFFIRMATIVE)
il faut	[not in use]

PASSÉ COMPOSÉ	IMPERATIVE (NEGATIVE)
il a fallu	[not in use]

This is an impersonal verb that is used in the 3d person singular. *Examples:* **Il faut manger et boire pour vivre**/*It is necessary to eat and drink in order to live;* **Il a fallu partir**/*It was necessary to leave.*

---

fermer/to close   *pr. part.* **fermant**   *past part.* **fermé**

Singular   Plural

PRESENT INDICATIVE

Singular	Plural
je ferme	nous fermons
tu fermes	vous fermez
il/elle ferme	ils/elles ferment

IMPERATIVE (AFFIRMATIVE)

ferme
fermons
fermez

PASSÉ COMPOSÉ

Singular	Plural
j'ai fermé	nous avons fermé
tu as fermé	vous avez fermé
il/elle a fermé	ils/elles ont fermé

IMPERATIVE (NEGATIVE)

ne ferme pas
ne fermons pas
ne fermez pas

---

finir/to finish   *pr. part.* **finissant**   *past part.* **fini**

Singular   Plural

PRESENT INDICATIVE

Singular	Plural
je finis	nous finissons
tu finis	vous finissez
il/elle finit	ils/elles finissent

IMPERATIVE (AFFIRMATIVE)

finis
finissons
finissez

PASSÉ COMPOSÉ

Singular	Plural
j'ai fini	nous avons fini
tu as fini	vous avez fini
il/elle a fini	ils/elles ont fini

IMPERATIVE (NEGATIVE)

ne finis pas
ne finissons pas
ne finissez pas

---

habiter/to live (somewhere), inhabit   *pr. part.* **habitant**   *past part.* **habité**

Singular   Plural

PRESENT INDICATIVE

Singular	Plural
j'habite	nous habitons
tu habites	vous habitez
il/elle habite	ils/elles habitent

IMPERATIVE (AFFIRMATIVE)

habite
habitons
habitez

PASSÉ COMPOSÉ

Singular	Plural
j'ai habité	nous avons habité
tu as habité	vous avez habité
il/elle a habité	ils/elles ont habité

IMPERATIVE (NEGATIVE)

n'habite pas
n'habitons pas
n'habitez pas

---

jeter/to throw *pr. part.* **jetant** *past part.* **jeté**

Singular Plural

PRESENT INDICATIVE

je jette nous jetons
tu jettes vous jetez
il/elle jette ils/elles jettent

IMPERATIVE (AFFIRMATIVE)

jette
jetons
jetez

PASSÉ COMPOSÉ

j'ai jeté nous avons jeté
tu as jeté vous avez jeté
il/elle a jeté ils/elles ont jeté

IMPERATIVE (NEGATIVE)

ne jette pas
ne jetons pas
ne jetez pas

---

jouer/to play *pr. part.* **jouant** *past part.* **joué**

Singular Plural

PRESENT INDICATIVE

je joue nous jouons
tu joues vous jouez
il/elle joue ils/elles jouent

IMPERATIVE (AFFIRMATIVE)

joue
jouons
jouez

PASSÉ COMPOSÉ

j'ai joué nous avons joué
tu as joué vous avez joué
il/elle a joué ils/elles ont joué

IMPERATIVE (NEGATIVE)

ne joue pas
ne jouons pas
ne jouez pas

---

lire/to read *pr. part.* **lisant** *past part.* **lu**

Singular Plural

PRESENT INDICATIVE

je lis nous lisons
tu lis vous lisez
il/elle lit ils/elles lisent

IMPERATIVE (AFFIRMATIVE)

lis
lisons
lisez

PASSÉ COMPOSÉ

j'ai lu nous avons lu
tu as lu vous avez lu
il/elle a lu ils/elles ont lu

IMPERATIVE (NEGATIVE)

ne lis pas
ne lisons pas
ne lisez pas

---

manger/to eat   *pr. part.* **mangeant**   *past part.* **mangé**

Singular   Plural

PRESENT INDICATIVE

Singular	Plural
je mange	nous mangeons
tu manges	vous mangez
il/elle mange	ils/elles mangent

IMPERATIVE (AFFIRMATIVE)

mange
mangeons
mangez

PASSÉ COMPOSÉ

Singular	Plural
j'ai mangé	nous avons mangé
tu as mangé	vous avez mangé
il/elle a mangé	ils/elles ont mangé

IMPERATIVE (NEGATIVE)

ne mange pas
ne mangeons pas
ne mangez pas

---

mettre/to put, place   *pr. part.* **mettant**   *past part.* **mis**

Singular   Plural

PRESENT INDICATIVE

Singular	Plural
je mets	nous mettons
tu mets	vous mettez
il/elle met	ils/elles mettent

IMPERATIVE (AFFIRMATIVE)

mets
mettons
mettez

PASSÉ COMPOSÉ

Singular	Plural
j'ai mis	nous avons mis
tu as mis	vous avez mis
il/elle a mis	ils/elles ont mis

IMPERATIVE (NEGATIVE)

ne mets pas
ne mettons pas
ne mettez pas

---

monter/to go up, bring up   *pr. part.* **montant**   *past part.* **monté**

Singular   Plural

PRESENT INDICATIVE

Singular	Plural
je monte	nous montons
tu montes	vous montez
il/elle monte	ils/elles montent

IMPERATIVE (AFFIRMATIVE)

monte
montons
montez

PASSÉ COMPOSÉ

Singular	Plural
je suis monté(e)	nous sommes monté(e)s
tu es monté(e)	vous êtes monté(e)(s)
il est monté	ils sont montés
elle est montée	elles sont montées

IMPERATIVE (NEGATIVE)

ne monte pas
ne montons pas
ne montez pas

This verb is conjugated with **avoir** in the **passé composé** when it has a direct object. *Examples:* **J'ai monté l'escalier**/*I went up the stairs;* **J'ai monté les valises**/*I brought up the suitcases.* But: **Elle est montée vite**/*She went up quickly.*

mourir/to die   *pr. part.* **mourant**   *past part.* **mort**

Singular   Plural

PRESENT INDICATIVE

		IMPERATIVE (AFFIRMATIVE)
je meurs	nous mourons	meurs
tu meurs	vous mourez	mourons
il/elle meurt	ils/elles meurent	mourez

PASSÉ COMPOSÉ

		IMPERATIVE (NEGATIVE)
je suis mort(e)	nous sommes morte(e)s	ne meurs pas
tu es mort(e)	vous êtes mort(e)(s)	ne mourons pas
il est mort	ils sont morts	ne mourez pas
elle est morte	elles sont mortes	

---

nager/to swim   *pr. part.* **nageant**   *past part.* **nagé**

Singular   Plural

PRESENT INDICATIVE

		IMPERATIVE (AFFIRMATIVE)
je nage	nous nageons	nage
tu nages	vous nagez	nageons
il/elle nage	ils/elles nagent	nagez

PASSÉ COMPOSÉ

		IMPERATIVE (NEGATIVE)
j'ai nagé	nous avons nagé	ne nage pas
tu as nagé	vous avez nagé	ne nageons pas
il/elle a nagé	ils/elles ont nagé	ne nagez pas

---

naître/to be born   *pr. part.* **naissant**   *past part.* **né**

Singular   Plural

PRESENT INDICATIVE

		IMPERATIVE (AFFIRMATIVE)
je nais	nous naissons	nais
tu nais	vous naissez	naissons
il/elle naît	ils/elles naissent	naissez

PASSÉ COMPOSÉ

		IMPERATIVE (NEGATIVE)
je suis né(e)	nous sommes né(e)s	ne nais pas
tu es né(e)	vous êtes né(e)(s)	ne naissons pas
il est né	ils sont nés	ne naissez pas
elle est née	elles sont nées	

---

neiger/to snow   *pr. part.* **neigeant**   *past part.* **neigé**

Singular

PRESENT INDICATIVE	IMPERATIVE (AFFIRMATIVE)
il neige	[not in use]
PASSÉ COMPOSÉ	IMPERATIVE (NEGATIVE)
il a neigé	[not in use]

This is an impersonal verb that is used in the 3d person singular with the subject pronoun **il**/it.

---

nettoyer/to clean   *pr. part.* **nettoyant**   *past part.* **nettoyé**

Singular   Plural

PRESENT INDICATIVE

		IMPERATIVE (AFFIRMATIVE)
je nettoie	**nous nettoyons**	**nettoie**
tu nettoies	**vous nettoyez**	**nettoyons**
il/elle nettoie	**ils/elles nettoient**	**nettoyez**

PASSÉ COMPOSÉ

		IMPERATIVE (NEGATIVE)
j'ai nettoyé	**nous avons nettoyé**	**ne nettoie pas**
tu as nettoyé	**vous avez nettoyé**	**ne nettoyons pas**
il/elle a nettoyé	**ils/elles ont nettoyé**	**ne nettoyez pas**

Verbs ending in *-oyer* must change *y* to *i* before mute *e*.

---

offrir/to offer   *pr. part.* **offrant**   *past part.* **offert**

Singular   Plural

PRESENT INDICATIVE

		IMPERATIVE (AFFIRMATIVE)
j'offre	**nous offrons**	**offre**
tu offres	**vous offrez**	**offrons**
il/elle offre	**ils/elles offrent**	**offrez**

PASSÉ COMPOSÉ

		IMPERATIVE (NEGATIVE)
j'ai offert	**nous avons offert**	**n'offre pas**
tu as offert	**vous avez offert**	**n'offrons pas**
il/elle a offert	**ils/elles ont offert**	**n'offrez pas**

---

oublier/to forget   *pr. part.* **oubliant**   *past part.* **oublié**

Singular   Plural

	PRESENT INDICATIVE		IMPERATIVE (AFFIRMATIVE)
j'oublie	nous oublions		oublie
tu oublies	vous oubliez		oublions
il/elle oublie	ils/elles oublient		oubliez

	PASSÉ COMPOSÉ		IMPERATIVE (NEGATIVE)
j'ai oublié	nous avons oublié		n'oublie pas
tu as oublié	vous avez oublié		n'oublions pas
il/elle a oublié	ils/elles ont oublié		n'oubliez pas

---

ouvrir/to open   *pr. part.* **ouvrant**   *past part.* **ouvert**

Singular   Plural

	PRESENT INDICATIVE		IMPERATIVE (AFFIRMATIVE)
j'ouvre	nous ouvrons		ouvre
tu ouvres	vous ouvrez		ouvrons
il/elle ouvre	ils/elles ouvrent		ouvrez

	PASSÉ COMPOSÉ		IMPERATIVE (NEGATIVE)
j'ai ouvert	nous avons ouvert		n'ouvre pas
tu as ouvert	vous avez ouvert		n'ouvrons pas
il/elle a ouvert	ils/elles ont ouvert		n'ouvrez pas

---

parler/to talk, speak   *pr. part.* **parlant**   *past part.* **parlé**

Singular   Plural

	PRESENT INDICATIVE		IMPERATIVE (AFFIRMATIVE)
je parle	nous parlons		parle
tu parles	vous parlez		parlons
il/elle parle	ils/elles parlent		parlez

	PASSÉ COMPOSÉ		IMPERATIVE (NEGATIVE)
j'ai parlé	nous avons parlé		ne parle pas
tu as parlé	vous avez parlé		ne parlons pas
il/elle a parlé	ils/elles ont parlé		ne parlez pas

FRENCH VERB CONJUGATION TABLES

partir/to leave, depart   *pr. part.* **partant**   *past part.* **parti**

Singular   Plural

PRESENT INDICATIVE

je pars	nous partons	
tu pars	vous partez	
il/elle part	ils/elles partent	

IMPERATIVE (AFFIRMATIVE)

pars
partons
partez

PASSÉ COMPOSÉ

je suis parti(e)	nous sommes parti(e)s
tu es parti(e)	vous êtes parti(e)(s)
il est parti	ils sont partis
elle est partie	elles sont parties

IMPERATIVE (NEGATIVE)

ne pars pas
ne partons pas
ne partez pas

---

passer/to pass, spend (time)   *pr. part.* **passant**   *past part.* **passé**

Singular   Plural

PRESENT INDICATIVE

je passe	nous passons
tu passes	vous passez
il/elle passe	ils/elles passent

IMPERATIVE (AFFIRMATIVE)

passe
passons
passez

PASSÉ COMPOSÉ

j'ai passé	nous avons passé
tu as passé	vous avez passé
il/elle a passé	ils/elles ont passé

IMPERATIVE (NEGATIVE)

ne passe pas
ne passons pas
ne passez pas

This verb is conjugated with **être** in the **passé composé** when it means *to pass by, go by:* **Elle est passée chez moi**/*She came by my house.* It is conjugated with **avoir** when it has a direct object: **Elle a passé un examen**/*She took an exam;* **Elle m'a passé le sel**/*She passed me the salt.*

---

payer/to pay (for)   *pr. part.* **payant**   *past part.* **payé**

Singular   Plural

PRESENT INDICATIVE

je paye	nous payons
tu payes	vous payez
il/elle paye	ils/elles payent

IMPERATIVE (AFFIRMATIVE)

paye
payons
payez

PASSÉ COMPOSÉ

j'ai payé	nous avons payé
tu as payé	vous avez payé
il/elle a payé	ils/elles ont payé

IMPERATIVE (NEGATIVE)

ne paye pas
ne payons pas
ne payez pas

Verbs ending in *-ayer* may change *y* to *i* before mute *e* or may keep *y*.

penser/to think   *pr. part.* **pensant**   *past part.* **pensé**

Singular   Plural

PRESENT INDICATIVE

		IMPERATIVE (AFFIRMATIVE)
je pense	nous pensons	pense
tu penses	vous pensez	pensons
il/elle pense	ils/elles pensent	pensez

PASSÉ COMPOSÉ

		IMPERATIVE (NEGATIVE)
j'ai pensé	nous avons pensé	ne pense pas
tu as pensé	vous avez pensé	ne pensons pas
il/elle a pensé	ils/elles ont pensé	ne pensez pas

---

perdre/to lose   *pr. part.* **perdant**   *past part.* **perdu**

Singular   Plural

PRESENT INDICATIVE

		IMPERATIVE (AFFIRMATIVE)
je perds	nous perdons	perds
tu perds	vous perdez	perdons
il/elle perd	ils/elles perdent	perdez

PASSÉ COMPOSÉ

		IMPERATIVE (NEGATIVE)
j'ai perdu	nous avons perdu	ne perds pas
tu as perdu	vous avez perdu	ne perdons pas
il/elle a perdu	ils/elles ont perdu	ne perdez pas

---

pleuvoir/to rain   *pr. part.* **pleuvant**   *past part.* **plu**

Singular

PRESENT INDICATIVE

	IMPERATIVE (AFFIRMATIVE)
il pleut	[not in use]

PASSÉ COMPOSÉ

	IMPERATIVE (NEGATIVE)
il a plu	[not in use]

This is an impersonal verb that is used in the 3d person singular with the subject pronoun **il**/it.

---

pouvoir/to be able, can   *pr. part.* **pouvant**   *past part.* **pu**

Singular	Plural

PRESENT INDICATIVE

IMPERATIVE (AFFIRMATIVE)

je peux *or* je puis	nous pouvons	[not in use]
tu peux	vous pouvez	
il/elle peut	ils/elles peuvent	

PASSÉ COMPOSÉ

IMPERATIVE (NEGATIVE)

j'ai pu	nous avons pu	[not in use]
tu as pu	vous avez pu	
il/elle a pu	ils/elles ont pu	

---

préférer/to prefer   *pr. part.* **préférant**   *past part.* **préféré**

Singular	Plural

PRESENT INDICATIVE

IMPERATIVE (AFFIRMATIVE)

je préfère	nous préférons	préfère
tu préfères	vous préférez	préférons
il/elle préfère	ils/elles préfèrent	préférez

PASSÉ COMPOSÉ

IMPERATIVE (NEGATIVE)

j'ai préféré	nous avons préféré	ne préfère pas
tu as préféré	vous avez préféré	ne préférons pas
il/elle a préféré	ils/elles ont préféré	ne préférez pas

---

prendre/to take   *pr. part.* **prenant**   *past part.* **pris**

Singular	Plural

PRESENT INDICATIVE

IMPERATIVE (AFFIRMATIVE)

je prends	nous prenons	prends
tu prends	vous prenez	prenons
il/elle prend	ils/elles prennent	prenez

PASSÉ COMPOSÉ

IMPERATIVE (NEGATIVE)

j'ai pris	nous avons pris	ne prends pas
tu as pris	vous avez pris	ne prenons pas
il/elle a pris	ils/elles ont pris	ne prenez pas

---

recevoir/to receive   *pr. part.* **recevant**   *past part.* **reçu**

Singular   Plural

PRESENT INDICATIVE		IMPERATIVE (AFFIRMATIVE)
je reçois	nous recevons	reçois
tu reçois	vous recevez	recevons
il/elle reçoit	ils/elles reçoivent	recevez

PASSÉ COMPOSÉ		IMPERATIVE (NEGATIVE)
j'ai reçu	nous avons reçu	ne reçois pas
tu as reçu	vous avez reçu	ne recevons pas
il/elle a reçu	ils/elles ont reçu	ne recevez pas

---

regarder/to look (at), watch   *pr. part.* **regardant**   *past part.* **regardé**

Singular   Plural

PRESENT INDICATIVE		IMPERATIVE (AFFIRMATIVE)
je regarde	nous regardons	regarde
tu regardes	vous regardez	regardons
il/elle regarde	ils/elles regardent	regardez

PASSÉ COMPOSÉ		IMPERATIVE (NEGATIVE)
j'ai regardé	nous avons regardé	ne regarde pas
tu as regardé	vous avez regardé	ne regardons pas
il/elle a regardé	ils/elles ont regardé	ne regardez pas

---

rendre/to give back, to return (something)   *pr. part.* **rendant**   *past part.* **rendu**

Singular   Plural

PRESENT INDICATIVE		IMPERATIVE (AFFIRMATIVE)
je rends	nous rendons	rends
tu rends	vous rendez	rendons
il/elle rend	ils/elles rendent	rendez

PASSÉ COMPOSÉ		IMPERATIVE (NEGATIVE)
j'ai rendu	nous avons rendu	ne rends pas
tu as rendu	vous avez rendu	ne rendons pas
il/elle a rendu	ils/elles ont rendu	ne rendez pas

---

rentrer/to go in again, return (home) *pr. part.* **rentrant** *past part.* **rentré**

Singular Plural

PRESENT INDICATIVE

		IMPERATIVE (AFFIRMATIVE)
je rentre	nous rentrons	rentre
tu rentres	vous rentrez	rentrons
il/elle rentre	ils/elles rentrent	rentrez

PASSÉ COMPOSÉ

IMPERATIVE (NEGATIVE)

je suis rentré(e)	nous sommes rentré(e)s	ne rentre pas
tu es rentré(e)	vous êtes rentré(e)(s)	ne rentrons pas
il est rentré	ils sont rentrés	ne rentrez pas
elle est rentrée	elles sont rentrées	

This verb is conjugated with **avoir** when it has a direct object. *Example:* **Elle a rentré le chat dans la maison**/*She brought (took) the cat back into the house.* But: **Elle est rentrée tôt**/*She returned (has returned) home early.*

---

répondre/to answer, respond, reply *pr. part.* **répondant** *past part.* **répondu**

Singular Plural

PRESENT INDICATIVE

		IMPERATIVE (AFFIRMATIVE)
je réponds	nous répondons	réponds
tu réponds	vous répondez	répondons
il/elle répond	ils/elles répondent	répondez

PASSÉ COMPOSÉ

IMPERATIVE (NEGATIVE)

j'ai répondu	nous avons répondu	ne réponds pas
tu as répondu	vous avez répondu	ne répondons pas
il/elle a répondu	ils/elles ont répondu	ne répondez pas

---

rester/to remain, stay *pr. part.* **restant** *past part.* **resté**

Singular Plural

PRESENT INDICATIVE

		IMPERATIVE (AFFIRMATIVE)
je reste	nous restons	reste
tu restes	vous restez	restons
il/elle reste	ils/elles restent	restez

PASSÉ COMPOSÉ

IMPERATIVE (NEGATIVE)

je suis resté(e)	nous sommes resté(e)s	ne reste pas
tu es resté(e)	vous êtes resté(e)(s)	ne restons pas
il est resté	ils sont restés	ne restez pas
elle est restée	elles sont restées	

Do not confuse this verb with **se reposer**/to rest.

---

retourner/to go back, return   *pr. part.* **retournant**   *past part.* **retourné**

Singular   Plural

PRESENT INDICATIVE

		IMPERATIVE (AFFIRMATIVE)
je retourne	nous retournons	retourne
tu retournes	vous retournez	retournons
il/elle retourne	ils/elles retournent	retournez

PASSÉ COMPOSÉ

		IMPERATIVE (NEGATIVE)
je suis retourné(e)	nous sommes retourné(e)s	ne retourne pas
tu es retourné(e)	vous êtes retourné(e)(s)	ne retournons pas
il est retourné	ils sont retournés	ne retournez pas
elle est retournée	elles sont retournées	

---

revenir/to come back, return   *pr. part.* **revenant**   *past part.* **revenu**

Singular   Plural

PRESENT INDICATIVE

		IMPERATIVE (AFFIRMATIVE)
je reviens	nous revenons	reviens
tu reviens	vous revenez	revenons
il/elle revient	ils/elles reviennent	revenez

PASSÉ COMPOSÉ

		IMPERATIVE (NEGATIVE)
je suis revenu(e)	nous sommes revenu(e)s	ne reviens pas
tu es revenu(e)	vous êtes revenu(e)(s)	ne revenons pas
il est revenu	ils sont revenus	ne revenez pas
elle est revenue	elles sont revenues	

---

rire/to laugh   *pr. part.* **riant**   *past part.* **ri**

Singular   Plural

PRESENT INDICATIVE

		IMPERATIVE (AFFIRMATIVE)
je ris	nous rions	ris
tu ris	vous riez	rions
il/elle rit	ils/elles rient	riez

PASSÉ COMPOSÉ

		IMPERATIVE (NEGATIVE)
j'ai ri	nous avons ri	ne ris pas
tu as ri	vous avez ri	ne rions pas
il/elle a ri	ils/elles ont ri	ne riez pas

---

savoir/to know (how), to know (a fact)   *pr. part.* **sachant**   *past part.* **su**

Singular	Plural

PRESENT INDICATIVE

		IMPERATIVE (AFFIRMATIVE)
je sais	nous savons	sache
tu sais	vous savez	sachons
il/elle sait	ils/elles savent	sachez

PASSÉ COMPOSÉ

		IMPERATIVE (NEGATIVE)
j'ai su	nous avons su	ne sache pas
tu as su	vous avez su	ne sachons pas
il/elle a su	ils/elles ont su	ne sachez pas

---

sentir/to smell, feel   *pr. part.* **sentant**   *past part.* **senti**

Singular	Plural

PRESENT INDICATIVE

		IMPERATIVE (AFFIRMATIVE)
je sens	nous sentons	sens
tu sens	vous sentez	sentons
il/elle sent	ils/elles sentent	sentez

PASSÉ COMPOSÉ

		IMPERATIVE (NEGATIVE)
j'ai senti	nous avons senti	ne sens pas
tu as senti	vous avez senti	ne sentons pas
il/elle a senti	ils/elles ont senti	ne sentez pas

---

servir/to serve   *pr. part.* **servant**   *past part.* **servi**

Singular	Plural

PRESENT INDICATIVE

		IMPERATIVE (AFFIRMATIVE)
je sers	nous servons	sers
tu sers	vous servez	servons
il/elle sert	ils/elles servent	servez

PASSÉ COMPOSÉ

		IMPERATIVE (NEGATIVE)
j'ai servi	nous avons servi	ne sers pas
tu as servi	vous avez servi	ne servons pas
il/elle a servi	ils/elles ont servi	ne servez pas

---

sortir/to go out, leave   *pr. part.* **sortant**   *past part.* **sorti**

Singular   Plural

PRESENT INDICATIVE		IMPERATIVE (AFFIRMATIVE)
je sors	nous sortons	sors
tu sors	vous sortez	sortons
il/elle sort	ils/elles sortent	sortez

PASSÉ COMPOSÉ		IMPERATIVE (NEGATIVE)
je suis sorti(e)	nous sommes sorti(e)s	ne sors pas
tu es sorti(e)	vous êtes sorti(e)(s)	ne sortons pas
il est sorti	ils sont sortis	ne sortez pas
elle est sortie	elles sont sorties	

This verb is conjugated with **avoir** in the **passé composé** when it has a direct object. *Example:* **Elle a sorti son mouchoir**/*She took out her handkerchief.* But: **Elle est sortie**/*She went out (She has gone out).*

---

souffrir/to suffer, endure   *pr. part.* **souffrant**   *past part.* **souffert**

Singular   Plural

PRESENT INDICATIVE		IMPERATIVE (AFFIRMATIVE)
je souffre	nous souffrons	souffre
tu souffres	vous souffrez	souffrons
il/elle souffre	ils/elles souffrent	souffrez

PASSÉ COMPOSÉ		IMPERATIVE (NEGATIVE)
j'ai souffert	nous avons souffert	ne souffre pas
tu as souffert	vous avez souffert	ne souffrons pas
il/elle a souffert	ils/elles ont souffert	ne souffrez pas

---

suffire/to suffice, be enough   *pr. part.* **suffisant**   *past part.* **suffi**

Singular

PRESENT INDICATIVE	IMPERATIVE (AFFIRMATIVE)
il suffit	[not in use]

PASSÉ COMPOSÉ	IMPERATIVE (NEGATIVE)
il a suffi	[not in use]

This verb is generally impersonal and is used frequently in the 3d person singular with the subject pronoun **il**/it. The subject **cela** may be used, as in **Cela suffit**/*That is enough.*

téléphoner/to telephone   *pr. part.* **téléphonant**   *past part.* **téléphoné**

Singular   Plural

PRESENT INDICATIVE

IMPERATIVE (AFFIRMATIVE)

je téléphone   nous téléphonons   téléphone
tu téléphones   vous téléphonez   téléphonons
il/elle téléphone   ils/elles téléphonent   téléphonez

PASSÉ COMPOSÉ

IMPERATIVE (NEGATIVE)

j'ai téléphoné   nous avons téléphoné   ne téléphone pas
tu as téléphoné   vous avez téléphoné   ne téléphonons pas
il/elle a téléphoné   ils/elles ont téléphoné   ne téléphonez pas

---

tenir/to hold   *pr. part.* **tenant**   *past part.* **tenu**

Singular   Plural

PRESENT INDICATIVE

IMPERATIVE (AFFIRMATIVE)

je tiens   nous tenons   tiens
tu tiens   vous tenez   tenons
il/elle tient   ils/elles tiennent   tenez

PASSÉ COMPOSÉ

IMPERATIVE (NEGATIVE)

j'ai tenu   nous avons tenu   ne tiens pas
tu as tenu   vous avez tenu   ne tenons pas
il/elle a tenu   ils/elles ont tenu   ne tenez pas

---

tomber/to fall   *pr. part.* **tombant**   *past part.* **tombé**

Singular   Plural

PRESENT INDICATIVE

IMPERATIVE (AFFIRMATIVE)

je tombe   nous tombons   tombe
tu tombes   vous tombez   tombons
il/elle tombe   ils/elles tombent   tombez

PASSÉ COMPOSÉ

IMPERATIVE (NEGATIVE)

je suis tombé(e)   nous sommes tombé(e)s   ne tombe pas
tu es tombé(e)   vous êtes tombé(e)(s)   ne tombons pas
il est tombé   ils sont tombés   ne tombez pas
elle est tombée   elles sont tombées

---

travailler/to work   *pr. part.* **travaillant**   *past part.* **travaillé**

Singular   Plural

PRESENT INDICATIVE

		IMPERATIVE (AFFIRMATIVE)
je travaille	nous travaillons	travaille
tu travailles	vous travaillez	travaillons
il/elle travaille	ils/elles travaillent	travaillez

PASSÉ COMPOSÉ

		IMPERATIVE (NEGATIVE)
j'ai travaillé	nous avons travaillé	ne travaille pas
tu as travaillé	vous avez travaillé	ne travaillons pas
il/elle a travaillé	ils/elles ont travaillé	ne travaillez pas

---

trouver/to find   *pr. part.* **trouvant**   *past part.* **trouvé**

Singular   Plural

PRESENT INDICATIVE

		IMPERATIVE (AFFIRMATIVE)
je trouve	nous trouvons	trouve
tu trouves	vous trouvez	trouvons
il/elle trouve	ils/elles trouvent	trouvez

PASSÉ COMPOSÉ

		IMPERATIVE (NEGATIVE)
j'ai trouvé	nous avons trouvé	ne trouve pas
tu as trouvé	vous avez trouvé	ne trouvons pas
il/elle a trouvé	ils/elles ont trouvé	ne trouvez pas

---

vendre/to sell   *pr. part.* **vendant**   *past part.* **vendu**

Singular   Plural

PRESENT INDICATIVE

		IMPERATIVE (AFFIRMATIVE)
je vends	nous vendons	vends
tu vends	vous vendez	vendons
il/elle vend	ils/elles vendent	vendez

PASSÉ COMPOSÉ

		IMPERATIVE (NEGATIVE)
j'ai vendu	nous avons vendu	ne vends pas
tu as vendu	vous avez vendu	ne vendons pas
il/elle a vendu	ils/elles ont vendu	ne vendez pas

---

venir/to come   *pr. part.* **venant**   *past part.* **venu**

Singular   Plural

PRESENT INDICATIVE   IMPERATIVE (AFFIRMATIVE)

je viens	nous venons	viens
tu viens	vous venez	venons
il/elle vient	ils/elles viennent	venez

PASSÉ COMPOSÉ   IMPERATIVE (NEGATIVE)

je suis venu(e)	nous sommes venu(e)s	ne viens pas
tu es venu(e)	vous êtes venu(e)(s)	ne venons pas
il est venu	ils sont venus	ne venez pas
elle est venue	elles sont venues	

---

vivre/to live   *pr. part.* **vivant**   *past part.* **vécu**

Singular   Plural

PRESENT INDICATIVE   IMPERATIVE (AFFIRMATIVE)

je vis	nous vivons	vis
tu vis	vous vivez	vivons
il/elle vit	ils/elles vivent	vivez

PASSÉ COMPOSÉ   IMPERATIVE (NEGATIVE)

j'ai vécu	nous avons vécu	ne vis pas
tu as vécu	vous avez vécu	ne vivons pas
il/elle a vécu	ils/elles ont vécu	ne vivez pas

---

voir/to see   *pr. part.* **voyant**   *past part.* **vu**

Singular   Plural

PRESENT INDICATIVE   IMPERATIVE (AFFIRMATIVE)

je vois	nous voyons	vois
tu vois	vous voyez	voyons
il/elle voit	ils/elles voient	voyez

PASSÉ COMPOSÉ   IMPERATIVE (NEGATIVE)

j'ai vu	nous avons vu	ne vois pas
tu as vu	vous avez vu	ne voyons pas
il/elle a vu	ils/elles ont vu	ne voyez pas

voler/to fly; to steal   *pr. part.* **volant**   *past part.* **volé**

Singular   Plural

PRESENT INDICATIVE		IMPERATIVE (AFFIRMATIVE)
je vole	nous volons	vole
tu voles	vous volez	volons
il/elle vole	ils/elles volent	volez

PASSÉ COMPOSÉ		IMPERATIVE (NEGATIVE)
j'ai volé	nous avons volé	ne vole pas
tu as volé	vous avez volé	ne volons pas
il/elle a volé	ils/elles ont volé	ne volez pas

---

vouloir/to want   *pr. part.* **voulant**   *past part.* **voulu**

Singular   Plural

PRESENT INDICATIVE		IMPERATIVE (AFFIRMATIVE)
je veux	nous voulons	veuille
tu veux	vous voulez	veuillons
il/elle veut	ils/elles veulent	veuillez

PASSÉ COMPOSÉ		IMPERATIVE (NEGATIVE)
j'ai voulu	nous avons voulu	ne veuille pas
tu as voulu	vous avez voulu	ne veuillons pas
il/elle a voulu	ils/elles ont voulu	ne veuillez pas

---

voyager/to travel   *pr. part.* **voyageant**   *past part.* **voyagé**

Singular   Plural

PRESENT INDICATIVE		IMPERATIVE (AFFIRMATIVE)
je voyage	nous voyageons	voyage
tu voyages	vous voyagez	voyageons
il/elle voyage	ils/elles voyagent	voyagez

PASSÉ COMPOSÉ		IMPERATIVE (NEGATIVE)
j'ai voyagé	nous avons voyagé	ne voyage pas
tu as voyagé	vous avez voyagé	ne voyageons pas
il/elle a voyagé	ils/elles ont voyagé	ne voyagez pas

Part B

This part contains only reflexive verbs. They are grouped here so you can make your own observations about the repeated patterns. All reflexive verbs are conjugated with **être** to form the **passé composé** tense.

---

s'amuser/to have a good time, have fun   *pr. part.* **s'amusant**   *past part.* **amusé**

Singular   Plural

PRESENT INDICATIVE

		IMPERATIVE (AFFIRMATIVE)
je m'amuse	nous nous amusons	amuse-toi
tu t'amuses	vous vous amusez	amusons-nous
il/elle s'amuse	ils/elles s'amusent	amusez-vous

PASSÉ COMPOSÉ   IMPERATIVE (NEGATIVE)

je me suis amusé(e)	nous nous sommes amusé(e)s	ne t'amuse pas
tu t'es amusé(e)	vous vous êtes amusé(e)(s)	ne nous amusons pas
il s'est amusé	ils se sont amusés	ne vous amusez pas
elle s'est amusée	elles se sont amusées	

---

s'appeler/to be named, call oneself   *pr. part.* **s'appelant**   *past part.* **appelé**

Singular   Plural

PRESENT INDICATIVE

		IMPERATIVE (AFFIRMATIVE)
je m'appelle	nous nous appelons	appelle-toi
tu t'appelles	vous vous appelez	appelons-nous
il/elle s'appelle	ils/elles s'appellent	appelez-vous

PASSÉ COMPOSÉ   IMPERATIVE (NEGATIVE)

je me suis appelé(e)	nous nous sommes appelé(e)s	ne t'appelle pas
tu t'es appelé(e)	vous vous êtes appelé(e)(s)	ne nous appelons pas
il s'est appelé	ils se sont appelés	ne vous appelez pas
elle s'est appelée	elles se sont appelées	

---

s'asseoir/to sit down   *pr. part.* **s'asseyant**   *past part.* **assis**

Singular   Plural

PRESENT INDICATIVE

		IMPERATIVE (AFFIRMATIVE)
je m'assieds	nous nous asseyons	assieds-toi
tu t'assieds	vous vous asseyez	asseyons-nous
il/elle s'assied	ils/elles s'asseyent	asseyez-vous

PASSÉ COMPOSÉ   IMPERATIVE (NEGATIVE)

je me suis assis(e)	nous nous sommes assis(es)	ne t'assieds pas
tu t'es assis(e)	vous vous êtes assis(e)(es)	ne nous asseyons pas
il s'est assis	ils se sont assis	ne vous asseyez pas
elle s'est assise	elles se sont assises	

---

s'en aller/to go away   *pr. part.* **s'en allant**   *past part.* **en allé**

Singular   Plural

PRESENT INDICATIVE

je m'en vais	nous nous en allons
tu t'en vas	vous vous en allez
il/elle s'en va	ils/elles s'en vont

IMPERATIVE (AFFIRMATIVE)

va-t'en
allons-nous-en
allez-vous-en

PASSÉ COMPOSÉ

je m'en suis allé(e)	nous nous en sommes allé(e)s
tu t'en es allé(e)	vous vous en êtes allé(e)(s)
il s'en est allé	ils s'en sont allés
elle s'en est allée	elles s'en sont allées

IMPERATIVE (NEGATIVE)

ne t'en va pas
ne nous en allons pas
ne vous en allez pas

---

s'habiller/to dress (oneself)   *pr. part.* **s'habillant**   *past part.* **habillé**

Singular   Plural

PRESENT INDICATIVE

je m'habille	nous nous habillons
tu t'habilles	vous vous habillez
il/elle s'habille	ils/elles s'habillent

IMPERATIVE (AFFIRMATIVE)

habille-toi
habillons-nous
habillez-vous

PASSÉ COMPOSÉ

je me suis habillé(e)	nous nous sommes habillé(e)s
tu t'es habillé(e)	vous vous êtes habillé(e)(s)
il s'est habillé	ils se sont habillés
elle s'est habillée	elles se sont habillées

IMPERATIVE (NEGATIVE)

ne t'habille pas
ne nous habillons pas
ne vous habillez pas

---

se blesser/to hurt (injure) oneself   *pr. part.* **se blessant**   *past part.* **blessé**

Singular   Plural

PRESENT INDICATIVE

je me blesse	nous nous blessons
tu te blesses	vous vous blessez
il/elle se blesse	ils/elles se blessent

IMPERATIVE (AFFIRMATIVE)

blesse-toi
blessons-nous
blessez-vous

PASSÉ COMPOSÉ

je me suis blessé(e)	nous nous sommes blessé(e)s
tu t'es blessé(e)	vous vous êtes blessé(e)(s)
il s'est blessé	ils se sont blessés
elle s'est blessée	elles se sont blessées

IMPERATIVE (NEGATIVE)

ne te blesse pas
ne nous blessons pas
ne vous blessez pas

---

se coucher/to go to bed, to lie down   *pr. part.* **se couchant**   *past part.* **couché**

Singular   Plural

PRESENT INDICATIVE   IMPERATIVE (AFFIRMATIVE)

je me couche	nous nous couchons	couche-toi
tu te couches	vous vous couchez	couchons-nous
il/elle se couche	ils/elles se couchent	couchez-vous

PASSÉ COMPOSÉ   IMPERATIVE (NEGATIVE)

je me suis couché(e)	nous nous sommes couché(e)s	ne te couche pas
tu t'es couché(e)	vous vous êtes couché(e)(s)	ne nous couchons pas
il s'est couché	ils se sont couchés	ne vous couchez pas
elle s'est couchée	elles se sont couchées	

---

se dépêcher/to hurry   *pr. part.* **se dépêchant**   *past part.* **dépêché**

Singular   Plural

PRESENT INDICATIVE   IMPERATIVE (AFFIRMATIVE)

je me dépêche	nous nous dépêchons	dépêche-toi
tu te dépêches	vous vous dépêchez	dépêchons-nous
il/elle se dépêche	ils/elles se dépêchent	dépêchez-vous

PASSÉ COMPOSÉ   IMPERATIVE (NEGATIVE)

je me suis dépêché(e)	nous nous sommes dépêché(e)s	ne te dépêche pas
tu t'es dépêché(e)	vous vous êtes dépêché(e)(s)	ne nous dépêchons pas
il s'est dépêché	ils se sont dépêchés	ne vous dépêchez pas
elle s'est dépêchée	elles se sont dépêchées	

---

se laver/to wash oneself   *pr. part.* **se lavant**   *past part.* **lavé**

Singular   Plural

PRESENT INDICATIVE   IMPERATIVE (AFFIRMATIVE)

je me lave	nous nous lavons	lave-toi
tu te laves	vous vous lavez	lavons-nous
il/elle se lave	ils/elles se lavent	lavez-vous

PASSÉ COMPOSÉ   IMPERATIVE (NEGATIVE)

je me suis lavé(e)	nous nous sommes lavé(e)s	ne te lave pas
tu t'es lavé(e)	vous vous êtes lavé(e)(s)	ne nous lavons pas
il s'est lavé	ils se sont lavés	ne vous lavez pas
elle s'est lavée	elles se sont lavées	

---

se lever/to get up   *pr. part.* **se levant**   *past part.* **levé**

Singular   Plural

PRESENT INDICATIVE

		IMPERATIVE (AFFIRMATIVE)
je me lève	nous nous levons	lève-toi
tu te lèves	vous vous levez	levons-nous
il/elle se lève	ils/elles se lèvent	levez-vous

PASSÉ COMPOSÉ

		IMPERATIVE (NEGATIVE)
je me suis levé(e)	nous nous sommes levé(e)s	ne te lève pas
tu t'es levé(e)	vous vous êtes levé(e)(s)	ne nous levons pas
il s'est levé	ils se sont levés	ne vous levez pas
elle s'est levée	elles se sont levées	

---

se reposer/to rest   *pr. part.* **se reposant**   *past part.* **reposé**

Singular   Plural

PRESENT INDICATIVE

		IMPERATIVE (AFFIRMATIVE)
je me repose	nous nous reposons	repose-toi
tu te reposes	vous vous reposez	reposons-nous
il/elle se repose	ils/elles se reposent	reposez-vous

PASSÉ COMPOSÉ

		IMPERATIVE (NEGATIVE)
je me suis reposé(e)	nous nous sommes reposé(e)s	ne te repose pas
tu t'es reposé(e)	vous vous êtes reposé(e)(s)	ne nous reposons pas
il s'est reposé	ils se sont reposés	ne vous reposez pas
elle s'est reposée	elles se sont reposées	

---

se souvenir/to remember   *pr. part.* **se souvenant**   *past part.* **souvenu**

Singular   Plural

PRESENT INDICATIVE

		IMPERATIVE (AFFIRMATIVE)
je me souviens	nous nous souvenons	souviens-toi
tu te souviens	vous vous souvenez	souvenons-nous
il/elle se souvient	ils/elles se souviennent	souvenez-vous

PASSÉ COMPOSÉ

		IMPERATIVE (NEGATIVE)
je me suis souvenu(e)	nous nous sommes souvenu(e)s	ne te souviens pas
tu t'es souvenu(e)	vous vous êtes souvenu(e)(s)	ne nous souvenons pas
il s'est souvenu	ils se sont souvenus	ne vous souvenez pas
elle s'est souvenue	elles se sont souvenues	

French-English

A

à *prep.* at, to; **à bientôt** see you soon; **à ce moment-là** at that moment; **à couvert** covered; **à tout à l'heure** see you in a little while; *see also* idioms with **à**, Part III, Unit 1

a *v. form of* **avoir**; **il, elle a**/he, she, it has; **a eu** *v. form*, passé composé of **avoir**

abîmer *v.* to spoil, to damage

accepté *past part. of* **accepter** (to accept)

achat *n. m.* purchase; **achète** *v. form of* **acheter** (to buy); **acheté** *past part.*

addition *n. f.* bill, check (tab)

adieu *n. m.* farewell, good-bye

Afrique *n. f.* Africa

agent de police *n. m.* policeman

agréable *adj.* pleasant

ai *v. form of* **avoir; j'ai**/I have; **je n'ai pas**/I don't have

aidé *past part. of* **aider** (to help)

ail *n. m.* garlic

aile *n. f.* wing

aime *v. form of* **aimer** (to love, to like); **aimé** *past part.;* **aimer bien** to like; **aimer mieux** to prefer, to like better

ainsi que *conj.* as well as, (just) as

ajoute, ajoutez *v. forms of* **ajouter** (to add)

aliment *n. m.* **alimentation** *n. f.* food, nourishment

allé *past part. of* **aller** (to go); **allez, allons** *v. forms of* **aller; allez-y!** go there! go to it! **allez!** go! **n'allez pas!** don't go! **allons!** let's go!

allemand *n. m.* German (language); **Allemagne** *n. f.* Germany

allô *interj.* hello (used when answering a telephone)

allumer *v.* to turn on, switch on (an apparatus), to light

alors *adv.* so, then, well

américain *n. m.* American (language); **l'Amérique** *n. f.* America

ami *n. m.* **amie** *n. f.* friend; **amitié** *n. f.* friendship

amour *n. m.* love; **amoureux, amoureuse** *adj. m. f.* in love; **amoureuse de** in love with; **nous sommes amoureux** we are in love

amusant, amusante *adj.* amusing, enjoyable; **amuser** *v.* to amuse; **s'amuser** *refl. v.* to have a good time, amuse oneself, enjoy oneself; **nous allons beaucoup nous amuser** we are going to have a very good time; **amusez-vous bien!** have a good time! **ils se sont bien amusés** they had a very good time

an *n. m.* **année** *n. f.* year

ananas *n. m.* pineapple

ancien *adj, m. s.* **ancienne** *adj. f. s.* ancient, old, former

anglais *n. m.* English (language)

Angleterre *n. f. England*

animaux *n. m. pl.* animals

anniversaire *n. m.* birthday, anniversary

annoncé *past part. of* **annoncer** (to announce)

août *n. m.* August

appareil *n. m.* apparatus (telephone)

appelé *past part. of* **appeler** (to call); *s'appeler* to be called, be named; **Comment vous appelez-vous?** *What is your name?* **Je**

m'appelle Janine/My name is Janine

apporte *v. form of* **apporter** (to bring); **apporté** *past part.;* **apporte!**/bring!

apprendre *v.* to learn; **appris** *past part.;* **Je n'ai rien appris de nouveau**/I didn't learn anything new

s'approcher (de) *refl. v.* to approach, come (go) near

après *prep.* after; **après-midi** *n. m.* afternoon; **l'après-midi** in the afternoon

arbre *n. m.* tree

arc-en-ciel *n. m.* rainbow

argent *n. m.* money

armoire *n. f.* closet

arracher *v.* to pull (away)

arrêt *n. m.* stop; **arrêt d'autobus** bus stop; **arrêté** *past part. of* **arrêter** (to arrest), **s'arrêter** (to stop)

arrivent *v. form of* **arriver** (to arrive); **arrivé** *past part.*

as *v. form of* **avoir** (to have); **tu as**/you have; **as-tu?**/do you have?

s'assembler *refl. v.* to gather together

s'assied *v. form of* **s'asseoir** (to sit down); **assis** *past part.;* **assis(e)** *adj.* seated, sitting; **assieds-toi!**/sit down! **asseyez-vous!**/ sit down!

assiette *n. f.* plate, dish

assister à *v.* to attend, be present at

assourdissant(e) *adj. m. (f.) s.* deafening (very loud)

attendre *v.* to wait (for), expect

attention *n. f.* **à** watch out for

attraper *v.* to catch

au (combining of **à** + **le**) at the, to the, in the, with; *see also* idioms with **au,** Part III, Unit 1; **au caissier**/at the cashier's; **au courant**/in the know; **au four**/in the oven; **au guichet**/at the ticket window; **au lit**/in bed; **au mois de**/in the month of; **au régime**/on a diet; **au revoir**/good-bye, until we meet again

aujourd'hui adv. today

aussi adv. also, too, as

auteur n. m. author, writer

autobus n. m. city bus; **autocar** n. m. interurban bus

automne n. m. autumn, fall

autour adv. around

autre(s) adj., pron. other(s), another; **l'autre** the other one; **un (une) autre** another one

aux (combining of **à** + **les**) to the, in the, at the, with; **aux États-Unis** to (in) the United States

avancer v. to advance

avant prep. before; **avant de sortir** before going out

avec prep. with; **avec eux** with them

avez v. form of **avoir** (to have); **vous avez** you have, you do have

avion n. m. airplane

avis n. m. opinion; **avisé** adj. shrewd, smart

avocat n. m. lawyer

avoir v. to have; see also idioms with **avoir**, Part III, Unit 3

avoué n. m. attorney, lawyer

B

bague n. f. ring

se baigner v. refl. to bathe oneself

bal n. m. dance

balai n. m. broom

balançoire n. f. swing, see-saw

balle n. f. ball, bullet

ballon n. m. ball, balloon, football

banc n. m. bench (seat)

bar n. m. **rapide** snack-bar

barrière n. f. fence

bas n. m. stocking; adj. low;

adv. low, down; **les plus bas** the lowest

basse adj. f. low

bat v. form of **battre** (to beat)

bâti past part. of **bâtir** (to build); **bâtiment** n. m. building

bâton n. m. wand, stick, baton

beau adj. m. s. beautiful, handsome; **beaux** pl.

beaucoup (de) adv. much, a lot, many

beauté n. f. beauty

bébé n. m. baby

belge adj. Belgian; **Belgique** n. f. Belgium; **Il est Belge, Elle est Belge**/He (She) is Belgian

belle adj. f. s. beautiful

bercer v. to rock, lull

besoin n. m. need; see also idioms with **avoir** in Part III, Unit 3

bête adj. foolish, dumb; **bêtise** n. f. foolish thing, dumb thing

beurre n. m. butter

bibliothèque n. f. library

bien adv. well; **bien sûr** of course; **bientôt** adv. soon

bière n. f. beer

billet n. m. ticket

blanc adj. m. s. **blanche** adj. f. s. white

blé n. m. wheat

blesser v. to hurt, injure

bleu n. m., adj. m. sing. **bleus** adj. m. pl. blue

boire v. to drink

bois n. m. woods

boisson n. f. drink, beverage

boit v. form of **boire**

boîte n. f. tin can, box

bon adj. m. s., **bons** pl.; **bonne** adj. f. s., **bonnes** pl. good

bon voyage! have a good trip! **bon retour!** have a good return trip!

bonbon n. m. candy

bonheur n. m. happiness

bonhomme n. m. **de neige** snowman

bonjour n. m. hello, good day, good morning, good afternoon

bonne adj. f. s. good; **bonne chance!** good luck! **de bonne heure** early; **bonnes nouvelles!** good news!

bonsoir n. m. good night, good evening

bouche n. f. mouth

boucher n. m. butcher; **boucherie** n. f. butcher shop

bouillir v. to boil

boulanger n. m. baker; **boulangerie** n. f. bakery

bouteille n. f. bottle

boutique n. f. boutique, small shop

bras n. m. arm

brave adj. m. good, fine, honest (when **brave** follows a noun, it means brave: **c'est un homme brave** he's a brave man; **c'est une femme brave** she's a brave woman)

briller v. to shine

brosse n. f. brush

bruit n. m. noise

brûler v. to burn; **brûlé** burned

bu past part. of **boire**

buffet n. m. china closet, hutch, sideboard

bureau n. m. desk, office

but n. m. goal

C

ça dem. pron. that (**ça** is short for cela); **Ça ne fait rien!** That doesn't matter! **Ça va!** (I'm) fine!

caché adj. m. s. hidden

cadeau n. m. present, gift

café n. m. coffee, café (coffee house)

cahier n. m. notebook

caisse n. f. cash box (register); **caissier** n. m. **caissière** n. f. cashier

camarade *n. m. f.* comrade, buddy, pal, mate

camembert *n. m.* camembert (name of a cheese)

camion *n. m.* truck; **camionneur** *n. m.* truck driver

campagne *n. f.* countryside

Canada *n. m.* Canada; **Il est Canadien**/He is Canadian; **Elle est Canadienne**/She is Canadian

canne *n. f.* cane

carte *n. f.* map, menu

cas *n. m.* case

casser *v.* to break; **sans la casser** without breaking it

cave *n. f.* cellar

ce *dem. adj. m. s.* this, that; **ce n'est pas** . . . it isn't . . . , **ce que** *pron.* that which, what; **ce qui** *pron.* that which; **ce soir** tonight; **ce sont** . . . they are . . . *or* it's . . .

ceci *dem. pron.* this; **cela** *dem. pron.* that; **Cela n'a pas d'importance** That has no importance; That's not important.

céleri *n. m.* celery; **blanc de céleri** celery stalk

cent *adj.* one hundred

cerise *n. f.* cherry

ces *dem. adj. m. f. pl.* these, those

cesse *n. f.* ceasing, stopping

c'est . . . he's . . . she's . . . it's . . . **c'est aujourd'hui le premier décembre** today is December 1st; **c'est ça!** that's right! **c'est bien ça!** that's quite right! **c'est fait!** it's done! **c'est fini!** it's finished

cet *dem. adj. m. s.* **cette** *f. s.* this

chacun *pron.* each one; **chacune** *fem.*

chaise *n. f.* chair

chambre *n. f.* room; **chambre à coucher** bedroom

champ *n. m.* field

champignon *n. m.* mushroom

chance *n. f.* luck, chance, fortune

changement *n. m.* change

chanté *past part.* of **chanter** (to sing); **chanteur** *n. m.*, **chanteuse** *n. f.* singer

chapeau *n. m.* hat

chapelle *n. f.* chapel

chaque *adj.* each

charmante *adj. f.* charming

chasser *v.* to chase away, hunt

chat *n. m.*, **chatte** *n. f.* cat

château *n. m.* castle

chaud, chaude *adj. m. f.* hot; *see also* idioms with **avoir** in Part III, Unit 3

chaussettes *n. f.* socks; **chaussure** *n. f.* shoe

cheminée *n. f.* chimney

chemise *n. f.* shirt

cher, chère *adj. m. s., f. s.* dear; **cher** *adj., adv.* expensive; **chéri, chérie** *n. m. f.* darling, honey

cherché *past part.* of **chercher** to look (for), search (for), get

cheval *n. m.* horse

cheveux *n. m. pl.* hair

chez *prep.* at (to) the home (place) of; **chez moi** at my house; **chez le dentiste** to (at) the dentist's; **chez le coiffeur** to (at) the hairdresser's, barber's; **chez le médecin** to (at) the doctor's; **chez vous** to (at) your house (place)

chien *n. m.* dog

choisi *past part.* of **choisir** (to choose, select)

choisit, choisissez *v. forms* of **choisir; il choisit** he chooses; **choisissez!** choose!

chose *n. f.* thing

chuchoter *v.* to whisper

ciel *n. m.* sky

cigale *n. f.* cicada

cinéma *n. m.* movies

cinq *adj.* five; **cinquième**

fifth; **cinquante** fifty

clair *adj. m. s.* clear

clef *n. f.* key

client *n. m.* customer

cloche *n. f.* bell

coeur *n. m.* heart

coiffeur *n. m.* hairdresser, barber; **coiffure** *n. f.* hair style; **se coiffer** *v. refl.* to comb one's hair, style one's hair

coin *n. m.* corner

combien *adv.* how many, how much

comme *adv.* like, as; **comme il faut** as it should be, proper and correct

commencé *past part.* of **commencer** (to begin, commence)

comment *adv.* how; *see also* idioms with **comment** in Part III, Unit 2

commode *n. f.* dresser

comprendre *v.* to understand; **compris** *past part.* understood

confiture *n. f.* jam, preserves

congé *see* jour de congé

connaissez-vous . . . ? *v. form of* **connaître** (to know someone, be acquainted with); do you know . . . ? **Est-ce que Pierre connaît Robert?** Does Pierre know Robert? (pres. indicative: **je connais, tu connais, il (elle) connaît, nous connaissons, vous connaissez, ils (elles) connaissent**)

conte *n. m.* story, tale

contraire *n. m., adj.* contrary, opposite

contre *prep.* against

contrôleur *n. m.* ticket taker, train conductor

cordiaux *adj. m. pl.* cordial

corps *n. m.* body

corriger *v.* to correct

côté *n. m.* side; **à côté de** next to

cou *n. m.* neck

couché *adj.* lying down; **se coucher** *v.* to go to bed

couleur n. f. color; **de quelle couleur est . . . ?** what color is . . . ?

couloir n. m. hallway, corridor

se couper v. refl. to cut oneself

courent, court v. forms of **courir** (to run)

cours n. m. course; **cours de français** French course

court, courte adj. m. s., f. s. short

couteau n. m. knife

coûter v. to cost

couvert past part. of **couvrir** (to cover)

craie n. f. chalk

cravate n. f. necktie

crayon n. m. pencil

crémeux adj. m. creamy

crie, crient v. forms of **crier** (to shout, to cry out)

crois v. form of **croire** (to believe); **je n'y crois pas.** I don't believe in it.

croix n. f. cross

cru past part. of **croire**

cuiller, cuillère n. f. spoon; **cuillère à soupe** soup spoon

cuire v. to cook; **cuit** past part.

cuisine n. f. kitchen, cooking (food); **cuisine rapide.** n. f. fast food

cuisson n. f. cooking (time)

D

d' prep. (contraction of **de**); see idioms with **d'** in Part III, Unit 4

d'abord advl. expr. at first, first

d'accord agreed, okay

d'ailleurs adv. besides

dame n. f. lady

dangereux adj. m., **dangereuse** adj. f. dangerous

dans prep. in

dansé past part. of **danser** (to dance); **danseur** n. m., **danseuse** n. f. dancer

davantage adj. more

de prep. of, from, with; **de bonne heure** adv. early; see also idioms with **de** in Part III, Unit 4

de quelle couleur est . . . what color is . . .

de rien you're welcome

debout adv. standing

décembre n. m. December

déchirer v. to tear

décision n. f. decision

décréter v. to decree, to enact, to give an executive order

dedans adv. inside

défendre v. to defend, forbid; **défendu,** past part.

dégoûtant adj. m. s. disgusting, revolting

dehors adv. outside

déjà adv. already

déjeuner v. to have lunch, to eat lunch, to lunch; n. m. lunch; **le petit déjeuner** breakfast

délicieux adj. m. s. pl., **délicieuse** adj. f. s. delicious

demain adv. tomorrow

demander v. to ask (for); **demandé** past part.

demeurer v. to live, reside, inhabit, stay, remain

demi m., **demie** f., adj. half

d'en face opposite

dent n. f. tooth

se dépêcher refl. v. to hurry

depuis adv., prep. since

déranger v. to disturb

dernier m., **dernière** f., adj. last; **la dernière mise** the last bid

derrière adv., prep. behind

descendre v. to go down, come down; **descendu** past part.

désir n. m. desire; **désirer** v. to desire

désobéir v. to disobey

dessert n. m. dessert

dessus adv. on top, above

détail n. m. detail

détective n. m. detective

détester v. to detest, to hate

deux n. m., adj. two; **tous les deux** both

deuxième n. m. f., adj. second

devant prep. before, in front of

devenir v. to become; **devenu** past part.

deviens, devient v. forms of **devenir; je deviens folle! je deviens fou!** I'm going crazy!

devinette n. f. riddle

devoir v. to owe, ought to, must, have to

devoirs n. m. pl. homework, assignments, duties

dictionnaire n. m. dictionary

Dieu n. m. God

difficile adj. m. f. difficult

diligent adj. m. diligent, industrious

dîné past part. of **dîner**

dîner v. to dine, to have dinner; n. m. dinner

dire v. to say, to tell; **dire des histoires** to tell stories, make up stories, fibs

directeur n. m., **directrice** n. f. director, principal

dis, disent v. forms of **dire; je dis** I say; **tu dis** you say; **ils, elles disent** they say; **dis-moi** tell me

disposer v. to dispose, arrange, prepare

disque n. m. phonorecord, disc, recording

distinctement adv. distinctly

dit v. form of **dire; il/elle dit** he/she says, tells; also past part. of **dire**

dites-moi tell me; **dites-nous** tell us

divers adj. diverse, different

dix n. m., adj. ten

docteur n. m. doctor

dodo n. m. sleep; **fais dodo** go to sleep (child's language)

doigt n. m. finger

dois, doit, doivent v. forms of **devoir**; **je dois** I have to; **il/elle doit** he/she has to; **ils/elles doivent** they have to

domestique adj. domestic; **domestiqué** adj. domesticated

donne v. form of **donner**; **donne!** give! **donne-moi/donnez-moi** give me; **donné** past part. of **donner**

donner v. to give

dormir v. to sleep; **dors** v. form of **dormir**

dos n. m. back

dossier n. m. brief, file of papers

douane n. f. customs (duty or tax on imported goods)

douce adj. f. sweet, soft

doucement adv. softly, sweetly, gently (low flame)

douche n. f. shower

doute n. m. doubt; **sans doute** undoubtedly, without a doubt

doux adj. m. sweet, soft

drapeau n. m. flag

droite n. f. right (as opposed to left); **à droite, à la droite** to (on) the right

drôle adj. m. f. funny, droll

dû past part. of **devoir**

du (contraction of **de** + **le**); see idioms with **du** in Part III, Unit 4

E

eau n. f. water

échapper v. to escape, to get away; **le chapeau échappé** the hat that got away

éclair n. m. eclair

éclairant pres. part. of **éclairer** illuminating

éclairer v. to illuminate, to light up

école n. f. school

écouter v. to listen (to)

écraser v. to crush

écrire v. to write

écrit, écrivent, écrivez v. forms of **écrire**

écrivain n. m. writer, author

effacer v. to erase

église n. f. church

eh bien! exclam. well now!

élève n. m. f. pupil, student

elle per. pron. f. she, her, it; **elles** per. pron. f. pl. they, them; **avec elles**/with them

embarras n. m. embarrassment, hindrance, fuss, distress

émission n. f. TV program, show

emplette n. f. purchase; see also idioms with **faire** in Part III, Unit 6

employer v. to use, to employ

emporter v. to take along, to take (carry) away

en prep. in, into, on, while; see also idioms with **en** in Part III, Unit 2; as pron., some (of it, of them), of them; see Work Unit 13

en arrivant on (upon) arriving; **en courant** running; **en disposant** arranging; **en forme** in good shape; **en tenue d'exercice** in a gym suit; **en ville** downtown, into town

enchère n. f. bid, bidding

encore adv. again; **encore une fois** once more, yet, still

endroit n. m. place

enfant n. m. f. child

enfin adv. finally, at last, in short

engager v. to apply to, to put into gear

enlever v. to remove, to take off

ennuyer v. to annoy, to bore

enseignement n. m. teaching, instruction

enseigner v. to teach

ensemble adv. together

ensuite adv. then, after, next

entendre v. to hear; **entendu** past part.

entracte n. m. intermission

entraîneur n. m. coach, sports instructor

entre prep. between; **entre eux et nous** between them and us

entrer (dans) v. to enter, to go (into), to come in; **entré** past part.; **entrée** n. f. entrance

envoyer v. to send

épais adj. thick

épaule n. f. shoulder

épicerie n. f. grocery store; **épicier** m. **épicière** f., grocer

épingle n. f. pin

épouse n. f. wife; **époux** n. m. husband

équipe n. f. team

érection n. f. construction, erection

erreur n. f. error, mistake

es v. form of **être**; **tu es** you are (familiar use); **es-tu . . . ?** are you . . . ?

espagnol n. m. Spanish

espérer v. to hope

esprit n. m. spirit

essayer v. to try

essence n. f. gasoline

est v. form of **être**; **il/elle est** he/she/it is

est-ce . . . ? is it . . . ?

estomac n. m. stomach

et conj. and

étage n. m. floor (of a building designated by number)

étais v. form of **être** (imperfect indicative); **j'étais** I was

États-Unis n. m. pl. United States; **aux États-Unis** in (to) the United States

été n. m. summer; also past part. of **être** (been); **j'ai été** I was, I have been

éteindre v. to extinguish, to snuff out

êtes v. form of **être**; **vous êtes** you are

être *v.* to be; *see also idioms with* **être,** Part III, Unit 3

étroit *adj. m. s.* narrow

étudiant *n. m.* **étudiante** *n. f.,* student

étudié *past part. of* **étudier**

étudier *v.* to study

eu *past part. of* **avoir;** **j'ai eu** I had, I have had

eux *disj. pron. m. pl.* them

éviter *v.* to avoid

exactement *adv.* exactly

examiner *v.* to examine

exclamer, s'exclamer *v., refl. v.* to exclaim

excuser *v.* to excuse

expliquer *v.* to explain

exposition *n. f.* exhibit

extraordinaire *adj. m. f. s.* extraordinary, unusual

extrêmement *adv.* extremely

F

fable *n. f.* fable

fâché *adj.* angry; **se fâcher** *refl. v.* to get angry

facile *adj.* easy; **facilement** *adv.* easily

façon *n. f.* way; **de façon à** so as to

facteur *n. m.* mailman, postman

faible *adj.* weak

faim *n. f.* hunger; **avoir faim** to be hungry; **j'ai faim** I'm hungry; *see also* other idioms with **avoir** in Part III, Unit 3

faire *v.* to do, to make; **faire bouillir** to boil; **faire connaissance** to meet, to become acquainted with; **faire de la gymnastique** to do gymnastics, to do exercises; **faire la toilette** to wash and dress oneself; **se faire lire les lignes de la main** to have one's palm read, to have the lines of one's hand read; **se faire mal** to hurt oneself; **faire réparer** to have repaired; **faire trop cuire** to overcook; **faire visite** to visit, to pay a visit; *see also idioms with* **faire,** Part III, Unit 6

fais, fait, faites *v. forms of* **faire; fais dodo** go to sleep (child's langauge); **il/elle fait** he/she/it does (makes); **c'est fait** it's done, it's finished; **fait** *past part. of* **faire; elle a fait la leçon** she did (has done) the lesson; **faites le travail!** do the work! **faites bouillir l'eau, s'il vous plaît!** boil the water, please!

famille *n. f.* family

farine *n. f.* flour

fatigué *m.* **fatiguée** *f., adj.* tired

faut *v. form of* **falloir** (to be necessary, must); **il faut** it is necessary, you must, you have to, one must, we must, we have to, *etc., etc.* (This is an impersonal verb and the subject is always **il**); **faut-il?** is it necessary?

faute *n. f.* mistake, error

fauteuil *n. m.* armchair

faux *adj.* false

favori *m.* **favorite** *f., adj.* favorite

femme *n. f.* woman, wife

fenêtre *n. f.* window

ferme *n. f.* farm

fermé *past part. of* **fermer** (to close)

fête *n. f.* holiday, feast, birthday

feu *n. m.* fire, traffic light

feuille *n. f.* leaf; **feuille de papier** sheet of paper

figure *n. f.* face

filer *v.* to go (away) quickly (*used familiarly*); **filez!** go away! beat it!

filet *n. m.* net

fille *n. f.* daughter; **une jeune fille** a girl

film *n. m.* film, movie

fils *n. m.* son

fin *n. f.* end

fini *m.,* **finie** *f. adj.* finished; **fini** *past part. of* **finir** (to finish)

finis, finissent, finissons, finit *v. forms of* **finir; finissons!** let's finish!

fixement *adv.* intently, fixedly

fleur *n. f.* flower; **fleuriste** *n. m. f.* florist

fleuve *n. m.* river

foire *n. f.* fair (as at a county or state fair)

fois *n. f.* time; **une fois** one time, once; **deux fois** two times, twice, etc.; **mille fois** a thousand times; **la prochaine fois** the next time

folle *adj. f. s.* crazy; **fou** *adj. m. s.*

font *v. form of* **faire**

football *n. m.* soccer (in the U.S.A.)

forme *n. f.* form, shape

formidable *adj.* terrific

fort *m.* **forte** *f., adj.* strong; **votre qualité la plus forte** your strongest quality; **le (la) plus fort (forte)** the strongest

fou *adj. m. s.* crazy

four *n. m.* oven

fourchette *n. f.* fork

fourmi *n. f.* ant

foyer *n. m.* hearth, home

frais *m. s. pl.,* **fraîche** *f. s. adj.* fresh; **il fait frais** it's cool

fraise *n. f.* strawberry

franc *n. m.* franc (5 francs equal about $1)

français *n. m.* French (language); **Il est français**/He is French; **Elle est française**/She is French; **Je parle français**/I speak French

France *n. f.* France

fréquence *n. f.* frequency

frère *n. m.* brother

froid *n. m., adj.,* **froide** *f., adj.* cold; *see idioms with* **faire** *in Part III, Unit 6*

fromage *n. m.* cheese

fumé *past part. of* **fumer** (to smoke); **la fumée** the smoke

furieux *m. s. pl.,* **furieuse** *adj. f. s.* furious

G

gagner *v.* to win

galant *m.,* **galante** *f., adj.* gallant

gant *n. m.* glove

garagiste *n. m.* auto mechanic

garçon *n. m.* boy; **garçon (de restaurant);** (Nowadays, a customer addresses a waiter as *Monsieur*, not *garçon*; address a waitress as *Mademoiselle* or *Madame*)

garder *v.* to guard, keep

gardien *n. m.* guard; **un gardien (une gardienne) d'enfants** babysitter; **un gardien (une gardienne) de but** goalie

gare *n. f.* station (bus, train, etc.)

gâteau *n. m.* cake

gauche *n. f.* left (as opposed to *right*); **à gauche** on (to) the left

généralement *adv.* generally

généreux *adj., m. s. pl.* generous

génie *n. m.* genius

genou *n. m.* knee

gentil *adj., m. s.,* **gentille** *adj., f. s.* nice, kind

géographie *n. f.* geography

gilet *n. m.* vest

girafe *n. f.* giraffe

glace *n. f.* ice, ice cream, mirror; **glacé** *adj., m. s.,* **glacée** *adj., f. s.* glazed, frosted

gousse *n. f.* clove; **une gousse d'ail** clove of garlic

goût *n. m.* taste, flavor; **goûter** *v.* to taste; **goûtez-en!** taste some!

gouverner *v.* to govern

grain *n. m.* grain

gramme *n. m.* gram; 1 gram = about .035 ounce; 500 grams = about 1.1 lbs.; *see also* Part II, Unit 9

grand *adj., m. s.,* **grande** *adj., f. s.* great, big, large, tall; **grand faim (J'ai grand faim** I'm very hungry); **grand magasin** *n. m.* department store; **grand prix** *n. m.* grand prize

Grande Bretagne *n. f.* Great Britain

grande salle *n. f.* auditorium

grange *n. f.* barn

grave *adj., m. f.* grave, serious; **gravement** *adv.* seriously, gravely

grillé *adj., m. s.,* **grillée** *adj., f. s.* toasted, grilled

gris *adj., m. s. pl.,* **grise** *adj., f. s.* gray

gros *adj., m. s. pl.,* **grosse** *adj., f. s.* big, huge, large, fat

groupe *n. m.* group

guérir *v.* to cure

gueule *n. f.* mouth (of an animal)

guichet *n.m.* ticket window

gymnase *n. m.* gymnasium, gym; **gymnastique** *n. f.* gymnastics

H

habillement *n. m.* clothing; **s'habiller** *refl. v.* to get dressed, to dress

habit *n. m.* clothing, attire (habit, *i.e.,* robe and hood of a monk)

habitant *n. m.* inhabitant

habite *v. form of* **habiter** (to live, to reside, to inhabit)

halte! *interj.* halt! stop!

haut *adv.* high, tall; **à haute voix** in a loud voice; **un chapeau haut de forme** top hat

herbe *n. f.* grass

heure *n. f.* hour; **heureux, heureuse** *adj., m. f.* happy

hideux *adj. m. s. pl.* hideous

hier *adv.* yesterday

histoire *n. f.* story, history

hiver *n. m.* winter; **en hiver** in winter

homme *n. m.* man

honneur *n. m.* honor

honte *n. f.* shame, disgrace

hôpital *n. m.* hospital

horizontalement *adv.* horizontally

horloge *n. f.* clock

horreur *n. f.* horror

hôtel *n. m.* hotel

huile *n. f.* oil

huit *adj.* eight

humain, humaine *adj.* human

humble *adj.* humble

hutte *n. f.* hut

I

ici *adv.* here; **ici Monique** this is Monique here

idée *n. f.* idea

identifier *v.* to identify

il *pron.* he *or* it; **il faut** it is necessary; **il y a** there is *or* there are; **il y en a beaucoup** there are many of them; **il n'y a pas (de) . . .** there isn't *or* aren't (any) . . . **il y a un an** a year ago

ils *pron. m.* they

image *n. f.* picture

immédiatement *adv.* immediately

immeuble *n. m.* building

incertain, incertaine *adj.* uncertain

incroyable *adj.* unbelievable

informatique *n. f.* computer science

inquiet, inquiète *adj.* upset

s'inquiéter *refl. v.* to worry, to be upset; **ne t'inquiète pas!** don't worry!

insister *v.* to insist

insolent, insolente *adj., m. f.* insolent

intelligent, intelligente *adj., m. f.* intelligent; **l'élève le (la) plus intelligent (intelligente) de la classe** the most intelligent student in the class

intéressant, intéressante *adj., m. f.* interesting

interroger *v.* to interrogate, to question

inventif, inventive *adj., m. f.* inventive

invitation *n. f.* invitation

inviter *v.* to invite

irlandais, irlandaise *adj., m. f.* Irish

italien, italienne *adj., m. f.* Italian

J

j' (je) *per. pron.* I; **j'ai** I have; **j'ai grand faim** I'm very hungry; **j'ai seize ans** I'm sixteen years old

jamais *adv.* never, ever

jambe *n. f.* leg

jambon *n. m.* ham

jaquette *n. f.* jacket

jardin *n. m.* garden

jaune *n. m.* yellow

je *per. pron.* I; **je n'ai rien à faire** I have nothing to do; **je ne fais rien ce soir** I'm not doing anything tonight

jeter *v.* to throw

jeune *adj. m. f. s.* young; **jeune fille** *n. f.* girl

jeunesse *n. f.* youth

joli *adj. m. s.*, **jolie** *adj. f. s.* pretty

jouer *v.* to play; **joué** *past part.*

jouet *n. m.* toy

joueur *n. m.*, **joueuse** *n. f.* player

jour *n. m.* day; **jour de**

congé day off (no school, no work); **Jour de la Bastille** Bastille Day (le 14 juillet)

journal *n. m.* newspaper

journée *n. f.* day; **toute la journée** all day long

joyeux, joyeuse *adj.* joyous, happy

juge *n. m.* judge

juillet *n. m.* July

jupe *n. f.* skirt

jus *n. m.* juice

jusque *prep.* until; **jusqu'à, jusqu'aux** until, up to; **jusqu'au printemps** until spring

juste *adj.* accurate, correct, exact

K

kangourou *n. m.* kangaroo

kilogramme *n. m.* kilogram; **1 kilogramme** = about 2.2 lbs.

kilomètre *n. m.* kilometer; **1 kilomètre** = about 0.621 mile

L

l' (le, la) *def. art. m., f.* the; *also, dir. obj. pron.* **Je la vois** (I see her *or* I see it.)

là *adv.* there; **là-bas** *adv.* over there

laideur *n. f.* ugliness

laisser *v.* to let, allow, leave (something behind); **laisse-moi!** let me!

lait *n. m.* milk

lamelle *n. f.* thin slice

lampe *n. f.* lamp

lancer *v.* to throw

langue *n. f.* language, tongue

lapin *n. m.* rabbit

large *n. m.* width, breadth; *adj.* wide

laver *v.* to wash; **se laver** *refl. v.* to wash oneself

le *def. art. m. s.* the; *also, dir. obj. pron.* **Je le vois** (I see him *or* I see it.)

leçon *n. f.* lesson

légume *n. m.* vegetable

lendemain *adv.* following day, next day

lentement *adv.* slowly

les *def. art. m. or f. pl.* the; *also, dir. obj. pron.* **Je les vois** (I see them.)

lettre *n. f.* letter

leur *indir. obj. pron.* (to) them; *also, poss. adj.* their; **Je leur parle** (I'm talking to them.); **J'aime leur voiture** (I like their car); **J'aime leurs amis** (I like their friends.)

lever *v.* to raise, lift; **se lever** *refl. v.* to get up; **elle lève la main** (she raises her hand); **levez-vous!** get up! **lève-toi!** get up!

libéré *adj. m.* **libérée** *adj. f.,* liberated

liberté *n. f.* liberty

librairie *n. f.* bookstore

lieu *n. m.* place; *see also* idioms with **avoir** in Part III, Unit 3 and with **au** in Part III, Unit 1

ligne *n. f.* line

lire *v.* to read

lis, lit *v. forms of* **lire**

lit *n. m.* bed; **au lit** in bed

livre *n. m.* book; *n. f.,* pound

loi *n. f.* law

loin *adv.* far

long *adj. m. s.,* **longue** *adj. f. s.* long

Louisiane *n. f.* Louisiana

lu *past part. of* **lire**; **Je n'ai pas lu le livre.** (I haven't read the book/I didn't read the book.)

lui *indir. obj. pron.* (to) him, (to) her; *also, disj. pron.* him; **avec lui** with him; **avec elle** with her

lumière *n. f.* light

lunaire *adj.* lunar

lune *n. f.* moon

lunettes *n. f. pl.* eye glasses

lustre *n. m.* chandelier

M

m' (me) *refl. pron., dir. and indir. obj. pron.* myself, me, to me

ma *poss. adj. f. sing.* my (**ma maison)**

madame *n. f.* (*pl.* **mesdames**) Mrs., madam

mademoiselle *n. f.* (*pl.* **mesdemoiselles**) Miss

magasin *n. m.* store; **grand magasin** department store

magazine *n. m.* magazine

magicien *n. m.*, **magicienne** *n. f.* magician

magnifique *adj.* magnificent, wonderful

maillot *n. m.* **de bain** swim suit

main *n. f.* hand

maintenant *adv.* now

mais *conj.* but; **mais non!** of course not! why, no! **mais oui!** of course!

maison *n. f.* house

maître *n. m.*, **maîtresse** *n. f.* teacher

mal *n. m.* pain, harm; *adv.* badly, poorly; **se faire mal** to hurt oneself; *see also* idioms with **avoir** in Part III, Unit 3

malade *adj.* sick, ill

malheur *n. m.* unhappiness, misfortune

malheureux *adj. m.*, **malheureuse** *adj. f.* unhappy

malle *n. f.* trunk (luggage)

maman *n. f.* mama, mom

manche *n. f.* sleeve; **La Manche** English Channel

manger *v.* to eat; **mangeant** *pres. part.* **en mangeant** while eating

manquer *v.* to miss, be missing (lacking)

manteau *n. m.* coat

marchand *n. m.*, **marchande** *n. f.* merchant

marchandise *n. f.* merchandise, goods

marché *n. m.* market; **le**

marché aux puces flea market

marcher *v.* to walk; to work, run (an apparatus or machine)

mari *n. m.* husband; **le mariage** marriage

match *n. m.* game, match (sport)

mathématiques *n. f. pl.* mathematics

matin *n. m.* morning; **le matin** in the morning

matinée *n. f.* morning (all morning long); early afternoon theater performance

mauvais *adj. m.*, **mauvaise** *adj. f.* bad

me *refl. pron., dir. and indir. obj. pron.* myself, me, to me

méchant *adj. m.*, **méchante** *adj. f.* mean, nasty

mécontent *adj. m.* **mécontente** *adj. f.* unhappy, discontent, malcontent

médecin *n. m.* doctor

médicament *n. m.* medicine

Méditerranée *n. f.* Mediterranean (Sea)

se méfier *refl. v.* to beware; **méfiez-vous de . . .** beware of . . .

meilleur, meilleure *adj.* better; **le meilleur, la meilleure** the best

mélange *n. m.* mixture

même *adj.* same, self; **moi-même** myself; **la même chose** the same thing; **tout de même** all the same, just the same; **pas même** not even

ménagère *n. f.* housewife

mensonge *n. m.* lie, untruth, falsehood

merci *n. m.* thanks, thank you

mère *n. f.* mother

merveilleux, merveilleuse *adj., m. f.* marvelous, wonderful

mes *poss. adj. pl.* my (**mes livres**)

mesdames *n. f. pl.* ladies

mesdemoiselles *n. f. pl.* young ladies, Misses

messieurs *n. m. pl.* gentlemen

mesure *n. f.* measure

met *v. form of* **mettre; elle met** she puts

métal *n. m.* metal

métier *n. m.* trade, occupation

métro, (métropolitain) *n. m.* subway

mettez *v. form of* **mettre** *v.* to put (on), place, wear; **mettre en marche** to put into operation, to start (a machine, apparatus)

meuble(s) *n. m.* furniture

midi *n. m.* noon; **le Midi** southern France

mieux *adv.* better; **j'aime mieux** I prefer, I like better

mignon, mignonne *adj., m. f.* darling, cute

milieu *n. m.* middle; **au milieu de** in the middle of

mille *adj.* thousand

minéral, minérale *adj., m. f.* mineral

minuit *n. m.* midnight

mis *past part. of* **mettre** (to put on); **ils ont mis . . .** they put on . . .

misérable *adj., m. or f.* miserable

mode *n. m.* method, mode, kind

modeste *adj.* modest

moi *stressed per. pron.* me (**avec moi**)

moine *n. m.* monk

moins *adv.* less; **le moins, la moins . . .** the least; **au moins** at least; *see also* idioms with **au** in Part III, Unit 1

mois *n. m.* month; **au mois de** in the month of

mon *poss. adj. m. sing.* my (**mon livre**)

monde *n. m.* world; **tout le**

monde everybody

monsieur *n. m.* sir, gentleman, Mr., mister

monstrueux, monstrueuse *adj., m. f.* monstrous

montant *n. m.* amount, sum

monté *past part. of* **monter** (to get in, go up, come up)

montre *n. f.* watch (wrist)

montrer *v.* to show

se moquer de *v. refl.* to make fun of

morceau *n. m.* piece, morsel

mort *past part. of* **mourir** (to die)

mot *n. m.* word; **un petit mot** a note

moteur *n. m.* motor

mouche *n. f.* fly (insect)

mouchoir *n. m.* handkerchief

mourir *v.* to die

mouton *n. m.* mutton

mouvement *n. m.* action, movement

muet, muette *adj.* mute

mur *n. m.* wall

musée *n. m.* museum

musique *n. f.* music

N

nager *v.* to swim

naissance *n. f.* birth; **l'anniversaire** *(n. m.)* **de naissance** birthday

naître *v.* to be born

nappe *n. f.* tablecloth

naturellement *adv.* naturally

né *past part. of* **naître**

ne mangez rien don't eat anything

ne pas + *inf.* not to; **de ne pas révéler** not to reveal

nécessaire *adj.* necessary

neige *n. f.* snow; **neiger** *v.* to snow

n'est-ce pas? isn't that so? isn't it? *see Work Unit 20*

nettoyer *v.* to clean

neuf *adj.* nine; **neuf, neuve** *adj., m. f.* new

neveu *n. m.* nephew

nez *n. m.* nose

Noël *n. m.* Christmas

noir, noire *adj.* black

nom *n. m.* name

nombre *n. m.* number; **nombreux, nombreuse** *adj., m. f.* numerous

non *adv.* no; **non plus** neither; **moi non plus** me neither

notre *poss. adj.* our; *pl.,* **nos (nos livres)**

nourriture *n. f.* nourishment, food

nous *per. pron.* we, us

nouveau, nouveaux *adj.* new; **Je n'ai rien appris de nouveau**/I didn't learn anything new; **un nouveau livre** (a new book)

nouvel, nouvelle *adj.* new; **un nouvel étudiant, une nouvelle étudiante**/ a new student

Nouvelle-Orléans *n. f.* New Orleans

nouvelles *n. f. pl.* news; **bonnes nouvelles!** good news!

nuage *n. m.* cloud; **nuageux, nuageuse** *adj.* cloudy

nuire *v.* to harm, hurt

O

obéir *v.* to obey

objet *n. m.* object, article

obscur, obscure *adj.* dark, obscure

observer *v.* to observe

occasion *n. f.* occasion

oeil *n. m.* eye; **yeux** *pl.*

oeuf *n. m.* egg; **oeuf à la coque** soft-boiled egg

oeuvre *n. f.* work; **une oeuvre d'art** a work of art

offre *v. form of* **offrir** (to offer); *past part.* **offert**

oignon *n. m.* onion

oiseau *n. m.* bird; **oiseaux** *pl.*

on *indef. per. pron.* one, people, you, someone, they; **On vous demande au téléphone**/You're wanted on the phone.

ont *v. form of* **avoir** (to have); **ils (elles) ont** they have, they do have

opéra *n. m.* opera

orage *n. m.* storm

ordures *n. f. pl.* garbage

oreille *n. f.* ear

ou *conj.* or; **où** *adv.* where

oublié *past part. of* **oublier** (to forget)

oui *adv.* yes

ouvert, ouverte *adj., m. f.* open; *also past part. of* **ouvrir** (to open)

ouvre *v. form of* **ouvrir; elle ouvre** she opens

P

page *n. f.* page

pain *n. m.* bread; **pain grillé** toast

paisible *adj.* peaceful

paix *n. f.* peace

palme *n. f.* palm branch

palmier *n. m.* palm tree

pamplemousse *n. m.* grapefruit

panier *n. m.* basket

papa *n. m.* papa, daddy, dad

papier *n. m.* paper; **une feuille de papier** a sheet of paper

par *prep.* by, through; **par terre** on the floor, on the ground; *see also idioms with* **par**, Part III, Unit 5

paraître *v.* to appear, seem

parapluie *n. m.* umbrella

parc *n. m.* park

parce que *conj.* because

par-dessous *adv.* underneath, below

par-dessus *adv.* over, above; **pardessus** *n. m.* coat, overcoat

parfait, parfaite *adj., m. f.* perfect

parle *v. form of* **parler** (to talk, to speak); **Qui parle?**

Who is talking? **parlé** *past part.*

part *n. f.* part, behalf; **de la part de lui**/on his behalf (from him)

part *v. form of* **partir** (to leave, to go away); **tout le monde part** everybody is leaving; **parti** *past part.* of **partir**

participe *n. m.* participle

partie *n. f.* part

partir *v.* to leave, to go away; **partons-nous?** are we leaving?

partout *adv.* everywhere

paru *past part. of* **paraître**

pas *adv.* not, none, no; **pas loin** not far; **pas du tout** not at all; **pas même** not even; *see also* **ne pas**; **Je n'ai pas de bananes**/I haven't any bananas, I don't have any bananas, I have no bananas

passage *n. m.* passage, passage way; **passage clouté** *n. m.* crosswalk

passé *n. m.* past; *also past part. of* **passer**

passe-moi le pain, passez-moi le beurre/pass me the bread, pass me the butter

passer *v.* to spend (time), to pass by, to go by

pâte *n. f.* dough, paste, "pasta" (macaroni, spaghetti, etc.)

patiemment *adv.* patiently

pâtisserie *n. f.* pastry, pastry shop

pâtissier, pâtissière *n. m. f.* pastry cook

patrie *n. f.* country (nation)

paupière *n. f.* eyelid

pauvre *adj.* poor

payer *v.* to pay, to pay for; **payé** paid for

pays *n. m.* country (nation)

paysage *n. m.* countryside

peau *n. f.* skin

pêche *n. f.* peach

se peigner *v. refl.* to comb one's hair

peindre *v.* to paint; **peint** *past part.*

pendant *prep.* during; **pendant que** *conj.* while

perdre *v.* to lose; **perdu** *past part.*

père *n. m.* father; **Père Noël** *n. m.* Santa Claus

permettre *v.* to permit, to allow; **permis** *past part.*

personne *n. f.* person

petit, petite, petits, petites *adj.* small, little; **le plus petit, la plus petite, les plus petits, les plus petites** the smallest, the littlest; **le petit déjeuner** breakfast; **le petit four** little cake (usually square in shape with icing); **petits pois** *n. m. pl.* peas

peu *adv.* little, few, not much

peuple *n. m.* people (of a nation)

peur *n. f.* fear

peut *v. form of* **pouvoir**

peut-être *adv.* maybe, perhaps

peux *v. form of* **pouvoir**

pharmacie *n. f.* pharmacy, drug store

pharmacien, pharmacienne *n.* pharmacist, druggist

photo *n. f.* photo

phrase *n. f.* sentence, phrase

pièce *n. f.* room, piece

pied *n. m.* foot; *see also idioms with* **à**, Part III, Unit 1

pinceau *n. m.* artist's brush

piquer *v.* to poke, puncture

piste *n. f.* track

pistolet *n. m.* pistol

place *n. f.* place, seat, plaza

plafond *n. m.* ceiling

plage *n. f.* beach

plainte *n. f.* lamentation

plaire *v.* to please

plaisir *n. m.* pleasure

plaît *v. form of* **plaire**; **s'il vous plaît** please (if it is pleasing to you)

plat *n. m.* plate, dish

pleurer *v.* to cry, to weep

pleut *v. form of* **pleuvoir** (to rain); **il pleut** it's raining, it rains

pluie *n. f.* rain

plume *n. f.* feather

plus *adv.* more; **le plus, la plus, les plus** the most; **plus petit, plus petite** smaller; **plus tard** later; **ne . . . plus**/no . . . longer, no . . . more

plusieurs *adv.* several

poche *n. f.* pocket

poème *n. m.* poem

poète, poétesse (femme poète) *n.* poet

poids *n. m.* weight

poire *n. f.* pear

pois *n. m.* pea; **les petits pois** peas

poisson *n. m.* fish

poivre *n. m.* pepper

pôle nord *n. m.* North Pole

pomme *n. f.* apple; **une pomme de terre** potato

pommes frites *n. f. pl.* French fries

pommier *n. m.* apple tree

porc *n. m.* pork

port *n. m.* port

porte *n. f.* door

porte *v. form of* **porter** (to wear, to carry)

poser *v.* to pose, to place; **poser une question** to ask a question

poubelle *n. f.* rubbish can

poulet *n. m.* chicken; **une poule** a hen

pour *prep.* for, in order (to)

pourquoi *adv.* why; **pourquoi pas?** why not?

pouvez, pouvons *v. forms of* **pouvoir** (can, to be able, may); **pu** *past part.*; **vous pouvez**/you can; **vous pouvez être**/you can be; **pouvez-vous?** can you?

précéder *v.* to precede

préféré *past part. of* **préférer** (to prefer)

premier, première *adj., m. f.* first

prendre *v.* to take, to have (a

meal); **Que prenez-vous pour le petit déjeuner?** What do you have for breakfast?

préparatoire *adj.* preparatory, preliminary

préparé *past part. of* **préparer** (to prepare); **se préparer** to prepare oneself

près (de) *adv.* near

présent *n. m.* present

presque *adv.* almost

prêt, prête *adj.* ready, prepared

prêté *past part. of* **prêter** (to lend)

prêtre, prêtresse *n.* priest, priestess

prier *v.* to beg, to request, to ask

printemps *n. m.* spring (season)

pris *past part. of* **prendre**

prise *n. f.* **de courant** electric outlet (wall)

prix *n. m.* price, prize; **le grand prix** the first prize

probablement *adv.* probably

prochain, prochaine *adj.* next; **la prochaine fois**/the next time

produits laitiers *n. m. pl.* dairy products

professeur, professeur-dame *n.* professor, teacher

profession *n. f.* profession

profiter *v.* to profit, to take advantage (of); **il faut profiter du moment**/you (one) must take advantage of the moment

programme *n. m.* program

projet *n. m.* project

se promener *v. refl.* to go for (to take) a walk, to stroll

promettre *v.* to promise; **promis** *past part.*

prononcer *v.* to pronounce

propriété *n. f.* property

proverbe *n. m.* proverb

pu *past part. of* **pouvoir**

public *n. m.* public; **public, publique** *adj.* public

puce *n. f.* flea; **le marché aux puces** flea market

puis *adv.* then

punit *v. form of* **punir** (to punish); **il punit**/he punishes

pupitre *n. m.* desk (pupil's)

Q

qualité *n. f.* quality; **la qualité la plus forte**/the strongest quality

quand *adv. when*

quatorze *adj.* fourteen

que *conj.* than, that; *interrog. pron.* what

quel *adj. m. s.* what, which; **quel sport?**/what (which) sport? **quel âge ont les enfants?**/how old are the children? what (a) . . . ! what (an) . . . ! **quel déjeuner!**/what a lunch! **quel embarras!**/what an embarrassment!

quelle *adj. f. s.* what, which; **quelle maison?**/what (which) house? what (a) . . . ! what (an) . . . ! **quelle classe!**/what a class! **quelle idée!**/what an idea! **Quelle heure est-il?**/What time is it? **Quelle est la date aujourd'hui?**/What's the date today? **De quelle couleur est . . . ?** What color is . . . ?

quelles *adj. f. pl.* what, which; **quelles maisons?**/what (which) houses? **quelles idées!**/what ideas!

quelque *adj.* some; **quelques** some, a few; **quelque chose**/ something

quelquefois *adv.* sometimes

quels *adj. m. pl.* what, which; **quels livres?**/what (which) books?

qu'est-ce que c'est? what is it?

qu'est-ce que je suis? *or*

que suis-je? what am I?

question *n. f.* question

qui *pron.* who, whom, which, that; *in proverbs* he who/she who **Qui suis-je?**/Who am I? **Avec qui sortez-vous?**/With whom are you going out? **Le livre qui est sur la table est à moi**/The book which (that) is on the table is mine.

quinze *adj.* fifteen; **j'ai quinze ans**/I am fifteen years old.

quitte, quittent *v. forms of* **quitter** (to leave); **quitté** *past part.;* **Elle a quitté la maison à huit heures**/ She left the house at 8 o'clock.

quoi *pron.* what; **Quoi?!**/ What?! **Quoi de neuf?** What's new?

R

R.S.V.P. Répondez, s'il vous plaît/Reply, please.

raconter *v.* to tell, to relate

ragoût *n. m.* stew

raisin *n. m.* grape

raison *n. f.* reason; **avoir raison**/to be right; **Vous avez raison**/You are right; **Tu as raison**/You (*fam. sing.*) are right.

raisonnable *adj.* reasonable

rang *n. m.* rank, row

rapide *adj.* rapid; **rapidement** *adv.* rapidly, fast, quickly

se rappeler *v.* to remember, to recall

rare *adj.* rare; **rarement** *adv.* rarely

rayonner *v.* to radiate symmetrically

recette *n. f.* recipe

recevoir *v.* receive; **reçu** *past part.*

refuser *v.* to refuse

regarder *v.* to look, to look at, to watch;

Regarde!/Look!
Regardez!/Look! **se
regarder** (l'un à l'autre) *v.*
to look at each other
régime *n. m.* diet
règle *n. f.* rule, ruler
regretter *v.* to regret, to be
sorry
religieuse *n. f.* nun (sister);
adj. religious
religieux *n. m.* monk, friar;
adj. religious
rembourser *v.* to reimburse
remercier *v.* to thank; **Je
vous remercie**/I thank you.
remplir *v.* to fill, fulfill
remuer *v.* to stir
rendez-vous *n. m.* appointment
rendre *v.* return (something),
give back; **Rendez-moi
mes disques**/Give me
back my (phono) records.
rendre visite à quelqu'un to
visit someone
rentrer *v.* to go in again, to
return (home)
réparer *v.* to repair
repas *n. m.* meal
répéter *v.* to repeat
répondre *v.* to answer, to
reply, to respond;
répondu, *past part.*
réponse *n. f.* answer,
response, reply
repos *n. m.* rest, repose
(sleep); **au repos** at rest
se reposer *v. refl.* to rest
reprendre *v.* to take back,
get back, to resume
représentation *n. f.*
presentation, show,
performance
requin *n. m.* shark
se ressembler *v. refl.* to
resemble each other, to
look alike
restaurant *n. m.* restaurant
reste *n. m.* rest, remainder
rester *v.* to remain, to stay;
resté *past part.*;
restons-nous?/are we
staying?
retard *n. m.* delay; **être en
retard**/to be late
retentir *v.* to resound, to ring

retourner *v.* to return, to go
back
réussir *v.* to succeed
réveille-matin *n. m.* alarm
clock
révéler *v.* to reveal
revenir *v.* to return, to come
back; **revenu,** *past part.*
rêver *v.* to dream
**reviens, revient,
reviennent** *v. forms of*
revenir
revoir *v.* to see again; **au
revoir** good-bye
ri *past part. of* **rire**
riche *adj.* rich
ridicule *adj.* ridiculous
rien *indef. pron.* nothing;
ne . . . rien nothing; **Je
n'étudie rien**/I study
nothing (I don't study
anything); **de rien** you're
welcome
rient, rira *v. forms of* **rire;
Tous les élèves rient**/All
the students laugh.
rire *v.* to laugh
risquer *v.* to risk
rit *v. form of* **rire; Il rit tout le
temps**/He laughs all the
time.
robe *n. f.* dress
rompre *v.* to break
rond, ronde *adj.* round;
ronde *n. f.* round,
roundelay
roue *n. f.* wheel
rouge *adj.* red
rougit *v. form of* **rougir** (to
blush); **Pierre rougit**/Peter
blushes.
route *n. f.* road
ruban *n. m.* ribbon
rue *n. f.* street
rumeur *n. f.* stir, stirring,
muffled din, hum

S

s' *contraction of* **se,** *refl.
pron.*
sa *poss. adj., f. sing.* his, her,
its, one's; **sa voiture**/his
(her, *etc.*) car

sagesse *n. f.* wisdom,
discretion
sais *v. form of* **savoir; je
sais**/I know, **tu sais**/you
know, **vous savez**/you
know; **je ne sais pas**/I
don't know.
saisir *v.* to seize, to grasp
saison *n. f.* season
sait *v. form of* **savoir; elle
(il, on), sait**/she (he, one)
knows
sale *adj.* soiled, dirty; **le plus
sale**/the dirtiest
salle *n. f.* (large) room; **une
salle des ventes**/ auction
sales room; **une salle à
manger**/dining room; **une
salle de bains**/bathroom;
**une salle de
classe**/classroom; **une
grande salle**/auditorium
salon *n. m.* living room
samedi *n. m.* Saturday
sans *prep.* without; **sans
doute**/ without doubt,
undoubtedly; **sans la
casser**/without breaking it
santé *n. f.* health
satisfaire *v.* to satisfy
saucisse *n. f.* sausage;
saucisson *n. m.* bologna
sauter *v.* to jump, to leap
sauvage *adj.* wild, savage
savent, savez, savons *v.
forms of* **savoir**
savoir *v.* to know (how), to
find out; **savez-vous
lire?**/ do you know how to
read?
scrupuleux, scrupuleuse
adj. scrupulous
se *refl. pron.* himself, herself,
oneself, themselves;
(reflexive verbs are not
alphabetized in this
vocabulary under the refl.
pron. **se**; they are
alphabetized under the
first letter of the verb, e.g.
se dépêcher is listed
under the **D**'s)
sec *adj. m. s.* dry; **sèche** *f.*
Seine *n. f.* Seine River (flows
through Paris)

séjour *n. m.* stay, visit

sel *n. m.* salt

semaine *n. f.* week

sénateur *n. m.* senator

sent *v. form of* **sentir** (to smell); **Il sent bon!** It smells good!

sentiment *n. m.* feeling

serpent *n. m.* snake

service *n. m.* service

servir *v.* to serve; **se servir (de)** to serve oneself, to use

ses *poss. adj. pl.* his, her, its, one's; (**ses livres, ses parents**)

seul *adj. m. s.* alone, single

seulement *adv.* only

si *adv.* so; **si** *conj.* if

s'il te plaît please (*fam. use*); **s'il vous plaît** (*polite use*)

silence *n. m.* silence

snob *n. m.* snob

soeur *n. f.* sister

soif *n. f.* thirst

soigneusement *adv.* carefully

soir *n. m.* evening; **ce soir** tonight; **le soir** in the evening

soirée *n. f.* evening party

sois *v. form of* **être; Sois sage!** Be good!

soixante *adj.* sixty

sol *n. m.* ground, soil

soldat *n. m.* soldier

soleil *n. m.* sun

sommeil *n.m.* slumber, sleep; *see also idioms with* **avoir,** Part III, Unit 3

sommes *v. form of* **être; nous sommes** we are

son *n. m.* sound

son *poss. adj. m. s.* his, her, its, one's; (**son livre**)

sonne *v. form of* **sonner** (to ring); **la cloche sonne** the bell rings

sont *v. form of* **être; ils, elles sont** they are

sors, sort *v. forms of* **sortir** (to go out, to leave); **Je sors** I go out/I do go out/I am going out; **Je ne sors jamais** I never go out.

sortez *v. form (Imperative) of* **sortir; Ne sortez pas!** Don't go out!

sorti *past part. of* **sortir**

sortie *n. f.* exit

sortir *v.* to go out, to leave

souffrante *adj. f. s.* sick

souffrir *v.* to suffer

soulier *n. m.* shoe

soupe *n. f.* soup

sourire *n. m.* smile; *as a v.* to smile

souris *n. f.* mouse

sourit *v. form of* **sourire**

sous *prep.* under

souvent *adv.* often

soyez, soyons *v. forms of* **être** (*Imperative*); **Soyez à l'heure!** Be on time! **Soyez prudent!** Be prudent! **Soyons sérieux!** Let's be serious!

spécial, spéciale *adj.* special

spectacle *n. m.* show (entertainment, *e.g.,* movie, theater)

spectateur, spectatrice *n.* spectator (person in an audience)

splendide *adj.* splendid

sport *n. m.* sport

stade *n. m.* stadium

stupéfié(e) *adj.* stupefied, dumbfounded

stylo *n. m.* pen

su *past part. of* **savoir**

suffit *v. form of* **suffire** (to suffice, to be enough)

suis *v. form of* **être; je suis**/I am; **je ne suis pas**/I am not

suisse *adj.* Swiss; **la Suisse** Switzerland

suit *v. form of* **suivre** (to follow); **Il suit la route**/He is following the route.

supermarché *n. m.* supermarket

superstitieux, superstitieuse *adj.* superstitious

sur *prep.* on, upon

sûr, sûre *adj.* sure, certain

sûrement *adv.* surely

surtout *adv.* especially, above all

T

t' *contraction of* **te,** *refl. pron.;* (**Est-ce que tu t'appelles Janine?** Is your name Janine?)

ta *poss. adj., f. sing.* your (*fam. use*); **ta maison** your house

tableau *n. m.* chalk board, picture, painting

tablier *n. m.* apron

tambour *n. m.* drum

tante *n. f.* aunt

tapis *n. m.* carpet, rug

tard *adv.* late; **plus tard** later

tarte *n. f.* tart

tasse *n. f.* cup; **une tasse de café** a cup of coffee; **une tasse à café** a coffee cup

te *refl. pron., dir. and indir. obj. pron. (fam.)* yourself, you, to you

tel, telle *adj.* such

télégramme *n. m.* telegram

téléphone *n. m.* telephone; **au téléphone** to the telephone, on the telephone

téléviseur *n. m.* television set (apparatus)

télé *n. f.* TV; **la télévision** television; **à la télévision** on television

temps *n. m.* tense, time (duration), weather; **Quel temps fait-il?** What's the weather like? **Il a beaucoup de temps**/He has a lot of time.

tendrement *adv.* tenderly

tenir *v.* to hold

tenu *past part. of* **tenir**

tenue *n. f.* suit, attire; **en tenue d'exercice** in a gym suit

terminé *past part. of* **terminer** (to terminate, to end, to finish)

terrasse *n. f.* terrace; **une terrasse de café** a sidewalk café

tes *poss. adj. pl (fam.)* your; (**tes livres**/your books)

tête *n. f.* head
théâtre *n. m.* theater
tiennent *v. form of* **tenir**
tiens! here! look!
tiens *v. form of* **tenir**
tiers one third (1/3)
tigre *n. m.* tiger
tinte *v. form of* **tinter** (to ring, to toll)
tiroir *n. m.* drawer
toi *pron. (fam.)* you; **avec toi** with you; **toi que voilà . . .** you there . . .
toilette *n. f.* washing and dressing; **faire sa toilette** to groom oneself (wash and dress)
toit *n. m.* roof
tolérer *v.* to tolerate
tomate *n. f.* tomato
tombé *past part. of* **tomber** (to fall)
tombeau *n. m.* tombe, grave
ton *poss. adj. m. sing.* your *(fam. use);* (**ton stylo**/your pen)
tort *n. m.* wrong; **vous avez tort** you are wrong; *see also idioms with* **avoir,** Part III, Unit 3
tortue *n. f.* turtle
tôt *adv.* early
toujours *adv.* always, still
tour *n. m.* turn, tour; **un tour de force** trick
tourner *v.* to turn, to turn sour
tournevis *n. m.* screw driver
tous *adj. m. pl.* all; *see also idioms with* **tous,** Part III, Unit 5; **tous les deux** both; **toutes les deux** *(fem.)* both; **tous les élèves** all the pupils; **tous les élèves rient** all the pupils laugh; **tous les enfants** all the children; **tous les matins** every morning; **tous les soirs** every evening
tout *adj., pron., adv.* all, everything, every; *see also idioms with* **tout,** Part III, Unit 5; **tout de même** just the same, all the same; **tout de suite** immediately; **tout d'un coup** all of a sudden; **Tout est bien qui finit**

bien! All's well that ends well! **tout le monde** everybody; **tout l'été** all summer
toute, toutes *adj., f.* all; **toute la classe** the whole class; **toutes les jeunes filles** all the girls; **toute la bôite de chocolats** the whole box of chocolates; **toute la cocotte!** the whole pot! **toute la journée** the whole day, all day long; **toute la matinée** all morning long, the whole morning
tranquille *adj.* calm, quiet, tranquil
tranquillement *adv.* calmly, peacefully, quietly
transporter *v.* to transport
travail *n. m.* work
travaillé *past part. of* **travailler** (to work)
traverser *v.* to cross, to go through, to traverse; **à travers** through, across
très *adv.* very (*Note: never use* **très** *with* **beaucoup**)
tricolore *n. m. adj.* tricolor (French flag, consisting of 3 vertical bands of blue, white, red)
triompher *v.* to triumph
triste *adj. m. f.* sad, unhappy
trois *adj.* three; **troisième** *adj.* third
trop *adv.* too, too much, too many; **trop facile**/too easy; **il travaille trop**/he works too much; **il a trop d'argent**/he has too much money; **il fait trop de fautes**/he makes too many mistakes; (*Note: never say* **trop beaucoup**)
trottoir *n. m.* sidewalk
trouve *v. form of* **trouver** (to find); **il trouve**/he finds; **se trouver** to be located; **la bibliothèque se trouve près du parc**/the library is located near the park
tu *per. pron. fam.* you

U

un, une *adj.* one; *also, indef. art.* a, an; **j'ai un père**/I

have a (one) father; **j'ai une mère**/I have a (one) mother; **j'ai un livre**/I have a (one) book; **j'ai une pomme**/ I have an (one) apple
usine *n. f.* factory
usuel, usuelle *adj.* usual
utile *adj.* useful

V

va *v. form of* **aller; il, elle va**/he, she, it goes, does go, is going; **va te coucher!** go to bed! (*fam. use*)
vache *n. f.* cow
vais *v. form of* **aller; je vais**/I'm going, I do go, I go; **je vais me faire lire les lignes de la main**/I'm going to have my palm read
valeur *n. f.* value
valise *n. f.* suitcase, valise
valoir *v.* to be worth
vanille *n. f.* vanilla; **j'aime la glace à la vanille**/I like vanilla ice cream
vas *v. form of* **aller; tu vas**/you go, you do go, you are going (*fam. use*); **comment vas-tu?**/how are you? (*fam. use*)
vas-y! go to it!/go there!
vaut *v. form of* **valoir; il vaut mieux**/it is better
veau *n. m.* veal
vélo *n. m.* bike
venant *v. form of* **venir**
vend, vends, vendez, vendu *v. forms of* **vendre**
vendeur, vendeuse *n. m. f.* salesman, saleslady
vendre *v.* to sell
vendu *past part. of* **vendre**
venez *v. form of* **venir** (to come); **venir de** *see idioms with* **de,** Part III, Unit 4
vent *n. m.* wind; *see also idioms with* **faire,** Part III, Unit 6
vente *n. f.* sale; **une vente aux enchères** auction

venu *past part. of* **venir**

vérité *n. f.* truth

vermisseau *n. m.* small worm

verra *v. form of* **voir; il, elle verra**/he, she will see

verre *n. m.* glass (drinking); **je bois un verre de lait**/I'm drinking a glass of milk

vers *prep.* toward

vert *n. m., adj.* green; **aimez-vous le vert?**/do you like green? **j'aime les petites automobiles vertes**/I like small green cars.

vêtements *n. m. pl.* clothing

veut, veux *v. forms of* **vouloir** (to want); **je veux, tu veux, il** *ou* **elle** *ou* **on veut**/I want, you (*fam.*) want, he *or* she *or* it wants

viande *n. f.* meat

vie *n. f.* life

vieille *adj. f. s.* old; **une vieille dame**/an old lady; **vieux** *adj. m. s. pl.* old

viens, vient *v. forms of* **venir** (to come)

vigueur *n. f.* force

ville *n. f.* town, city; *see also idioms with* **en,** Part III, Unit 2

vin *n. m.* vine

vingt *adj.* twenty; **vingtième** twentieth

violence *n. f.* violence

vis *n. f.* screw

visage *n. m.* face

visite *n. f.* visit; **rendre visite à quelqu'un** to visit someone

visiter *v.* to visit

vite *adv.* quickly, fast

vitesse *n. f.* speed; **à toute vitesse** at full speed, quickly

vitre *n. f.* window (glass) pane

vive, vivent *v. forms of* **vivre**

(to live); **Vive le quatorze juillet!**/Hurrah for the 14th of July! **Vive la France!**/Long live France! **Vive l'Amérique!**/Long live America!

vivra *v. form of* **vivre; il** *ou* **elle vivra**/he *or* she will live

vivre *v.* to live

vocabulaire *n. m.* vocabulary

voici here is, here are; **voici les livres!**/here are the books! **voici Robert!**/ Here's Robert!

voient *v. form of* **voir** (to see); **ils** *ou* **elles voient**/they see

voilà there is, there are; **voilà les livres!**/there are the books! **voilà Robert!**/There's Robert!

voir *v.* to see

voisin, voisine *n. m., f.* neighbor

voisinage *n. m.* neighborhood

voit *v. form of* **voir; il** *ou* **elle voit**/he *or* she sees, does see, is seeing

voiture *n. f.* car, automobile

voix *n. f.* voice; **à voix basse**/in a low voice, softly; **à haute voix**/in a loud voice

vol *n. m.* flight

voler *v.* to fly, to steal

vont *v. form of* **aller; ils** *ou* **elles vont**/they go, do go, are going

vos *poss. adj. pl.* your; **Voici vos livres!**/Here are your books!

votre *poss. adj. s.* your; **Voici votre livre!**/Here's your book!

voudrais *v. form (Conditional) of* **vouloir** (to want); **je voudrais une tasse de café**/I would like a cup of

coffee

voulez *v. form of* **vouloir; Voulez-vous aller au cinéma avec moi?**/Do you want to go to the movies with me?

vouloir *v.* to want; **vouloir dire** to mean, to signify; **Que veut dire ce mot?**/What does this word mean?

voulu *past part. of* **vouloir**

vous *per. pron.* you; **vous deux**/you two

voyage *n. m.* trip; **faire un voyage** to take a trip

voyageons *v. form of* **voyager; nous voyageons**/we are travelling

voyager *v.* to travel

voyez-vous? do you see?

vrai *adj. m.,* **vraie** *f.* true, real

vraiment *adv.* really, truly

vu *past part. of* **voir** (to see); **Avez-vous vu Janine?**/ Have you see Janine?

Y

y *advl. pron., adv. of place* there ; **il y a** there is, there are; **il y a vingt élèves dans cette classe**/there are 20 pupils in this class; **y a-t-il vingt étudiants dans cette classe?**/are there 20 students in this class? **il y a quelqu'un à la porte**/there is someone at the door.

yeux *n. m. pl.* eyes; **l'oeil** *n. m. s.* the eye

Z

zèbre *n. m.* zebra

zodiaque *n. m.* zodiac

zut *interj.* darn it!

English-French

A

a **un, une; un homme**/a man; **une femme**/a woman

above **au-dessus, en haut**

absolutely **absolument**

to accept **accepter**

accident **un accident**

acrostic **un acrostiche**

actor, actress **un acteur, une actrice**

to add **ajouter**

address **une adresse**

to adore **adorer**

to advance **avancer**

to affirm **affirmer**

after **après;** afternoon/**un après-midi;** in the afternoon/**l'après-midi**

again **encore, de nouveau**

age **un âge**

agreed **d'accord**

airplane **un avion**

airport **un aéroport;** air terminal/**une aérogare**

alarm clock **un réveille-matin**

all **tout, toute, toutes, tous;** all of a sudden/**tout d'un coup;** All's well that ends well/**Tout est bien qui finit bien;** all summer/**tout l'été;** all day long/**toute la journée;** all morning long/**toute la matinée;** all the girls/**toutes les jeunes filles;** all the boys/**tous les garçons**

to allow **permettre** (past part., **permis**)

almost **presque**

already **déjà**

also **aussi**

always **toujours**

American (language) **l'américain** n. m.; He is American, She is American/**Il est américain, Elle est américaine**

to amuse **amuser;** to amuse oneself/**s'amuser**

amusing **amusant, amusante**

an **un, une; un tablier**/an apron; **une pomme**/an apple

ancient **ancien, ancienne**

and **et**

angry **fâché, fâchée;** to get angry/**se fâcher**

animal **un animal;** animals/**animaux**

to announce **annoncer**

to annoy **ennuyer**

another **un autre, une autre**

answer **une réponse;** to answer/**répondre** (past part., **répondu**)

ant **une fourmi**

apparatus **un appareil**

appetite **un appétit**

apple **une pomme**

apple tree **un pommier**

appointment **un rendez-vous**

to appreciate **apprécier**

to approach **s'approcher (de)**

arm **un bras**

armchair **un fauteuil**

around **autour;** he is traveling around the world/**il voyage autour du monde;** it is around two o'clock/**il est vers deux heures**

to arrange **arranger, disposer**

arrested **arrêté**

to arrive **arriver**

art **l'art,** m.

artist **l'artiste,** m. f.

as **comme**

as well as (just as) **ainsi que**

to ask (for) **demander**

to ask a question **poser une question**

aspirin **une aspirine**

to assert **affirmer**

assignments **les devoirs,** m.

astronomer **un astronome**

at **à** (see also idioms with **à,** Part III, Unit 1)

at first **d'abord**

at last **enfin**

at that moment **à ce moment-là**

to attend **assister à**

auditorium **une grande salle**

August **août,** m.

aunt **une tante**

author **un auteur, une femme auteur**

auto mechanic **un garagiste, une garagiste**

autograph **un autographe**

automobile **une automobile, une voiture**

autumn **l'automne,** m.

to avoid **éviter**

B

baby **un bébé**

babysitter **une gardienne d'enfants, un gardien d'enfants**

bad **mauvais, mauvaise**

badly **mal**

baker **un boulanger, une boulangère**

bakery **une boulangerie**

ball **une balle, un ballon**

balloon **un ballon**

banana **une banane**

barber **un coiffeur, une coiffeuse**

basket **un panier**

Bastille Day **Le Jour de la Bastille**

to bathe **baigner;** to bathe oneself **se baigner**

bathroom **une salle de bains**

baton **un bâton**

to be **être** (see also idioms with **être,** Part III, Unit 3)

to be able **pouvoir** (past part., **pu**)

to be born **naître** (past part., **né**)

to be late **être en retard**

to be located **se trouver**

to be present at **assister à, être présent(e) à**

to be right **avoir raison**

to be sorry **regretter**

to beat **battre** (past part., **battu**)

beautiful **beau, beaux, bel,**

belle, belles (un beau cadeau, de beaux cadeaux, un bel arbre, une belle femme, de belles femmes)

beauty la beauté

because parce que

to become devenir

bedroom une chambre à coucher

before avant; before going out/avant de sortir

to beg prier

to begin commencer (à + inf.); je commence à travailler/I'm beginning to work.

behind derrière (in back of)

Belgian belge; He is Belgian, She is Belgian/Il est belge, Elle est belge

Belgium la Belgique

to believe croire (past part., cru)

below par-dessous, au-dessous

bench (seat) un banc

besides d'ailleurs

better as an adj., meilleur, meilleure; as an adv., mieux; the best le meilleur, la meilleure, les meilleurs, les meilleures; cette pomme est meilleure/this apple is better; cette pomme est la meilleure/this apple is the best; Paul travaille mieux que Robert/Paul works better than Robert.

between entre; entre eux et nous/between them and us

beverage un boisson

to beware se méfier de; méfiez-vous des obstacles dangereux/ beware of dangerous obstacles

bid, bidding une enchère

bike un vélo; une bicyclette/a bicycle

bill une addition

bird un oiseau

birth une naissance;

birthday/un anniversaire de naissance

black noir, noire, noirs, noires

blue bleu, bleue, bleus, bleues

body un corps

to boil bouillir, faire bouillir

book un livre

bookstore une librairie

both tous les deux, toutes les deux

bottle une bouteille

boutique une boutique

box une boîte

boy un garçon

to break briser, casser, rompre

breakfast le petit déjeuner

to bring apporter

broom un balai

brother un frère

to brush brosser, se brosser; je brosse le manteau/I'm brushing the coat; je me brosse les dents/I brush my teeth

brush une brosse

to build bâtir

building un bâtiment, un immeuble

to burn brûler

bus un autobus (city bus); un autocar (interurban, long distance bus)

but mais

butcher un boucher, une bouchère

butcher shop une boucherie

butter le beurre

to buy acheter

by par

C

cake un gâteau, des gâteaux

to call appeler; to be called, to be named s'appeler; j'appelle le médecin/I'm calling the doctor; je m'appelle Janine, je m'appelle Pierre/My name

is Janine, my name is Peter.

can (may) pouvoir; vous pouvez entrer/you can (may) come in

Canada le Canada

Canadian canadien, canadienne; un livre canadien/a Canadian book; Madame Dupont est canadienne/Mrs. Dupont is Canadian.

candy un bonbon

capital une capitale

capricious capricieux, capricieuse

car une voiture, une automobile

carefully soigneusement

carpet un tapis

to carry porter

to carry away emporter

cash box (register) une caisse

cashier un caissier, une caissière

castle un château

cat un chat, une chatte

to catch attraper

ceiling un plafond

to celebrate célébrer

cellar une cave

center un centre

certain certain, certaine, sûr, sûre

chair une chaise

chalk une craie

change un changement

chapel une chapelle

charming charmant, charmante

to chase, to chase away chasser

check (bill) une addition

cheese un fromage

cherry une cerise

chicken un poulet

child un enfant, une enfant

chimney une cheminée

chocolate un chocolat

to choose choisir

Christmas le Noël; Merry Christmas/Joyeux Noël

church une église

city une ville

class une classe;

classroom/**une salle de classe**; a French class/**une classe de français**
to clean **nettoyer**
clear **clair, claire**
clock **une horloge**; alarm clock/**un réveille-matin**
to close **fermer**
closet **une armoire**
clothing **un vêtement, des vêtements**
cloud **un nuage**; cloudy/**nuageux, nuageuse**; a cloudy sky/**un ciel nuageux**
coat (overcoat) **un manteau, un pardessus**
coffee **le café**
cold **froid, froide**; the cold/**le froid**; j'ai froid/I'm cold, I feel cold; **il fait froid ici**/It's cold here.
color **la couleur**; what color is . . ./**de quelle couleur est . . .**
comb **un peigne**; to comb one's hair/**se peigner les cheveux**
to come **venir**; to come back/**revenir**
to come down **descendre**
to come in **entrer (dans)**
computer **l'ordinateur**, n. m.; computer science **l'informatique**, n. f.
to confess **confesser**
contrary **contraire**
to cook **cuire, faire la cuisine**
to correct **corriger**
to cost **coûter**
country **un pays, une nation**
countryside **un paysage**
courageous **courageux, courageuse**
course **un cours**; a French course/**un cours de français**
cousin **un cousin, une cousine**
to cover **couvrir**; past part., **couvert**
cow **une vache**

crazy **fou, fol, folle**
cross **une croix**; to cross/**traverser**
cruel **cruel, cruelle**
to crush **écraser**
to cry **pleurer**; to cry out/**crier**
cup **une tasse**; a coffee cup/**une tasse à café**; a cup of coffee/**une tasse de café**
curious **curieux, curieuse**
customer **un client, une cliente**
to cut **couper**; to cut oneself/**se couper**; **j'ai coupé le pain**/I cut the bread; **je me suis coupé le doigt**/I cut my finger
cute **mignon, mignonne**, adj. m. f.

D

dad, daddy **un papa**
dance **un bal**; to dance/**danser**
dancer **un danseur, une danseuse**
dangerous **dangereux, dangereuse**
dark **obscur, obscure**
darling **chéri, chérie**
darn it! **zut alors!**
daughter **une fille**
day **un jour, une journée**; all day long/**toute la journée**
dear **cher, chère**
December **le décembre**
decision **une décision**
to defend **défendre**
delicious **délicieux, délicieuse**
department store **un grand magasin**
desire **un désir**; to desire/**désirer**
desk **un bureau**; desk (pupil's, student's)/**un pupitre**
dessert **un dessert**
detail **un détail**
detective **un détective**

to detest **détester**
dictionary **un dictionnaire**
to die **mourir**; past part., **mort**
diet **un régime**; on a diet/**au régime**
difficult **difficile**
to dine **dîner**
dining room **une salle à manger**
dinner **le dîner**
dirty **sale**
disk (record) **un disque**
disgusting **dégoûtant, dégoûtante**
dish **un plat, une assiette**
to disobey **désobéir (à)**
to dispose **disposer**
distinctly **distinctement**
to disturb **déranger**
to do **faire**; see also idioms with **faire,** Part III, Unit 6
to do gymnastics **faire de la gymnastique**
doctor **un docteur, un médecin, une femme docteur, une femme médecin**
dog **un chien, une chienne**
door **une porte**
doubt **un doute**; to doubt/**douter, se douter**
dream **un rêve**; to dream/**rêver**
dress **une robe**; to dress/**s'habiller**
drink **une boisson**; to drink/**boire**; past part., **bu**
drug store **une pharmacie**
druggist **un pharmacien, une pharmacienne**
drum **un tambour**
dry **sec, sèche**
dumb **bête**; a dumb (stupid, foolish) thing/**une bêtise**
during **pendant**

E

each **chaque**; each one **chacun, chacune**
ear **une oreille**
early **de bonne heure, tôt**
easily **facilement**

easy **facile**

to eat **manger**

egg **un oeuf;** soft-boiled egg/**un oeuf à la coque**

eight **huit**

to employ **employer**

to end **finir, terminer;** the end/**la fin**

English (language) **l'anglais,** *n. m.* He is English, She is English/**Il est anglais, Elle est anglaise**

English Channel **La Manche**

to enjoy oneself **s'amuser**

enjoyable **amusant, amusante**

to enter (in, into) **entrer (dans)**

entrance **une entrée**

to erase **effacer**

error **une faute, une erreur**

to escape **échapper, s'échapper**

evening **le soir;** in the evening/**le soir;** this evening, tonight/**ce soir;** every evening/**tous les soirs**

evening party **une soirée**

everybody **tout le monde**

everything **tout, toutes les choses**

everywhere **partout**

exactly **exactement**

to examine **examiner**

to exclaim **exclamer, s'exclamer**

to excuse **excuser, s'excuser**

exhibit **une exposition**

to expect **attendre**

to explain **expliquer**

extraordinary **extraordinaire**

extremely **extrêmement**

eye **un oeil;** eyes/**les yeux**

eye glasses **les lunettes,** *f.*

eyelid **la paupière**

F

face **le visage, la figure**

to fall **tomber**

false **faux, fausse**

family **la famille**

far **loin**

farewell **adieu**

farm **la ferme**

fast **vite, rapidement**

father **le père**

favorite **favori, favorite**

fear **la peur;** to have fear, to be afraid/**avoir peur;** *see also other idioms with* **avoir,** Part III, Unit 3

feast **la fête**

feel hungry **avoir faim**

fifteen **quinze**

to fill **remplir**

film **le film**

finally **enfin**

to find **trouver**

finger **le doigt**

to finish **finir, terminer**

fire **le feu**

first **premier, première;** at first/**d'abord**

fish **le poisson**

flag **le drapeau**

flea **la puce;** flea market/**le marché aux puces**

floor **le plancher;** floor (of a building designated by a number)/**un étage;** ground floor/**le rez de chaussée;** the first floor/**le premier étage**

florist **le, la fleuriste**

flour **la farine**

flower **la fleur**

fly (insect) **la mouche**

to fly **voler**

to follow **suivre**

food **la nourriture, l'aliment,** *m.,* **l'alimentation,** *f.;* fast food **la cuisine rapide**

foolish **bête;** a foolish thing/**une bêtise**

foot **le pied;** *see also idioms with* **à,** Part III, Unit 1

football **un ballon; jouer au football**/to play soccer

for **pour**

to forbid **défendre**

to forget **oublier**

fork **la fourchette**

fourteen **quatorze**

franc **un franc** (5 francs equal about $1)

French (language) **le français;** He is French, She is French/**Il est français, Elle est française**

French fries **les pommes frites,** *f.*

fresh **frais, fraîche**

friend **un ami, une amie**

friendship **une amitié**

from **de;** *see also idioms with* **de,** Part III, Unit 4

to fulfill **remplir**

funny **drôle**

furious **furieux, furieuse**

furniture **le meuble**

G

game **le match**

garage **le garage**

garbage **les ordures,** *f.*

garden **le jardin**

garlic **l'ail,** *m.*

gasoline **l'essence,** *f.*

generally **généralement**

generous **généreux, généreuse**

genius **un génie**

gentleman **le monsieur; les messieurs,** *pl.*

geography **la géographie**

German (language) **l'allemand,** *m.*

to get angry **se fâcher**

to get away **échapper, s'échapper**

to get dressed **s'habiller**

girl **la jeune fille**

to give **donner**

to give back **rendre**

glass (drinking) **un verre**

glove **le gant**

to go **aller**

to go away **partir, s'en aller**

to go back **retourner**

to go by **passer**

to go down **descendre**

to go for a walk **se promener**

to go in (into) **entrer dans**

to go out **sortir**

to go through **traverser**

to go to bed **se coucher;** go

to bed!/**va te coucher! allez vous coucher!**

goalie **le gardien de but, la gardienne de but**

God **le Dieu**

good **bon, bonne**

good afternoon, good day, good morning **bonjour**

good-bye **au revoir**

good evening, good night **bonsoir**

good luck **bonne chance**

grape **le raisin** (raisin/**le raisin sec**)

grapefruit **le pamplemousse**

Great Britain **la Grande Bretagne**

green **vert, verte**

grocer **un épicier, une épicière**

grocery store **une épicerie**

group **un groupe**

to guard **garder**

guard **un gardien, une gardienne**

H

hair **les cheveux,** *m.*

hairdresser **le coiffeur, la coiffeuse**

half **demi, demie**

ham **le jambon**

hand **la main**

handkerchief **le mouchoir**

handsome **bel, beau, beaux; un bel homme**/a handsome man

happiness **le bonheur**

happy **heureux, heureuse, joyeux, joyeuse**

to harm **nuire**

harm **le mal**

hat **le chapeau**

to hate **détester**

to have **avoir;** *see also idioms with* **avoir,** Part III, Unit 3

to have a good time **s'amuser;** have a good time!/**amusez-vous bien!**

have a good trip! **bon voyage!**

have a good return trip! **bon retour!**

to have a meal **prendre un repas**

to have dinner **dîner**

to have lunch **déjeuner**

to have to **devoir**

he **il**

head **la tête**

health **la santé**

to hear **entendre**

heart **le coeur**

hello **bonjour; allô** (*used when answering the telephone*)

to help **aider**

her *as a poss. adj.,* **son, sa, ses** (**Alice a son livre**/Alice has her book; **Hélène lit sa leçon**/Helen is reading her lesson; **Marie a ses livres**/Mary has her books); *as a dir. obj. pron.,* **la** (**Voyez-vous Marie? Oui, je la vois**/Do you see Mary? Yes, I see her); *as obj. of a prep.,* **elle** (**avec elle**/with her); *as an indir. obj. pron.,* **lui**/to her (**Je lui donne le livre**/I'm giving [to] her the book)

here **ici**

here is, here are **voici** (**Voici Robert!**/Here's Robert!); (**Voici les livres!**/Here are the books!)

herself **se** (**Monique se lave**/Monique is washing herself)

to hide **cacher**

him *as a direct obj. pron.,* **le** (**Je le vois**/I see him); *as obj. of a prep.,* **lui** (**avec lui**/with him); *as an indir. obj. pron.,* **lui**/to him (**Je lui donne le livre**/I'm giving [to] him the book)

himself **se** (**Robert se lave**/Robert is washing himself)

his **son, sa, ses** (**Robert a son livre**/Robert has his book; **Henri lit sa leçon**/Henry is reading his

lesson; **Raymond a ses livres**/Raymond has his books)

to hold **tenir**

holiday **la fête**

homework **le devoir, les devoirs**

honor **l'honneur,** *m.*

to hope **espérer**

horse **le cheval**

hospital **l'hôpital,** *m.*

hot **chaud, chaude**

hotel **l'hôtel,** *m.*

hour **l'heure,** *f.*

house **la maison**

how **comment;** *see also idioms with* **comment,** Part III, Unit 2

how many, how much **combien (de)**

human **humain, humaine**

hunger **la faim;** to be hungry/**avoir faim;** *see also idioms with* **avoir,** Part III, Unit 3

to hunt **chasser**

to hurry **se dépêcher**

to hurt **blesser, nuire;** to hurt oneself/**se faire mal, se blesser**

husband **le mari, l'époux,** *m.*

ice **la glace**

ice cream **la glace;** vanilla ice cream/**la glace à la vanille;** chocolate ice cream/**la glace au chocolat**

idea **l'idée,** *f.*

if **si**

ill **malade**

to illuminate **éclairer**

immediately **tout de suite, immédiatement**

in **dans**

in front of **devant**

in love **amoureux, amoureuse;** in love with/**amoureux de, amoureuse de**

in order (to) **pour**

industrious **diligent, diligente, industrieux, industrieuse**

inhabit **demeurer, habiter**

to injure **blesser**

inside **dedans**

instruction **l'enseignement,** *m.*

intermission **l'entracte,** *m.*

Irish **irlandais, irlandaise;** Irish style/**à l'irlandaise**

isn't it? isn't that so? **n'est-ce pas?** *see also* Work Unit 20

it *per. pron. f., as subj.,* **elle** (**elle est ici**); *per. pron. m., as subj.,* **il** (**il est ici**); *as obj. of prep., m.,* **lui** (**avec lui**); *f.,* **elle** (**avec elle**); *dir. obj. pron. f.,* **la** (**Voyez-vous la maison? Oui, je la vois**); *dir. obj. pron. m.,* **le** (**Voyez-vous le garage? Oui, je le vois**)

it is necessary **il faut, il est nécessaire (de)**

it's (it is) **C'est . . .** (**C'est samedi**/It's Saturday)

its **son, sa, ses,** *poss. adj.* (**Le petit chat a son jouet, sa nourriture, et ses rubans**/The little cat has its toy, its food, and its ribbons)

Italian (language) **l'italien,** *m.; as an adj.,* **italien, italienne**

J

jacket **la jaquette**

joyous **joyeux, joyeuse**

juice **le jus**

July **juillet,** *m.*

to jump **sauter**

K

kangaroo **le kangourou**

to keep **garder**

key **la clef**

kilogram **le kilogramme** (1 kilogram equals about 2.2 lbs.)

kilometer **le kilomètre** (1 kilometer equals about 0.621 miles)

kind **gentil, gentille**

kitchen **la cuisine**

knee **le genou, les genoux**

knife **le couteau, les couteaux**

to know (how) **savoir; Savez-vous lire?**/Do you know how to read? **Savez-vous la leçon?**/Do you know the lesson?

to know (to be acquainted with) **connaître; Connaissez-vous Monique?**/Do you know Monique? **Connaissez-vous Paris?**/Do you know Paris?

L

lady **la dame, les dames;** young lady/**la demoiselle;** *in direct address,* **mesdames, mesdemoiselles**

lamp **la lampe**

language **la langue**

last **dernier, dernière**

late **tard;** later/**plus tard;** to be late/**être en retard**

to laugh **rire;** *past part.,* **ri**

lawyer **un avocat, une (femme) avocate**

leaf **la feuille**

to leap **sauter**

to learn **apprendre**

to leave **partir, quitter, laisser; elle est partie**/she left; **j'ai quitté mes amis à six heures**/I left my friends at six o'clock; **j'ai laissé mon livre à l'école**/I left my book at school; **sortir** (to go out); **elle est sortie sans argent**/she went out without any money

left (as opposed to right) **gauche; à gauche**/on (to) the left

leg **la jambe**

to lend **prêter**

less **moins; au moins**/at least; *see also idioms with* **au,** Part III, Unit 1

lesson **la leçon**

let's go! **allons!**

letter **la lettre**

liberty **la liberté**

library **la bibliothèque**

life **la vie**

light **la lumière;** to light/**allumer, éclairer**

to like **aimer bien;** to like better/**aimer mieux, préférer**

line **la ligne**

to listen (to) **écouter;** to listen to music/**écouter la musique**

little (small) *adj.* **petit, petite, petits, petites**

little (not much) *adv.* **peu;** a little/**un peu;** a little sugar/**un peu de sucre**

to live **demeurer, vivre**

living room **le salon**

long *adj.* **long, longue, longs, longues**

to look (at) **regarder;** I'm looking at the sky/**je regarde le ciel**

to look (for) **chercher;** I'm looking for the book/**je cherche le livre**

to lose **perdre**

to love **aimer;** love/**l'amour** *n. m.*

low *adj.* **bas, basse, bas, basses**

luck **la chance;** you're lucky/**vous avez de la chance**

lunch, luncheon **le déjeuner;** to lunch, to have lunch/**déjeuner**

M

magazine **le magazine, la revue**

magnificent *adj.* **magnifique**

mailman **le facteur**

to make **faire**; *see idioms with* **faire**, *Part III, Unit 6*

to make fun of **se moquer de**

mama **la maman**

man **un homme**

many **beaucoup (de)**; I have many friends/**J'ai beaucoup d'amis**

map **la carte**

marriage **le mariage**

mathematics **les mathématiques** *n. f.*

may (can) *v.* **pouvoir**; you may come in/**vous pouvez entrer**

maybe *adv.* **peut-être**

me *pron.* **me, moi** (when stressed); he knows me/**il me connaît**; she is talking to me/**elle me parle**; give me the book/**donnez-moi le livre**

meal **le repas**

to mean **vouloir dire**; What do you mean?/**Que voulez-vous dire?**

meat **la viande**

medicine **le médicament**

to meet **rencontrer, faire connaissance, faire la connaissance de**; I met my friend at the movies/**J'ai rencontré mon ami au cinéma**; Today I met a new student/**Aujourd'hui j'ai fait la connaissance d'une nouvelle étudiante**

menu **la carte**

merchant **le marchand, la marchande**

middle **le milieu**; in the middle of/**au milieu de**

midnight **le minuit**

milk **le lait**

mirror **une glace** (hand mirror); **un miroir** (wall mirror)

mistake **une erreur, une faute**

mister **monsieur**

mom **la maman**

money **l'argent** *n. m.*

month **le mois**; in the month

of/**au mois de**

moon **la lune**

more **plus**

morning **le matin**; in the morning/**le matin**; I worked all morning/**J'ai travaillé toute la matinée**; every morning/**tous les matins**

mother **la mère**

motor **le moteur**

mouth **la bouche**

movie (film) **le film**; movies (theater)/**le cinéma**

Mr. **Monsieur, M.**

Mrs. **Madame, Mme.**

much **beaucoup (de)**

museum **le musée**

mushroom **un champignon**

music **la musique**

must *v.* **devoir, falloir**; I must work now/**Je dois travailler maintenant**; One must be honest/**Il faut être honnête**; One must not lie/**Il ne faut pas mentir**

my *poss. adj.* **mon, ma, mes**; my book/**mon livre**; my room/**ma chambre**; my friends/**mes amis**

myself *pron.* **me, moi-même**; I wash myself/**Je me lave**; I did it myself/**Je l'ai fait moi-même**

N

name **le nom**

naturally *adv.* **naturellement**

near *adv.* **près (de)**

necessary *adj.* **nécessaire**; it is necessary/**il est nécessaire**

neck **le cou**

necktie **la cravate**

need **le besoin**; to need/**avoir besoin (de)**; I need a pen/**J'ai besoin d'un stylo**

neighbor **le voisin, la voisine**

neighborhood **le voisinage**

neither **ni . . . ni**; I have neither pen nor pencil/**Je n'ai ni stylo ni crayon**

nephew **le neveu**

net **le filet**

never *adv.* **jamais**

new *adj.* **nouveau, nouvel, nouvelle**; a new book/**un nouveau livre**; a new friend (boy)/**un nouvel ami**; a new friend (girl)/**une nouvelle amie**; a (brand) new suit/**un complet neuf**; a (brand) new dress/**une robe neuve**

New Orleans **la Nouvelle-Orléans**

news **la nouvelle, les nouvelles**; good news!/**bonnes nouvelles!**

newspaper **le journal**

next *adj.* **prochain, prochaine**; next time/**la prochaine fois**

next to **à côté de**

nice *adj.* **gentil, gentille**

nine *adj.* **neuf**

no *adv.* **non**

noise **le bruit**

noon **le midi**

nose **le nez, les nez**

not at all **pas du tout**; not far/**pas loin**

notebook **le cahier**

nourishment **la nourriture, l'aliment**, *m.,* **l'alimentation**, *f.*

now *adv.* **maintenant**

O

to obey **obéir (à)**; I obey my mother and father/**J'obéis à ma mère et à mon père**

of *prep.* **de**; *see also idioms with* **de**, *Part III, Unit 4*

of course **bien sûr, mais oui**; of course not!/**mais non!**

to offer **offrir**

office **le bureau**

often *adv.* **souvent**
okay **d'accord**
old *adj.* **ancien, ancienne, vieux, vieil, vieille**
on *prep.* **sur**
once **une fois**; once more/**encore une fois**
one *adj.* **un, une**; one book/**un livre**; one apple/**une pomme**
oneself *refl. pron.* **se**; One washes oneself here/**On se lave ici**
onion **un oignon**
only *adv.* **seulement, ne ... que**; I have only two francs/**J'ai seulement deux francs; Je n'ai que deux francs**
to open **ouvrir**
opinion **un avis, une opinion**
opposite *adv.* **d'en face**
or *conj.* **ou**
orange **une orange**
other **autre**; the other/**l'autre**; another/**un autre, une autre**
ought to **devoir**
our *poss. adj.* **notre, nos**; our house/**notre maison**; our book/**notre livre**; our books/**nos livres**
outside *adv.* **dehors**
oven **un four**
over *adv.* **par-dessus**; over there/**là-bas**
overcoat **le pardessus**
to overcook **faire trop cuire**
to owe **devoir**

P

pain **un mal**
to paint **peindre**
paper **le papier**; sheet of paper/**une feuille de papier**; newspaper/**le journal**; paper airplane/**un avion en papier**
park **le parc**
to pass (by) **passer**
past **le passé**
pastry **la pâtisserie**; pastry

shop/**une pâtisserie**; pastry cook/**un pâtissier, une pâtissière**
patiently *adv.* **patiemment**
to pay a visit **faire visite**
to pay attention **faire attention**
to pay (for) **payer**; I paid for the book/**J'ai payé le livre**
pea **le pois**; peas/**les petits pois**
peace **la paix**
peach **la pêche**
pear **la poire**
pen **le stylo**
pencil **le crayon**
pepper **le poivre**
perfect *adj.* **parfait, parfaite**
perhaps *adv.* **peut-être**
to permit **permettre**
person **une personne**
pharmacist **le pharmacien, la pharmacienne**
pharmacy **la pharmacie**
phonorecord **le disque**
picture **le tableau, une image**
piece **la pièce**
pin **une épingle**
pineapple **un ananas**
place **un endroit, un lieu**
to place **mettre**
plate **un plat, une assiette**
to play **jouer**; to play (a musical instrument)/**jouer de**; to play the piano/**jouer du piano**; to play (a sport)/**jouer à**; to play tennis/**jouer au tennis**
player **un joueur, une joueuse**
pleasant *adj.* **agréable**
please **s'il vous plaît** (polite form); **s'il te plaît** (familiar form)
to please **plaire (à)**
pocket **la poche**
poem **le poème**
poet **un poète, une poétesse**
policeman **un agent de police**
poor *adj.* **pauvre**
postman **le facteur**

potato **une pomme de terre**
pound **une livre**
to prefer **préférer, aimer mieux**
to prepare **préparer**; to prepare oneself/**se préparer**
present (gift) **un cadeau**; the present (time)/**le présent**
pretty *adj.* **joli, jolie**
priest **un prêtre**; priestess/**une prêtresse**
principal **un directeur, une directrice**
probably *adv.* **probablement**
to profit **profiter**; to take advantage of the moment/**profiter du moment**
promise **une promesse**; to promise/**promettre**
to pull (away), to pull (out) **arracher**
to punish **punir**
pupil **un élève, une élève**
purchase **un achat, une emplette**; to purchase/**acheter**
to put **mettre**; to put on/**mettre**

Q

quality **la qualité**
quick *adj.* **rapide**
quickly *adv.* **vite, rapidement**

R

R.S.V.P. **R**épondez, **s**'il **v**ous **p**laît/Reply, please (please reply)
rabbit **le lapin**
rain **la pluie**; to rain/**pleuvoir**; it's raining/**il pleut**
rainbow **un arc-en-ciel**
to read **lire**
real *adj.* **vrai, vraie**
really *adv.* **vraiment**

to receive **recevoir**

record, recording **le disque**

red *adj.* **rouge**

to regret **regretter**

to relate **raconter**; to tell, to relate a story/**raconter une histoire**

religious *adj.* **religieux, religieuse**

to remain **rester, demeurer**

to remember **se rappeler, se souvenir (de)**

to remove **enlever**

to repair **réparer**; to have something repaired/**faire réparer quelque chose**

to repeat **répéter**

reply **la réponse**; to reply/**répondre (à)**

to request **demander, prier**

to reside **demeurer**

to respond **répondre (à)**

to return **retourner, revenir**; to return (home)/**rentrer**; to return something/ **rendre quelque chose**; I returned the book to the library/**J'ai rendu le livre à la bibliothèque**

to reveal **révéler**

ribbon **le ruban**

riddle **une devinette**

to be right **avoir raison**; Janine is right!/**Janine a raison!**

right (*as opposed to left*) **la droite**; on (to) the right/**à droite, à la droite**

to ring **sonner**

ring (*worn on finger*) **une bague**

river **un fleuve**

roast beef **le rosbif**

room **la chambre, la pièce**

to ruin **abîmer**

ruler **une règle**

to run **courir**

S

sad *adj.* **triste, malheureux, malheureuse**

salt **le sel**

same *adj.* **même**; all the same, just the same/**tout de même**

Santa Claus **le Père Noël**

to satisfy **satisfaire**

to say **dire**

school **une école**

season **la saison**

seat **la place**; seated/**assis, assise**

second **une seconde**; Wait a second, please/ **Attendez une seconde, s'il vous plaît**; *adj.,* **deuxième, second(e)**; February is the second month of the year/**Février est le deuxième mois de l'année**; the Second Empire/**le Second Empire**

to see **voir**; to see again/**revoir**; see you in a little while!/**à tout à l'heure!** see you soon/**à bientôt**; *see also* Part III, Unit 5

to seize **saisir**

to send **envoyer**

sentence **la phrase**

serious *adj.* **sérieux, sérieuse, sérieux, sérieuses**; seriously/**sérieusement**

several *adj.* **plusieurs**

shame **la honte**

shark **un requin**

she *per. pron. f.* **elle**

to shine **briller**

shirt **la chemise**

shoe **la chaussure, le soulier**

shoo! shoo! **Ch! Ch!**

shop (small) **une boutique**

short *adj.* **court, courte**

shoulder **une épaule**

to shout **crier**

to show **montrer**

shower **une douche**; to take a shower/**prendre une douche**

sick *adj.* **malade, souffrant, souffrante**

sidewalk **le trottoir**

since **depuis**

to sing **chanter**

singer **un chanteur, une chanteuse**

sister **une soeur**

to sit down **s'asseoir**; sit down!/**assieds-toi!** *or* **asseyez-vous!** (polite form)

sixty *adj.* **soixante**

skin **la peau**

skirt **la jupe**

sky **le ciel**

to sleep **dormir**

sleeve **une manche**

slow *adj.* **lent, lente**; slowly/**lentement**

small *adj.* **petit, petite**

to smell **sentir**

smoke **la fumée**; to smoke/**fumer**

snack bar **un bar rapide**

snow **la neige**; to snow/**neiger**; it is snowing!/**il neige!**

snowman **un bonhomme de neige**

so *adv.* **alors**; so as to/**de façon à**

soccer (in the U.S.A.) **le football**

socks **les chaussettes,** *n.f.*

soft *adj.* **doux, douce, doux, douces**

soiled *adj.* **sale**

some (partitive) **de l', de la, du, des**; I drink some water/**Je bois de l'eau**; I eat some meat/**Je mange de la viande**; I drink some milk/**Je bois du lait**; I eat some potatoes/**Je mange des pommes de terre**; some (of it, of them) **en**; I am eating some/**J'en mange**; *see also* pp. 49-50

something *indef. pron.* **quelque chose**

sometimes *adv.* **quelquefois**

son **le fils** (pronounce as *feess*)

soon *adv.* **bientôt**

to be sorry **regretter**

soup **la soupe, le potage**

Spain **l'Espagne,** *n. f.*

Spanish (language) **l'espagnol** *n. m.*

to speak **parler**

speed **la vitesse**; at full speed, quickly/**à toute vitesse**

to spend (time) **passer**; I am spending one week in Paris/**Je passe une semaine à Paris**

spirit **l'esprit**, *n. m.*

to spoil **abîmer**

spoon **une cuiller, une cuillère**

spring (season of the year) **le printemps**

standing *adv.* **debout**

station (bus, train, *etc.*) **une gare**

to stay **demeurer, rester**

to steal **voler**

still *adv.* **toujours, encore**

stocking **le bas**

stomach **l'estomac**, *n. m.*

to stop **arrêter**; to stop (oneself) **s'arrêter**; I am stopping the bus/**J'arrête l'autobus**; I'm stopping to take the bus/**Je m'arrête pour prendre l'autobus**

store **le magasin**; department store/**le grand magasin**

storm **un orage**

story **un conte, une histoire**

strawberry **la fraise**

street **la rue**

strong *adj.* **fort, forte**; the stongest/**le plus fort, la plus forte**; your strongest quality/**votre qualité la plus forte**

student **un étudiant, une étudiante, un élève, une élève**

to study **étudier**

subway **le métro** (short for **métropolitain**)

to succeed **réussir (à)**

suit **le complet, le costume**

suitcase **la valise**

summer **l'été**, *n. m.*

sun **le soleil**

supermarket **le supermarché**

sure *adj.* **sûr, sûre, certain, certaine**

sweet *adj.* **doux, douce**

to swim **nager**

swim suit **un maillot de bain**

to swing, to sway **se balancer**; a swing/**une balançoire**

Switzerland **la Suisse**

T

table **la table**

tablecloth **la nappe**

to take **prendre**; to take a walk/**faire une promenade, se promener**; to take advantage of/**profiter (de)**; to take along; to take away/**emporter**; to take off, to remove/**enlever**

to talk **parler**

taste **le goût**; to taste/**goûter**; taste some!/**goûtez-en!**

to teach **enseigner**

teacher **un maître, une maîtresse, un professeur, un professeur-dame, une femme professeur**

team **une équipe**

to tear **déchirer**

television **la télévision, la télé, la TV, la T.V.**; on television/**à la télévision**; television set/**le téléviseur**

to tell **dire**

ten *adj.* **dix**

tense (verb) **le temps**; present indicative/**le présent à l'indicatif**

to terminate **terminer, finir**

terrific *adj.* **formidable**

than *conj.* **que**; She is taller than her sister/**Elle est plus grande que sa soeur**

to thank **remercier**; thank you/**Je vous remercie** *or* **merci**

that   I know *that* you are right/**Je sais que vous avez raison**; The book *that* is on the table is mine/**Le livre** *qui* **est sur la table est à moi**; that book/**ce livre-là**; that tree/**cet arbre-là**; that lady/**cette dame-là**; *That* is not important/*Cela* **n'est pas important**

that's right! **c'est ça!**

the *def. art.* **l', le, la, les**; the tree/**l'arbre**; the man/**l'homme**; the boy/**le garçon**; the girl/**la jeune fille**; the children/**les enfants**

theater **le théâtre**

their *poss. adj.* **leur, leurs**; their house/**leur maison**; their houses/**leurs maisons**

them *dir. obj. pron.* **les**; I like them/**Je les aime**; *as obj. of a prep.*, for them/**pour elles** (*fem.*), for them/**pour eux** (*masc.*)

themselves *refl. pron.* **se**; They wash themselves every morning/**Ils se lavent tous les matins**

then *adv.* **puis, alors**

there *adv. of place; advl. pron.* **y**; Janine va à l'école/Janine is going to school; She is going there/**Elle y va**; Où est Janine?/Where is Janine? She's there/**Elle est là**; there is, there are/**il y a**; There is a fly in the soup/**Il y a une mouche dans la soupe**; There are many flowers in the garden/**Il y a beaucoup de fleurs dans le jardin**; there isn't, there aren't/**il n'y a pas**; There's Paul!/**Voilà Paul!**

these *dem. adj.* **ces**; these boys/**ces garçons**; these girls/**ces jeunes filles**

they *per. pron.* **ils, elles**

thick *adj.* **épais, épaisse**

thing **une chose**

third *adj.* **troisième**

thirst **la soif;** to be thirsty/**avoir soif;** I'm thirsty/**J'ai soif**

this *dem. adj.* **ce, cet, cette;** this boy/**ce garçon;** this tree/**cet arbre;** this girl/**cette jeune fille;** *dem. pron.,* **ceci;** this is true/**ceci est vrai**

those *dem. adj.* **ces;** those boys/**ces garçons-là;** those girls/**ces jeunes filles-là**

three *adj.* **trois**

through *prep.* **par, à travers**

to throw **jeter, lancer**

ticket **le billet**

time (hour, time of day) **l'heure,** *n. f.;* What time is it?/**Quelle heure est-il?**

time (duration) **le temps;** Paul spent a lot of time in France/**Paul a passé beaucoup de temps en France**

time (different instances) **la fois;** one time, once/**une fois;** two times, twice/**deux fois;** many times/**beaucoup de fois;** next time/**la prochaine fois**

tired *adj.* **fatigué, fatiguée**

to *prep.* **à**

toast **le pain grillé**

today *adv.* **aujourd'hui**

together *adv.* **ensemble**

tomato **la tomate**

tomorrow *adv.* **demain**

tongue **la langue**

tonight **ce soir**

too **aussi, trop (de);** Robert is coming too/**Robert vient aussi;** Janine works too much/**Janine travaille trop;** There is too much noise here/**Il y a trop de bruit ici;** There are too many people here/**Il y a trop de personnes ici**

tooth **la dent**

town **la ville;** *see also idioms with* **en,** Part III, Unit 2

toy **le jouet**

traffic light **le feu;** red traffic light/**le feu rouge;** green traffic light/**le feu vert**

tree **un arbre**

trip **un voyage;** to take a trip/**faire un voyage**

truck **le camion;** truck driver/**le camionneur**

true *adj.* **vrai, vraie**

truly *adv.* **vraiment**

to try **essayer (de)**

to turn on (light) **allumer**

twentieth *adj.* **vingtième**

twenty *adj.* **vingt**

two *adj.* **deux**

U

umbrella **le parapluie**

unbelievable *adj.* **incroyable**

uncle **un oncle**

under *prep.* **sous;** underneath/**dessous, par-dessous, en dessous**

to understand **comprendre**

undoubtedly *adv.* **sans doute**

unhappy *adj.* **malheureux, malheureuse, triste**

United States **les États-Unis;** to the United States/**aux États-Unis**

until *prep.* **jusque;** until spring/**jusqu'au printemps**

unusual *adj.* **extraordinaire**

upset *adj.* **inquiet, inquiète**

us *per. pron.* **nous;** for us/**pour nous**

to use **employer**

useful *adj.* **utile**

useless *adj.* **inutile**

V

vase **un vase**

vegetable **un légume**

very *adv.* **très**

vest **un gilet**

to visit **faire visite, visiter;**

to visit someone/**rendre visite à quelqu'un**

voice **une voix;** in a loud voice/**à haute voix;** in a low voice, softly/**à voix basse**

W

to wait (for) **attendre**

waiter **un garçon (de café, de restaurant);** (Nowadays, a customer addresses a waiter as *Monsieur,* not *garçon*)

to walk **marcher, aller à pied**

wall **un mur**

to want **vouloir**

to wash **laver;** I washed the car/**J'ai lavé la voiture;** to wash oneself/**se laver;** I washed myself/**Je me suis lavé(e)**

to wash and get dressed **faire la toilette**

to watch **regarder;** to watch television/**regarder la télévision**

water **l'eau,** *n. f.*

way **la façon;** I like your way of talking/**J'aime votre façon de parler**

we *per. pron.* **nous;** We like French/**Nous aimons le français**

weak *adj.* **faible**

to wear **porter**

weather **le temps;** What's the weather like today?/**Quel temps fait-il aujourd'hui?**

week **la semaine**

to weep **pleurer**

well *adv.* **bien;** She works well with her sister/**Elle travaille bien avec sa soeur**

what What are you saying?/*Que* **dites-vous?** What am I?/*Que* **suis-je?** or *Qu'est-ce que* **je suis?** What you are saying is right/*Ce que* vous dites est juste; *What* is on the table is mine/*Ce qui* **est sur la table est à moi;** *what* book?/*quel* **livre?** *what* books?/*quels* **livres?** *what* house?/*quelle* **maison?** *what* houses?/*quelles* **maisons?** *What* time is it?/*Quelle* **heure est-il?** *What?!/***Quoi?!** *What is it?/Qu'est est-ce que* **c'est?** What's new?/**Quoi de neuf?** *What is the* date today?/*Quelle* **est la date aujourd'hui?** *What* day is it today?/*Quel* **jour est-ce aujourd'hui?** *What* color is your house?/**De** *quelle* **couleur est votre maison?**

wheel **la roue**

when *adv.* **quand**

where *adv.* **où**

which *pron.* The book *which* is on the table is mine/**Le livre** *qui* **est sur la table est à moi;** *as an adj.,* **quel, quelle, quels, quelles;** which boy?/**quel garçon?** which books?/ **quels livres?** which girl?/**quelle jeune fille?** which colors?/**quelles couleurs?**

while *conj.* **pendant que**

white *adj.* **blanc, blanche**

who *pron.* **qui;** Who are you?/**Qui êtes-vous?**

whom *pron.* **qui, que;** Whom do you see?/**Qui**

voyez-vous? with whom/**avec qui** The boy whom you see over there is my brother/**Le garçon que vous voyez là-bas est mon frère**

why **pourquoi;** why not?/**pourquoi pas?**

wife **une femme, une épouse**

to win **gagner**

wind **le vent;** It is windy/**Il fait du vent;** *see also idioms with* **faire,** Part III, Unit 6

window **une fenêtre**

wine **le vin**

wing **une aile**

winter **l'hiver,** *n. m.;* in winter/**en hiver**

with *prep.* **avec**

without *prep.* **sans**

woman **la femme**

wonderful *adj.* **magnifique, merveilleux, merveilleuse**

woods **le bois, les bois**

word **le mot; la parole** (the spoken word)

work **le travail, l'oeuvre,** *n. f.;* a work of art/**une oeuvre d'art**

to work **travailler**

world **le monde**

to worry **s'inquiéter;** Don't worry!/**Ne vous inquiétez pas!** *or* **Ne t'inquiète pas!**

to write **écrire**

writer **un écrivain, une femme écrivain**

wrong **un tort;** to be wrong/**avoir tort;** You are wrong/**Vous avez tort;** *see also idioms with* **avoir,** Part III, Unit 3

Y

year **un an, une année**

yellow *adj.* **jaune**

yes *adv.* **oui**

yesterday *adv.* **hier**

you *pron.* Where are you going?/**Où vas-tu? Où allez-vous?** with you/**avec toi, avec vous;** I am giving this book to you/**Je te donne ce livre, Je vous donne ce livre**

young *adj.* **jeune**

your *poss. adj.* **ton, ta, tes, votre, vos;** your book/**ton livre, votre livre;** your mother/**ta mère, votre mère;** your books/**tes livres, vos livres**

you're welcome **de rien, il n'y a pas de quoi**

yourself *refl. pron.* **te, vous;** You wash yourself every morning, don't you?/**Tu te laves tous les matins, n'est-ce pas? Vous vous lavez tous les matins, n'est-ce pas?**

Z

zodiac **le zodiaque**

Index

Numbers refer to pages.

à after certain verbs + infinitive, 367
à + le changes to **au,** 41
à + les changes to **aux,** 41
abbreviations, ix
adjectives, 289–293, 304–311
adverbs, 322, 323
affirmative imperative (command) and basic order of words, 392
afin de + infinitive, 367
age, 148
agreement and position of descriptive adjectives, 289
agreement on past participle of verbs conjugated with **être,** 204, 205; with **avoir,** 228
aller + infinitive, 356
antonyms and synonyms, 436, 437
approximate amounts, 134
Arc de Triomphe, Paris, 465
arithmetical expressions, 133, 134
articles, definite and indefinite, 25–30, 38–41, 52–55
au, aux, 41
Au clair de la lune, words and music 33
au lieu de + infinitive 367
avant de + infinitive 367
avoir and **être** in the present indicative tense, 2, 20, 180, 189, 190
avoir in idioms and idiomatic expressions, 365, 448
avoir or **être** to form the **passé composé,** 198–200, 204, 205
–ayer verbs, 353

basic grammatical terms defined with examples, 516–539
basic sentence word order, 377, 378, 392–394
basic vocabulary arranged by topics, 399–440
beaucoup de, 50

ça, ceci, cela, 272
cardinal numbers, 132, 133
ce, cet, cette, ces, 307
Centre Pompidou, Paris, ix
–cer verbs, 353
c'est ça, 272
Chirac, Jacques, president of France, 209
–ci tacked on to a noun, as in **ce livre-ci**/this book 308
command (imperative) and basic order of words in a sentence 392, 393
command (imperative) form of verbs, 162–166, 184, 185
comparative and superlative adjectives, 310, 311
comparative and superlative adverbs, 323

Dalou, Jules, *sculpteur français,* 45
dans or **en,** 337
Danse des Sabres, 215, 216
dates, days, months, seasons, 148, 149
David, Louis, *artiste français,* 241
de changes to **d',** 50
de for possession, 43, 44
de + infinitive, 365–368
de + le changes to **du,** 41, 49
de + les changes to **des,** 41, 49
definite article with forms of **de** for possession, 43, 44
definite article with parts of body and clothing, 52
definitions of basic grammatical terms with examples, 516–539
Degas, Edgar, *artiste français,* 276, 483
demonstrative adjectives, 307, 308
demonstrative pronouns, 272, 273
depuis + a duration of time, 338
depuis combien de temps, depuis quand, 338
des, 41, 49, 50
descriptive adjectives, 289–291
direct and indirect object pronouns, basic order of words, 377–379, 392–394
direct object pronouns, 224–229
disjunctive pronouns, 281, 282
du, 41, 49

–eler verbs, 352
en as direct object pronoun, 229, 230
en or **dans,** 337
er regular verbs in the **passé composé,** 198
er regular verbs in the present indicative, 67–70
est-ce que, 71, 72, 199, 200
–eter verbs, 354
être and **avoir** in the present indicative tense, 2, 20, 180, 189, 190
être in idioms and idiomatic expressions, 448
être or **avoir** to form the **passé composé,** 198–200, 204, 205

faire in idioms and idiomatic expressions, 457
faut-il...? 343, 368
Folklore Basque, La Danse des Sabres, 215, 216
Foy Suzor-Coté, Marc-Aurèle de, *artiste québécois,* 240
fractions, 134
Fragonard, Jean-Honoré, *artiste français,* 373
French indoor swimming pool, 125
French Opera House, 213
French woman's costume of Pont-Aven, Bretagne 169, 170
Frère Jacques, words and music, 347

Gauguin, Paul, *artiste français,* 299
–ger verbs, 353
guide to pronunciation of French sounds, xii–xiv

idiomatic expressions with **de** + infinitive, 365, 366
idioms and idiomatic expressions, 441–460
il est + adjective + **de** + infinitive, 365, 366
il faut, 368
il y a, 357
Île de la Cité, Paris, 382, 383, 459
imperative (command) and basic order of words in a sentence, 392, 393
imperative (command) form of verbs, 162–166, 184, 185
indirect object pronouns, 245–247
infinitives and direct object pronouns, 227, 228
infinitives and prepositions, 365–368
interrogative adjectives, 304–306
interrogative form of verbs, 71, 72, 199, 200
interrogative pronouns, 260
inverted form of verbs in the interrogative, 71, 72, 199, 200
ir regular verbs in the **passé composé,** 198
ir regular verbs in the present indicative, 83–85
irregular and regular past participles, 198–206
irregular verbs in the imperative (command), 184, 185
irregular verbs in the present indicative tense, 180, 181

–là tacked on to a noun, as in **ce livre-là**/that book, 308
Larose, Ludger, *artiste québécois,* 255
listening comprehension practice, 461–478
Louvre Museum, 15, 456

maps
    Corsica **(La Corse),** 155
    France, 157, 381
    Île de la Cité, 382, 383, 459
    Paris, 62, 63
Marseillaise (La), words and music, 474, 475
meanings and positions of **en** as object pronoun, 229, 230
measures, values, weights, 434
Monet, Claude, *artiste français,* 107, 387
months, seasons, 148, 149
Moulin Rouge, 127, 441
Musée du Louvre, 15, 456

n'est-ce pas? 324
ne...pas, n'...pas, 71
ne...pas, ne...jamais, ne...rien, 336
negations, 336
negative form of verbs, 71, 336
negative imperative (command) and basic order of words, 393, 394
negative-interrogative form of verbs, 72
ni ... ni, 50
nouns, 25–30, 38–40, 49–57
numbers, cardinal and ordinal, 132–136

omission of definite article with **parler, de, en,** 54, 55
Opera House, Paris, 213
ordinal numbers, 135, 136
orthographical (spelling) changes in verb forms, 352–354
–oyer verbs, 352, 353

parce que, quand, que, 336
partitive, 49, 50
passé composé, 198–200
passé composé and basic order of words in a sentence, 378, 379
passé composé and direct object pronouns, 228, 229
past participles, 198–206
past tense **(le passé composé),** 198–200
Penseur (Le), sculpture by Auguste Rodin, 89
plural of nouns, 38–40
position and agreement of descriptive adjectives, 289–291
possession with forms of **de,** 43, 44
possessive adjectives, 293, 294
pour + infinitive, 367
prepositions and infinitives, 365–368
present indicative tense, 67–70, 83–85, 100–102
present indicative tense and basic order of words in a sentence, 377
present indicative tense of irregular verbs, 180, 181
pronouns, 67, 224–230, 245–247, 260, 261, 272–274, 281–283
pronunciation of French sounds, xii–xiv

Qu'est-ce que c'est? 177–179
Qu'est-ce que, qui, que, 260, 261
quand, parce que, que, 336
que changes to **qu',** 71, 260
Que...? and **Qu'est-ce que...?** 260
quel, quels, quelle, quelles, 304
qui, que, qu'est-ce que, 260, 261

re regular verbs in the **passé composé,** 198
re regular verbs in the present indicative, 100–102
reading comprehension practice, 479–498
recipe in French for a stew, 220
reflexive verbs in the imperative (command), 165–167
reflexive verbs in the present indicative, 114–119
regular and irregular past participles, 198–206
regular **er** verbs in the present indicative, 67–70
regular **ir** verbs in the present indicative, 83–85
regular **re** verbs in the present indicative, 100–102
Renoir, Pierre, *artiste français,* 79, 171, 482
Rodin, Auguste, *sculpteur français,* 89, 236

sans + infinitive, 367
seasons, months, 148, 149

sentence word order, 377–379, 392–394
spelling (orthographical) changes in verb forms, 352–354
stressed (disjunctive) pronouns, 281–282
subject pronouns, 67
subjunctive of **avoir** and **être** in the imperative, 184
subordination with **quand, parce que,** and **que,** 336
summary of **avoir** and **être** in the present tense, affirmative and negative, 2, 20, 180, 189, 190
summary of word order of elements in a French sentence, 377–379, 392–394
superlative and comparative adjectives, 310, 311
superlative and comparative adverbs, 323
Sur le Pont d'Avignon, words and music, 285
Suzor-Coté, Marc-Aurèle de Foy, *artiste québécois,* 240
synonyms and antonyms, 436, 437

telling time, 146, 147
tests
    Work Units 1 to 5, 92
    Work Units 6 to 10, 172
    Work Units 11 to 15, 264
    Work Units 16 to 20, 326
    Work Units 21 to 25, 395
TGV (le train grande vitesse), 156
time expressions, 146, 147
tonic (disjunctive) pronouns, 281, 282
topical vocabulary, 399–440
topics for proficiency in listening, speaking, reading, writing,
    activities, 32, 76, 82, 124, 137, 138, 197, 296, 372, 406
    appreciating French art and sculpture, 79, 89, 90, 107, 127, 171, 236, 240, 241, 255, 276, 299, 372, 386
    children at play, 191, 275, 360
    daily activities, 77, 122
    description, 413
    dinner talk, 238
    earning a living, 315
    eating out, 37, 58, 78, 263, 380
    educational tour, 108, 344
    entertainment, 77, 346
    expressing love on Father's Day, 346
    expressing love on Mother's Day, 317
    expressing personal feelings, 66, 84, 85, 145, 197, 284, 345
    food and drink, 28, 37, 380
    French Opera, 215
    French proverbs, 384, 385
    girl talk, 169
    giving commands, 394
    giving something to someone, 262
    giving street directions, 193
    health, 168
    helping others, 102, 316
    in a fast-food restaurant, 37
    introducing yourself, 277
    invitation, 284
    leisure, 361
    look who's talking to whom, 263
    looking for something, 25
    meeting people, 74
    newspaper advertisement, 154, 190
    notes and letters, 51, 219, 304
    oral report, 155
    persuasion, 152, 164, 197
    physical activities, 360
    physical characteristics, 57
    picnic in the park, 37
    picture interpretation, 31, 140, 161, 253, 254, 297, 364, 376, 413
    planning, 29, 153
    providing and obtaining information, 45, 60, 73, 124, 217, 218, 252, 254, 277, 297
    resolving a quarrel, 321
    riddles, 261
    sharing, 126, 191
    shopping, 28, 59, 103, 109, 141, 355
    snack time, 239
    socializing, 59, 183, 380
    sports, 125, 275, 298
    storytelling, 168, 345
    talking to an animal or pet, 237
    telephone talk, 263, 443
    telling someone what to do, 167
    travel, 29, 153
    true-false games, 277
    vocabulary building, 74, 113, 261, 289, 307, 322, 351, 372, 377, 403, 409, 447
    word games, 215, 219, 315, 325
Toulouse-Lautrec, Henri de, *artiste français,* 127, 441
Triomphe (Le) de la République, bronze bas-relief, by French sculptor Jules Dalou, 45

–uyer verbs, 353

values, weights, measures, 434
verb + no preposition + infinitive, 368
verb + preposition + infinitive, 368
verb tables, 540–579
verbs conjugated with **avoir** or **être** to form the **passé composé,** 198–200, 204, 205
Verlaine, Paul, *poète français,* 511
vocabulary arranged by topics, 399–440
voici, voilà, 357
vouloir + infinitive, 357

weights, measures, values, 434
word order in a sentence, 377–379, 392–394
writing practice, 500–515

y as indirect object pronoun, 247
y a-t-il...? 357